教师教育系列教材

教育学原理
(第2版)

姜德君　主　编

孔　锴　贾春明　副主编

清华大学出版社
北京

内 容 简 介

本书在介绍教育学基本理论的基础上，积极吸纳反映教育科学研究的新成果，突出实践性、应用性和趣味性，注重对与社会生活密切相关的热点教育问题的关注与反思，尝试用教育理论诠释与之相关的社会现象。本书共分为 12 章，主要内容包括教育学概述、教育概述、教育与社会发展、教育与个体发展、教育目的、教育的形态、教育的内容——课程、教师和学生、教育的实施、德育与班主任工作、教育评价、中小学教育研究、中小学教育管理。

本书依照教育部考试中心制定的《教育学考试大纲》编写而成，既适用于高校师范类专业师生的教与学，又适用于参加中小学教师资格考试的相关人员阅读与参考，也可作为教育学专业硕士研究生使用的教材。

图书在版编目(CIP)数据

教育学原理/姜德君主编；孔锴，贾春明副主编. —2 版. —北京：清华大学出版社，2022.9

教师教育系列教材

ISBN 978-7-302-61480-7

Ⅰ. ①教… Ⅱ. ①姜… ②孔… ③贾… Ⅲ. ①教育学—师资培训—教材 Ⅳ. ①G40

中国版本图书馆 CIP 数据核字(2022)第 137536 号

责任编辑：陈冬梅
装帧设计：刘孝琼
责任校对：吕丽娟
责任印制：朱雨萌
出版发行：清华大学出版社

　　　　　网　　　址：http://www.tup.com.cn, http://www.wqbook.com
　　　　　地　　　址：北京清华大学学研大厦 A 座　　邮　　编：100084
　　　　　社 总 机：010-83470000　　邮　　购：010-62786544
　　　　　投稿与读者服务：010-62776969, c-service@tup.tsinghua.edu.cn
　　　　　质量反馈：010-62772015, zhiliang@tup.tsinghua.edu.cn
　　　　　课件下载：http://www.tup.com.cn, 010-62791865

印 装 者：北京同文印刷有限责任公司
经　　销：全国新华书店
开　　本：185mm×260mm　　印　张：16.75　　字　数：394 千字
版　　次：2016 年 7 月第 1 版　2022 年 9 月第 2 版　印　次：2022 年 9 月第 1 次印刷
定　　价：49.80 元

产品编号：093585-01

前　　言

　　教育学原理是高校师范类专业的一门重要的基础理论课程，也是师范类专业学生的必修课，其目的是使学生树立正确的教育观念，掌握教育科学的基本知识和基本理论，同时密切联系社会实际和基础教育的现状，培养学生的专业能力。本书自2015年出版以来，被成百上千名读者审视，许多教授本门课程的同人也对该书给予了中肯的意见和建议。

　　教师工作是一种专业性比较强的职业，除了正确的教育思想与理论，教师的实际能力日益受到重视，教师核心能力是一种动态的、多方面的能力组合，既包含中小学教师对教育教学活动的设计、组织与实施、激励与评价，又包含中小学教师的沟通与合作能力、反思与发展能力、掌控课堂活动和了解学生间差异的能力等，需要在入职前进行相应的培训。大多数师范类院校及综合大学的师范类专业均以培养基础教育领域一线应用型师资为主，其发展方向与教育部有关"地方高校转型发展"的部署基本吻合。近几年，师范类院校专业认证的持续进行，在强调对标社会需求的同时，对未来教师的实践能力和师范类专业的实践教学给予了高度关注，并成为认证评估过程中的重要考核指标。

　　为了进一步探索教师教育新的培养模式，满足当前基础教育新课程实践的需求，本书编者反复总结多年来在教师教育教学实践中积累的正反面案例，并借鉴其他国家基础教育改革与发展的成功经验，在内容上、体系上保持了第一版内容的基本框架结构。章节提要、正文、问题与思考、主要参考书目、趣味小资料与知识拓展等内容保持不变，积极吸纳反映教育科学研究新成果的教育思想、教育理论，缩减了部分理论分析阐述的内容，继续注重实践性、应用性和趣味性，积极面对与社会生活密切相关的热点教育问题，尝试用教育理论诠释与之相关的社会现象。

　　基于学习者教师角色意识尚未形成的限定，他们对社会生活中的教育问题的关注度不高，单纯地听课或阅读教育理论书籍不足以帮助学习者形成自己的教育理念和培养自己应有的反思能力。本书再版时增加了实践指导环节，一方面，便于任课教师结合各章内容安排可行的教育小实践，帮助学习者体会不同的教育情境，加深对教育理论的认知与应用，提高教学效果；另一方面，实践指导环节有助于学习者增强自身的职业意识和从教意愿，了解基础教育的真实状况，理解从教所需遵守的师德规范，提前体验教育者面临的问题，解决他们在现实教育中对若干问题的疑问，提升他们的教育情怀和教学能力。

　　本书共分为十二章，其中绪论、第一章、第二章、第三章、第七章由姜德君撰写，第四章、第五章由郝世文撰写，第六章、第十一章由孔锴撰写，第八章、第九章、第十章由贾春明撰写，第十二章由姜淼（沈阳市实验学校教育集团小学部）、张冰冰（大连经济技术开发区滨海学校）撰写，全书由姜德君统稿。本教材的修订得到了沈阳市实验学校教育集团小学部张谨校长、大东区杏坛小学教育集团李亚明校长的积极支持，她们不仅组织安排师范类专业学生的教育见习、实习工作，还选派各自学校的市级教学名师参与课程教学，提高了课程实践环节的可操作性。

本教材在修订过程中，始终得到了清华大学出版社的积极支持，特别是尹飒爽老师，正是他们对教师教育新教材体系的精准把握与引领，才使得本教材有了现在的面貌。在此，对于他们所给予的帮助表示衷心的感谢！

由于编者水平有限，书中难免有疏漏不妥之处，敬请使用本教材的老师和同学提出宝贵意见。本书的出版，参考了国内一些专家、学者的研究成果，在此也一并向他们表示衷心的感谢！

编　者

目　　录

绪论　教育学概述

本章提要

- 教育学是一门研究教育问题和现象、揭示教育规律的社会科学。教育学的基本理论既来源于实践，又是为了更好地指导教育实践。
- 人类从很早就开展了教育活动，1806 年赫尔巴特的《普通教育学》一书的出版，标志着教育学成为一门独立学科，之后随着社会对教育要求的不断变化，各种教育思想、理论纷纷出现，目前已经发展成为一门综合性学科。
- 教育学是为培养教师而开设的课程，因此在师范院校课程体系中占有重要的地位，学习教育学对于准备从事教育活动的人具有不可或缺的意义。

第一节　教育学的研究对象

一、教育学及其研究对象

古希腊将照料、陪送年幼奴隶主子弟来往于学校、帮助他们携带学习用品的奴隶称为教仆(pedagogue)。从语源上看，无论是英语的教育学(pedagogy)、法语的教育学(pedagogue)，还是德语的教育学(pedagogic)，都是从希腊语的"教仆"一词派生而来的。由此可见，"教育学"一词的本义就是探讨如何照管儿童的学问，其发展到现代已经成为一门研究各种教育现象和教育规律的科学。

任何一门科学都有自己特定的研究对象和研究领域。正如毛泽东在《矛盾论》中所指出的："科学研究的区分，应是根据科学对象所具有的特殊的矛盾性。因此，对于某一现象的领域所特有的某一种矛盾的研究，就构成了某一科学的对象。"[①]

关于教育学的研究对象，国内各种论著也有不同的表述，主要有以下几种。

"教育学主要研究的是学校教育这一特定的现象，研究在这一现象领域内所特有的矛盾运动规律。"

"教育学是以教育现象和教育问题为研究对象，其目的是揭示教育规律，指导教育实践及与之相关的社会活动的一门科学。"[②]

《辞海·教育·心理分册》对教育学的界定为：教育学是研究教育现象、揭示教育规律的一门社会科学。国内认同这一观点的人较多，我们也以此界定教育学的研究对象。

教育现象是人类教育活动的外在表现。它是可以感知、可以认识的古今中外已经存在

---

① 毛泽东. 矛盾论[M]//毛泽东著作合集. 北京：人民出版社，2018：10.

② 王道俊，郭文安. 教育学[M]. 北京：人民教育出版社，2016：6.

或正存在于现实中的客观存在之物，包括不同形式、不同类型和不同模式的教育事实、教育活动、教育问题，以及各种教育理论、学说、著作等。

教育现象的表现形式是多种多样的：个体在家庭生活中受到父母的教养，基本生活技能、价值观、性格、志向爱好等逐步形成；个体生活的社会环境对他有着不可忽视的影响，以报纸杂志、影视、互联网为核心的现代传媒向人类传递着各种信息，社区、图书馆、少年宫等各种社会文化和教育机构为儿童提供了丰富多彩的社会教育活动；学龄期后进入不同层次和类型的学校，接受了有目的、有计划、有组织的正规学校教育；各种教育机构利用网络平台开设线上课程，网络教育越来越普及；在个体成长过程中还有许多自学、自省、自修等自我教育活动。

不同国家、不同民族的人由于生存的地理位置、自然环境、资源分布不同，导致其生活习惯、行为方式、民族信仰也存在巨大差异，伴随他们的教育行为也是千差万别。教育学不可能将一切社会中的教育因素、教育行为都作为自己的研究对象，它通常研究的是教育中的一般问题，是抛弃了个别存在形态、在一定程度上为大家所共同关注的问题。

教育规律则是教育与社会之间以及教育内部各要素之间内在的、本质的、必然的联系。一方面，教育受社会发展各要素的影响，教育的性质由社会、政治、经济制度所决定。教育的结构、发展的速度与规模均受当时社会生产力发展水平和人口状况的制约，教育内容必然反映社会生产的需求和社会稳定的需求，并受各民族独特文化传统的影响。另一方面，教育则会积极推动社会经济、政治、文化的发展。教育可以向年青一代传递主流的价值观、现代生产知识和技能，促进个体的社会化与个性化发展，但教育需要适应儿童身心发展的规律。

从层次上看，教育规律又可分为一般规律和特殊规律。一般规律是存在于一切教育现象中的基本规律，它贯穿于教育发展的整个过程，主要是教育与社会发展之间的关系以及教育与人的身心发展之间的关系。特殊规律则存在于具体的教育现象中，如教学过程的规律、德育过程的规律、管理过程的规律等。

从国别上看，研究本国的、现时的教育是教育学发展的主要方向。各国的政治、经济、文化、人口和民族传统不同，导致教育具有特殊性。也正因为如此，教育才具有生命力。以本国教育为主要研究对象并不排斥对其他国家教育理论与实践的研究，更不排斥对普遍性教育理论的研究，借鉴他国的理论和成功经验可以促进自身教育理论研究的繁荣与发展，避免闭关自守所造成的倒退。

教育现象是复杂的，也是丰富多彩的。教育学就是通过对复杂而又丰富多彩的教育现象的研究来揭示教育规律。当然，教育现象不只是教育学的研究对象，它也是哲学、伦理学、心理学等科学共同的研究对象。各门科学研究教育现象的目的、角度、侧重有所不同，其研究所得出的结论也存在差异。教育学对教育的研究同样需要借鉴其他学科，包括政治学、经济学、生理学(特别是脑科学)、心理学、伦理学、社会学、文化学，以及人工智能的研究成果，这样才能对教育形成全面、真实、客观的认识。

二、教育学的性质

教育学的学科性质是自教育学成为一门学科之后开始出现的、争议很大的问题。因"教育属性的多维度"形成"教育学"学科属性上可能亦社会亦人文双重品格的复杂性和多样性，但是育人活动归根结底是一种社会活动，教育学应是具有显著人文研究特征的社会科学①。西方国家对"科学"的界定有两种：一是宽泛的含义，是指有系统的学问，是成为一门"学科"；二是较为严格的含义，可用实证方法进行研究的经验科学，它有别于狭隘的经验，也不同于超越经验的思辨哲学。自 18 世纪 80 年代以来，人们一直在谋求建立"科学"的教育学。经过学者们的长期研究和不懈努力，已使教育学由对教育活动自身的过程和内容的反映抽象为一般的理论，在吸收哲学、心理学、伦理学和其他自然科学研究成果的基础上，构建自己的理论体系，具有独特的研究范畴，从而转化为一门独立的科学。

依据理论科学和应用科学的划分，教育学只能作为一种思想或理论，而不是技能或才干，只能由一个人传授给另一个人，因此教育学属于理论科学。教育学探究教育的事实与方法的普遍理论性，决定了它首先是理论性很强的学科。同时，由于教育理论在本质上是实践理性的产物，是负责为现实的某种活动提供规范的秩序，只有在实践中加以应用和检验，这样才能避免再度陷入形而上学与经验主义的泥潭，所以教育学也是一门应用学科。现代教育学的发展要顺应现代科学的时代精神，走科学统一的道路，在高度分化的同时，也要在更高层次上进行综合。

第二节　教育学的产生和发展

教育学既是一门古老的学问，又是一门年轻的科学。说它古老，是因为人类很早就关注教育、研究教育，现代教育学中的许多思想、观点在很久以前就存在了。说它年轻，是因为教育学的独立是近代的事情，在此之前人们对教育的认识主要停留在经验和习俗的水平上，并没有成为一门独立的科学。教育学的学科发展大体可以分为学科萌芽时期、学科独立时期、学科多元化发展时期、学科分化与发展时期、对教育学的展望等阶段。

一、学科萌芽时期

在教育成为人类独立的社会活动之后，教育实践的不断发展以及教育经验的日益增长，让一些文明古国的哲学家、思想家开始对教育问题展开研究，对教育实践经验进行总结和概括。这一时期的教育思想、观点常常是同宗教、伦理、哲学、政治等思想混杂在一起的。

1. 中国古代的教育思想

在中国古代，许多哲学家、思想家、教育家，如老子、孔子、庄子、孟子、荀子、董仲舒、朱熹、王守仁等分别从国家、社会、个人修养角度对教育进行不同程度的研究。他们普遍认为，教育是治国安民的工具，主张通过教育培养统治人才，经过"修身""齐家"达到"治国""平天下"的目的。其中，孔子和他的儒家教育思想对中国及其周边国家和地区有着深远的影响。

---

① 苏敏. 教育学的学科性质和知识性质[J]. 当代教育科学，2015(15).

知识拓展：中华第一人——孔子

孔子（公元前551—公元前479年），名丘，字仲尼，春秋末期鲁国人，是中国古代最伟大的思想家、政治家、教育家，也是联合国教科文组织承认的中国的两位教育家之一。孔子早年丧父，家境贫寒，与母亲相依为命，生活艰苦。十六岁参加"士"的大会，遭到冷遇，从此开始发愤学习，不耻下问。二十六七岁曾做过"委吏"等小官，工作认真，很有能力。三十岁已有名气，开始有人拜孔子为师，故有"三十而立"之说。四十多岁曾任鲁国的中都宰，颇有政绩，当时鲁国有"夜不闭户"的社会风气，在与齐国的较量中也大获全胜，后升为司寇，但因扶持王权、抑制权臣而遭迫害，不得不离开鲁国，开始周游列国，故有"四十不惑，五十而知天命"之说。十四年后，孔子的学生执政后，迎孔子重返鲁国，但他不再热心政治，而是专门从事讲学和整理古代文献。孔子从三十岁开始招收学生，弟子曾"三盈三虚"，一生招生三千多人，有七十二贤。孔子于公元前479年去世，享年七十二岁，故民间有"七十三坎儿"也源于此。孔子的弟子为其守孝三年。孔府、孔林、孔庙已经成为孔子生前所住地——山东曲阜的三大人文景观，属于世界文化遗产。孔子的弟子和再传弟子将他的思想观点整理成书，即中国古代读书人必修的四书之一——《论语》。

孔子在文化教育上的贡献主要表现为以下几个方面。

① 孔子整理和编订中国古代的文化古籍。古代社会的书在王室，孔子在周游列国过程中收集了许多古籍，回到鲁国后进行了整理。传说，孔子删《诗》、订《礼》、论《书》、述《乐》、正《易》、作《春秋》，并以这些内容为教材教育弟子，使战乱中的文化典籍得以保存，对中国以后的文化发展做出了巨大贡献。

② 创立儒家学说。孔子提出的诸如孝顺、尊敬长上、中庸思想从汉代开始成为中国社会的主流思想，并成为维系当时社会秩序的重要思想依据，影响了中国和东南亚一些国家几千年的历史。孔子反对迷信，受此影响，宗教的内容一直难以长期成为中国正规教育的内容。从某种程度上说，后世中国主流教育思想就是根据社会需要和统治者的意志，从不同角度对孔子教育思想的诠释。

③ 孔子倡导私学，扩大了教育对象，推动了教育的进一步发展。孔子主张所有的人都要接受教育，而不论其社会阶级如何。可以说，孔子是平民教育的先行者。史载孔子一生共有学生三千多人，其中有名的就有七十二位。孔子与他的学生重视教育和学习，在中国和许多国家形成重视教育的传统。

④ 孔子提出了丰富的教育主张，奠定了中国古代教育思想发展的基础。有些思想今天仍在发挥作用，如孔子提出了"有教无类""学而优则仕"的教育目的，以及"因材施教""启发诱导""学思结合""不耻下问""身体力行""温故而知新"的教育方法和原则。他重视道德教育，倡导"立志""力行""自省和自克""改过迁善"等教育主张；他还十分重视教师的作用，要求教师具有良好的职业道德，要做到"以身作则""学而不厌""诲人不倦"。正是这些思想主张保证了中国古代教育的繁荣与稳定发展。

当然，孔子的教育思想也有消极的方面。其一，他的"学而优则仕"的教育目的，关注的是社会的发展而不是个人的发展，其"修身、齐家、治国、平天下"的发展路径将儒家教育演变成训练忠于封建政权才士的工具，导致中国几千年来的受教育者呈现一种为做官而"死读书、读死书、最后是读书死"的病态观念与行为，这也是造成当今中国官本位社会局面的思想渊源。其二，孔子及其弟子重视经书式的人文社会科学，忽视实际和科学知识，在思想上阻碍了中国科学技术的进步。其三，孔子还过于强调服从，忽视学生个性的发展。对孔子的教育思想，我们主要是继承其中符合时代要求的内容。

以老子、庄子为代表的道家是与儒学并驾齐驱的一大流派，他们强调遵循客观自然规律的"道"和行动上的"无为"，包含一定的朴素唯物主义元素和辩证的观念，既有鄙视欲望人生、不愿同流合污的精神追求，又带有明显的逃避现实的情愫。

以墨子为代表的墨家学派以"兼爱""非攻"为教，注重对文史知识的掌握和逻辑思维能力的培养，重视教育的社会作用。

《学记》是中国也是世界上第一部比较系统论述教育的著作，成书于战国晚期，传说是儒家思孟学派的乐正克所作。全文仅 1229 字，却系统地总结了中国先秦时期的教育经验，从教育目的、教育制度、教育内容、教育教学方法、师资、师生关系等方面进行论述，在一定程度上揭示了教育的规律，如"长善而救其失""道而弗牵，强而弗抑，开而弗达""不凌节而施""藏息相辅""教学相长"等，这些教学原则至今仍不失其光辉的价值。但就理论的系统性与深刻性而言，《学记》还没有达到科学的水平，其思维与论述方式又多采用比喻、类比、格言等，没有形成专门的教育学语言。《学记》比外国最早的教育学著作——昆体良的《论演说家的教育》早 300 多年。

在中国古代，如韩愈的《师说》、朱熹的《语录》、颜元的《存学篇》等，对师生关系、如何读书与学习都做了精湛的论述。"朱子读书法"是宋代理学家朱熹的学生汇集他的训导概括归纳出来的读书法，共六条，即循序渐进、熟读精思、虚心涵泳、切己体察、着紧用力、居敬持志，是中国古代最系统的读书法。

2. 西方国家古代的主要的教育思想

在西方，这一时期所取得的教育认识成果也主要体现在一些哲学家、思想家的哲学著作或思想著作中。古希腊的苏格拉底明确地提出了"美德是否可教"的这样一个具有永久思想魅力的教育问题，并第一次试图通过理性的思考来解决这个问题，他的"产婆术"思想与孔子的"启发诱导"思想一致，在今天的教育实践中仍具有积极意义。

柏拉图于公元前 387 年在雅典创建了一所学园，并在学园辛勤教学 40 年。他对教育与政治的关系、国家应建立统一的学制、教育与环境对人的巨大影响、学前教育、妇女教育、身心和谐发展、德育的重要性等问题都有独到的见解，至今仍值得学习和借鉴。柏拉图的教育思想散记在他的哲学著作《理想国》一书中。

古希腊哲学家亚里士多德创办了吕克昂哲学学校，首次提出教育要与人的自然发展相适应，教育的目的、内容和方法等应根据学生发展的不同阶段做出具体安排。他的关于教育的年龄分期基本上和人的身体发育阶段相适应。亚里士多德是最早从理论上论证和谐发展教育的可能性和必要性的教育家，他把和谐发展的重点放在美育(音乐教育)方面。亚里士多德的教育思想内容极其丰富，散记在他的《政治学》《尼各马可伦理学》著作中。

西方第一部教育专著是古罗马教育家昆体良的《论演说家的教育》，该书是一部雄辩术的教程，也是一部教育著作。全书共 12 卷，对教育的最终目的、家庭教育、教育内容、教学组织形式、教师的作用、高等教育、中等教育、初等教育、幼儿教育等问题进行了理论概括，不仅总结了他自己成功的教学经验，也总结了古代西方教育实践的发展历程与主要成就。

古代印度实行种姓制度，婆罗门的教育通过家庭教育让孩子学习《吠陀经》以及一些基础性的与读经有关的学科，体罚盛行，而佛教教育采用了争辩和议论的方法培养僧侣。

古代埃及注重道德品质的培养，通过宫廷学校、职官学校、僧侣学校和文士学校等机构，借助强制性的机械训练和背诵，培养祭司或僧侣、实用人才和国家官吏。

尽管这一历史时期的理论和思想的系统性与深刻性还没有达到科学的水平，思维与论述也只是采用机械类比、比喻、格言、寓言的方式，还没有形成专门的教育学术语，但在这些教育思想中包含大量科学的认知成分，对指导当时的教育实践发挥了重大的作用，并对后来教育科学的形成和发展有着深远的影响。

二、学科独立时期

17 世纪后，欧洲资本主义逐步发展，教育事业和教育科学也得到长足的发展，教育实践经验的积累越来越丰富，人们对教育的重视程度与认识水平不断提高，特别是随着新航线的开辟，在欧洲出现了一批新型的实科学校，主要教授新兴的自然科学和社会科学知识以及现代语，传统的教会学校和骑士教育中所使用的教育内容与方法已不再适用。社会需要新型教师，因而出现了一些教师讲习所，一些大学为培养具有新的教育思想并掌握新的教育方法的教师增设了师范类课程。较早的是格斯纳于 1735 年在哥廷根大学创办的"教育学研讨班"，此举后来成为普鲁士各大学的一个惯例。

独立形态教育学创立的标志包括：从对象上看，教育问题已经成为一个专门的研究领域；从概念和范畴上看，逐渐形成了专门反映教育本质和规律的教育概念、范畴及其体系；从方法上看，有了科学的研究方法；从结果上看，出现了一大批有影响的教育家，出版了一些专门的、系统的教育学著作；从组织上看，出现了专门的教育研究机构。当然，这些标志并不是同时出现的，前后经历了近 200 年的漫长时间。

最先提出教育学概念的是"英国唯物主义和整个现代实验科学的真正始祖"——弗兰西斯·培根，他在 1623 年撰写的《论科学的价值与发展》一文中首次把教育学列为一门独立学科，认为是关于"指导阅读"的学问。从此，教育学的发展进入了一个新的历史阶段。这一时期，教育的心理学化对教育思想、教育理论和教育实践都产生了深远的影响。

在教育学的创立过程中，捷克著名的教育家夸美纽斯于 1632 年撰写了著名的教育学著作《大教学论》，为教育学的发展做出了重大贡献。法国思想家卢梭在 1762 年出版了《爱弥儿》，被认为是继柏拉图《理想国》之后，西方最完整、最系统的教育学论著，他所论述的教育理论，尤其是要解放儿童的天性，教育要促进儿童个性发展的"自然教育"的思想，在教育史上引发了一场大的革命，影响深远。英国学者洛克在 1693 年出版的《教育漫话》中，肯定了教育在人的发展中的巨大作用，建构了完整的、至今仍旧影响英国的绅士教育理论体系。瑞士的裴斯泰洛齐在《林哈德和葛笃德》中明确提出"使人类教育心理学化"的口号，对于推动教育活动的科学化及教育学的诞生都起到了重要的作用。

知识拓展：改变世界的教育家夸美纽斯

夸美纽斯(J. A. Comenius，1592—1670 年)是捷克伟大的教育家，他在神学院毕业后被选为捷克兄弟会牧师，其妻儿在瘟疫中病故后，他成为流浪在波兰的数十万捷克人的首领之一，负责对青年一代的照看与教育。师资少、孩子多的特殊经历与生存需要，促成夸美纽斯在实践中提出了一系列影响后世的教育主张。他不像古希腊三大哲人那样把教育作用局限于使人获得美德，而是把教育当作人为生存做准备的必要条件。他认为，教育不仅是打开知识宝库的钥匙，而且是发展智力、弃恶扬善、学会生存的途径，因为任何人都是可教育的，从而使他的教育思想具有牢固的哲学、伦理学基础。他对中世纪学校教育进行尖锐抨击，并提出了泛智教育的思想，主张"把一切事物教给一切人"，试图通过教育让所有的人获得广泛而全面的知识，从而使人们的智慧得到全面、充分的发展。夸美纽斯的贡献主要表现为：在理论上明确并在实践中采用了班级授课制，推动了教育理论和实践从中世纪状态向近代教育的转化；提出统一学校制度，强调普及初等教育，并论证普及义务教育的合理性；扩大学科门类和内容，提出增加几何、地理、天文等自然科学的内容，修正了文艺复兴时期过分强调人文科学教育而轻视自然科学教育的倾向，近现代学校的主要课程就是他确定的；提出了一系列教学原则，在《大教学论》中提出了自然适应性原则，强调从事物本身获取知识，并论证了教学的直观性、系统性、自觉性和巩固性等原则，对于普及初等教育贡献极大；《大教学论》具有"普通教育学"的性质，其内容结构奠定了教育学学科的基本框架，只是因为其包含宗教神学的观点而受到批评，人们很难把它看成一本真正的科学著作。他的主要著作除《大教学论》外，还有《母育学校》《世界图解》《语言和科学入门》《泛智学校》等，其中《世界图解》是世界上第一部带插图的教材，影响了基础教育教材的编排形式。从发展过程来看，夸美纽斯的教育著作形成了教育学的雏形。

德国是近现代教育制度建立和发展的先驱，最早普及了义务教育制度，其师资培训的需求促成了科学教育学的诞生。教育学作为一门课程在大学里讲授最早始于德国。1776 年，康德在德国的哥尼堡大学的哲学讲座中率先讲授教育学。他认为"教育一定要成为一种学业，否则无所希望""教育的方法也必须成为一种科学"，否则绝不可能成为一种有系统的学问[①]。1803 年，康德的《康德论教育》一书出版，他还明确主张进行"教育实验"，就是根据某一种教育理想进行的"教育试验"。教育学由此在大学成为受关注的课程。1779 年，特拉普在哈勒大学就任教育学教授，为使教育学成为科学做出了重要贡献。

19 世纪初，德国教育家赫尔巴特(J. F. Herbart，1776—1841 年)从瑞士访学归来后接替康德继续讲授教育学，并于 1806 年出版了《普通教育学》，这标志着教育学的独立。普鲁士进行教育改革的重要举措是教师需要经过考试才能上任，教育学成为想当教师的人的必修课程而越发受到重视。在世界教育史上，赫尔巴特被认为是"现代教育学之父"或"科学教育学的奠基人"，在此后的近 100 年间，他的教育理论得到各国的认可，成为世界主流教育思想，影响甚广。赫尔巴特强调必须有"教育者自身所需要的科学"，教育者要有"科学与思考力""普通教育学必须把论述基本概念放在一切论述之前"，只有这样才能获得科学的统一性。他把教育分为三部分，即管理、教学和训育。基于对儿童天性的认识，赫尔巴特把管理置于教学之前，认为对儿童的管理既不是教学也不属于教育，仅仅是为顺利地进行教育和德育创造前提条件。当然，教学问题仍是赫尔巴特全部教育理论的中心问题，他对此进行了更加详细的研究。同时，赫尔巴特还提出了教育学的学科基础，认为伦理学和心理学是教育学的学科理论基础，伦理学决定教育的目的，心理学决定教育的方

---

① 康德. 论教育学[M]. 赵鹏，何兆武，译. 上海：上海人民出版社，2005：5.

法和手段。赫尔巴特提出的教学永远具有教育性的观念，为推行国家主义教育提供了理论基础。赫尔巴特还根据他的心理学理论，首创了"四段教学法"，提出了学校课堂教学的基本模式，建立了学校教育与管理的伦理学、心理学规范，后经以席勒和莱因等学生为代表的赫尔巴特学派的发扬光大，赫尔巴特的教育理论在19世纪下半叶后曾经风靡全世界，成为欧美主要国家提高教师教学水平的理论指南。但是，随着儿童心理学和进步主义教育的兴起，赫尔巴特教育理论的影响力逐渐下降。

在这一时期，教育学逐渐从哲学和古典人文学科中分离出来，具有了独立的形态，成为一门独立的学科：研究方法从经验的描述逐步发展到思辨、演绎和推理的方法，研究的成果由论文发展为论著。但是，由于历史的原因和研究方法的局限性，这一时期的教育著作，即使是赫尔巴特的教育学也只能算是科学教育学的先驱，还未达到真正科学化的程度，表现为教育者主观色彩浓厚，尚存在许多令人疑惑的问题。

三、学科多元化发展时期

随着世界各国对教育重视程度的不断提高，教育实践的不断发展和来自教育学内部的批判，使教育学理论得到迅速发展，欧洲的"新教育"思潮与美国的"进步教育运动"都反对传统的以传递知识为教育中心，强调儿童的独立性与创造性，教育与社会生产、生活相联系。这一时期的教育学借助社会学、人类学等社会科学以及数学、生物学等自然科学的研究成果，呈现出多元化发展的态势，涌现出许多新的教育学学派。

1. 实验教育学

实验教育学兴起于19世纪末至20世纪初，是欧美一些国家的学者用自然科学的实验法研究儿童发展及其与教育关系的理论。实验教育学的代表人物是德国的梅伊曼和拉伊，他们在其代表性著作《实验教育学纲要》和《实验教育学》中，反对强调思辨的教育学，坚持科学主义的研究传统，把实验心理学的观察、统计的方法引入教育学研究中，倡导通过科学意义上的观察、实验得出有关教育上的种种结论。实验教育学主张把教育与现代社会联系起来，强调教育过程就是学习系统科学知识的过程，教育内容应以具有实用价值的科学知识为主，学习必须考虑儿童的实际情况。实验教育学所强调的定量研究成为20世纪教育学研究的一个基本范式，为教育学从研究方法到具体内容走向科学化提供了借鉴，对学科的发展产生了深远的影响。但实验教育学把科学的定量方法夸大为教育科学研究的唯一有效方法，不能够涵盖教育学研究涉猎的诸多问题，因而走上了教育学研究中"唯科学主义"的迷途，并受到来自文化教育学的批判。

2. 文化教育学

文化教育学又称为精神科学的教育学，是19世纪末在德国出现的与实验教育学和赫尔巴特式教育学相对立的教育学说。文化教育学的代表人物包括狄尔泰、斯普朗格，代表性著作有《关于普遍妥当的教育学的可能》《教育与文化》等。他们强调，人是一种文化的存在，因此人类历史是一种文化的历史；教育的对象是人，且教育是在一定的社会历史背景下进行的，因此教育的过程是一种历史文化传播的过程；教育的过程不能采取赫尔巴特的概念来进行思辨，也不能依靠实验教育学的数量统计来进行，必须采取精神科学或文化科学的方法，即理解与解释的方法进行；教育的目的就是要促使社会历史的客观文化向个体的主观文化的转变，并将个体的世界引向博大的客观文化世界，从而通过"陶冶"和"唤醒"，发挥师生两个方面的积极性，以和谐、对话的师生关系培养学生完整的人格。应当说，文化教育学在教育本质、教育目的、师生关系以及教育学的性质等方面为德国乃至世界的教育学发展提供了一定的借鉴和参考。

3. 实用主义教育学

实用主义教育学产生于 19 世纪末至 20 世纪初的美国，是在批判以赫尔巴特教育学的基础上形成的"美国版"的教育学，其代表人物是美国心理学家、教育学家杜威(J. Dewey, 1859—1952 年)和他的学生克伯屈。杜威的《我的教育信条》《民主主义与教育》《经验与教育》，以及克伯屈的《设计教学法》是实用主义教育学的代表性著作。其中，《民主主义与教育》是杜威实用主义教育理论和思想最系统、最集中和最综合的体现，杜威在该书中系统而全面地阐述了他在芝加哥实验学校以及当时教育改革理论研讨中所形成的教育思想。实用主义教育学强调适应与变动，注重教育与生活之间的联系。

杜威把自己的教育称为"进步教育"，认为赫尔巴特的教育是"传统教育"，认为赫尔巴特的主张忽略了儿童自身的兴趣与需要，不符合教育发展的内在要求。杜威强调教育要以儿童为中心，强调教育的本质即生活，他认为"教育即生活，学校即社会"，"教育是经验的不断改造和重新组织，是儿童自身潜能的发展"[①]。杜威认为，在师生关系中应以儿童为中心，而非以教师为中心，教师只是学生成长的帮助者，而非领导者，强调教学过程以学生的经验为中心组织课堂，而非学科知识体系，重视学生自己的独立发现、表现和体验，尊重学生发展的差异性。基于这样的教育思想，杜威设计了与学科课程完全不同的活动课程，强调在"做中学"，帮助学生积累经验，这种实践对今天的教育仍然具有指导意义。但杜威忽略了对系统知识的学习和教师的主导作用。

杜威的实用主义教育理论对 20 世纪以来整个世界的教育理论研究和教育实践的发展产生了极大的影响，先后有 30 多个国家广泛实践他的教育主张。"五四"运动前，杜威到北京大学做客座教授，在中国 11 个省市多次发表轰动性演讲，直接促成了中国于 1922 年的学制改革。杜威的学生和追随者如郭秉文、胡适、陶行知、陈鹤琴、张伯苓、蒋梦麟等更是大力在中国推行、实践他的教育思想。

知识拓展："现代孔子"——陶行知

陶行知(1891—1946 年)，原名陶知行，中国近代伟大的教育家、社会活动家，民盟的创始人之一，被称为"现代孔子"，是联合国教科文组织公认的近代中国教育家。他是留美博士，师从杜威、桑代克、罗素、克伯屈、孟禄等国际知名学者，历任南京高等师范学校教授、东南大学教授、中华教育改进社主任干事、生活教育社理事长等职务，先后创办南京晓庄师范学校、重庆育才学校和社会大学等学校，一生培养了几万名基础教育所急需的师资，对中国平民教育发展贡献极大。他把杜威的教育哲学引入中国，并根据中国的国情与社会需要加以改造，同时广泛吸收了中国文化固有的与先进的积极因素，形成了自己独

---

① 涂诗万. 杜威教育思想的形成[M]. 杭州：浙江教育出版社，2014：4.

特的教育哲学、教育理论以及与实践密切结合的教育体系。生活教育理论是陶行知提倡过的各类别、各层次教育的总括，其特点是提倡教育社会化和社会教育化，即提倡社会办大教育，他认为"生活即教育，社会即学校"。陶行知认为，生活教育是生活所原有的、生活所自营、生活所必需的教育，教育的根本意义在于促使生活的变化。他认为，中国传统的教育文化和西方的教育文化有一个很大的缺陷，即把教育抬高到不适当的位置，反而把生活本身贬低、轻视——"高张天理，尊崇礼教""扼杀人性"，文化教育虽是人类创造的宝贵财富，但人类之所以代代相传、继承发扬并努力创造并不是为了文化教育而文化教育，归根结底无非是满足我们人生的需要，一切文化教育都是为生活服务的工具。陶行知认为，生活教育内容广大，并非仅限于衣食住行的教育，凡个人的思想言行、文化教育、专业训练、社会活动、家庭生活及国家和国际大事都有可能包含在生活教育中。

近代中国著名的教育家蔡元培曾写有《对教育方针的意见》，主张以国民教育、实利主义教育为急务，以道德教育为中心，以世界观教育为终极目的，以美育为桥梁，使学生体、智、德、美和谐发展。1917—1928 年，他任北京大学校长，提倡"思想自由，兼容并包"，使北京大学成为著名的高等学府。晏阳初的乡村教育实践，黄炎培的"手脑并用，做学合一"的职业教育理论，陈鹤琴的"活教育"幼儿教育思想，都对中国近代教育产生了重要影响。

4. 马克思主义教育学

马克思主义教育学主要包括两部分内容：一是马克思、恩格斯、列宁等领袖对教育问题的论述；二是马列主义教育学家们根据马克思主义的基本原理对现代教育的种种问题进行研究的成果。马克思主义教育学以苏联教育家凯洛夫为代表。1939 年，凯洛夫在其主编的《教育学》中系统地总结了苏联 20 世纪 30 年代的典型教育经验，批判性地吸收了教育史上的进步教育思想。凯洛夫十分重视智育在全面发展教育中的地位和作用，他强调教师在教育、教学中的主导作用，认为学校的首要任务就是教授学生关于自然、社会和人类思维发展的深刻而确实的普通知识，形成技能、技巧，并在此基础上发展学生的认识能力，形成共产主义人生观。凯洛夫的《教育学》对社会主义国家的教育，尤其是新中国的教育具有深刻的影响。中华人民共和国成立后近30年的时间里，凯洛夫的《教育学》一直占据主导地位。受马克思主义教育学和法兰克福学派批判理论的影响，20 世纪 70 年代之后还兴起了批判教育学。

这一时期教育学发展的特征是：①教育学的发展总是受到当时具体的政治、经济、文化条件的制约，反映着特定的社会政治、经济、文化发展的要求，社会政治、经济、文化深入改革的时期，也就是教育学研究最活跃的时期；②在教育学的发展过程中，不同的国家形成了不同的教育学观点和风格；③教育学的发展还得益于不同教育学理论之间的相互批评和借鉴；④不同的教育学派在相同的教育问题上越来越难以达成共识，教育学理论内部的分歧有加大的趋势，教育学的学科声誉也因此受到了严重的影响。

反思：教师中心与儿童中心的争论

赫尔巴特主张的教师中心论与杜威主张的儿童中心论争论了 100 多年，目前仍在争论。赫尔巴特时代，多数儿童缺少接受正规教育的机会，获取知识的途径也有限，合格的师资数量又严重不足，为了在最短的时间内让更多的儿童掌握基础知识，以教师为中心，充分发挥教师的作用是必然选择。杜威时代，美国基础教育已经有了长足发展，学校和师资的数量、质量都有了一定的保证，国家发展教育在满足多数人受教育机会的同时开始追求质量，一方面希望充分挖掘每个儿童的潜能，体现受教育是每个人基本权利的价值观；另一方面社会希望培养出众多能够学以致用、有独立学习和研究能力的人才，为社会的长久发展注入动力，主张"以儿童为中心，在做中学"的理念具有时代的进步意义。国家需求、教育投入效益与个人自由发展之间的矛盾选择是两种观点争论的核心。学习是学生的学习，忽略学生的作用，教育就难以实现其最终目的。但即便是在现代的信息社会，学生拥有更多的学习渠道，教师有计划、有准备地教学仍然是儿童个体进步的最佳选择，特别是在学生基础知识不够扎实或尚未掌握一定的学习方法之前，教师具有不可替代的作用。

四、学科分化与发展时期

从世界范围看，人类真正重视教育是第二次世界大战(简称二战)以后的事。二战后，世界各国对教育越来越重视，新的方法和科学技术手段不断应用到教育领域，教育与社会生产的联系日益加强，教育改革此起彼伏，促使教育事业进一步发展，教育学的研究也进入了一个新的历史阶段。

德国教育家瓦·根舍因在 1951 年提出了"范例教学"，提出要改革教学内容，加强教材的基础性和范例性，让学生通过与范例的接触，培养学生独立思考和独立工作的能力。

1960 年，美国的布鲁纳出版了《教育过程》一书，提出了结构教学论，倡导"发现法"，强调培养学生的科学探索精神和创造能力，《教育过程》被誉为当代"最重要和最有影响的教育著作"。"新教育实验"的代表人物苏霍姆林斯基在《给教师的建议》中系统地总结了教师教育的技巧，并根据苏联社会的要求和多年的实践经验提出学校的主要任务是培养"全面和谐发展的人，社会进步的积极参与者"，他认为"全面"与"和谐"是儿童个性发展中不可缺少的两个方面。1975 年，赞科夫(1901—1977 年)在《教育与发展》中提出了"发展教学论"，强调学生的一般发展，并提出了高速度、高难度等五条新的教学原则。这些教育思想都对世界教育有较大的影响。

布卢姆在《教育目标分类学》中提出教学活动要围绕一定的教学目标进行，并将教学目标分为认知、情感和动作三个方面。1956 年，他首先将认知目标划分为识记、理解、应用、分析、综合和评价六个层次，这对当时的教学改革产生了重大影响。

1965 年，法国的保罗·朗格朗出版了《终身教育引论》，提出了终身教育的思想。终身教育思想要求把教育扩展到人的一生，将社会各部分都变成教育场所。

瑞士心理学家、日内瓦学派的创始人皮亚杰(1896—1980 年)于 1979 年出版了《教育科学与儿童心理学》，强调应该按儿童的年龄特点进行教育。

综上所述，二战后教育学的发展主要有以下特点[1]。

---

① 全国 12 所重点师范大学. 教育学基础[M]. 北京：教育科学出版社，2014：12.

1. 教育学的研究领域急剧扩大

二战后，教育学的研究从 20 世纪初主要集中在微观的学校教育问题，扩展到宏观的教育规划，从教育的内部关系扩展到教育的外部关系，从基础教育扩展到高等教育，从正常儿童的教育扩展到一些有特殊需要的儿童的教育，从学龄青少年儿童教育扩展到终身教育。

2. 元教育学形成

元研究是一种反思的过程，即对某种科学研究本身的研究过程进行研究与反思。元教育学就是对教育学研究的研究，它的目的并不是要研究教育理论本身，而是要反思、检讨教育研究活动本身的目的、性质、价值、结构、过程等，形成教育学观，以提高理论活动的自觉性，提高教育理论本身的清晰度和科学性，从而更好地指导各类教育实践。元教育学研究的结果是形成关于教育学学科自身的知识体系，内容涉及教育学研究对象的知识、教育学发展史和历史划分的知识、教育学理论与教育实践关系的知识、教育学知识结构的知识等。

最早提出教育学元问题和元研究的是布蕾钦卡。我国在 20 世纪 90 年代开展对教育学的元研究，取得了不少成果。目前，我国教育学的元研究正在多学科视野下不断深化。

3. 教育学研究与教育实践、教育改革的关系日益密切

二战后，世界主要国家出于自身利益的需要纷纷大力发展教育事业，尤其是 1957 年苏联人造卫星上天后，美国对教育进行了深刻反思和改革，而主持这次改革的是一批教育学家、心理学家，改革本身需要教育学理论给予支持，同时也为教育学的发展提供了强大的社会动力。此后，传统教育理论工作者与实践工作者之间的隔膜、陌生乃至对立状态得到了一定程度的扭转，两者之间出现了多种形式的接触、交流和对话。

4. 教育学研究基础和研究模式多样化，学科发展不断细化

二战后，教育学越来越多地借鉴其他学科的研究成果，如生物学、心理学、脑科学、文化学、人口学、经济学、技术学、系统科学等，这些从不同学科理论基础出发进行的研究，提出了各自独特的见解，形成了不同的教育观，相互批评、借鉴、吸收，推动教育学进一步细化，出现了众多的教育学分支学科。同时，研究的角度也呈现多样化的趋势，有从科学主义角度强调对教育活动中数量关系进行描述的研究，也有从人文主义角度强调对教育活动中非数量关系进行质的研究，还有介于两者之间的研究；有基础理论研究，也有应用研究、行动研究，还有教育咨询研究。所有这些研究促成教育学的体系更加完整。

5. 学科的分化与综合

随着各国对教育的重视程度的不断加强，教育学研究日益深入，研究对象的具体化促成教育学的剧烈分化，并逐步形成一系列的分支学科。

(1) 教育学的几个组成部分独立成为几门学科，包括：教育概论(也称为教育原理)，主要研究教育的一般问题，如教育的历史发展、教育与社会发展的关系、教育与个体发展、教育目的、学制、教师与学生等，进一步分化还包括教育哲学、教育史；课程论与教学论，主要研究学校教学的内容与方法；德育论主要研究学校进行思想品德教育问题；教育管理学则主要研究学校教育中的管理问题，并衍生出学校行政学、教育督导学等；关于教育研

究方法的有教育统计学、教育规划学、教育预测学等。

(2) 对学校所开设各个学科教学以及所组织的活动进行研究，形成了对应各科教学法的分支学科，如数学教育学、语文教育学、体育教育学、班主任工作等。

(3) 不同阶段或类别的学校教育研究包括学前教育学、小学教育学、中学教育学、高等教育学、职业技术教育学、特殊教育学等。

(4) 随着自然科学与社会科学的不断发展以及各种新理论的提出，教育学与相关学科交叉融合，综合形成了许多分支学科，包括教育心理学、教育经济学、教育政治学、教育文化学、教育社会学、教育人类学、教育信息学、教育传播学等。此外，还有进行教育比较研究的比较教育学等。

五、对教育学的展望

1. 教育学的本土化与国际化

教育学的国际化是要关注、借鉴、吸收不同国家，特别是发达国家教育学研究的理念、理论、方法等，因为一些发达国家对教育学的研究起步较早、研究投入大、组织健全、研究规范、成果众多，在世界教育知识体系中占据核心地位。不同国家尽管发展水平存在差异，但在教育发展的进程中却面临相似的情况和问题，学习借鉴他人的研究成果可以避免我国尝试错误，缩短我国与发达国家的差距。教育学的本土化是许多发展中国家为克服教育学科对发达国家的依附状态而提出的主张。于中国而言，就是研究者应该站在中华民族发展的新的历史制高点，建立和完善能反映中国教育事实、指导中国教育实践的中国特色社会主义的教育学。

2. 教育学的理论性与实践性

教育学的理论性是指教育学研究者运用理论思维对教育现象和问题进行理性思考，不被纷繁复杂的教育现象所纠缠；教育学的实践性是指教育学研究者要关注教育实践、解决教育实践中的实际问题。教育学研究者和教育实际工作者的理解存在差异。

作为一门科学，教育学的理论性是毋庸置疑的，其理论体系的构成并不是简单的、主观的思辨结果，而是包括教育实验的结论、教育实践经验的总结和对教育活动的理性思考等，最终表现为由概念与命题构成的有内在逻辑联系的系统知识。它能对教育实践所隐含的前提进行价值批判，使教育实践充满生机和活力，引起对教育实际问题的思考，使教育实际工作者创造性地工作，对教育实践具有极强的指导价值。当然，教育学理论的存在价值在于对教育实践的指导，脱离教育实际的理论研究缺乏生命力。无论是教育学理论研究者还是教育实际工作者，都要提高自我反思和批判的能力。

3. 教育学的多元性与适用性

在价值观多元化的时代，不同民族、不同国家的教育实践与教育行为因其所面对的政治、经济、文化背景的差异而不同，没有任何一种教育理论适用于所有的问题、所有的国家，而且某种理论在某一时期可能会有效地指导一种教育实践。随着环境的变化、问题的解决，这种理论却可能成为阻碍教育进步的枷锁。从这个意义上说，我们对教育理论的适用范围和条件需要进行清晰认知，有针对性地指导教育实践。

知识拓展：教育学在中国

教育学对于中国而言是舶来品，总体上有三种模板，包括德国式培养国民的国家主义教育学、美国式培养市民的个人主义教育学和苏联式培养接班人的政治化教育学，其各自影响的时间、程度也都有所不同。

清末我国"废科举，兴学校"，新式教育的迅猛发展急需大量师资，师范教育的地位在学制中的初步明确，为教育学科的发展提供了发展空间和制度保障。清末至民国初年，基于发展师范教育的需要，国人远学德国、近学日本，特别是大量译介了日本的教育学著作。1901 年，王国维翻译的《教育学》是中国目前可考证的第一部教育学著作，最早开设教育学课程的是 1902 年的京师大学堂。当时京师大学堂设师范馆，所聘请的日籍教师以德国赫尔巴特的《普通教育学》为蓝本的日本师范学校教育学为教材来教授教育学，加上留学德国的蔡元培对德国教育思想的大力宣传，赫尔巴特教育学理论与主张在中国盛行，对于民国初期中国教育的发展和在世界教育中的地位奠定了基础。

西方教育学在中国的广泛传播以杜威来华讲学达到高潮，并且一直持续到 1949 年。20 世纪 20 年代前后，由于留美学生的宣传和受杜威、罗素等来华讲学的影响，以及杜威的学生陶行知、胡适、蒋梦麟等在中国推广他的教育思想，实用主义教育思想在中国广为传播，美国式的教育学成为教育理论界的主流。"五四"运动前后，民主与科学的思想深入人心，教育界思想十分活跃，各种教育观点几乎都在国内得到传播和试验，中国教育学的发展进入重要发展时期，但这些思想观点并不适合中国国情，也不利于国家的强大。在大力引进西方教育思想的基础上，国内有人还编撰出版了许多内容广泛、特色明显、堪称经典的教育学著作，如舒新城的《教育通论》、庄泽宣的《教育概论》、朱兆萃的《教育学》、杨贤江的《新教育大纲》等，这些著作反映了不同教育思想流派的教育理论。

1949 年到"文革"前是我国政治、经济、文化发生重大变革的时期，也是对教育学进行改造并全面"苏化"的时期，受全面学习苏联的影响，凯洛夫的《教育学》在中国流行达 30 年之久，其影响之深和影响时间之久，是其他教育学专著所不可比拟的。

进入 20 世纪 80 年代，我国在教育观上逐渐确立了马克思主义人学理论，在学科的重建上反思了曾经"非此即彼"的思维方式，不再局限于向欧美、苏联或日本某一个国家(或某一个地域)进行学习，而是将目光投向全球，在博采众长中试图建立多元的知识体系[①]。布鲁纳的《教育过程》、布卢姆的《教育目标分类学》等名著被引入中国。

2000 年以来，以博大精深的中国儒家传统文化为教育之根，以各种后现代理念以及新马克思流派的理论争论为焦点，在学术争鸣中推动中国教育学的繁荣发展，出版了几百种不同版本的教育学著作，初步建立了名称与西方相同，但实际内容体系与西方不完全相同的具有中国特色的教育学学科体系。

---

① 刘燕楠，涂艳国.中国教育学学科的历史演进与价值选择[J].教育理论与实践，2016：7.

第三节　学习教育学的意义和方法

一、教育学在教师教育课程体系中的地位

教育学是伴随师范教育的发展而不断发展的，从开始设立师范学校一直到今天，教育学始终在教师教育课程体系中占有重要位置，是教师培训的基础学科和必修学科之一，是师范学校的一门主要学科。在发达国家培养教师的综合大学、教育学院中，教育科学课程占其总课程的比例一般在 40% 左右，比如美国教育类课程达 30%，日本达 36%，非师范院校的学生毕业后志愿做教师的人，必须补学教育科学，经考试合格后方能得到教员许可证。

近代，我国将教育学作为一门课程开设，是与师范学校的设立同时进行的。1904 年 1月 13 日，清政府颁布《奏定学堂章程》，其中的《奏定初级师范学堂章程》就明确规定了有关教育学科开设的要求："先讲教育史。当讲明中国、外国教育之源流，及中国教育家之绪论，外国著名纯正教育家之传记，使识其取义立法之要略。但外国历代教育家立说亦颇不同，如有持论偏谬易滋流弊者，万万不可涉及。次讲教育法令及学校管理法，当据现定之教育法令规则，学校建置、编制、管理、卫生、筹集经费等事，宜兼讲关系地方治理之大要。次则实事授业。当使该师范生于附属小学堂练习教育幼童之法则。"

自改革开放以来，我国开始实行教师资格证书考试制度，考试的学科包括教育学。近年来，政策允许非师范专业毕业生从教，但也必须学习教育学、心理学，并需要通过考试。这些都反映了教育科学特别是教育学是师范生最佳知识结构的重要组成部分。

二、学习教育学的意义

与其他社会活动相比，教育活动的特殊性在于其工作对象的不可废弃性。如何规范教育行为，促进青少年学生的健康发展，避免对青少年的伤害是各方必须面对的现实问题。无论你是否从事教育工作，学习教育学都具有一定的价值。学习教育学的意义从大到小可以分为以下四个层面。

1. 有利于教育行政部门科学决策

二战后，西方主要国家在制定教育政策时都会将教育科学研究的成果作为依据，邀请教育研究人员参与教育政策的研究与评价。比如美国的各种基金会、英国的中央教育咨询委员会与学校考试和评价委员会、德国的科学审议会、日本的教育研究所等，它们对各种教育改革进行专门的调查和研究，形成相应的研究报告，不仅分析存在的问题，而且提出各种解决的对策、建议，有些建议被立法机构认可，就成为具有法律效力的教育政策。这种以教育科学研究成果为依据的模式，大大提高了教育决策的科学性、有效性。

我国的教育决策与教育科学研究之间的联系也越来越密切，为避免造成教育决策的失误，解决诸如基础教育阶段学校建设薄弱、中小学升学考试、学区房与就近入学、基础教

育阶段乱收费、课程设置与实施等一系列问题，教育行政部门开展了大量、深入的教育研究，推动了教育改革的快速发展。

2. 有利于学校改进管理，提高教育成效

学校教育的观念、制度、行为本身直接建立在系统的教育理论基础之上，学校中管理者的实践经验非常重要，但已经不处于支配地位，养成正确的教育态度、培植教育信念，从不同角度分析复杂教育问题、开展科学的教育活动等都要求教育理论科学地解释与指导。随着社会的发展，特别是计算机、互联网、移动互联网的出现和广泛应用，以及中国对外开放与国际化，各种信息大量涌现，学校面临越来越多新的问题，过去行之有效的思路、方案、措施可能不再适用，这就要求教育工作者不断地学习教育科学知识，完善自身的知识结构，提高学校管理质量。

反思：中小学后备干部培训班的学习状态

从客观上看，教育学课程在我国师范教育教学中的实际情况是非常尴尬的。作为公共必修课，教育学并不是很受学生喜欢。究其原因，一方面确实有学科内容理论性强、抽象枯燥、教学方法单调的问题；另一方面，学习者角色尚未转换同样是不可忽视的重要原因。大学生仍旧喜欢趣味性强的内容，在他们没有亲身开展教育实践之前，多数没有关注、思考教育中的问题，也就没有对教育学理论的迫切需要。我们在对辽宁省内中小学后备干部进行培训的过程中却呈现出另一种截然相反的局面：那些即将走上更高管理岗位的教导主任和副校长们，通常是以十分专注的态度听课、讨论，课间休息时也常常向授课教师请教。形成这种局面的原因主要是这些后备干部在教育实践中面对诸多棘手的问题，急需教育理论给予帮助、指导，以促成他们的管理行为更加科学、规范、有效。

一些重视教育的国家，通常会每隔五年左右安排在职教师进行为期半年的带薪脱产学习，主要内容涉及新的教育实验和理论成果、青少年学生新出现的问题、学科教学的新技术与方法等。大量成功的经验表明，在职教师对自身教育实践的不断反思与理论学习有助于总结经验、规范行为，不断学习理论是提升从教素养的重要途径。

3. 有利于未来的教师提高专业素养，形成职业理念

学生角色与教师角色对教育的理解是完全不同的，促成这一角色转换的是专业学习与训练。通过对教育学的学习，未来的教师可以正确地认识教育现象和规律，清晰地把握教育发展的脉络，深刻地理解教育的本质、教育对社会政治与经济文化发展的功能；了解不同时期、不同社会和不同教育的目的；掌握家庭、学校、社会等不同的教育形态，掌握学校教育的目标、内容、方法和手段、模式和各种教育途径，学会用恰当的评价手段来调控教育教学活动；明确教师的职责和现代教育对未来教师提出的时代要求，形成职业角色意识；增强社会责任感，坚定专业信念；逐步形成正确的教育观、教学观、人才观、质量观、师生观；学会与其他教师、家长合作，理解、尊重、信任学生，以发展的眼光引导学生健康成长，在职前不断提高自身素质，提高未来教育活动的科学性、规范性，增加教育决策的预见性，少走弯路。教育发达国家无不是强调教师的专业化，实施素质教育，教师的素质是关键，教师的专业化教育与培养是必由之路。对于未来的教师而言，教育学的学习是他们适应未来中小学教育工作的基础之一，具有深远的意义。

4. 有利于家长指导孩子的成长

随着社会的教育化和教育的社会化，以及教育科学的普及和发展，教育理论知识已走出大学"象牙塔"，不再只是少数人的研究内容，它对每个家庭都会产生越来越大的影响。在家庭中，从儿童出生前的胎教、学前儿童的启蒙辅导到入学后的家庭教育、课外教育，甚至是子女进入社会参加工作后的教育，仅仅依靠日常的教育经验是满足不了的。一些家长在教育孩子的过程中出现问题时，会自觉地寻求教育理论的帮助，或是参照教育理论反思自己的日常教育经验；在社会与交往过程中教育也是一个重要的话题，对他人子女教育问题的科学分析与合理建议会让人感受到你的真诚和才学。可以说，学习教育学是为下一代的更好发展做知识的储备和积累。

三、学习教育学的方法

1. 以科学的方法论为指导

教育学是研究复杂的教育现象的一门社会科学，要有科学的方法论做指导。现阶段必须从马克思主义的立场、观点出发，以习近平新时代中国特色社会主义思想为指导，将社会科学的规范研究范式与自然科学的实证研究范式相统一，以自然科学观察、实验、比较等客观的方法来获取研究人类社会教育的依据，结合历史经验进行理性思考、分析和推断，理解教育的基本概念、原理，揭示教育的本质，掌握教育发展的规律，解决教育实践中出现的各种问题。

2. 理论联系实际

教育学是关于教育的理论体系，学习教育学，不能从理论到理论、从书本到书本。如果只是把教育学当作一种理论来掌握，会感到枯燥无味，应从社会主义初级阶段市场经济的实际出发，密切结合社会生活和教育实际，带着问题去学，这样才会发现教育学理论对教育实践的指导意义。在学习教育理论的同时，还要不断地将教育理论运用于实践，在实践和运用的过程中体验、思索教育理论的科学价值，使之深化、丰富、充实，加入自己的个性和创造性理解，从而将教育理论内化为自己的教育理念，真正成为指导自己教育实践的知识。

3. 学习与研究相结合

教育工作是有规律的，教育理论也是有指导价值的，但这并不意味着照搬书本上的教育理论就能做好教育工作。教育学理论介绍的是一般规律，而每个人所面临的教育情境不同，开展教育的策略也就有所不同，所以教师(包括未来的教师)都必须在学习知识的同时进行思考、研究，这样才能创造性地开展教育实践。就如苏霍姆林斯基所说的："在学校里的真正的创造性劳动，首先是生动的、探究性的思考和研究。即使是最好的、最精密的教学法，只有在教师加入了自己的个性，对一般性的东西加入自己的、经过深思熟虑的东西以后，它才能是有效的。"[①]

---

① 苏霍姆林斯基. 给教师的建议(修订版全一册)[M]. 北京：教育科学出版社，2005：6.

4. 开展跨学科的学习

教育学是研究教育现象和教育规律的科学，但不只是教育学在研究教育现象和教育规律，其他如政治学、伦理学、经济学、社会学、文化学、人口学、管理学也都把教育作为重要的研究对象，从各自的角度去探讨教育问题，得出不同的观点和结论，要全面地认识教育现象，把握教育规律，需要分析、借鉴各个相关学科的研究成果。只有这样才不会陷于狭隘的视野范围，对教育形成比较客观、全面的认识。

5. 古为今用，洋为中用

科学研究绝不能割裂历史，也不能闭门造车，要实行"古今中外法"(即"古为今用，洋为中用")，博采百家之长，为我所用。第二次世界大战以后，各国越来越重视发展教育事业，因而也就非常重视教育科学研究工作，设立教育科研机构，增加教育经费，组织、培养教育科研队伍，学习外国的教育科研成果和经验等。西方国家在教育科学上的贡献，也是应当给予重视和肯定的。联合国教科文组织曾多次举行教育问题讨论会，地区性的教育会议也曾多次举行，对当前的教育设施和未来的教育预测进行广泛的讨论。借鉴他国成功的教育经验是我们提高认识，促进教育改革与发展的重要途径。

实 践 指 导

本章是系统学习教育学理论的开篇，可以提前布置学生查阅文献资料，了解夸美纽斯、赫尔巴特、杜威、布鲁纳等教育家的生活背景，以角色表演的方式陈述他们的主要教育观点，尝试分析评价他们的理论，提高学习的趣味性，并为后面内容的学习做好铺垫。

问题与思考

0-1 古代中外教育家们提出了哪些相似的教育观点和主张？

0-2 怎样看待外国教育学对中国教育学的影响？

0-3 作为未来的教师，你认为学习教育学有何现实意义？

参 考 文 献

[1] 全国 12 所重点师范大学. 教育学基础[M]. 北京：教育科学出版社，2014.

[2] 项贤明，冯建军，柳海民. 教育学原理[M]. 北京：高等教育出版社，2019.

[3] 姜德君. 小学教育学[M]. 沈阳：辽宁大学出版社，2005.

[4] 蒲蕊. 教育学原理[M]. 武汉：武汉大学出版社，2010.

第一章 教育概述

本章提要

● 不同情境下的教育有不同的含义，不同的研究者对教育有不同的定义。

● 教育者、受教育者、教育目标、内容、方法与途径以及教育环境等要素构成教育。

● 教育具有永恒性、社会制约性与相对独立性、目的性、历史继承性、生产性、公益性、长期性和民族性等特性。

● 关于教育的起源主要有神话说、生物说、心理说、劳动说和需要说等。

● 教育随着人类的发展而发展，大体上可分为原始社会教育、农业社会教育、工业社会教育和信息社会现代教育等阶段，每个阶段有其自身的特点。

第一节 教育的界定及属性

一、教育的概念

教育是教育科学的一个基本概念和核心范畴，其他概念及由其所构成的各种教育命题、结论都是围绕对这一概念的某种界定进行的。不同的研究者对教育有不同的界定。

1. 日常生活中的教育

教育是现代社会人们在日常生活中经常使用的一个词语，但在不同的语境下教育这一词的含义却有所不同。比如，我们曾经看到报纸、电视中提到"新中国成立以来我国的教育事业取得了巨大成就"；校长期末总结时会说"今年我们的教育教学工作又取得了很大成绩"；听完英模的报告我们会说"受到了深刻的教育"；孩子在外惹祸了，别人可能会对家长说"你回去好好教育教育"等。

对上述诸多说法进行分析可以看出，教育在日常生活中主要有四种含义：一是指国家的一种公共事业，属于宏观的、制度形态的；二是指引导、说服，属于方法形态的；三是指思想的变化；四是指学校中的具体活动。这些对"教育"一词的日常理解构成了日常教育生活的基础。对于"学教育的"和"搞教育的"的人来说，要做好教育工作，必须对"教育"的概念有深入、系统的理论认识。

2. 教育的词源

从外国语的角度来看，"教育"一词所对应的英语为"education"，法语为"L'éducation"，德语为"erzihung"，三者均起源于拉丁文的"educare"，原意为"引出""导出"，引申为采用一定的手段，把某种本来就潜藏在人身上的特质引导出来，从一种潜质变为现实。

古希腊的哲学家柏拉图在其《理想国》一书中借助"洞穴中的囚徒"这一隐喻,形象地阐释了教育这一概念的含义,即把人的心灵从低处引向高处、从虚幻引向实在、从黑暗引向光明、从意向世界引向真理世界,从而到达永恒的善的境界。

在我国,"教育"一词最早见于《孟子·尽心上》中的"得天下英才而教育之,三乐也",但它是"教"与"育"两个词的连用,并非一个独立的通用词。中国古代多用单音字"教"表示"教育",儒家经典四书之一的《中庸》中称:"天命之谓性,率性之谓道,修道之谓教。"《大学》指出:"大学之道,在明明德,在亲民,在止于至善。"《荀子·修身》中则称:"以善先人者谓之教。"《礼记·学记》指出:"教也者,长善而救其失者也。"这里所表示的"教"是一种内发论的教育观,重视教育对人的内在善性的引发。

中国的象形文字生动形象、寓意深刻。"教"字的甲骨文是"▨","▨"是八卦符号的一种,代表学习的内容;"▨"通"子",是指儿童,代表学习的对象;"▨"是一个人手持鞭子、棍杖,代表教者和教育的方法,靠鞭杖来施行。"育"的甲骨文是"▨","▨"指女人,"▨"即倒写的"▨",表示出生的婴儿,本义是"妇女生育",引申为"生子并喂养",使孩子长大。"学"字的甲骨文是"▨","▨"是两只手,突出"手把手"教、练的含义;"▨"代表内容;"▨"指房子,代表学习的地点,本义是教孩子算术、习字的校舍。在 20 世纪前,国人很少把"教"和"育"两个字合起来使用。在论及教育问题时,人们用得更多的是"教""诲""育""习""学",而且"学"字用得最多,许多著述都是以"学"为名,如《学记》《大学》《进学解》《劝学篇》等。教育事业被称为"学务",管理教育的国家机构称为"学部"。直到清末甲午战争后,一些留学日本的人翻译日文的教育学书籍,引入了"教育"和"教育学"等词语,后来朝廷大臣呈递的奏折中也渐渐出现了"学"与"教育"交互使用的情况。1906 年,清朝学部奏请颁布"教育宗旨"。民国建立后,将"学部"改为"教育部","教育"一词才取代"教"与"学"而成为我国教育学的一个基本概念。

3. 教育的定义

古今中外有很多思想家、教育家对教育都有不同的表述,就是近代从培根到联合国教科文组织国际教育发展委员会于 1972 年发表研究报告《学会生存——教育世界的今天和明天》(当时的主席为富尔),关于"教育"的表述就超过 65 种。许慎在《说文解字》中认为"教,上所施下所效也,育,养子使作善也";夸美纽斯认为"教育是发展个性,是为生活做准备";裴斯泰洛齐认为"教育就是依照自然法则发展儿童的智慧、道德和身体各方面的能力";而卢梭认为"植物是栽培而成,人靠教育而成";杜威则主张"教育即生活,就是经验的不断改造和重新组织"[①]。这些观点的共同点认为,教育是培养人的活动,是感化、诱导、培养、陶冶人的工程,是促进青少年身心发展的工具。

知识拓展:教育概念的三种界定方式

美国教育哲学家谢弗勒(I. Schemer)在其《教育的语言》一书中,根据教育定义的陈述方式,将教育定义归类为描述性定义、规定性定义、纲领性(方案性)定义,并指出了每一种定义区别于其他定义的一些特征。这种区分有一定的道理。

---

① 张斌贤. 外国教育史[M]. 北京:教育科学出版社,2008:9.

描述性定义是指适当描述一定情境中定义对象某些关键特征或指出使用被定义概念的方法，而不是"我将用这个术语表示什么"这样的规定性主张。通常词典就是对各种术语的描述性定义的罗列。从这种界定方式来看，"教育"一词具有若干种定义不足为奇，因为在不同的语境中，为了不同的目的，它可以具有多种描述性含义，比如"教育是一种培养人的活动""教育是促进个性发展的途径"等。

规定性定义通常是作者所下的特殊定义，它要求这个被界定的术语在后面的讨论中始终表示这种特定的含义，不管其他人解释这个词是什么意思，我所用的这一词就是这个意思，如"在本文中，我将教育定义为直接支持和维护有目的的教与学的一整套社会制度"。

纲领性定义明确或者隐含地告诉我们，教育应该怎样。这种界定方式反映了人们对教育价值的判断和追求。"教育应该怎样"与"教育实际上是什么样子"是完全不同的。它往往包含着"是"与"应当"两种成分，是描述性定义与规范性定义的混合，如"教育是社会借以发展年青一代认识生活中的善和价值的能力的手段"。

(资料来源：瞿葆奎. 教育学文集·教育与教育学[M]. 北京：人民教育出版社，1993.)

教育的定义是复杂、多样的，理性地定义教育可从社会和个体两个角度进行。

从社会的角度定义"教育"，是把教育当作社会的有机组成部分，承担着一定的社会职能，强调社会因素对个体发展的影响，可分为两个不同的层次。

其一是广义的教育。凡是有目的增进人的知识、培养人的品德、发展人的智力和体力的社会实践活动都可以称为教育，这也是当前普遍流行的一种观点。"教育是在一定社会背景下发生的促使个体社会化的社会个性化的实践活动。"[①]

其二是狭义的教育。通常是指学校教育，是由专职机构(学校)的专职人员(教师)承担实施的有目的、有计划、有组织的，以影响人的身心发展为直接目标的系统性社会实践活动。它是整个教育活动的主体部分，与其他形式的教育相比有三方面优势：一是专门的机构和专职人员，通过教师和教育管理人员实施专门的教育活动；二是目标明确，即培养人才，发展人的素质；三是目的性、组织性、计划性强。

联合国教科文组织将教育定义为：一种持续的有组织地传授文化的过程或活动。这里的文化所包含的内容比较广泛，既有书本知识，又有各民族的传统、习惯、心理定式，目的是使学生学会认知、学会做事、学会共同生活、学会生存，关注、强调的是如何使学生学会学习，掌握认知事物的方法，而不是系统化的知识本身。

从个体的角度定义"教育"，则是以"学习者"为出发点，而不是社会的某种要求，强调教育过程中个体的各种心理需要的满足和心理品质的发展。通常把"教育"等同于个体的学习或发展过程，借助教学和训练，个体获取知识、技能并形成态度。这种观点在近现代的欧洲和非洲较为常见。

也有学者认为，教育就是一种促进受教育者转化的活动，它包括内化和外化两种方式。所谓内化，是指借助教育促进受教育者个体把外在的社会要求转化为内在的知识、能力、品德、习惯，即受教育者的社会化；所谓外化，则是指教育促进受教育者个体的潜能和多种发展可能性转化为现实状态。所以，教育就是促进人的社会化和完善化的过程。通过教育，人的品德得以养成，智慧与能力得到提高，情趣、爱好得以发展，精神生活得以丰

---

① 全国十二所重点师范大学联合编写. 教育学基础[M]. 北京：教育科学出版社，2014：12.

富。这正是"教育"概念中存在的共同的核心，即教育是促进人的发展的活动，也正是我们寻找的教育的那个真正的定义。如果教育的概念失去这种质的规定性，也就不能称之为教育了[①]。

二、教育的构成要素

教育作为一种培养人的社会实践活动，是由教育目的、教育者、受教育者、教育内容、教育方法与途径，以及教育环境等若干要素构成的一个相对独立的系统。

（1）教育目的体现着国家和社会在一定时期对教育中其他因素的要求，在整个教育各要素中居于核心地位，是整个教育工作的出发点和最终归宿，它决定了教育活动的方向，并控制着师生们教育活动的节奏，激励着师生们为实现一定的教育目的而不断努力，评定教育的好与坏要看其是否实现了教育目的。

（2）从学校教育的角度看，教育者主要是指教师，他们需要经过一定期限的专业培训，需要掌握不同年龄段受教育者的身心发展特点，代表着国家和社会的利益，是实现教育目的的中坚力量，他们承担的是为国家和社会培养各种人才的神圣使命和艰巨任务，在社会文化与受教育者之间架起通向未来的桥梁。教师队伍的素质、教师工作的质量、教师工作的实际效能，直接决定了教育的质量，关系着国民的素质和国家的兴衰。

（3）学校教育中的受教育者主要是指学生，他们既是教育的对象，又是教育过程中"学"的主体和发展的主体，学生具有极大的潜力，同时也存在巨大的差异。深刻、正确地认识学生的身心发展规律是开展教育活动的前提。

（4）教育内容是国家和社会借助教师欲向学生传递的信息，包括价值观念、思维和生活方式、各种知识和技能等。通常以课程标准、教材以及其他信息载体的形式表现出来。在人类知识迅速增加的情况下，特别在知识经济时代，各级各类学校都要选取文化中的精品充实到学校教育内容中去，做到少而精，既新颖又实用。

（5）教育方法与途径是师生为实现教育目的，完成教育任务所采用的方式、手段和渠道。方法、手段选择得当，教育教学活动就能收到事半功倍的效果，讲授法仍然是最基本的方法，现代信息技术手段在教育领域的广泛应用，增强了教育活动的直观性、情境性和可理解性，提高了学生学习的兴趣，并打破了传统教育中时间和空间的限制，极大地提高了教育的效率。

（6）教育环境主要包括物质形态环境、精神形态环境和制度形态环境。物质形态环境是硬环境，是教育所需物质在空间上的组合，如校舍建设、校园绿化、教室的布置以及教育教学设施设备的配套、完好、高效使用等；精神形态环境是软环境，主要是指教育的舆论、校风、班风、人际关系等；制度形态环境则是指学校的规章制度是否健全、师生是否自觉遵守相关的制度。在信息时代，教育不再只是学校和教师的事情，青少年学生更容易受到互联网等大众传媒的影响，必须注意大众传媒的舆论导向作用，借助积极的舆论导向焕发整个社会对教育事业的理解与支持，争取将各种力量形成合力。

[①] 蒲蕊. 教育学原理[M]. 武汉：武汉大学出版社，2010：10.

三、教育的属性

1. 永恒性

教育是人类特有的社会现象，只要人类社会存在，就存在教育。人类通过教育使新生一代适应现存的生产力，同时适应现存的生产关系，作为阶级斗争的工具，维系各个阶级已有的精神理念、思维方式和生活方式。

2. 社会制约性与相对独立性

作为社会的有机组成部分，教育不可避免地受到一定社会、政治、经济、文化、生态、人口等因素的影响。

在阶级社会，经济和政治上占统治地位的阶级掌握着国家政权，直接或间接地控制着教育。具体表现为政治决定着教育的领导权、受教育权，制约着教育的目的，决定了部分教育内容，尤其是社会科学方面的内容。社会生产力的发展水平决定了教育的发展水平，社会生产力发展水平不同对人才培养的规格要求也不同，生产力的发展影响着学校教育的方法、手段和内容。每个民族都有自己独特的文化传统，包括民族思想信念、价值观念、风俗习惯、思维方式及生活方式等，这些民族文化传统极大地影响着教育内容的选择和构成。通常情况下，各个民族的优秀文化构成教育的必然内容，并通过教育将它们传递、发扬光大，而且不同民族的价值观念影响着教育目的的确定和学校教学方法的选择。人口状况影响教育发展的战略目标和战略重点、结构和地区布局、经费的数额。学龄人口数量的多寡对教育规模的大小及其所需的教育经费的多少都会产生广泛的影响。国家为保证每个学龄人口都有受教育的机会，就必须保证有与之相适应的教育经费、师资、校舍和设备。

教育具有相对独立性，教育的发展有其自身的规律，虽然它受制于社会的发展状况，但这并不意味着任何时候教育都必须与社会同步发展，教育的发展有可能超前或滞后于社会的发展水平。

3. 目的性

人与动物的最大区别就在于人的活动的目的性和活动内容的社会性。人类教育不是产生于生存的本能，而是产生于个体在社会中生存和社会延续、发展的需要。教育是人类特有的社会活动。

与人类的其他活动如生产劳动、社会实践相比，教育是一种有目的、有计划、有组织地培养人的活动。育人是教育的基本目的，也是教育的本体性功能。从社会的角度看，教育活动的目标是使青少年形成一定社会所需要的价值观念、生活方式，掌握当时社会生产和生活所需的知识技能。为此，国家和社会确定了各级各类学校的具体教育目标，并以此培训教师，教师则必须接受国家和社会的主流价值规范，按国家和社会的要求规范自身的言行，对教育的内容进行有效的选择，创设适合青少年身心发展特点的教育环境，开展形式多样的教育活动，以实现不同层次学校的教育目标。能否为社会培养足够的、优质的、各种类型的人才是衡量教育是否成功的标准。从个体的角度看，教育有很强的目的性。对于绝大多数人而言，尽管家庭背景不同，对教育的期望也有所不同，但是都试图通过教育提高自己的社会适应能力，或改变自己的社会地位、阶级属性，扩大自己的生存、发展空间，最大限度地享受生活。

4. 历史继承性

教育具有历史性，同时具有继承性。教育受社会各种条件的影响和制约，并随着社会的不断发展而发生变化。一方面，在不同的社会，教育有不同的特点，在教育目的、教育制度、教育内容等方面反映着一定社会在政治、经济、文化等方面的状况，具有鲜明的时代特征。这在现代社会中表现明显，教育的方方面面都折射着社会发展的气息，如人性化教育、信息化教育、国际化教育、开放化教育、终身化教育等。另一方面，教育作为一种普遍的和永恒的社会现象，有诸多稳定的共同要素，在其漫长的发展过程中，总是在继承了前一历史时期优秀遗产的基础上发展，一些教育成分可能会发生变化，比如新的教育制度、教育理论、教育方法，但无论如何总有一些教育成分是保持不变的，如语言文字、讲授的教育方法、组织形式及自然科学的知识等，它们会在一个相对较长的时间里延续下去。由于教育是长期形成的完整自足的整体，牵一发而动全身，即便是教育改革也要对教育传统进行挖潜整合，"瞻前顾后""左顾右盼"，不可能推倒重来、另起炉灶。当然，这并不是说不能对教育进行科学的改革与创新。

5. 生产性

教育的生产性是指通过各种教育实践使受教育者掌握一定的知识和技能，从潜在的、可能的劳动力转化为现实的劳动力。同时，教育可以继承、传递和创造科学技术，从而促进社会生产的发展，它反映了教育的经济性功能。

教育的生产性是近代以来教育与生产劳动相结合的结果，也是现代社会教育的基本特征之一。大工业生产要求无论从事脑力劳动的技术人员或管理人员，还是主要从事体力劳动的劳动者，都必须掌握现代科学技术知识。但是，这些系统的科学知识、技术仅靠古代师徒制的传授是难以完成的，必须借助学校这一更好的传递场所才能完成对必要知识的掌握。这就要求现代的学校教育必须适应现代生产的需求，要求学校不仅为社会生产的发展培养大批技术人员和管理人员，而且还要培养能够操作机器并适应技术革新的有文化、懂技术的工人，促使教育从与生产劳动相脱离的状态转向与生产劳动密切结合的状态。

有人把教育看作一种产业，认为在现代科技高度发达的今天，教育是生产知识、生产高科技的产业，是生产人力资本的产业，具有明显的产业性。特别是在我国义务教育尚未完全普及，高中阶段教育发展不足，教育供给不能满足人民群众的受教育需求的时期，只有走教育产业化之路，大力发展教育产业，才有可能在较短的时间内解决教育资源短缺和广大人民群众日益增长的享受高层次、高质量教育需求之间的矛盾，扩大教育规模，最大限度地满足人民群众的需求，并对经济发展起到长远的推动作用。另外，通过教育消费，还具有短期内拉动经济增长的功能。这种观点混淆了教育生产性的本意，教育是一种间接的社会生产，是通过在将来的生产领域直接从事某种劳动的人实现的，其发挥的是持续的社会功效，因此不能把教育当作直接的生产和经营活动，追求教育部门短期内的经济效益。教育的产业化在教育实践中的一个结果就是严重破坏了教育的公益性。

6. 公益性

教育是崇高的社会公益事业。教育的公益性是指社会和每个公民都有享受教育的权利，它不以营利为目的，应从文化、精神、体质、社会、环境等方面开发人的潜能，为社会及其每个成员的生存和发展创造各种基本条件。

教育的公益性是现代教育的本质属性之一，也是现代社会人权的反映。在阶级社会，教育具有阶级性；在漫长的古代社会，教育是统治阶级维护统治的重要工具，为少数人特别是为剥削阶级所垄断和主宰；在现代社会，教育为越来越多的人所享受和利用，已成为每个人发展的前提，属于公民的基本权利。现代社会，教育开发了人的潜力，促进了人的全面发展，推动了社会的不断进步，作为教育成果的知识和人才并不是为某个私人所有，而是为整个国家和社会服务。人权决定了教育的公益性，受教育权是生存权的一部分，所有的人，哪怕是生活在偏远落后的地方，为了在现实和未来社会中生存并更好地发展，都会有教育的需要，教育应为全社会、全民服务，而不是仅为少数人服务。

2013年9月25日，习近平总书记在联合国"教育第一"全球倡议行动一周年纪念活动上发表视频贺词指出："中国有2.6亿名在校学生和1500万名教师，发展教育任务繁重。中国将坚持实施科教兴国战略，始终把教育摆在优先发展的战略位置，不断扩大投入，努力发展全民教育、终身教育，建设学习型社会，努力让每个孩子享有受教育的机会，努力让13亿人民享有更好、更公平的教育，获得发展自身、奉献社会、造福人民的能力。"

反思：什么阻碍我国教育公益性发展

阻碍我国教育公益性发展的问题主要表现在以下两方面。

一是教育发展的不均衡。目前，东部发达地区与西部地区的学校之间、各省市城乡学校之间、名校与普通学校之间都存在着不同程度的教育资源配置不均衡和受教育机会不均等的状况，富裕省份与贫困省份之间的中小学预算内生均事业费相差10余倍，985院校与地方高校的教育经费相差极其悬殊。经费投入的差距直接影响到不同学校间设施和设备的配置、师资力量、受教育的机会乃至各学校的发展潜力，各省市高考录取率、一本院校录取率相差也甚远。教育发展的不均衡性严重地妨碍着教育事业的发展，各种择校生纷纷出现，高考移民屡见不鲜。

二是教育的产业化或商业化运营。一些学校组织学生参加生产性劳动获取报酬用于发放奖金，少数公办学校打着"民办公助"的旗号在招生中违规收取各种名目的高额费用；重点高中招生过程中的择校生问题，有的高校在招收博士生时，只录取副厅级以上领导或者个人财富优势者；个别地区为了提高中高考升学率而有组织地作弊等。这些做法不是没有人受益，只是受教育的范围局限在一小部分人之中。公益性意味着人人受益，如果只有少数人可以受益，就谈不上教育的公益性。

有人认为，要使大多数人享受到教育的收益，必须扩大教育规模，要扩大教育规模就必须发展教育产业。如果不发展教育产业，教育的规模就难以扩大。教育，尤其是高等教育就不能成为多数人的"公益事业"，而只是少数人的"公益事业"，教育的公益性就无从体现，教育也就不能成为真正的公益事业。必须认识到，产业化教育必然追求教育的经济效益，提高每个学生家庭的教育成本，其结果就是众多贫困家庭的子女因为经济原因而无法接受相应的教育，教育成了家庭经济实力的反映。如果把教育等同于其他产业，追求与其他经济活动同样性质的投资效益，那么教育就肯定会"变味"，教育的公益性将无法体现，这不符合广大人民的根本利益，最终也不利于教育的发展。

作为公益性事业，任何时候教育都应该主要由政府主办，政府应当明确自身的教育责任，无论财政状况如何，都要把教育特别是义务教育办好。教育产业化必然要求学校教育活动以商业化形式展开，教育机构采取企业化经营，学生受教育也成了一种投资，这种逻辑完全不符合基础教育活动的规律和特点，同现行的《义务教育法》等教育法规相违背，这将导致受教育者对和谐社会核心价值体系的否定，威胁社会的稳定和发展。虽然教育特别是高等教育和各类专业职业教育，必须引入竞争机制，应对市场经济的人才需求，鼓励各种形式的办学，但不应提倡教育产业化。即便是实行市场经济的西方主要发达国家，政府兴办教育也要大量投入纳税人的财富；即便靠个人或团体捐资的私立大学，一般也不是以营利为目的，并可以获得政府的各种财政补贴。一些西方国家提出的所谓的"教育产业化"都是对外而不对内的，比如，中国学生在英国留学要比英国学生多支出几倍的学费。世界上有 170 多个国家和地区实施义务教育，其中有 160 多个国家和地区是全部免费的。正如孔子第 73 代孙、香港科技大学原副校长孔宪铎所说，很多发达国家教育经费都是在宪法中规定的，这表示教育和别的任何事业的性质都不一样。许多国家，没有将国防、城市建设或者外交支出列为占国民生产总值的一部分，但教育会占其中的一定比例，这说明教育不是一个普通的产业。第一，任何一对父母，省吃俭用，勒紧裤带把钱拿出来教育孩子。第二，父母把这些钱拿出来投到教育孩子身上时，从来没有想去算明天、明年有收益。父母只希望孩子这一代自己有收益就好了，而投入其他产业的人则是希望投入就要有自己的收益，两者在性质上有着很大差别，根本不是一回事。

7. 长期性

教育不是短期的、眼前的问题，而是长期的、长远的问题，正所谓"十年树木，百年树人"。它影响到一个国家的国民素质，涉及整个国家的综合实力，而国民素质不仅无法从国外引进，而且不能"速成"，三年五载无法明显提高。今天，社会各个领域所需要的各种人才不是马上就能培养出来的，是过去一段时间教育成果的反映，到过俄罗斯的人都赞扬俄罗斯民族的素质，这是以列宁为首的苏共数十年教育打下的基础，明天所需要的人必须今天着手培养，才能为未来社会进行人才储备。

教育的周期长，是晚结果、结大果的国家大事，但绝不是光花钱而不挣钱的傻事儿，育人之功利在百年。教育必须面向未来，顺应当今社会发展的趋势，坚持正确的办学方向，不断改革创新，使之充满生机和活力，能够高效运行。在决策和管理的层面上，切忌各种急功近利的倾向，科学把握教育的长效性、连续性，努力增强教育发展的后劲，积极推动教育的可持续发展。

小资料：教育投入将促进经济的内涵式发展

在知识型经济时代，集约式增长、创新发展模式的需求更加迫切，教育投入对提高全要素生产率发挥关键作用，它既可以显著提高纯技术效率，促进经济发展方式从规模效率向纯技术效率转变，实现内涵式发展，又可以促进自主创新、提高消化吸收外来技术与创新能力，有利于从要素驱动向创新驱动转变，实现新旧动能转换，增强发展动力。教育投入对于普通地级市和中部城市的影响比区域中心城市和东部城市全要素生产率的影响更显著。因此，要建立教育投入长效机制，确保教育投入的充足性和持续性，注重技术创新，缩小普通地级市和区域中心城市、中部城市和东部城市的生产率差距。

(资料来源：桑倩倩，栗玉香. 教育投入、技术创新与经济高质量发展：来自 237 个地级市的经验证据。

求是学刊，2021(3).)

8. 民族性

教育的民族性是指教育都是在具体的民族或国家中进行的，无论是在思想还是在制度上，无论是在内容还是在方法手段等方面都有其民族性的特征，特别表现在运用民族语言教学、传授本民族的文化知识等方面。正是教育的民族性才使教育表现出如此的多样性。当然，教育的民族性在保存、延续本民族文化的同时，也存在阻止对外来先进文化的吸收问题。教育在保持其民族性的同时，如何走向世界，实现教育的民族性与世界性的统一，是任何时期特别是现代教育必须面对的问题，唯有保证教育的民族性，才能保证人类文化的多元性与和谐发展。

第二节 教育的演进

一、教育的起源

在教育史上，关于教育的起源主要有以下五种不同的观点。

1. 神话起源说

所有的宗教都持这种观点，这也是关于人类教育起源最古老的一种观点。在人类对自身的起源问题缺乏科学认识之前，都持有这一观点。认为教育也是由人格化的神(上帝、天或安拉)所创造的，目的是体现神的意志，使人皈依于神。

2. 生物起源说

持这种观点的代表人物是法国社会学家勒图尔诺(C. Letourneau，1831—1902 年)和英国教育家沛西·能(T. P. Nunn，1870—1944 年)。勒图尔诺在《人类各种人种的教育演化》一书中明确提出教育的生物起源说，认为教育活动不仅存在于人类社会中，而且存在于动物界，"动物尤其是略为高等的动物，完全同人一样，生来就有一种由遗传而得到的潜在教育"。[①]他把老动物对小动物的饲养和爱护等本能活动都说成是教育活动，以此证明教育在人类出现之前就已经存在，而非只是人类所特有的社会活动。沛西·能在他的《教育原理》中也持这种主张，他认为"高等动物，比如狗和猿，它们的生活在许多方面是我们的模型"。20 世纪末，有人在教育起源问题上提出"前身说"，认为在人类社会产生之前，在古猿中已经有了教育活动。

生物起源学说是第一个正式提出的有关教育起源的科学学说，它较早地把教育起源问题作为一个学术问题来研究，标志着对教育起源问题的解释从神话转向科学。这种观点提

---

① 瞿葆奎. 教育学文集[M]. 北京：人民教育出版社，1993.

出后曾经受到人们的猛烈批判，认为生物起源说混淆了人与动物的区别，依据有三：动物没有语言、没有情感、不能制造工具。随着现代技术的进步，对动物研究和了解的深入，人们发现动物界存在语言，只是人类不能完全理解而已，无论是家养宠物还是野生动物都存在丰富的情感表现，大猩猩为获取食物还会制作简单的工具，这说明上述三方面理由均不成立。目前，在欧美国家持这种观点的人比较多。

3. 心理起源说

持这种观点的代表人物是美国教育家孟禄(P. Monroe，1869—1947年)。这种理论用心理起源说批判生物起源说，认为教育的生物起源说没有揭示人的心理和动物心理的本质区别，应该从心理学观点解释教育起源问题。他认为，在原始社会中尚未有独立的教育活动，没有我们今天的制度化的教育活动，原始教育起源于儿童对成年的"无意识的模仿"。孟禄在《教育史课本》中提出："原始社会只有最简单形式的教育，普遍采用的方法是简单的无意识的模仿。"从表面上看，这一观点似乎不同于生物起源说，但如果教育真的起源于儿童对成年的"无意识的模仿"，那么这种"无意识的模仿"肯定不是后天获得的，而是先天遗传的，教育也就成了人类不同于动物的一种本能。实际上，尽管模仿是教育中的一个重要因素，但人类的模仿与动物本能活动的区别还在于它的意识性和目的性。

4. 劳动起源说

它是在批判生物起源说和心理起源说的基础上，由苏联一些政治学者推测产生的。恩格斯在《劳动在从猿到人的转变过程中的作用》一文中有"劳动在一定意义上创造了人类本身"的表述，带有政治倾向的人据此推演出"人类教育起源于劳动"的结论，其主要观点可以概括为：第一，人类教育起源于其劳动或劳动过程中所产生的需要；第二，以制造和利用工具为标志的人类的劳动不同于动物的本能活动，前者是社会性的，因而教育是人类的一种社会活动；第三，教育产生与劳动是以人类语言意识的发展为条件的；第四，教育从产生之日起其职能就是传递劳动过程中形成与积淀的社会生产和生活经验；第五，教育的范畴是历史性与阶级性的统一。近年来，这种观点也受到越来越多人的质疑。有学者指出，"劳动创造了人，那么劳动又是什么？""从本质上说，劳动是人类生存的基本方式"，认为这一观点有断章取义之嫌，它曲解了恩格斯的本意。我国的大部分教育学者认可这一观点，之后反思并提出了需要起源说。

5. 需要起源说

杨贤江比较早地提出教育起源于实际生活的需要。20世纪80年代，中国学者根据劳动与人类起源的关系提出了教育的需要起源说，认为教育起源于人类社会生产和社会生活的需要。主要原因有以下几点。

(1) 尽管原始祖先制造的工具极其简陋，也需要把简单的制造经验传授给后代，否则后代就不得不重复祖先的劳动。

(2) 劳动是一个复杂的过程，其使用工具、时间、地点、程序等都要求参与劳动的成员通晓才能进行下去，通过教育掌握必要的知识是劳动的前提。

(3) 劳动是一种社会性活动，需要参与者相互帮助、共同协作，正确处理个人与集体利益的关系，而这些需要教育来培养。

（4）伴随劳动产生的语言，可以使经验积累和传授借助第二信号系统去完成，这些为教育运作提供了条件。

从个体发展的历程看，人出生后首先接触的是社会环境，熟悉和掌握基本的社会规范，而后才能接触和学习生产知识。如果没有成年人对青年一代的教育，他们就不可能具有社会性这一人的本质规定。也许人能够勉强生存于自然环境中，但很难生存于社会环境中。从此种意义上说，教育对个体而言是发展了人的身心，促使人远离动物界，实现社会化与文明化。教育的需要起源说现在被越来越多的人所认同。

此外，还有文化起源说和道德起源说。前者认为教育是人类为了延续自身的文化而产生的；后者认为教育起源于原始人类对后代的近似生物性的责任与爱①。

二、教育的产生和发展

作为人类的一种社会现象，教育随着人类的产生而产生，并伴随人类的发展而发展。在不同的社会历史阶段，由于政治、经济制度的不同，生产力的发展水平也不同，教育就有不同的性质和特点。

关于各阶段教育的特点国内主要有两种分析模式：一种是按郭沫若对人类社会的划分，将教育分为原始教育、古代教育、资本主义教育、社会主义教育，阶级的色彩浓厚，自我优越意识突出；另一种是按生产力发展水平进行划分，把教育分为原始社会教育、农业社会教育、工业社会教育、信息社会教育等几个阶段。我们认为后一种划分更能反映不同社会形态下教育的本质特点。

(一)原始社会教育

原始社会人类经历了漫长的历史时期。美国人类学家摩尔根在《古代社会》中将原始社会分为蒙昧和野蛮两个时期。蒙昧时期是以获取现成的天然产物为主的时期，野果、野兽占主要部分，人工产品只是用作获取天然产物的辅助成分；野蛮时期人类学会了畜牧和农耕，靠养殖、种植活动来增加物质资料，这一时期的教育还没有从社会生活中分离出来成为专门的事业，教育活动是在共同的劳动和社会生活中进行的。由于生产力水平比较低，教育总体上处于萌芽状态。

这一阶段教育的特点如下。

（1）教育与生产劳动原始结合，两者没有分离，教育是在生产劳动的过程中进行的。

（2）教育具有原始性，没有学校，也没有专门的教师、教材，教育内容贫乏，主要是劳动技能、军事斗争经验和部族礼仪等内容。其中，成人仪式在原始社会青少年的成长中起着非常重要的作用，通常是专门为青少年、儿童举行的，标志着新的生活方式的开始。

（3）教育方法简单，年幼者在与年长者共同劳动、生活中学习各种技能和规范。

（4）教育具有平等性，没有阶级性，所有的部族儿童都是参加学习的对象。

(二)农业社会(古代社会)教育

农业社会教育所对应的是漫长的奴隶社会和封建社会。进入奴隶社会后，生产力发展

① 孙彩平. 教育起源于人的道德：一种新的伦理视角[J]. 江苏教育学院学报，2003(2).

水平显著提高，出现了剩余产品。社会制度发生了变化，出现了私有制，社会日益分化成两个对立的阶级，阶级斗争和阶级压迫成为推动社会发展的重要动力。人与人之间的关系也由原来平等无差别的关系转变为人身依附甚至直接占有的关系。人类对社会和自然的认识水平也有一定程度的提高，产生了古代的哲学、文学、艺术和道德伦理等，数学和医学也得以发展。在这期间，一些文明古国发挥了重要作用，如古代中国、古埃及、古印度、古希腊等。

农业社会教育的基本特点如下。

1. 出现了专门的教育机构和专职的教育人员

学校的出现标志着教育在历史发展中步入了一个新的阶段。学校教育的出现需要具备四个条件：一是社会生产水平不断提高，为学校的出现提供了必要的物质基础，使社会上有一部分人可以脱离生产劳动而专门从事教与学的活动；二是脑力劳动与体力劳动的分离，为学校的出现提供了专门从事教育活动的知识分子，如巫师、吏、卜、贞等就是我国最早脱离生产的知识分子；三是文字的产生和知识的记载与整理达到了一定程度，使人类的间接经验传授成为可能，只有文字产生以后，才有可能建立起专门进行教育、组织教学的主要场所——学校，文字先后在中国、巴比伦和亚述、埃及、印度产生，学校正是在这些最古老的文字产生的地方相继出现；四是国家机器的产生，需要专门的教育机构来培养官吏和知识分子，统治者迫切需要培养自己的继承人和强化对被统治者的思想统治，不论是"建国君民"，还是"化民成俗"，都要创建学校。

知识拓展：早期的学校

据可查证的资料，人类最早的学校出现在公元前 2500 年左右的中东地区，是为培养在陶泥上记载苏美尔王的活动的人才而设立的机构。我国的学校最早出现在公元前 1000 多年前的夏商时代，"夏曰校，殷曰序，周曰庠；学则三代共之，皆所以明人伦也"（见《孟子·滕文公章句上》）。另外，还有"瞽宗"、"辟雍"（西周王城的大学）、"泮宫"（西周诸侯国都的大学），并且出现了专门的教师。在西方，古希腊有斯巴达教育和雅典教育两类典型的学校教育体系，包括文法学校、弦琴学校、体操学校；古埃及王朝末期有宫廷学校等。中国封建社会还出现了"书院"这种特殊的学校。中世纪欧洲出现了"教会学校"和"骑士学校"。教育从一般生产和生活中分化出来成为一种独立存在的社会活动。

2. 教育具有鲜明的阶级性和严格的等级性

在阶级社会，教育具有阶级性，学校教育是奴隶主阶级和封建贵族所享用的特权，奴隶根本不被当作人看待，更谈不上接受学校教育。在古代，我国有"学在官府"之说，奴隶社会出现了庠、序、校、学等不同级别和不同性质的学校，学习内容是礼、乐、射、御、书、数等。奴隶及其子女只能在民间接受家庭教育或在繁重的劳动中学习生产经验和劳动技能。从封建社会开始，教育具有了等级性，即使在统治阶级内部，其子弟入何种学校也有严格的等级规定，如夏、商、西周限定只招收王太子、王子、诸侯之子、公卿大夫之嫡子入学，乡学也只收贵族子弟学习"六艺"，以培养国家大大小小的官吏。在西方，古希腊斯巴达和雅典的学校专为贵族阶级而设。古埃及的宫廷学校只收王子、王孙和贵族子弟入学，普通劳动人民基本上被排斥在古代学校教育体系之外，只能在日常生活和衙门中接受一些朴素的教育，有的也通过师徒制的形式接受一些民间的专门技术教育。

3. 教育的目的是培养古代统治阶级所需要的人才

在漫长的农业社会，学校的主要目的是培养统治阶级所需要的人才，如掌握律法的各级各类官吏、牧师等传播宗教教义的神职人员、骑士与将领等军事人才、医学人才等。同时，学校也对广大劳动人民进行宗教、道德或政治的教化，以使他们服从统治。

4. 教育内容与生产严重脱离

在农业社会，学校轻视体力劳动，形成"劳心者治人，劳力者治于人"的传统观念。这一时期的教育内容依统治需要而定，一般是统治术，比较重视社会的典章制度教育，轻视生产知识传授，读书者把脱离劳动作为他们学习的基本追求，倡导"两耳不闻窗外事，一心只读圣贤书"。西方奴隶社会的教育主要以雅典和斯巴达的教育为代表。斯巴达的教育以军事教育为主，目的是将奴隶主的子女培养成为身体健壮的武士；学习内容为五项竞技，甚至有时以屠杀奴隶作为演习。雅典是一个商业较为发达的国家，它对教育的要求，除体育竞技外，还要学习哲学、文法、修辞三门学科，即所谓"三艺"，注重人的和谐发展，以培养将来准备担任国家要职的人才。中世纪时，欧洲以"骑士七艺"为教育内容。中国则在董仲舒提出"罢黜百家，独尊儒术"后，将儒家的"三纲""五常""六艺"作为封建社会教育的基本内容。教育的象征性功能占主导地位。

知识拓展：古代的教育内容

在古代，多数时期教育是少数人的特权，其与现代学校教育的课程内容完全不同。中国古代教育主要有"三纲"(即君为臣纲、父为子纲、夫为妻纲)、"五常"(即仁、义、礼、智、信)、"六艺"(即礼、乐、射、御、书、数)。读书人通常学习《论语》《孟子》《大学》《中庸》等儒家经典著作。

古希腊的奴隶制国家斯巴达以赛跑、跳跃、角力、掷铁饼、投标枪五项军事竞技项目为教育内容，雅典又增加了哲学、文法、修辞等内容。古罗马除了读、写、算的知识学习外，儿童还要学习角力、骑马、投枪、游泳，并训练其忍耐酷暑严冬侵袭的能力。古代印度除了学习各种宗教教义外，还要学习发音学、音韵学、语法学、字源学、天文学和祭祀等"六科"。古代埃及教育由僧侣和文士承担书吏教育的职责，教授书写、计算和有关律令知识。水平高的学校还传授数学、天文学、医学、工程学等方面的知识。

中世纪时，欧洲的教育内容为骑士七艺，包括游泳、投枪、击剑、骑术、狩猎、弈棋、诗歌等。古代欧洲的大学通常包含四个专业，即文学、法学、神学、医学，学习相关专业知识和技能，培养官吏、法官、牧师和医生。

5. 教育方法刻板，以个别施教为主

古代教育崇尚书本，强调对经典的呆读死记，强调师道尊严，体罚盛行；手工方式的生产决定了教学组织在形式上是个别施教或集体性个别施教，口耳相传。中国古代孔子式的私学和众多的官学、私塾，西方的宫廷学校、职官学校等都是如此。

(三)工业社会(近现代社会)教育

工业革命后，大机器生产取代了原有的手工劳作，第二产业——采掘、制造、加工等

逐渐形成，并成为经济发展的主导或支柱性产业，科学技术的进步成为工业生产的基本动力，对劳动者的素质要求越来越高，管理模式逐渐从专制走向民主，推动了近现代教育的进一步发展。其基本特点如下。

1. 现代学校教育制度逐步建立

在欧洲，随着生产方式的变化和科学技术的广泛应用，大机器生产过程中复杂的劳动使劳动者仅仅凭借自身的体力和传统的技能去操作已不可能，劳动者必须具有一定水平的科学知识、生产技术，要懂得机器的性能，能够正确地操纵机器，而且随着科学技术转化为第一生产力，这种要求将越来越高。脱离实际、等级森严的古代教育和父子师徒相传的流行于手工生产方式的家庭教育、行会教育已不适合大机器生产的需要。只有经过学校教育的系统学习和专门培训，才能培养出现代大机器生产所需要的劳动者和科学技术人才。从 18 世纪开始，一些国家或是改造传统学校，或是新建一批适合于科技发展和大机器生产工艺的学校。此外，政府也出资购买或接管了一些教会学校。

学校教育的职能有了很大的变化，不但要为统治阶级自身培养管理国家和企业的人才，而且要为大机器生产培养大批受过良好教育训练的劳动者。正是这种生产的需要，促使资产阶级改变了害怕劳动人民受教育的观念，纷纷建立新式学校，扩大受教育的范围，积极实施并普及义务教育。义务教育的年限从最初的四年不断延长，到二战前已延长到六至八年。

2. 教育系统逐步完善

伴随着社会分工的日益复杂化和科学技术的发展，近代社会的教育体系也逐渐完善起来，形成了一个多层次、多类别的复杂系统，包括普通基础教育、对劳动者进行单一训练的专门职业教育和技术教育、培养高级专门人才的高等教育，以及各级各类的成人继续教育。

3. 采用班级授课制，课程结构和内容得到了不断的调整，教育手段日益现代化

班级授课制始创于 16 世纪，经夸美纽斯总结后迅速推广，其主要优点是扩大了教育对象，提高了教育效率，可以使学生在短时间内获取大量的知识。近代各国为发展教育纷纷以班级授课制为主要的教学组织形式。

在课程上最突出的一点就是打破了古代社会道德课程或宗教课程一统天下的局面，引入了大量的现代科学课程，如代数、几何、物理、生物、地理、天文等，并把科学课程放在了学校课程体系的核心地位。

随着社会科学的进步和发展，教学设备和教学手段不断改进和更新，教师开始摆脱单一的"粉笔+黑板"的传统教育形式。

4. 教育世俗化，公共性日益增强

从历史的角度看，宗教与教育有着密切联系。在现代教育制度建立之前，教会控制着教育权，教育的目的主要是宣扬宗教思想，接受教育实际上是接受某种宗教思想，教育的阶级性明显，主要是为统治阶级服务，很少反映广大劳动人民的利益和愿望。工业革命后，随着工业大生产知识含量的增加、工人阶级和其他劳动人民争取教育权斗争的不断加剧，以及工业社会管理方式的变化，各国逐步将教育权从教会手中夺回，将教育纳入公共事业，对青年一代开展世俗化的教育。尽管在一些国家还允许宗教在学校教育中存在，但科学的

内容越来越多地进入学校和课堂，并逐步成为学习的主要内容。学校教育是根据社会经济发展的需要培养人才，而不是为了教派的利益进行的，师生关系也由农业社会的不平等关系转变为工业社会的民主关系，由绝对的教师中心走向教师指导和帮助下的学生自治。

5. 教育与生产劳动相结合

以科学技术为基础和核心的现代大机器生产对劳动者提出了更高的要求，广大劳动者既要掌握社会生产生活的一般知识，又要懂得科学技术，通晓生产原理，掌握现代生产技能。在劳动者的素养构成中，文化素质是基础，生产技术素质是条件，靠没有教育的生产过程无法完成，靠脱离生产的教育也很难培养人才，只有通过同生产劳动紧密结合的学校教育，才能培养出大批熟练操作机器的工人、技术人员和管理者。因此，社会生产客观上要求教育必须与生产劳动相结合，反映生产的要求，适应现代生产和国民经济发展的要求，这是社会生产力发展的客观规律。随着教育规模的扩大和结构的完善，教育实践越来越复杂，迫切需要教育理论的指导，这就从客观上促进了教育科学的发展和教育理论的创新。

(四)信息社会(后工业社会)教育

人类真正重视教育、发展教育是第二次世界大战以后的事。二战后，随着科学技术的迅猛发展，信息社会的轮廓初见端倪，生产工具已经从大机器时代进入智能时代，迅猛发展的计算机技术和数字技术已经使当代的生产方式、生活方式和管理方式发生革命性的变革，高度智能化的高新技术产业已经成为信息社会的支柱性产业，传统的第一产业和第二产业也面临着紧迫的技术改造和知识更新问题，由经济全球化所引发的世界一体化速度开始加快，高度的相互依赖和频繁的文化冲突将成为困扰21世纪人类的主要矛盾。现代教育得到了前所未有的快速发展，表现出下列特点。

1. 教育呈现全民化与终身化的趋势

20世纪50年代以来，随着电子计算机、生物工程、光导纤维、激光等新技术的广泛利用，新材料、新能源、信息科学等新一代技术的开发利用，在剧烈的国际竞争中，科学的创造、技术的先进和熟练、劳动者的素质和才能，已成为政治、经济发展的重要因素。在严峻的竞争面前，各国认识到投资教育、开发智力资源要比投资物质资源更为有利，因此十分重视教育，把教育看作本国经济、政治、军事和社会发展的战略重点，受教育权成为与人的生存和发展权紧密相关的一项公民权利，全民教育的理念不断从理论走向实践，所有的适龄人，不分性别、民族、贫富、阶级都要接受一定年限的国民教育。世界各国普遍增加教育经费，延长义务教育年限。

随着知识的快速增加和日益更新，教育已远不局限于学龄阶段，而是贯穿人的一生；受教育也不再是青少年一代的专利，而是所有社会成员的基本需要。1965年，法国的保罗·朗格朗在《终身教育导论》中提出了终身教育的概念后，终身教育成为全球教育发展的一个趋势：科学技术的飞速发展迫切要求知识的不断更新；人口增多使求学者渴望通过不同的途径寻求知识的获得；现行学校的种种限制使终身教育成为一个有效的补充形式；发展中国家致力于智力投资、改变人口素质的需求，使终身教育具有广泛的生长土壤；大众传播媒介的飞速发展和人们闲暇时间的增多使终身教育成为可能。教育的终身化要求教育制度不仅包括学校教育制度，还包括各种校外教育制度、成人教育制度等。

2. 教育民主化与法治化日益完善

民主化是二战后教育发展的最突出特点，受教育者要求拥有同等的入学机会，享有相同的师资、教育设备以及相同的教育发展机会，在学校的学习中享有公平、公开、公正的对待。各国出现的"择校"现象实质上是受教育者追求教育民主的一种表现。师生关系的民主化也是现代教育民主化的一个重要反映，中国古代的"一日为师，终身为父"和西方中世纪的"牧师代表上帝的旨意"等观点，都明显地反映了在师生关系上的不平等和专制，现代社会要求重新评定教师的作用，尊重学生的人格和权利，为学生提供更多的机会和更大的发展空间。在这一背景下，各种尊重学生学习积极性的新教学方法不断出现。

18世纪以后，英、法、德、美等一些发达的资本主义国家开始陆续把义务教育的实施建立在教育立法的基础上。在法律规范中，落实义务教育不仅是国家的责任和义务，也是每一个社会公民平等享受的权利和应履行的义务。只有在教育立法确立之后平等享受教育的权利和机会才有可能实现。西方各主要发达国家的教育法治化进程从基础教育的立法开始，陆续涉及各个层级和教育，既有教育基本法，又有教育单项法。可以说，教育的方方面面都有法律的相关规定。教育法治化是国家干预和管理教育的一种重要手段，是现代教育的重要标志，也是教育民主化的根本保证。

3. 教育发展谋求多元化与个性化

一方面，学校教育不再只灌输单一的教育思想、观念，倾向于为学生提供多种价值观供学生选择：人文教育与科学教育携手并进，既开发人的智力，学习自然科学知识，促进社会物质财富增长和社会发展，又发展学生认识与处理社会关系、人际关系的能力，帮助学生运用一定的价值标准完善心智，净化灵魂，理解人生意义，确立正确的人生观、道德观、价值观，形成一定的道德情感、审美能力、合作精神等，并指导自己的行为和约束他人的行为向合乎人道、合乎规律、合乎人类共同利益的方向发展。另一方面，学校也不再强调某种单一的教学方法的使用，追求多样性，广泛使用强调效率的语言讲授、注重技能培养的实践锻炼、突出学生学习能力的指导性自学，不断提出针对特定学生群体的教学方法，而且教学方法向模式化的方向发展。同时，办学主体、教育投入等也呈现多元化的发展趋势。

个性化教育强调人的发展，以维护学生个人尊严和尊重个性为基础，改善学校日常生活中的各种环境条件，努力使教育环境更加"人性化"，不断扩大教育选择的自由，增加教育选择机会，重视学生创造性、思维能力和表达能力的培养。教育关注的不只是教师向学生传授了多少知识，还包括学生掌握了哪些方法，是否学会了学习，是否参与了适合自己的学习和活动。一些国家在教育中重视学生的发展状况，将学生的各种作品充分展示而不是考虑作品的水平问题和质量，如日本和法国，班级的规模也越来越小，以为每个学生提供更多的机会。

4. 教育发展信息化、开放化与现代化突出

随着世界科学技术的飞速发展，社会的产业结构、政治经济制度、人们的生活条件和生活方式都发生了全方位的变化，社会现代化的程度日益提高，都市化、商品化、工业化和国民参政的程度以及识字率、国民收入不断提高，大众传媒体系越来越发达，社会流动越来越广泛，进而带动教育的不断现代化。教育现代化有两大基本表现：一是教育要尽可能地适应现代社会发展对人才的需求；二是要实现教育自身的现代化，即实现教育观念、

教育制度、教育内容、教育设施设备、教育方法手段和师资队伍的现代化。

"教育信息化"的概念是美国在20世纪90年代伴随着"信息高速公路"的兴建而提出的。在这一计划中，美国政府强调把信息技术(Information Technology，IT)在教育中的应用作为实施面向21世纪教育改革的重要途径，之后在美国先后出现了无黑板教室和无黑板学校，校园网快速发展起来。美国的这一举动引起了世界其他国家的连锁反应，许多国家也相继制订了推进本国IT在教育中应用的计划。

教育信息化就是在教育系统的各个领域全面深入地应用现代信息技术，加速实现教育现代化的过程。其基本特征表现在两个方面：一是数字化、网络化、智能化、多媒体化，借助设备简单、性能可靠和标准统一的教育信息技术系统，实现信息资源共享，突破时空限制，使教学行为更加人性化；二是开放性、共享性、交互性与协作性，可以打破以学校教育为中心的教育体系，使教育社会化、终身化、自主化，使大量丰富的教育资源能为全体学习者共享，并能实现人机之间的双向沟通和人与人之间的远距离交互学习，促进教师与学生、学生与学生、学生与其他人之间的多向交流。[1]

在信息社会，学校教育已不再是唯一的学习场所，将那些具有应用前景的前沿科学技术直接、快速地转化为生产力，从而备受世界各国政府和企业界的青睐。随着大数据、人工智能等新兴核心技术在教育领域的广泛应用，未来学校可以无感知地、伴随式地采集学生的学习数据、生理数据、行为数据和教学环境数据，通过大数据建立学生的个性化发展模型，全面了解学生的学习画像，实现个性化教学，并对学生的自主学习，对社会提供给学生的公共服务，对教师的精准教学、精准教研，对基础教育决策进行探讨和改革，还可以提供线上线下的融合学习空间，构建面向过程的学习评价，实现学生个性化、有选择性的学习，建立未来个性化学习体系。[2]

5. 教育的国际化与本土化相互交融

随着全球化的深入发展以及新技术革命的广泛突破，全球生产关系和岗位分布出现了一体化倾向，局限于某国某校园内的封闭式教育已难以适应当前的发展。来自不同地区的人口频繁跨境流动，规模越来越大，使跨文化沟通和国际理解成为教育的新使命。这就促使在世界范围内教育的国际交流与合作日益增加，各国教育的相互联系普遍增强，以民族国家为基本单位的教育体系正在跨越民族文化和国家的边界而日益连成一体，相互的交流与合作几乎成为一个国家教育健康发展所必不可少的条件。各国在教育思想、教育内容、教育方法和教育模式等方面的相互交流和相互影响也更加频繁和深刻，世界各国所面临的教育问题也出现了一种世界范围内的一致性。各国为了迎接这一共同挑战，世界上不同的民族和国家的确有必要联合起来，相互交流和解决这些教育问题的办法和经验，并且互相合作、互相帮助，为解决好这些国际性和世界性的教育问题而共同努力。各种国际性的教育组织和机构对世界教育发展的积极介入，从社会结构上标志着教育国际化的潮流。

当然，不同国家在不同发展阶段参与或推进教育国际化的目的不尽相同，有提升本国教育水平的，有注重吸引全球高水平人才的，也有热衷于扩大本国文化影响力的，还有为了追求教育服务贸易带来的经济收益的，等等，许多国家参与或推进教育国际化的目的常

---

[1] 郭剑锋. 山西省基础教育信息化应用模式研究与探索[J]. 中国信息技术教育，2014(3).

[2] 万昆，任友群.技术赋能：教育信息化2.0时代基础教育信息化转型发展方向[J]. 电化教育研究，2020(6).

常是多重的。

本土化是相对国际化而言的，所以两者是不矛盾的。正是因为教育要国际化，才提出在国际化过程中要结合民族特点，使之本土化。因此，不存在纯粹的本土化，不能说本民族的文化才是本土化，民族文化是自然存在的，无所谓本土化的问题。

我国在 2010 年 7 月公布的《国家中长期教育改革和发展规划纲要(2010—2020 年)》中明确提出："加强国际交流与合作"，"提高我国教育国际化水平"。推进教育国际化，对于我国实现教育现代化，进入人力资源强国行列具有重要的战略意义，主要通过合作办学、聘请专家，吸引世界一流的专家学者来华从事教学、科研和管理工作，合作与交流，开展政府之间、学校之间的合作，互派留学生，与国际组织合作，开展国际理解教育，培养国际化人才。[①]

第三节 21 世纪主要的教育改革

教育的价值在于挖掘个体的潜能，为个体发展提供帮助，同时，满足社会发展的需求，为社会培养所需要的人才。无论是个体需求的提高还是社会需求的变化，都对教育提出了新的要求，推动教育不断进行改革。从历史的角度看，现代教育建立后的教育改革往往是由当时教育较为先进的国家率先实施的，几乎世界上的每一个国家都从其他国家借鉴了教育发展的经验，进而变革自己的教育体制。二战前德国是教育发展和改革的先锋，二战后美国领导了世界教育改革的进程。

纵观各国的教育改革，基本上是在两个维度中变化：一是数量问题，多少个体获得受教育的机会，教育倾向于哪部分群体；二是质量问题，如何提高教育投入的效率，如何保证国家所需要的精英人才。

一、美国 21 世纪的教育改革

1. 小布什的《不让一个孩子掉队》法案

进入 21 世纪，美国的教育改革尤为引人注目。2001 年 1 月，刚上任的美国总统小布什提出了他的教育改革方案——《不让一个孩子掉队》法案(No Child Left Behind)，该法案最初的目的是消除 7～12 年级学生成绩在工业化国家中居末尾的体制。到 2014 年前，确保所有美国儿童具有相应的阅读和数学水平，关注贫困家庭和少数族裔儿童。

教育改革包括以下几项主要内容：缩小成绩差距，州、学区和学校必须负责保证所有学生，包括处境不利的学生达到较高的学业标准；各州必须建立一套奖罚制度以使学区和学校在提高学业成绩方面承担起责任；把阅读放在首位来提高读写能力，"阅读第一"(reading first)项目下可以获得资助；增加教学技术投入，提高灵活性，拟建立一种对肩负改革和责任制的州和区予以特许选择的制度，减少官僚主义。对缩小学业差距进行奖励，如果某州

---

① 顾明远. 教育的国际化与本土化[J]. 华中师范大学学报(人文社会科学版)，2011(11).

未能达到业绩目标以及未能展示学业成绩的成果，那么，教育部部长将有权减少该州从联邦得到的行政开支经费；帮助家长做出明智选择，学校对家长的报告制度，家长可以通过查询一所学校的各类学生群体的学生成绩报告卡，来了解自己孩子的情况以做出明智的选择，拟向特许学校提供启动资金、设备以建立更为安全的21世纪的学校；保护教师，拟赋予教师更大的权利，以解决课堂暴力问题或做好问题学生的工作；改善学校安全状况，增加对学校的资助，以促进校内外的安全以及毒品预防工作，向校内犯罪的受害人或陷入持续危险状态的学校学生提供安全的保障；加强品格教育，向州和学区提供品格教育资助金，其目的在于培训教师掌握将品格培养的内容和活动融入课堂的方法。

2. 奥巴马的教育政策与改革

2009年1月20日入主白宫后，奥巴马立即在白宫官方网站上公布了教育改革的大政方针，并且通过拨款改革《不让一个孩子掉队》法案，其政策要点表现为：开展新的评估系统，延长课时，提高课程标准以提高教育质量；增加教育经费，力争使美国所有保证过的教育经费兑现；加大早期教育投入，鼓励各州自愿普及幼儿教育；加大政府资助力量，增加特许公立学校的数量；在教师薪酬上引入激励机制，推行教师绩效工资，奖励优秀教师，逐步淘汰滥竽充数的无能教师；大力吸引优秀人才到中小学从教，帮助学校每年招聘3万名教师；高等教育应保持低学费，使中低收入家庭的学生能上得起大学，支持提高奖学金金额并简化学生助学贷款申请程序；要求美国学生准时上学、专心听讲、远离麻烦以及延长学习时间[①]。

2009年7月24日，美国启动"竞争卓越"(race to the top)计划，提供40多亿美元资助各州改革基础教育，供各州政府申请，以推动中小学数学和科学等学科的教育改革。2010年6月，美国颁布了首部《州共同核心课程标准》，试图改变美国各州课程标准差异极大的混乱局面；课程标准的制定是由民间组织联合发起的，各州有权决定是否采用；课程标准的难度有所增加，立足为学生的未来发展夯实基础，从而确保美国在国际上的竞争力。现在已有48个州同意采用此标准，联邦政府还将通过"竞争卓越"计划对采用此课程标准的州给予资金支持，从而影响美国基础教育未来的走向。

奥巴马于2013年连任美国总统，制定并实施了一系列教育改革措施，致力于全面提升教育质量、引领教师专业发展、规范完善教育立法、发展教育信息技术、加大教育经费投入、对特殊群体提供更多的保障等方面。美国"重新设计高中改革计划""尊敬教师专业(RESPECT)政策蓝图"、《每个学生都成功》法案和《2016年国家教育技术规划》，推动美国教育改革走上了更高的台阶。

3. 特朗普时代的美国教育改革

作为奥巴马的继任者，唐纳德·特朗普入主白宫后反对联邦政府教育的主导地位，对奥巴马的教育政策多持否定态度。积极推行"小政府、大市场"的教育理念，减少联邦政府及相关教育部门对高等教育的干预和监管，引用竞争、择校、教育券等市场化方法促进教育质量的提升。特朗普曾经旗帜鲜明地反对联邦教育部等政府机构对教育的干预，提出限制联邦教育部的权力，并要减少其财政预算。

---

① 孙颖. 奥巴马政府教育改革的政策研究与启示[J]. 外国教育研究，2011(4).

在基础教育领域推行的改革主要涉及州共同核心标准的存废问题和实施择校政策。在高等教育领域，特朗普主张降低大学学费，强调通过各种激励措施减免学费，加大对学生的资助，并丰富高等教育的入学选择。他提倡构建相对于传统四年制大学的新型学习系统，将技术学校、网络大学、终身学习和私营企业主导的工作本位学习等多种形式纳入新型学习系统中，同时出台相关政策推进它们的可支付性、创新性和透明性。

特朗普政府与奥巴马政府在教育政策上的差异，造成了教育界的无所适从，拜登政府又反对特朗普时期的主张，美国教育改革的困扰仍将继续。2022 年 5 月 24 日，美国得州小学校园枪击案再次提醒人们美国校园的诸多问题仍未得到解决。

二、日本的教育改革

日本是我们的邻国，面对经济全球化、信息一体化、国际化和科技迅猛发展的国际背景，同时也面临着国内人口高龄化、子女急剧减少、学生学习欲望低落、逃学、校园暴力增加、学习成绩下滑、家庭和社区教育能力下降、大学财政困难等诸多问题。

2002 年，日本修订后的课程标准——新《学习指导纲要》正式实施，基础教育改革进入新的阶段。它旨在通过给学生宽松的自由想象空间，以期充分发挥学生的个性特长，培养学生的创新意识、创造能力和生存能力，培养具有国际竞争力的人才。改革减少了原教学内容的三分之一，并减少了课时总数，充实和加强信息技术教育、外语教育、国际理解教育、环境教育和健康教育以及应对高龄化社会教育。根据青少年犯罪率的不断提高，加强青少年的心灵和环境教育成为最新的教育内容[①]。

2006 年 10 月，日本政府设立了由首相召集的“教育再生会议”，教育改革进入“教育再生”阶段。2008 年 7 月，日本政府第一期《教育振兴基本计划》，规定了 2008—2012 年度期间的教育改革政策，主要包括四个基本方向：社会全体致力于提高教育；尊重个性、发展能力，培育作为个人及社会一员的生存基础；培育教养与专业兼备的、知性丰富的人才；确保学生的人身安全与内心平安，创造高质量的教育环境。

2013—2019 年，日本教育改革进入“教育再生实行”阶段[②]。

2013 年 1 月，日本政府设置了直属内阁首相的“教育再生实行会议”。截至 2019 年 5 月，该会议共提出了 11 项改革建议方案，包括欺侮问题的应对；教育委员会制度改革；今后的大学教育改革；高中教育与大学教育的接续、大学入学者的选拔方式；今后的学制改革；实现“继续学习”社会、全员参加型社会、地方创生的教育方式；今后时代所需的资质能力及其培育方式；为实现教育立国的教育投资、教育财源改革；发展所有学生的能力、实现其可能性的教育；为使教育能培养学生提高自我的肯定感、亲手开拓未来，而提高学校、家庭、地方的教育力；适应技术发展的教育革新、应对新时代的高中改革。内容几乎涵盖所有教育领域，且均被贯彻实施。在整体教育改革方面，2013 年 6 月，日本政府制定了第二期《教育振兴基本计划》，具体方针包括培育社会生存能力，培养活跃于未来的人才，建立学习的安全网，形成有联系和活力的社区。

---

① 李水山，黄长春，李鹤. 新世纪日本教育的改革与发展特点[J]. 职业技术教育，2005(34).

② 臧佩红. 平成时代日本的教育改革及其启示[J]. 外国教育研究，2022(1).

2018年6月，日本政府批准第三期《教育振兴基本计划》，确立今后教育政策的中心是面向"人生100年时代"超智能社会。教育改革的基本方针是：培育怀有梦想与志向、挑战不可能性的必要能力；培育牵引社会持续发展的多样性能力；创造终身学习及活用于社会的环境；建立每个人都成为社会主力的学习的安全网；完善推进教育政策的基础。

三、德国的教育改革

德国一直对自己的教育引以为豪，也始终按自己的节奏发展教育。但是，2000年德国首次参加PISA(国际学生评价项目)，数学和科学素养排名20，阅读素养排名21，远在OECD平均分之下。PISA2000评估结果令德国教育体制深受打击，在社会各界引起"PISA震惊"，促使德国政府开始检视其教育，进行教育改革。截至2014年，德国教育改革的主要措施集中在以下几点。

(1) 制定全国统一的中间课程标准。德国是地方分权的国家，各州教育标准不一。PISA2000测试结果显示，德国各地区的教育水平参差不齐，差距悬殊。为了缩小各州之间的差距，2003年联邦政府确定了从小学到高中基础教育全部核心课程的国家课程标准，并把教学任务具体化，描述细致，便于各类学校把握。

(2) 实施新的可量化的教育评价。2004年，德国成立了挂靠在洪堡大学内的国家教育研究所(IQB)，负责研制教育标准、能力模型、评价系统和试题库。2011年，德国正式建立数学、德语的质量标准，IQB还组织制定了全德合格学校标准，各州开展教育督导评估，并由学校内部自评、外地校长领队进驻评价来共同评估学校。

(3) 建立全日制学校，重视教学实验。德国原来实行的是半日制教学，新世纪教育改革中陆续创建全日制学校，支持各学校自下而上地开展教学实验。学校课程设置的自主性也大幅提高，特别是越来越多的德国中学将汉语作为外语开设。同时，鼓励学生根据自己的兴趣和能力选择特长课和基础课，制订个人学习计划。

(4) 加强教师队伍建设。德国教师的筛选、培养无疑是值得学习的，但终身制又助长了部分教师的惰性。"PISA震惊"后，德国采取了"走出去，引进来"的策略。2004年，德国颁布的《教师教育标准》强调教师的教学、教养、评价、创新能力，教育政策的调整赋予教师更多的权力和责任，教师需进行继续教育和定期培训。

(5) 重视学科联结和校企合作。为培养学生的思维方法和解决问题的能力，强调以一个学科为中心选择一个题目，围绕这个中心题目，运用不同学科的知识，展开对所指向的共同题目进行加工、设计教学与学习。德国学校注重学生与社会的互动，寻求校外合作开展综合课。学校会提供就业方面的讲座和咨询，组织学生到企业参观、实习。

(6) 增加教育经费，关注具有移民背景的学生教育。德国在教育和科研领域的支出占国内生产总值的比例由2009年的9.3%增长至2015年的10%，且经费投入向薄弱的州和学校倾斜。鉴于来自工人和移民家庭的学生成绩差，德国政府对移民子女和困难的学生弱势群体给予资金的援助，并进行个性化辅导和小班课外补习。

四、中国 21 世纪的教育改革

改革开放后，我国教育事业发生了大的变化。以恢复高校招生考试、恢复重点学校、恢复专业职称评定这三个恢复为契机，进入一个拨乱反正、重新定向和定位的新的运行轨道。20 世纪 80 年代，我国有步骤地实行九年制义务教育；90 年代提出深化教育改革，全面推进素质教育；进入新世纪，中国教育随着经济社会的快速发展而不断改革。

2000 年 7 月，教育部颁布《基础教育课程改革纲要(试行)》。涵盖中小学义务教育的 18 门学科的国家课程标准已研制完成，9 月 1 日起进入基础教育课程改革实验区，于 2003 年秋季全面展开。

2001 年 1 月 1 日，中国政府向全世界庄严宣布：中国如期实现基本普及九年义务教育和基本扫除青壮年文盲的战略目标。2001 年底，全国"普九"地区人口覆盖率达到 85%，青壮年文盲率下降至 5% 以下。

2006 年，新修订的《义务教育法》以法律形式明确了义务教育的免费原则，并对义务教育经费保障机制改革的主要内容予以确立。2008 年秋，义务教育阶段学生免收学杂费推广至全国。至此，义务教育实现"全免费"，几代中国人的梦想终成现实。

2010 年 6 月，《国家中长期教育改革和发展规划纲要(2010－2020 年)》的出台，为中国教育改革贯彻优先发展、育人为本、改革创新、促进公平、提高质量的方针政策提供了依据。为保障教育改革发展，国家不断增加教育投入，逐步提高国家财政性教育经费支出占国内生产总值的比例，到 2012 年达到 4%。同时，不断扩大社会资源对教育的投入，改善教师地位待遇，提高教师素质，鼓励优秀人才长期从教、终身从教。

2014 年 2 月 26 日，国务院常务会议通过《关于加快发展现代职业教育的决定》，中国将以建设现代职业教育体系为突破口，对教育结构实施战略性调整，而这一调整集中在高中和高等教育阶段。现有近 2500 所高等院校中的 1600～1700 所学校将转向以职业技术教育为核心，面向生产一线，培养以技术为基础的技能型人才，从教育模式、教育机制到人才培养模式，均以就业为导向，强调"学中做、做中学"，淡化学科，强化专业，培养技术技能型人才，充分发挥市场的作用，以市场的力量来办学。这一教育结构的调整必将影响整个教育体系的改革。

2018 年，党中央召开改革开放以来的第五次全国教育大会，提出要坚持公益普惠大力发展学前教育；保证国家财政性教育经费支出占国内生产总值的比例不低于 4%，调整优化支出结构，向农村、边远、贫困、民族地区倾斜，向学前教育、义务教育、职业教育倾斜；加强各类学校课程教材建设和管理；以"双一流"建设推进高等教育内涵式发展；落实教育立德树人的根本任务，大力提升教师思想政治素质和师德涵养。

2019 年 3 月 18 日，习近平主持召开学校思想政治理论课教师座谈会，与来自一线的思政教师代表和教育工作者畅谈、交流。2019 年 7 月，国务院召开全国基础教育工作会议，开启了基础教育高质量发展的新征程。11 月，中共中央、国务院印发《新时代爱国主义教育实施纲要》，明确提出新时代爱国主义教育要面向全体人民、聚焦青少年，把青少年作为爱国主义教育的重中之重。同时，教育部出台 3 个重要配套文件，就加强和改进新时代基础教育教研工作、加强初中学业水平考试命题工作、加强和改进中小学实验教学提出具体要求。《中小学生减负措施》推出后,许多省份从优化课程、提高质量、家庭社会协同等方面综合出台了实施方案。

2020 年突如其来的新冠肺炎疫情,给中国教育带来了深刻考验。"停课不停学"为 2 亿多大中小学生居家学习提供了保证,这场大考在集中展现基础教育信息化建设和"互联网+教育"成果的同时,也成为一次探索混合式教学实施路径的生动实践。

2021 年是教育改革持续深化的阶段。新入学高中生高考进入不分文理科的新模式,中考改革,普高与职高五五分流也牵动着家长们的心。

2021 年 7 月 24 日,国家颁布《关于进一步减轻义务教育阶段学生作业负担和校外培训负担的意见》,开启了新发展阶段的一项重大改革。此次"双减"政策以减轻学生过重作业负担和校外培训负担为切口,意图通过系统发力,让教育回归学校、回归立德树人的本质,让商业逻辑回归教育逻辑,重构教育领域政府、市场与社会的关系,从根本上破解我国基础教育领域畸形的"双轨制"格局,消解教育内卷。

"双减"政策的执行大体要历经三个阶段,即"双减"政策发布后 1 年内要有效减轻学生过重作业负担和过重校外培训负担、家庭教育支出和家长相应精力;1~3 年内要成效显著、人民群众教育满意度明显提升;"双减"政策发布后 3 年及更长的时间段,要落实立德树人根本任务、建设高质量教育体系、强化学校教育主阵地作用、构建教育良好生态、有效缓解家长焦虑情绪、促进学生全面发展和健康成长。

2022 年 3 月,教育部颁布义务教育课程方案,继续深化基础教育改革。

教育对一个国家和民族来讲,关系到国家的兴衰、民族的未来;对一个家庭来讲,关系到一个家庭的幸福;对学生个人来讲,关系到其一生的前途。尽管大家都希望教育越办越好,但教育领域还存在许多悖论。顾明远先生就提出了中国教育的八个悖论,即形势大好却纷纷留学、素质教育却狠要升学率、减轻负担却苦不堪言、减少考试却各种测评、鼓励创新却限制思维、热爱学生却三六九等、尊师重教却校闹不断、望子幸福却压抑孩子等,这值得广大教育工作者反思。

实 践 指 导

调查多种形态的教育:收集各国教育经费占财政支出的比例,体会政府对教育的重视程度;统计电视、报纸、网站上教育栏目与内容,深入学校周边的教育培训机构,了解家长与学生参加补课的时间、费用等状况,理解教育在社会生活中的重要价值。

问题与思考

1-1 人是否真的是教育培养的?为什么有相当一部分人不能成为人才?

1-2 你是怎样理解一些地方的教育产业化行为的?

1-3 信息技术的发展对教育提出了哪些挑战?

1-4 地方高校转型发展对大学生将产生什么影响?

1-5　发达国家的教育改革给我们带来了哪些启示？

参 考 文 献

[1]　姜德君. 比较教育学[M]. 北京：清华大学出版社，2016.

[2]　陈桂生. 学校教育原理[M]. 上海：华东师范大学出版社，2012.

[3]　全国十二所重点师范大学联合编写. 教育学基础[M]. 北京：教育科学出版社，2014.

第二章　教育与社会发展

本章提要

- 教育与社会各因素相互制约、相互促进。
- 政治决定教育的领导权、受教育权、目的和部分内容，教育通过培养人才、传承优良的道德、传播思想意识、影响舆论、推动民主进程等方式影响社会政治生活。
- 经济水平决定了教育发展的结构、规模、发展速度和人才规格，教育借助培养经济发展所需的人才、传递和创造科学技术推动社会经济的发展。
- 文化影响着教育，教育可以传递、保存、选择、整合、激活、批判、更新与创造文化，并促进文化的交流、吸收、融合。
- 人口影响着教育，教育是控制人口数量、提高人口素质的重要手段，并影响人口的结构与迁移。

作为一定社会的有机组成部分，教育不可避免地受到社会、政治、经济、文化、生态、人口等因素的影响。同时，教育通过培养人才反过来作用于社会、政治、经济、文化的发展。

第一节　教育与政治

关于什么是政治，目前似乎无法得到大多数研究者认可的、准确而全面的结论。有人认为政治是国家的活动，是治理国家，是夺取或保存权力的行为；有人认为政治是一个国家内各阶级为维护本阶级的利益，处理本阶级内部事务以及与其他阶级、民族、国家的关系所采取的直接或间接的策略、手段和组织形式；还有人认为政治是国家制度、法律、政党和政权活动的总称，是统治阶级和被统治阶级之间权力斗争、统治阶级内部的权力分配和使用等。

但无论如何，政治(或政治经济制度)对于人们的社会生活有着非常密切的关系和头等的重要性。教育作为社会构成中的一部分，与政治有不可忽视的、密切的关联：一方面，政治决定着教育的发展；另一方面，教育又对政治具有一定的影响。

一、政治对教育发展的决定性作用

在阶级社会，政治上占统治地位的阶级掌握着国家的政权，直接或间接地控制着教育，这也就决定了教育的性质、教育的方向和为谁服务的问题。具体表现在以下几个方面。

1. 政治决定教育的领导权

教育的领导权直接反映教育的性质和发展方向。在阶级社会，谁掌握了生产资料的所有权，谁就能控制学校教育的领导权。因此，政治(或政治经济制度)决定教育的领导权。统治阶级通过把控人事权、制度权、财政权、舆论导向权掌握着教育的领导权。

(1) 人事权。现代社会，各国通过国家政权决定教育行政机构的设立、权限，规定学校领导者、教师和其他工作人员的聘用、考核和晋升。比如，法国的各大学区总长和省督学就是由总理提名、总统任命，美国多数州教育委员会的成员也是由州长任命的，日本地方教育行政机构的负责人虽然是通过选举产生，但必须经文部省大臣批准才能上任。我国中小学的校长负责制、高校的党委领导下的校长负责制也是政治决定教育领导权的反映。

(2) 制度权。统治阶级通过制定各种符合本阶级利益的教育政策和法令控制教育，并以强制的手段监督执行，使教育沿着既定的方向发展。其中，既涉及宏观的国家教育行政体制、培养目标的制定，也涉及微观的对于学校内部各种行为、活动的规范。比如美国、德国属于典型的地方分权体制，中国则是中央集权制，这与各国的政治制度相关；既有义务教育法在内的各种教育法律法规，又有诸如教师行为、道德规范、学生守则之类的专有对象规定，各国师生的行为规范与主流社会的价值观是一致的。

(3) 财政权。统治阶级利用经济力量掌握教育的领导权。通过拨款、捐献教育经费等办法，间接实现对教育的领导和管理，控制教育发展的规模和速度，决定教育机构的存亡。各级各类学校教育的发展都离不开经济的保障，统治阶级对处于自己控制下的教育给予财政上的扶持，以巩固其对教育领导权的控制。在英国殖民统治印度初期，印度的民族主义者也试图开办学校对抗殖民文化，英国采取的措施是只对以英语为教学语言的殖民学校给予财政支持，其结果是殖民学校得以快速发展，民族主义学校萎缩，西方文化在印度上流社会和精英阶层占据主导地位，英语至今仍是印度的官方语言。即便是在由地方政府把控的美国，联邦政府也经常采用经济资助的方式左右地方教育。

(4) 舆论导向权。统治阶级借助其掌握的舆论工具来影响和控制教育。掌握政权阶级在各种大众传媒工具上具有优势，可以宣扬自己的价值观念，形成某种舆论，影响主流意识形态。世界主要媒体实际上都是不同阶级或政党的代言人，其所发出的声音带有强烈的政治色彩，并且各国都建立了教科书的审定制度，通过教科书的审定、参考书的编订、各种读物的发行以及对教师思想上的影响等办法左右教育工作，比较典型的是日本为否定二战中的罪行，不断修改历史教科书，引发亚洲一些国家的强烈抗议。

反思：由《辽宁日报》对教师的公开信引发的争议

2014年11月14日，《辽宁日报》发表了一封致高校教师的公开信：《老师，请不要这样讲中国》。文中提到"大学的教育，正是要研究和探索中国实现现代化的方法路径，正是要构建符合世界先进潮流的文化体系，正是要通过知识的传承去承载中华民族的未来。因为特殊的职业身份，老师不再普通，也不能普通。你们不是在公园的人群中随意褒贬时事的那个人，更不是在虚拟的互联网上灌水拍砖的那个人"，"'呲必中国'现象也一定程度存在，有的还很过分，必须引起教育界的警觉和重视。"，并概括出中国大学课堂上存在缺乏理论认同、缺乏政治认同、缺乏情感认同三类问题，提出"中国的路，肯定不会笔直，势必遇到沟坎，但借别人的尺子来规划、用西方的刻度来丈量是行不通的。大学的老师，当然懂得这个道理，应该把这个道理传授给学生"。

公开信引发各方激烈争议：一方面，主流媒体和一些学者对该文力挺，认为该文在整体上肯定高校工作的同时揭示了当前一些高校教师的不当行为，提出的建议也是合情合理的；另一方面，该文也遭到了某些"名人"的责难，一些网友也加入进行轮番炮轰和围攻，他们甚至控诉该文观点试图褫夺大学教师的批判权。从政治对教育决定作用的角度看，《辽宁日报》作为执政党省一级的机关报直视高校思想意识教育的一角，对维护意识形态安全、保护青年一代身心健康属于职责所在，无可厚非，毕竟《辽宁日报》不是娱乐传媒，也不是美、日媒体。也许《辽宁日报》的公开信行文或有不周之处，然其意义还是积极深远的。针对目前社会沉渣泛起，暗流涌动，"呲必中国"者大有人在的局面，加强对高等教育意识形态的引导、规范，对于维系政权稳定、维护社会稳定和发展具有特殊意义。

2. 政治制约着教育目的

教育的根本任务是培养人，培养具有什么思想意识的人、为谁服务都是由一定的社会政治经济制度决定的，政治、经济制度特别是政治制度是直接决定教育目的的因素，不同社会的政治经济制度不同，教育的目的也就不同。统治阶级决定着教育的领导权，从而决定了教育的目的是为维护本阶级统治而培养各种人才。国民党统治时期，教育的根本目的是培养"三民主义"的接班人；中华人民共和国成立后，我们要培养的是共产主义(现阶段为社会主义)事业的建设者和接班人。

3. 政治、经济制度决定了部分教育内容，尤其是社会科学方面的内容

教育内容是教育目的的具体体现，不同的政治经济制度、不同的教育目的下有着不同的教育内容，突出表现在教学语言、历史、政治或品德等社会科学方面的课程中。

关注：教学语言与政治

在外国首脑来访的介绍中，通常会涉及一个国家的官方语言。为什么？因为语言是带有政治性的，官方语言表明了学校教育的教学语言，包含一定的政治理念，所以英国在各个殖民地推行英语教育，德国人在占领区推行德语教育，西班牙在南美国家推行西班牙语。新加坡虽然有 80%的人是华人，但它曾经是英国的殖民地，又曾经是马来西亚的一部分，所以英语是国语，马来语是母语，华语只是辅助性语言。每一个民族的语言都包含着其特有的观念，语文教材中篇章的选取体现着特定的价值观和意识形态，优雅的词句很多，却不是每一个都能入选中小学课本。各国的历史更是如此，八国联军所属的任何一个国家都不会写它们的侵略行为，即使是一个国家，不同的政权对同一历史事件也会有不同的评判。

2014 年爆发的乌克兰危机与教学语言也有关系。俄罗斯希望乌克兰保持中立，双方维持原有状态，但乌克兰新政权却下令东部原来采用俄语教学的俄罗斯族为主的地区，以乌克兰语为教学语言开展教育教学活动，旨在去俄罗斯化。这被俄方理解为在价值观上、在政治上与俄罗斯的彻底决裂。

4. 政治决定了受教育权

设立怎样的教育制度，让什么人接受什么样的教育，检验不同教育系列的标准怎样确定，基本上是由政治经济制度决定的。社会成员能否享有受教育的权利，是由其在社会中

的政治、经济地位决定的。由于不同的阶级在政治、经济上的地位不平等，其受教育权利和机会也不平等。各国王室子弟通常是在国内外最好的学校接受教育，英国的一些历史悠久、举世闻名的公学，其对象主要是贵族子弟；中国国内各省中高考也都有相应的照顾政策，本质上也是为了维系统治阶级在政治上的需求。

反思：中考、高考加分的争议

近年来，国内中高考加分现象凸显，典型的如深圳为金融界高层子女加分、银川为投资 500 万元以上企业家的子女加分、辽宁本溪高中百名学生体育特长加分、河南一场比赛"批发"了 445 名国家二级运动员、北京的少数民族考生加分等均引发了社会上越来越多人的热议，人们质疑加分的不透明、不合理、不公正。

从我国的实际情况看，中考和高考的加分主要有鼓励性加分和照顾性加分两大类。照顾性加分是指考生的自然属性和国家相关照顾政策下的加分，包括归侨、华侨子女、归侨子女和台湾省籍考生，偏远地区的少数民族考生，烈士子女、驻边疆国境的以及军队确定的特、一、二类岛屿部队现役军人的子女，自谋职业的退役士兵，等等，这是基于维护国家安全、弘扬社会正义、照顾社会弱势群体的政治考量，对于这一部分加分项目，社会上很少有争议，国外也有相似政策。鼓励性加分是通过考生自身的努力，获取的某些方面的成就，以此获得一些加分的机会，主要有省级优秀学生和干部、奥赛获奖者、青少年科技创新大赛获奖者、重大国际体育比赛或全国性比赛取得前六名的获奖者及国家二级运动员以上称号者，这类加分也是基于引导学生向品学兼优的方向发展、鼓励青少年科技创新、补偿因为国争光而耽误学习的优秀运动员而制定的政策，曾经有效地弥补了中高考一张试卷定终身的不足，为极少数在特定领域表现突出的优秀人才提供了一定的受教育机会。但受利益的驱使，社会上的一些人往往钻政策的空子，采取不正当手段获取加分资格，社会质疑的往往是这类行为，认为其加分对象、加分项目存在问题。2014 年，辽宁本溪高中应届考生中有 87 人为体育加分，受到广泛质疑，几乎成为群发事件。从各地的实际情况来看，鼓励性加分的组织者和管理者又往往不是教育行政部门，在一些地方加分甚至成了腐败通道，严重损害了教育的公平性，也违背了政策制定的初衷。

加分制度作为我国统一考试制度的重要补充，承担着为上一级学校选拔多样化人才、促进学生全面而有个性地发展，有其一定的存在合理性。那些要求取消高考加分、回到"裸考"时代的言论，虽然折射出社会对中高考加分政策不合理现象的激愤，却是简单而情绪化的表达，有必要从务实而理性的分析中保持改革的基本心态。在不断反思、实践的基础上，寻找未来加分政策改革的方向与价值，可以逐步减少加分项目，降低加分分值，并加大加分项目和人员的透明度。

二、教育对社会政治的作用

在现代社会，统治阶级通过组织建构、文化宣传、意识渗透、课程开设、各种校园活动、社会实践活动将政治影响贯穿于教育的整个过程。教育已成为政治的工具之一，对社会的政治稳定和发展有着不可忽视的作用。具体表现有以下几个方面。

1. 教育具有维系社会政治稳定的功能

"古之王者，建国君民，教学为先"，言明教育乃是治国安邦的关键。从历史的角度看，即便是通过法治手段治国的国家也需要借助教育的力量——法治思想的教化来实现对社会的政治控制，从而维系社会的政治稳定。教育的政治功能主要体现在以下两个方面。

(1) 培养合格公民。通过教育对广大民众进行政治和思想意识教育，使受教育者具备国家、政府或执政党所希求的政治理想与政治信念，促使他们的政治社会化，并成为具有一定政治素质的社会公民。这是教育服务于政治的本来价值。

(2) 教育为维护一定社会的政治经济制度培养合格的人才。在阶级社会，任何统治阶级都要通过教育筛选人才、培养人才，包括各种政治领导人才、管理人才、技术人才，从而促进社会政治的稳定、完善和发展。这也是教育发挥政治功能的一个最基本的途径。为了维护国家机器的正常运转，领导人才的教育和培养是非常重要的，而且这种政治教育过程是一个长期的过程，可能需要数代人的努力，需要从儿童时期开始，因此世界各国无不重视学校中的思想政治教育，各种政治势力办学的目的也正是为本阶级培养政治人才。现代军事人才需要借助教育的培养才能实现，而且海军、空军人才的培养专业要求非常高，大国的航空航天事业更是如此集中国家大批的优秀人才，他们既要有卓越的科学素养，又要有坚定的政治素养，为国值守，忠贞不渝，需要本国教育长期的培养。

现代社会国家管理中科学技术的成分日益增加，科学、技术、管理已成为不可分割的整体，对参与国家事务管理的人员提出了越来越高的要求，要求他们通过教育了解、掌握国家管理各个领域事务的一般规律、程序、发展趋势、与其他部门工作的联系等内容。许多国家重视通过学校培养国家行政管理人员。例如，美国有 600 所大学设有管理学院或系，借助教育实现了国家行政管理人员的专业化，加上大批科技人才进入行政领导和管理领域，改变了外行领导内行的局面，提高了行政决策的科学性、准确性和有效性，最大限度地避免了由于决策失误带来的社会波动。

2. 教育可以传播思想意识、形成舆论、弘扬优良的道德

教育可以传播一定的社会政治意识形态，使受教育者形成、拥护、适应一定的社会政治制度、思想意识和行为方式，完成青年一代的政治社会化进程。要使政府制定的政治纲领、方针、路线、政策为群众所接受，就必须进行宣传。学校常常成为制造政治舆论的一个重要场所。中国近现代历次重大政治事件，从"五四运动""一二·九运动""反内战运动""土地改革""抗美援朝""文化大革命""中国驻南斯拉夫大使馆被炸事件""家乐福事件"等，学校都成为重要的舆论阵地。学校，尤其是高等院校是知识分子和青年学生比较集中的地方，他们知识丰富，思想活跃，政治敏锐性很强，勇于发表各种见解，是新思想、新文化的策源地。由于学校中成员的同质性较强，容易产生相互影响，进而形成某种舆论，并影响社会的其他群体。通过教育者和受教育者的言论、行动、讲演、文章、学校的教材、书刊等，也能起到宣传思想、制造舆论、动员民众、影响政治生活的作用。教育常常成为社会政治安定与否的晴雨表，对社会政治舆论起着推波助澜的作用。

各个国家和民族都有自己优良的道德传统，学校通常选择能够反映民族优良传统的人和事作为教育的内容之一，采用诗词、寓言、名著、神话传说的形式，通过科学教学和各种活动，介绍各国、各民族在哲学、文学艺术、科技等方面的成就，并通过教师的具体言

行，辅以各种规章制度的强化，继承和弘扬优秀民族传统美德和智慧，吸收和借鉴世界各国优秀文化成果，从而促进社会的稳定和发展。

3. 教育可以促进政治的民主化进程

民主问题是现代社会教育与政治关系的核心问题之一。一个国家的民主程度直接取决于这个国家的政体，间接取决于这个国家教育事业发展的程度和公民的受教育程度。所谓民主，本质上是势均力敌的双方为避免两败俱伤所采取的一种妥协，人们对不同受教育程度个体及其未来发展的可能性持有不同的态度，从而形成不同的人际关系，造成个体不同的发展结局，形成不同的影响力和社会地位。教育民主化本身是政治民主化的重要组成部分。教育民主一般是指受教育权利的占有和实现。在教育与社会的关系上表现为教育的自主权；在教育内容上是指消除军国主义、法西斯主义、大国沙文主义等，以及消除种族、宗教、性别歧视；在师生关系上则表现为师生平等。教育民主化是现代教育改革的目标，它表现为教育权利的平等和受教育机会的均等。教育平等作为一种实践活动，是政治民主化的重要标志，也是推进社会政治变革的重要力量。

教育，特别是高等教育，是一种相对独立的社会力量和社会活动。高校中的学生很快就会进入社会，并成为社会中的新鲜血液，对现实的各种变化和发展产生影响，因而有人提出反腐败要靠学生。由此可见，教育不仅具有传播民主政治的作用，而且还有创造民主政治的机制和作用，可以说，社会是民主政治的发源地。民主与法治息息相关，民主政治只有在法制背景下才能更好地实现，通过对受教育者的法制教育，提高他们的法治意识和观念，包括平等观念、人权观念、权利义务观念、遵纪守法观念等，从而促进社会政治的民主化进程。

4. 教育还可以输出一定的政治意识形态，促进文化交流

现代社会，各国在通过教育向国内受教育者传播主流政治意识形态，排斥异质政治意识形态的同时，还通过大量接纳外国留学生、鼓励教师出国访问、开展学术交流等方式，让世界上更多的人理解和接受本国的社会政治制度、信仰，并宣传本国的政治意识形态，从而扩大本国的政治影响力，巩固各自的政治地位，稳定其现实统治。在他国接受教育或开展交流的人必将受到一定程度的影响，其价值观念在无形中发生某种变化，并在回国后的各种社会活动中直接或间接地予以传播和实践。大国在此方面表现尤为突出，从早期欧洲的强国如英国、法国、德国、西班牙到二战后的美国、苏联，无一不是通过教育输出自己的政治意识形态，培养它们在特定国家的代理人，从而扩大它们在这些国家的影响力。

关注：警惕各种"专家型"的"汉奸"

美国将中国视为头号对手，提出了重返亚太的战略，除了建立"第一岛链"围堵外，还为中国培养出了许多"专家"，资助了一些西式的"咨询"或"智囊"一类机构，它们中许多人拥有较高的社会地位，具有超强的话语权，远离普通百姓，遍布于政治、经济、社会生活甚至意识形态的各个领域，无须列强淫威相逼，主动做国外价值渗透的代言人。

一些人打着学术研究的旗号，举办各式"报告"，或围绕着北京，奔波于院校，以试图影响中国执政，达到干预政府决策的目的；或全面抹黑中国文化，乐此不疲地宣扬西方所谓的"普世价值观"，诱导普通民众改变儒家文化和民族心理；一些所谓的"经济专家"，

拿着福特基金、卡内基基金、洛克菲勒基金的高额津贴，大肆鼓吹在西方已经渐现疲弱的自由经济，按照美国利益最大化的要求，为中国政府提供经济改革方案，试图使中国逐渐成为美国的金融殖民地；在社会生活领域，视西方物欲和极端功利主义的短视行为为常态。他们"与国际接轨"一类的呐喊，造成中国的国有资产大量流失，贫富差距越拉越大，中国的房地产"调控"难上加难。

所以，中国应该警惕且必须警惕，要严防这类西式"智囊"对中国民主政治的隐蔽、持续且渐进性的颠覆与破坏。

第二节　教育与经济

经济是指社会物质资料的生产和再生产，包括物质资料的直接生产过程以及由它决定的交换、分配和消费过程，其内容包括生产力和生产关系两个方面，但主要是指生产力。物质资料是人类社会生存和发展的基础，任何社会教育的发展都需要一定的人力、物力、财力支持，而发展教育的终极目的也是为了促进社会经济的发展。一个国家的经济发展水平与教育发展水平直接相关。

一、经济对教育发展的决定作用

1. 经济为教育发展提供了物质基础

现代学校教育的实施需要经济的支持和保证，包括学校的场地与建筑，各种专业设施设备，教师的薪酬，水、电以及一些日常办公用品等。一个国家对教育投入的多少决定了能建多少所学校、招收多少名学生、普及何种程度的教育。一个国家的经济发展水平还决定了有多少社会成员不用直接参加社会生产，专门去接受教育、接受多长时间的教育。对于政府而言，教育经费的投入是相当大的，许多国家教育经费是仅次于国防经费的第二大投入项目，发达国家的教育投入占国内生产总值(GDP)的比例一般超过 5%，占财政支出的比例达到 8%左右。对于受教育者家庭而言，能接受何种程度的教育与其家庭提供什么样的经济支持也有密切关系。如果家庭经济困难，个体为生存就不得不减少或放弃接受一定程度的受教育机会，对于多子女家庭，因为经济的原因，家长在让哪个子女接受教育的问题上同样面临艰难的选择。例如，美国、英国、德国、日本等一些经济水平比较高的国家，义务教育阶段的教育投入非常大，国家承担了教育支出中的绝大部分，包括学费、杂费、书本费等，甚至承担了高等教育阶段的大量费用，学生家庭所承受的经济压力相对较小，教育的普及化程度自然有所提高。

2. 经济发展的需求决定了教育培养人才的质量和规格

教育的根本目的是培养人才，虽然人才培养的质量与规格受多方面因素的制约，但最为重要的因素还是经济发展水平。一方面，经济发展水平决定了对教育所培养人才质量与规格上的需求；另一方面，经济水平又为达到相应水平人才的培养提供物质保证。

从历史角度看，由于不同时代社会经济水平特别是生产力发展水平不同，对教育所培养的人才质量与规格也就有所不同，生产力水平低，生产落后，对人的要求相对较低。随着生产力水平的提高，必然对人才提出更高的要求。农业生产时期主要依靠的是劳动者的体力，个体无须接受专门的教育，文盲可以从事手工生产劳动，直接从事生产的人口的数量影响最终的生产效率；机械化生产需要劳动者掌握一定的文化知识和操纵机器的技术，现代学校教育制度应运而生，蒸汽机时代要求工人具备初等教育水平，电气生产时代则要求劳动者具有初中文化水平；二战后自动化生产时期则要求从业人员具有高中及以上文化水平；21世纪前后形成的信息技术生产对人才提出了更高的要求，个体只接受中等及以下程度的教育已经不能适应复杂生产的需求，只有高等教育所培养的高级专门人才，才能适应未来社会的需要。

从国家角度看，各国的经济水平存在巨大差距，尤其是支撑各国经济发展的产业水平也不尽相同，对教育所培养的人才规格要求也不同。改革开放的前20年，我国的生产主要是劳动密集型生产，需要的是人数众多的普通劳动者，而欧美发达国家已经逐步开展知识密集型生产，相应地就要求教育为经济的发展培养大批受过高等教育的人才。

3. 经济制约着教育发展的结构、规模、速度

教育结构通常是指包括基础教育、职业技术教育、高等教育、成人教育在内的各种不同类型和层次的学校组合和比例构成，以及不同性质的专业之间的比例构成。社会生产力发展水平以及在这个基础上形成的社会经济结构，制约着教育结构。例如，古代社会普遍存在着重文轻理的倾向，文科构成课程体系的中心，这在根本上是由当时的社会生产力水平比较低下决定的。从教育的层次结构上看，第一次工业革命推动了初等教育的普及，第二次工业革命则促进了初级中等教育的普及，二战后的第三次工业革命促成了高级中等教育的普及，新世纪前后的信息革命从根本上改变了许多行业的工作方式，随之而来的是对劳动者素质要求的大幅提高，形成世界范围内高等教育大众化的发展趋势。从教育的类型结构上看，主要表现在高等教育的专业设置与发展，德国的高等职业院校、日本的"产学结合"是教育与经济发展相关联的典型，每一次新科技的出现都促成新的产业形成。诸如，雷达技术民用促成电视的普及，进而推动家用电器业的发展，电子学和电子技术的惊人发展，出现了半导体工业、计算机工业和工业自动化产业，原子能引发的新能源产业与航天航空产业，核酸与蛋白质结构、酶和能量代谢研究带动病毒、抗生素、外科手术等领域的巨大进步，高等院校也会迅速开设相关专业，培养经济发展所急需的各类人才。从我国的情况看，经济发展快为教育提供的物质条件雄厚，教育的规模就大，速度就快，结构就逐渐合理化。在市场经济建设的初期，由于经济基础比较薄弱，决定了教育结构发展的侧重点为基础教育。随着经济实力的提升，高等教育大众化成为必然。近年来，物联网产业发展也是如此。2009年1月，美国总统奥巴马提出了"智慧地球"的概念后，中国国务院总理温家宝于2009年8月提出"感知中国"的构思，随后28个省(自治区、直辖市)将物联网作为新兴战略产业来发展，2010年8月就有35所高校获批开设物联网相关专业。

一般来说，一个国家的经济处于快速发展的过程中，对教育的重视程度和教育投入的规模必然大幅度提高，教育发展的速度和规模也就处于积极状态，而当经济危机出现后，国家的经济处于不景气状态，教育发展的速度下降、规模缩小。以美国为例，二战胜利后的 20 世纪 50 年代经济繁荣，高中和大学得到了空前的发展，在校学生人数达到了前所未有的规模，20 世纪 70 年代石油危机导致政府对教育的投入大幅减少，教育不得已回到二战后的初期水平，2008 年金融危机对美国高等教育又一次造成冲击，美国一些大学甚至不得不到中国招收留学生，以维持其基本运转。

4. 经济影响了教育的内容、方法与组织形式

社会生产力的发展必然引起科学知识的不断积累，同时又要求教育不断将生产领域的新成果、新要求转化为学校教育的内容，推动学校教育内容的不断丰富与更新，以培养能够适应现时生产力发展的人才。从历史的角度看，学校教育的内容与生产力的发展水平是相对应的，特别是自然科学方面的内容。17 世纪之前，由于受生产力水平的局限，学校中涉及自然科学的课程只有自然、几何、天文、地理、力学等。17 世纪后，随着生产从工场手工业向机器大工业的过渡，三角、物理、化学、生物逐渐成为学校中的课程。20 世纪，原子物理、电子计算机、微电子技术、航天技术、分子生物学和遗传工程等快速成为学校的教育内容。

通常一个国家最先进的科学技术首先是应用在国防上，之后是经济回报率高的商用领域，很快便应用在教育领域。随着科学和技术的不断进步，越来越多的新技术、新手段、新成果应用到教育中来，从而促进教育方法、手段的不断发展。现代学校教育建立之初，在相当长的时间以黑板、粉笔为基本手段；之后随着生产和科学技术的发展，各种演示实验、参观实习以及幻灯片等直观教学手段应用到教育教学中提高了教学效果；电视普及时代，电视电影、录音录像迅速成为学校教育的一种技术手段，提高了学生的学习兴趣，增强了教学效果；计算机普及后学校又广泛使用以互联网、计算机为核心的多媒体技术，教学变得丰富而有效，美国甚至还出现了无黑板学校，远程教育也成为可能。近年来，触屏黑板的出现进一步提升了教学的效率，至于各种专业实验仪器更是极大地改进了教育教学的结果。可以说，没有生产力的发展和科学技术的进步，学校就不可能有现代化的教学手段。

工业革命后，班级授课制取代个别教学成为现代学校教育的基本组织形式，它扩大了教育的对象，提高了教育的效率，但其忽视学生差异的先天不足也是共识。无论是分组教学还是小班化教学改革，都需要经济的大力支持，空间的扩大、教师数量的增加、多种多样教学活动的开展都是以增加经济投入为基础的，而复式教学恰恰是教育投入不足导致的例证。在现代互联网时代，随着技术成本的降低，优势教育资源共享的大规模集体教学与个别化教育相结合也许会成为另外一种选择。

二、教育发展对社会经济发展的积极作用

当今社会，财经为先。现代社会教育之所以受到如此重视，其根本原因在于它对社会发展具有积极的推动作用，特别是对现代生产具有巨大的促进作用。正如英国前教育大臣福斯特于 1870 年所说："让没受过教育的工人操作机器生产是难以想象的，尽管他们有健美的肌肉和高度的热情，但在国际竞争中必然要完全失败。"当代世界经济的发展已经从依靠物质资源、资金等物力资本增长模式转变为依靠知识信息、专利技术等人力资本增长

的模式，教育在经济增长中的作用越来越显著。教育对经济发展的促进作用主要表现在以下四个方面。

1. 普通教育提高了国民素质，并为经济发展奠定了良好的发展潜能

国民素质是一个综合概念，它既包括人的身体素质、心理素质，又包括人的文化素质。人类从古代到现代，对身体素质的要求没有明显的变化，基本是强调健康、强壮，但对文化素质的要求却随着生产的技术化、科学化而不断提高。劳动者的文化素质的高低决定了一个国家或地区经济发展的结构和模式，影响着经济持续发展的潜力。

教育经济学的研究表明：各国经济增长路径和速度的差别在很大程度上是人力资本差异的结果。如果一个国家的大众受教育的程度较低，其生产方式和产业结构就不会很高，受教育程度较低的人通常寻找的工作都是收入较低的种类，其结果是低收入者将会占人口的很大比例，低收入导致低消费，现代经济的发展需要消费的刺激，没有消费经济的发展必然缓慢。受教育程度高的国家，经济持续发展的速度就可能快；受教育程度越低的国家，尽管有的最初收入水平很高，但经济发展的后劲会不足，发展速度可能越来越慢。通过教育提高民族的整体文化素质，就为经济发展提供了良好的背景，为现代生产的转型创造了条件，为发展具有高附加值的科技产业奠定了基础。只有构建多层经济结构和多样化的经济模式，才能在全球经济发展中占有一席之地，在复杂多变的国际商贸活动中立于不败之地。

2. 专业和职业教育能直接生产劳动力，并为经济发展提供人力支持

专业教育和职业教育旨在教授从事某一特定职业所需的专门知识和技能。人在构成生产力的诸多要素中是最活跃的因素，在接受一定的教育和训练之前，个体还只是可能的劳动力，通过专业的教育和训练，个体掌握了一定的、从事某种生产所需要的知识技能，掌握了劳动工具，成为现实的劳动力。教育对劳动者劳动能力的提高，表现为对生产过程原理的理解程度加深，劳动技能、技巧的熟练程度提高，掌握的技能更多，对生产的改造能力和新技术的运用能力增强，并能在生产中创造新技术，从而可以更快地学会工作，更有效率地做好工作，在同样的时间里他们可以更准确、更聪明和更多地完成工作任务。如果面临新的工作，他们的适应能力会更强。现代社会生产过程中对劳动者的受教育的依赖程度越来越大，知识更新的速度越来越快，科学技术应用到生产过程的周期越来越短，生产劳动已由原来的手工操作、使用机器生产向监控机器生产发展，体力劳动逐步为脑力劳动所取代。不同的受教育程度的劳动者对提高劳动生产率的贡献是有差异的。研究表明，初等教育程度比文盲要高 43%，中等教育程度比文盲高 108%，高等教育程度比文盲高 300%。没有受过良好教育的大量劳动者，现代化的机器生产就难以进行，经济的发展必然是缓慢的，二战后德国、日本经济的迅速恢复，就得益于其高度发达的职业教育。

人力资本理论指出，"教育作为经济发展的源泉，其作用是远远超过被看作实际价值的建筑物、设施、库存物资等物力资本的"。舒尔茨认为：有技能的人的资源是一切资源中最为重要的资源，人力资本收益大于物力资本投资的收益。以后教育经济学家的研究也证实了这一观点。知识、人才是现代经济增长的核心，教育负有促进经济增长的直接重任。现代教育通过人的素质的提高和对专门劳动力的培养，对经济的发展直接起着决定性的作用。

3. 教育可以传承科学技术，并能创造出新的科学技术

当今世界各国综合国力的竞争归根结底是科学技术的竞争。科学技术是一种潜在的、可能的生产力，这种潜在的、可能的生产力要转化成直接的、现实的生产力，就必须借助制度化的教育来实现。教育对科学技术的作用表现为以下方面。

(1) 教育能够继承、传递已有的科学技术。在人类历史的发展过程中，科学技术要得以传播，尽管有许多途径，但学校教育是最有效的途径。教育对科学技术的传播是一种有组织、有计划、高效的和扩大的再生产，它在具备丰富知识的教师的指导下，对前人的科学成果进行选择、提炼、加工，使之成为简约化的"精华"内容，通过有效的组织形式，选择合理的教学方法，借助先进的教学手段，在较短的时间内将其传授给学习者，使原来为少数人所掌握的科学技术在短时间内为更多的人所掌握，扩大了传播范围，缩短了再生产科学技术所必需的劳动时间。更重要的是，通过教育培养了一大批科技人才，使他们能够站在前人的肩膀上有所发现、有所创新，产生更新的科学成果，他们是生产新的科学技术的不竭动力。

(2) 教育可以创造出新的科学技术。在知识经济时代，不仅要通过教育传播已有的科学技术，还要通过教育发明、创造出新的科学技术。教育，尤其是高等教育本身就是创造新的科学知识与技术的场所，它拥有的环境集中了大批高素质的研究人员，相关图书资料齐全、设备先进，有利于开发综合性课题和边缘研究，能发明创造出新的科学技术。现今世界上许多国家都把高等院校作为科学研究的重要基地，重视高等学校在科研上的作用，强调把教学与科研结合起来，并取得了惊人的效果。据统计，美国科研成果的三分之一来自高校，超过三分之一的诺贝尔奖项也是出自全美大学；我国高等院校的科学成果奖占国家科技奖的一半以上，其中的一些技术投入生产后，极大地提高了劳动生产率，为经济发展做出了巨大贡献。

4. 教育具有综合的、多方面的效益，这些效益将会促进经济发展

教育通过对人才的培养，不但强化劳动力的生产率，而且强化物质资本的生产率。在教育程度较高的社会，各个技能层次上的人的生产率都会更高，提高生产劳动的价值，表现出直接的经济意义，同时还会释放出综合的效益，间接地促进经济发展。最近的研究表明，教育的综合效益对经济增长具有积极的影响，有时甚至超越了受教育者本人的意义。比如受教育程度较高的人的孩子将会获得较大的益处；雇用受教育程度较高的人，雇主可能会获得较多的利润；教育发达，将减少失业率和犯罪率，社会受益；在初等教育上的公共开支具有向穷人进行财产再分配的效果，即公平效益，这种情形在经济欠发达国家特别明显，在发达国家，在中等教育上的公共开支具有相同的性质。从世界范围看，接受高等教育的人的婚姻更稳定，在生育行为上更重视人口质量，在日常生活中更重视健康，在消费上更加重视品质，资产管理更加合理，投资更具科学性、稳定性。不同家庭为谋求子女接受更好的教育，采取了多种应对措施，作为一种消费活动本身也促进了经济的发展。

反思：学区房折射出的教育经济学

房地产是中国经济的重要支柱产业之一。近10年来，房地产业对拉动地方经济做出了巨大贡献。开发商在设计一个项目时既要考虑楼盘的地理位置，又要考虑周边区域生活的便

利状态，包括附近的交通状况、购物消费、教育与医疗保障，并由此形成一个独具中国特色的名词——学区房。一、二线城市学区房的热度一再升温，折射出其中的教育经济学现象。优质教育资源稀缺是现实，怀着"不让孩子输在起跑线上"的心理，家长不惜一掷千金，甚至大房换小房、新房换旧房。作为上海四大学区板块之一的静安新闸地段，不少学区房的单价达到了惊人的六位数。北京海淀中关村一带，清华、北大、人大、师大等附中、附小的房子也是香饽饽，因为它们是学区房，一居室单价已经普遍涨到 9 万～9.5 万元/平方米，两居室是 8 万～8.5 万元/平方米，三居室是 7.5 万～8.5 万元/平方米。国家统计局的数据显示，近两年各地房价出现环比下降态势，而一些地方的学区房却成为"房坚强"。逆势上涨，在怕孩子"输在起跑线上"的社会氛围下，开发商早已把优质的教育资源看作营销噱头。

在探讨经济与教育发展的关系时应避免陷入简单化思维，它们之间的关系并不是机械的对应关系，经济发展水平高的国家，教育水平不一定比经济发展水平低的国家高，而且不是任何生产都需要通过教育造就合格的劳动力。

我们认为，教育对经济的影响也是有条件的。通常，在一个经济上升周期中，教育对经济具有明显的作用；而在经济下降周期，教育的作用则不明显。20 世纪 70 年代，西方国家"石油危机"期间，大量企业破产倒闭，大量受过良好教育的人失业，人们对教育在经济发展中的作用有了更为全面的认识。在少数国家和地区即便是在经济上升周期内，教育对经济也未必就表现出相应的影响，如委内瑞拉等国。

脱离一定经济发展的需求盲目发展教育就会形成过度教育。有研究表明，过度教育对经济发展可能有比较明显的负面效应，直接产生教育过剩，并降低了教育的价值。过度教育的短期和直接效应是抑制就业，大学生未就业先失业，长期效应将是导致生产力水平下降。在过度教育的情形下，虽然加入劳工市场的青年就业人士的教育水平上升，但生产力增长率反而有明显下降。在高科技时代，政策性的过度教育现象特别容易产生。所谓政策性的过度教育，是指政府超越现实的需要，制定扩大教育规模和提高教育水平的政策，导致教育供给大于实际需求。

反思："读书无用论"的反复兴起

尽管中国自古就有"万般皆下品，唯有读书高"等尊重知识、崇尚读书的观念，中华人民共和国成立后还是出现了三次"读书无用论"思潮。

第一次出现在"文革"后期，在以阶级斗争为纲的社会氛围里自上而下引发的，以大老粗为时尚，知识分子是"臭老九"，知识成了一种罪恶，以张铁生交白卷上大学为高潮，但恢复高考时的踊跃报名现象说明，在广大老百姓心中，知识依然是神圣的。

第二次出现在改革开放初期，整个社会忙着向"钱"看，由于体制等原因，体脑倒挂，知识分子的收入远不如个体户，形成"造原子弹的不如卖茶叶蛋的""拿手术刀的不如拿剃头刀的"局面，随着体制改革的深化这一现象被化解。

第三次出现在 21 世纪初，从农村出现并蔓延至全社会，"百万高考生弃考""最难就业季""北大毕业卖猪肉"等相关新闻屡屡刺痛民众神经，被称为"新读书无用论"。这一次思潮不是对知识本身的否定，而是对读书所带来的收益的怀疑。究其原因是多方面的：有"知识改变命运"的观念与社会公平日渐式微的现实冲突，有高校大规模扩招、大量高学历人才的批量"复制"与大学生就业困难之间的矛盾，也有高等教育收费超出部分家庭承受能力的情况，还有高校教学资源紧张，所培养的人才与市场需求相脱节的问题，等等。

诚然，高等教育所带来的视野高度、人文积淀以及思想维度，无法用金钱进行简单衡量，"读书无用论"是个人的短视，也是急功近利思想在作怪，更是社会浮躁、价值观扭曲的反映。但过高的高等教育支出与日益微弱的教育回报是否也加大了社会心态的复杂性？

第三节 教育与文化

广义上的文化，是指人类在社会历史实践过程中所创造的物质财富和精神财富的总和。教育与文化之间有着十分密切的关系。教育的传递、深化构成了文化本体，实践者及实践本身又体现着文化的特质，这两种属性决定了它是一种特殊的文化现象，是整个人类文化的有机组成部分。

一、文化对教育发展的影响

1. 文化影响教育的价值取向，进而影响教育目的的确立

不同特点的教育在很大程度上是由不同的文化价值观支配和决定的，每个民族都有自己独特的文化传统，任何一种文化都体现着不同民族的价值取向，包括民族思想信念、价值观念、风俗习惯、思维方式及生活方式等，并深刻地影响到教育的价值取向。

这种影响一方面表现在同一时代不同国家之间，比如古希腊的两个奴隶制国家斯巴达和雅典，斯巴达在军体文化的土壤上以身体的健康强悍为教育的主要价值取向，雅典则在农业文化的基础上以身心的和谐发展为教育的主要价值取向。再比如，中国传统文化重视权威，教育上强调师道尊严、以教师为中心；美国主流文化价值观强调独立、民主，在教育上则注重师生平等，突出学生的兴趣需要。

这种影响另一方面表现在不同的社会历史时期教育的整体价值取向。一个社会的教育是以保存或传承现有文化成果作为主要的甚至是唯一的价值取向，还是在继承现有文化的同时致力于传统文化的转型并创造新文化，取决于社会总体的文化价值观。在古代社会，社会文化呈现出封闭和保守的倾向，所以古代的教育大都以传承已有的文化成果作为自己的历史使命，而对新文化的传播少有顾及。进入现代社会，生产力的高度发展以及不同文化体系间的广泛交流，使不断更新和创造新文化成为时尚趋势，因而现代教育具有开放性、革命性、创造性的价值选择；在"保存传统文化成果"这一定位的基础上又增加了传播新思想、创造新观念、促进传统文化转型等新的价值期望。

正是由于教育的价值取向有其社会文化的规定性，只有转变了社会总体文化价值观，才能改变教育的价值观。20世纪以来，世界各国进行的重要教育改革也进一步证实，任何教育改革的背后，都隐含着社会文化的制约机制。在一定范围、一定时期内取得成功的教育改革，一般都十分注意与社会主流文化保持一致，一项在一个国家中取得显赫成绩的教

育改革措施，在另一个具有不同文化的国家或区域却不一定会取得成功。

不同类型的文化形成了各自独具特点的教育目标，即使政治、经济制度以及生产力发展水平基本相同的国家，由于其文化传统不同，教育目标也有所不同。比如，中国古代社会的主流文化是以儒家为核心的伦理型文化，教育目的是"在明明德，在亲民，在止于至善"，通过修己而正人，达到"明人伦"的目的。西方文化则是一种知识型文化，强调"知识就是力量"，注重通过知识学习达到对真理的认识。

2. 文化影响教育内容的选择

文化是教育发展的源泉，文化传统典型地反映了一定民族文化的特定内涵，不同的民族文化传统塑造不同的教育，突出地反映在对教育内容的选择和构成上。通常情况下，各个民族的优秀文化构成教育的必然内容，并通过教育将它们传递、发扬光大。中国古代社会长期重农抑商，追求仕途的文化传统，导致教育内容主要以社会典章制度为主，很少有自然科学和生产知识。英国一向崇尚人文精神，古典人文课程占有很大的比例。

社会文化的丰富和发展，会促进学校教育内容的丰富。当文化发展水平越高、内容越丰富、发展速度越快时，教育内容选择的广度和深度、变革的频率也随之增加。文化的发展使课程不断丰富和更新，一方面，增加富有时代气息的新内容；另一方面，删去或压缩课程中已陈旧或相应显得简单的内容。需要注意的是，我们在强调文化发展与教育内容的相关性时，应看到这两方面的变化在时间上的不同步性。社会文化的变化通常先行，教育内容的变化随文化的发展而改变。

社会文化的变化对课程的影响深刻地反映在课程的结构变化上。文化的丰富和发展，使课程的总体结构发生变化。从历史的进程来看，普通教育课程的总体结构经历了由以军体、音乐为主、着重于行为训练的原始结构，转化到以文字教育、伦理道德为主的古典结构，再转化到以科学知识为主干的近现代结构，发展的趋势是智育所占的比例越来越高。

3. 文化影响师生关系和教育教学方法的使用

文化深刻地影响着教育中的师生关系和教学方法。不同文化传统中的师生关系和教学方法会呈现出巨大差异。比如，中国传统文化把读书和求教看成获得知识、增长才干的最佳途径。反映到教育上，学校便把教师的系统讲述看作获取知识的最好途径，倡导"多教多得，少教少得，不教不得"。教师讲、学生听的灌输式教学方式就成为学校教学的主体形式。美国因反抗殖民统治而建国，又是一个由多民族组成的移民国家，因而在师生关系上强调民主平等，认同多元教育理念的存在，各种教育教学方法改革层出不穷。

4. 文化发展可以提高人们对教育的需求，促进教育事业的发展

教育事业总是在一定的社会文化背景下进行的，全社会文化水平的不断提高，必然会提高对教育的需求。这种需求的提高表现为：一是父母文化程度越高的家庭，对子女接受教育程度的期望也就越高；二是社会中科学、技术发展的速度越快，各类就业人员对继续教育的需求就越大；三是科学、技术越是渗透到社会各领域，社会给予个人的自由时间就越多，人们越关注自身的全面发展和个性的充分发展。可以预料，文化高度发展的结果必然促成教育终身化局面的形成。

二、教育对文化发展的作用

1. 教育的文化传递、保存功能

教育从一开始就是传递和保存文化的重要手段。在文字出现之前，人们通过口耳相传的方式传递着各自的文化，文字出现后则借助书本文字传递文化，现代社会则以多种更为复杂的方式保存和传递着文化。例如，各种建筑、书本语言符号等把人类的精神以外在化的方式保存，但人类文化的核心——精神文化，尤其是民族的文化传统、思维方式等，是不能通过物化的形式体现出来的，只能借助教育使青年一代经济、高效地接受、继承千差万别的文化。从历史的角度看，教育是各民族保存其独特文化的主要手段。

2. 教育的文化选择、整合功能

教育的文化传递和保存是文化在时间上的延续，一般通过教育对社会文化的选择与整理过程来实现。教育虽是文化传递的手段，但又不等同于文化传递，因为教育不是对所有文化的传播，教育对文化的传播是有选择的。人们总是要把最基本的、最为精华的文化确定为教育的内容，从而传授给青年一代。选择有两个标准：一是按照统治阶级的需要选择主流文化，取我所需，为我所用，以维护其统治；二是按照学习者发展的需要选择，教育者以最容易理解和接受的形式对文化进行组织，使之系统化、逻辑化、简约化，以便于学习、掌握。教育的文化选择一般有吸收和排斥两种形式：吸收是对与教育同向的文化的肯定性选择；排斥是对与教育异向的文化的否定性选择。教育对文化的整合作用，主要表现为科学的划分以及新学科的产生。

3. 教育激活文化的功能

文化按照存在的形式，可以分为两种类型：一种是存储形态的文化，它依附于实物、符号(包括语言文字)、科学技术等载体，虽然可以避免因个体的死亡而带来的流失，达到文化交流、吸收融合、保存的目的，但它把文化当作"死"物看待，只具有保存的意义；另一种是现实活跃形态的文化，它不仅依附于实物、文字、技术等载体，而且依附于人这一载体。文化体现在人身上，就形成了人的思想，并通过人的活动体现文化的价值。从存储形态的文化转变为现实活跃形态的文化，这一过程就是文化活动的过程。教育不是唯一的方式，但它却是最积极、最有效的方式。在现代社会，教育对于激活文化，把文化从物质载体转移到人身上起着最重要的作用。

4. 教育的文化交流、吸收、融合功能

文化具有地域性，它是一定时期特定地域人们的思想、行为的共同方式。然而，现代社会生产力的发展和国际化经济模式的形成，使政治、经济、文化各方面已经打破了封闭的地域性而走向开放，交通运输的高速发展及信息技术的普及使文化的交流、吸收成为必然。教育从两个方面促进文化的交流、吸收和融合：一方面，通过教育的交流活动，如互派留学生、教师出国访问、学术交流等，促进不同文化间的相互借鉴、相互吸收、相互影响；另一方面，教育过程本身通过对外部文化的学习，对内部文化进行选择、创造，对已有的、旧的文化进行变革、整合，形成新的文化，促进本体文化的不断丰富和发展。

5. 教育的文化批判功能

教育中的文化交流，不是对文化的简单认可和复制，而是在现有文化的基础上对其他文化进行选择、重构和创造、融合。文化的融合，不是对不同特质文化的简单相加，而是要以某种文化为主吸收其他文化的有益成分，引起原有文化的变化。当然，促进教育的文化批判功能，是指教育按照其价值目标和理想，对社会现实的文化状况进行分析，做出肯定或否定的评价，引导社会文化向健康的方向发展。教育的文化批判与选择是密切联系的，批判的过程也是一个选择的过程，但批判还具有改造的功能，是选择功能的深化。

6. 教育的文化更新与创造功能

教育的文化功能，最根本的体现就是对文化的创新。没有文化的更新和创造，就没有文化的真正发展。一方面，教育对文化的选择、批判和融合，总是着眼于古为今用、洋为中用、取其精华、弃其糟粕，适应社会发展变化的需要；另一方面，教育要创造一种新的文化，构建新的文化特质和体系，使文化得到不断的更新和发展。

实践与反思：中国式教育与改革困局

自改革开放以来，中国教育获得了空前的发展，义务教育的普及率大幅提高，高等教育逐渐大众化，但"中国式教育"却反映了社会各界对教育的各种质疑，一些人将中国教育扣上分数教育、应试教育、产业化教育、党化教育等帽子，就连钱学森在临终前还质问为什么中国教育培养不出诺贝尔奖获得者。必须承认，中国教育在帮助学生掌握基础知识和基本技能方面的成就是举世公认的，欧美国家每年派出数百名教师到中国培训是事实。受传统权威至上、学而优则仕等文化的影响，中国教育的功利性很强，学生学习是为了有个好前程，少有从兴趣、个人成长角度思考为什么学，分数是衡量中小学办学质量的最重要标准；教师认真负责，但"填鸭式"教育居多，给学生的自由发挥空间小，学生学习努力，但缺乏独立思考能力，实践操作能力差，这与现代社会需要的培养具有创新意识和能力人才的要求是相悖的。

教育在改革，包括培养目标、课程体系、教学方法都在不断地改革，但仅仅从教育内部改革难以取得实质性的进展。社会的主流价值观、舆论环境不改变，政治经济制度、劳动人事制度不改革，高考制度就无法真正改革，应试教育会依旧充满活力。

第四节　教育与人口

人口是生活在一定社会、地区的个体的总和，人口状况影响教育的发展，教育对控制人口数量、调整人口结构、改善人口质量和提高民族素质具有突出的作用。

一、人口对教育的影响

1. 人口数量影响教育发展的规模、结构和质量

人口的数量决定着教育需求的大小，也决定着教育事业的可能规模。人口增长过快，

对教育的需求急剧增加，要满足这些人受教育的需求，就要扩大教育规模，加大教育投资，建设更多的学校，增加现有学校的设施。人口增长过快同时需要大量补充合格的教师及管理人员，但合格师资的培养也不是一朝一夕的事，只得降低标准招聘教师，导致师资质量降低。相反，学龄人口减少也会影响教育发展的规模和速度。政府和其他办学主体考虑教育投入的效率，会缩减教育的投入和规模，中小学校的总体数量明显减少。

人口数量还影响教育发展的结构。在人口众多、经济发展水平较低且极为不均衡的情况下，要实现普及教育，满足人民群众多层次、多样化的教育需求，就必须调动全社会的积极性，积极鼓励行业、企业等社会力量参与公办学校办学。与此同时，要改变人口文化素质较低的状况，实现从人口大国向人力资源强国转变的目标，就必须大力发展继续教育，更新继续教育观念，加大投入力度，大力发展非学历继续教育，稳步发展学历继续教育，广泛开展城乡社区教育，加快各类学习型组织建设。

人口数量还影响教育发展的质量。一般来说，每个班级的学生以 30 名左右为宜，这个数量既满足了一定的集体活动的条件，也使教师有可能了解、顾及每一名学生。但是在我国，由于校舍危房和校舍面积不足，班级超员现象显著，初中超大班的问题十分突出。2001年，全国初中 66 人以上的超大班共有 24.5 万个，占 20%以上，这样的规模对教育质量是负面影响。2000 年后高校扩招，大学入学人数激增后学校的教育资源没有同步增加，教育质量下降也是受这种影响的反映。

人口增长方式不是匀速而是波浪式推进的，我国人口在 20 世纪 60 年代和 80 年代出现过两次高峰，对于政府而言，六七年后的入学压力非常大。中国家庭生育时对属相的考虑造成不同年份儿童的出生率不同，人口的波峰与波谷的反复出现对教育产生了很大的影响。入学高峰期要增加校舍和教师，高峰过去后，学校又会出现人员超编。2000 年后，全国各省中小学教师普遍存在超编问题，多地不得不采用自然更替的办法，以消化前一次人口高峰教育应对的结果，阻碍了更多优秀人才进入教育领域，影响了教育质量的提升。

2. 人口质量影响教育的质量

人口质量是指人口的身体素质、文化修养和道德水平。人口质量通常是通过文盲率、义务教育的普及率、高中和大学的入学率、每万人口中大学生的比例和每万人口中科技人员的比例等统计指标体系来表现的。人口质量水平，一方面通过遗传来实现，即通过优生保证新生一代遗传素质良好且直接影响教育质量；另一方面迪过年长一代对新生一代的科学抚育施加间接影响，包括对其子女的早期教育、教育期望和非智力熏陶，使儿童在入学前就成为各自基础不同的学生，从而影响学校的教育质量。这两方面的实现，不仅与父母的身体素质有关，也与父母的文化修养水平相关，与社会和家庭对学校的期望、支持与协作程度也有关。另外，人口素质还会通过影响师资队伍的素质来影响教育发展水平。

3. 人口结构对教育的影响

人口结构可以从自然结构和社会结构两个方面进行分析。前者是指人口的年龄、性别；后者是指人口的阶级结构和职业结构。

人口的年龄构成标志着需要受各级教育的实际人数。人口的年龄结构会影响各级各类学校在教育结构中的比例。如果人口年龄结构中少年儿童所占比例大，意味着接受学校教育的人数多，因此就要相应地扩大学校教育规模，提高普通教育经费的比例，这样才能满足少年儿童受教育的要求。2020 年人口普查表明，我国已经进入老龄化社会，这就需要发展老年教育事业，开展适合老年人需要的文化教育活动。人口的性别结构不同，也会给教育带来一定的影响，一些发展中国家受重男轻女思想和传统观念的影响，未完成义务教育的人群主要为女童，如印度文盲中女性比例更是高达 80%以上。

不同社会阶层对教育的重视程度不同，其家庭为子女可能提供的教育存在着差距，并影响着教育的发展，城乡之间的差别也影响到教育的发展。人口职业结构反映了社会生产力的发展水平和社会分工状况，这表明产业结构对各类劳动力的需求，要求教育横向的类别结构、专业结构与之相适应，否则学校教育就难以培养出适应社会需要的各种专门合格人才，从业人口中从事脑力劳动的和技术性强的职业的人口比例提高，对教育的需求也会提高。

4. 人口地域分布、迁移制约学校的布局

人口分布是指在一定区域内的人口增长状况和实际居住地的人口密度。学校的布局需要根据人口密度合理配置：人口分布平衡，人口密度均匀，办学规模适度，教育效益就高；人口分布过于集中或过于分散，就会给教育事业的发展带来不利影响。人口密度过于稀疏的地区，如西藏每平方千米不足 3 人，考虑教育投入的效益，就无法建立更多的学校。在发达国家，如澳大利亚，为了解决这类问题，出现了"网络学校"，提供了学生所有的在线学习资源。人口密度过大的地区则需要办更多的学校，为所有可能的对象提供受教育的机会。例如，上海、北京、深圳、广州是人口最密集的城市，教育事业的发展规模也名列全国前列。

同时，人口的流动迁移也影响教育，人口通常向自然条件优良、经济和文化比较发达的地区流动，这种流动要求迁移目的地增加教育投入以及学校和师资的数量，这样才能保证新增人口也能获得相应的教育。

二、教育对人口的作用

1. 教育是提高人口质量的重要途径

社会的存在以人口为生态基础，人口的数量和质量在社会发展的不同阶段起着不同的作用。当生产力较落后时，生产的发展和经济的增长主要靠劳动力的增加，因此强调的是人口数量。而当生产力的发展达到高度科学技术化后，经济的发展就越来越依赖于科学技术、知识、智力的积累与发展，人们就强调人口质量。人口质量是一个表明人口各方面素质综合发展水平的概念，它包括人口的身体素质、科学文化素质和思想道德水准。可以说，人口质量已成为现代生产发展和经济起飞的关键因素。影响人口质量的因素既包括来自上一代人的遗传素质，也包括他所处的社会环境和生活水平。教育是提高人口质量的基本手段，表现为对年青一代的培养和对成人的教育。教育对提高人口质量发挥着决定性作用。因为人口质量主要体现在人的科学技术水平、文化修养和思想觉悟、道德水准等精神因素方面，教育是提高人口质量的根本途径，国民受教育程度和水平也就成为一个国家现代化水平的重要指标。

2. 教育是控制人口数量的重要手段

人口学家研究后得出的结论是，全体国民受教育程度的高低与人口出生率的高低成反比，即人口的平均文化程度越高，人口出生率就越低。究其原因，有以下几个方面：一是通过发展教育，特别是发展高等教育，可以推迟人们婚育的年龄。从一个比较长的周期看，明显减少了人口的数量，受过高等教育与没有受过高等教育的人数相比，一百年相差一代人。二是国家教育事业的发展，必然与对劳动力的文化要求的提高相关，它刺激了家庭对教育的需要，而家庭教育需求的提高增加了抚养儿童的费用，这就能起到控制生育率的作用。三是女性的受教育程度，与家庭生育观念有着密切联系，受教育程度越高，精神生活越丰富，对人生价值的认识越深刻，其依靠教育获取知识、技能后使得就业概率就越高，指望通过生儿育女来养老送终和多子多福的观念也就越淡薄，而就业客观上要求她们少生优育。反之，受教育程度低，对人自身的认识不足，社会就业机会较少，盲目生育以图老有所养，有限的时间和精力都用在了抚养儿女的过程中，个人和子女都不能充分发展，还会对社会造成巨大的负担。从我国开始实施计划生育政策的实际情况来看，受教育程度高的人群总体生育率较低，夫妻双方均受过高等教育的家庭还出现了不少的"丁克家庭"，而受教育程度低的人群生育率仍居高不下。在教育普及程度高的国家，人口的增长一般呈下降的趋势，如德国、法国等国家甚至出现了人口负增长。

3. 教育是促使人口流动趋向合理化的手段之一

人口迁移是指人口在空间位置上的移动。相关研究表明，受教育程度与人口迁移相关，教育可以促进人口地域分布向合理的方向流动与变迁。这是因为：一方面，人们为了享用优良的教育资源，总是从教育欠发达地区流向教育发达地区，从农村流向城市；另一方面，受过较好教育的人的生存空间广阔，不易受本土观念的束缚，他们更想到最适合发挥自己才能的地方去工作；人口迁入城市大多是以资本密集型和知识密集型产业，或是第二、第三、第四产业为经济主体的城市，这就决定了迁入这些城市的人员必然是具有一定专业技术水平的人；而且现代高校就如同一个人才集散地，本身就实现着人口的迁移，它把各地区的人才聚集起来加以培养，然后根据社会发展的需要、学习者的志愿和特长，再把他们输送出去，从而实现人才的跨区域流动。

"抢人大战"的启示

50%～70%的人口聚集在中心城市是每个国家发展的必然趋势。目前，中国处于人口快速向中心城市聚集阶段。尽管开放了二孩政策，但中国人口仍大幅减少。如果按现在的衰减速度来估算，预计至2033年，中国将变成一个5亿劳动者养9亿非劳动者的局面，人口抚养比是0.64，解决这一问题的根本对策是发展高效经济、吸引人口和延迟退休。要完成中国产业的转型升级，人才需求，尤其是知识型人才、中高端人才的需求是必然的，全中国对于知识型、中高端人才的需求都将是非常严峻的，这就促成了近年来各大城市的"抢人大战"。例如，西安、成都、长沙、郑州、南京、石家庄、厦门、杭州等城市都出台了"保姆式"的留人政策，从落户到住房，从生活补贴到创业资金，一揽子的优惠政策对人才极具吸引力。东北很多的城市人口大量流出，特别是年轻高学历人口的流失，造成了城市经济萧条。"抢人大战"抢夺的不仅仅是人口，简单一点说抢夺的就是未来，人口抢夺战失败的城市将面临消失的风险。

4. 教育有利于调整人口结构

一方面，教育可以通过影响人的生育观、人口的出生率、死亡率等来调整人口性别结构和年龄结构；另一方面，教育可以改变人口的职业结构和阶级结构，根据社会生产状况实施的不同类别、专业教育，直接提高就业人口中的文化、技术水平，影响他们的职业选择。因受教育程度提高以及相对应能力提升所引发的个体不同的发展，改变了部分个体的社会地位和阶级地位。

教育可以改变人口的文化结构和职业结构，促进人口地域分布向合理的方向流动与变迁。教育改变了人们的价值观念和生活方式，受教育程度越高，价值观念中理性化的成分越多，生活方式越追求科学性，在潜移默化中就促进了社会的良性变迁。

5. 教育有利于改善人与环境之间的关系

地球正面临着人口过剩，能源、原材料迅速减少，工业废气、废水、废物大量排放，人类生存环境日益恶化的状况。为了把握自己的命运，人类必须从现在起就着手改变原有的人与环境的关系模式，利用科学、技术、知识来控制人口和保护环境，合理利用资源，最大限度地减少污染，使人与生存环境处于和谐平衡状态。1979年，罗马俱乐部所发表的研究报告《学无止境》指出，解决人类与环境关系的根本途径是提高人的学习能力。

实 践 指 导

(1) 收集近100年来中外重大历史事件影视资料：洋务运动、辛亥革命、"五四"运动、北伐战争、改革开放、人造地球卫星发射等，分析回顾社会发展与教育的关联。

(2) 调查不同经济水平地区中小学校师资的待遇、学校设施设备上的差距、各地高端人才引进政策上给予的优惠，领会教育与经济发展的关系。

(3) 查阅孔子学院的资料，介绍教育对文化传播的重要意义。

问题与思考

2-1 如何看待中高考加分政策？

2-2 教育对政治、经济发展是否起决定性作用？为什么？

2-3 教育对经济发展有哪些作用？

2-4 大学生未毕业先失业是否能说明"读书无用"？

2-5 从国家战略新兴产业布局分析科学技术在未来教育中的地位和作用。

2-6 从屠呦呦获得诺贝尔奖看教育对文化具有哪些作用？

参 考 文 献

[1] 姜德君. 小学教育学[M]. 沈阳：辽宁大学出版社，2005.

[2] 吴康宁. 教育社会学[M]. 北京：人民教育出版社，2007.

[3] 全国十二所重点师范大学联合编写. 教育学基础[M]. 3 版. 北京：教育科学出版社，2014.

第三章 教育与个体发展

本章提要

- 个体发展是多种因素综合作用的结果，在不同个体身上，各个因素的影响不同。
- 遗传是个体发展的物质基础和前提，为个体发展提供了可能性。
- 环境包括自然环境和社会环境，二者在人的发展中起着巨大作用。
- 学校教育对个体发展起主导作用，但学校发挥作用也是有条件的。
- 个体的主观能动性是个体发展的决定性因素。
- 教育要适应个体身心发展的规律。

第一节 人的发展概述

一、人的发展的概念

从哲学意义上讲，发展是指事物连续不断地由低级向高级的运动变化过程，故哲学上通常是从人类起源、进化以及人类发展的历史进程来考察人类整体的发展。心理学、教育学则主要是从个体的角度来研究人的发展，认为人的发展是指人从出生到死亡在身心方面所发生的有规律的变化，包括身体(即生理)的发展和心理的发展两部分。生理发展通常是指生命机体的正常生长发育及其体质的增强。心理发展是指个体有规律的心理变化，表现为感知、注意、记忆、思维、想象等认知发展以及情感、意志、兴趣、需要等意向特征的发展。人的生理发展与心理发展是密切相关的。

二、关于人的发展动力观

影响个体发展的因素很多，概括起来不外乎遗传、环境、教育和个体的主观努力等方面。不同历史时期学者们对影响个体发展的动力观点并不一致，主要有以下几种。

1. 内发论

这种观点强调人的身心发展的力量主要源于人自身的内在需要，身心发展的顺序是由身心成熟机制决定的。孟子是中国古代内发论的代表人物，他认为人的本性是善的，万物皆备于我心，人的本性就是恻隐、羞恶、辞让、是非四端，这是仁、义、礼、智四种品性的根源，人只要善于修身养性、向内寻求，这些品质就能得到发展。

现代西方的内发论者进一步从人的机体需要和物质因素来说明内发论。例如，奥地利精神分析学派创始人弗洛伊德认为，人的本能是最基本的自然本能，它是推动人发展的潜在的、无意识的、最根本的动因。美国现代生物学家威尔逊把"基因复制"看作决定人一切行为的本质力量，而美国心理学家格赛尔则强调成熟机制对人的发展的决定性作用。他认为，人的发展基因决定特定的顺序支配，完成了一系列顺序后机体达到成熟，教育要想通过外部训练抢在成熟的时间表之前形成某项能力是低效的甚至是徒劳的。格赛尔不仅认为人的机体机能的发展程序受到生长规律的制约，而且"所有其他能力，包括道德都受到成长规律支配"。

2. 外铄论

外铄论的观点是人的发展主要依靠外在的力量，如环境的刺激或要求以及他人的影响和学校的教育等。代表人物有中国的荀子、英国的洛克和美国的华生、斯金纳等。中国古代性恶论的代表人物荀子认为"人之性，生而有好利焉，顺是，故争夺生而辞让亡焉⋯⋯"英国哲学家洛克的"白板说"认为，心灵犹如一块白板，本身没有内容，可以任人涂抹，外部的力量决定了人的发展状况。美国著名的行为主义心理学家华生认为，给他一打健康的婴儿，不管他们的祖先状况如何，他可以任意把他们培养成从领袖到小偷等各种类型的人。另一个代表人物是斯金纳，他继承了华生的观点，认为人的行为乃至复杂的人格都可以通过外在的强化或惩罚手段来加以塑造、改变、控制或矫正。

由于外铄论强调外部因素对身心发展的作用，一般都强调教育的价值和作用，对教育改造人的本性，形成社会发展所需要的知识、能力、态度等方面持积极乐观的态度。他们关心的重点是人的学习：学习什么以及如何有效地学习。

3. 相互作用论

相互作用论是在对遗传和环境都是发展的、不可缺少的因素的普遍认识基础上，进一步分析了两者的相互关系所提出的遗传和环境相互作用的观点。其基本思想是：遗传和环境这两种因素是相互依存的关系，即任何一种因素作用的大小、性质都依赖于另一种因素，它们之间不是简单的相加或汇合；两个因素间是相互转化和渗透的关系，即当前对环境刺激做出某种行为反应的有机体是它的基因和过去环境相互作用的产物。代表人物有瑞士的皮亚杰、法国的瓦隆、德国的沃纳，以及苏联的维列鲁学派等，这种理论摒弃了绝对决定论的极端、片面，改变了调和作用论的孤立、机械，以一种辩证的观点来看待遗传与环境的关系。

第二节 影响个体发展的因素分析

一、遗传在个体发展中的作用

遗传也叫遗传素质，是指个体从父代继承下来的生理和解剖上的特点，如机体的结构、形态、感官和神经系统等的特点。生理特点是指功能特点，如出生后感觉的灵敏度、知觉的广度、注意的持久性、记忆的强度、思维的灵活性等。解剖特点是指结构特点。生物都有遗传现象，人类也是通过遗传将祖先在长期生活中形成和固定下来的生物特征传递给下一代，并对个体的发展发挥着巨大作用。

1. 遗传素质是个体发展的生物前提，为个体发展提供了潜在的可能性

人的神经系统和大脑的构造与机能具有高度复杂性，为人的接受教育和发展各种才能提供了可能性，对于人的发展具有特别重大的意义。人类的发展总是以从上一代遗传获得的生理组织和生命力为前提，没有这个前提，人类就无法得到发展。一个先天失明或色盲的儿童不可能成为画家，一个生来就有听觉障碍的人也不可能成为音乐家，一个无脑畸形儿或染色体畸变者，无论外在条件如何优越，都无法使他们形成正常人应有的心理发展。个体在智力、情感、意志等方面具有的先天性心理特征，也会对他后天的学习和社会成功产生很大的影响。

遗传对心理发展的作用主要表现在两个方面：一是影响人的智能发展，比如神经系统的灵活性、敏锐性，接受外界信息和反馈的速度等遗传而来的特性，是智能发展的前提；二是通过气质类型的因素影响到人的性格和情绪特点，突出表现在个体体验的强弱、快慢、隐显以及动作的灵敏与迟钝等方面。例如，一个人的积极热情、善于交际，或者沉默寡言、动作迟缓等，这都是受到遗传下来的气质类型的因素影响所致。

但遗传素质只是为人的发展提供了生理上的可能性，它不是现成的思想、观点、知识、才能、道德品质，它不能决定人的心理内容和发展水平。要把这些由遗传而来的特性转化为智能或不同的心理状态，还需要有适当的环境和良好的教育，特别是有计划、有目的、有组织地完善教育。离开后天的社会生活和教育，遗传素质所给予人的发展的可能性就不能转化为现实。印度狼孩、辽宁猪孩等事件就很好地说明了这一点。

小资料：印度狼孩

1920年10月，印度传教士辛格在印度加尔各答的丛林中发现两名由狼哺育的女孩。大的约8岁，小的1岁半左右。据推测，她们必是在半岁左右时被母狼带到洞里去的。辛格给大的起名叫卡玛拉，小的叫阿玛拉。在孤儿院里，人们首先对她们进行了身体检查，发现她们虽然营养不良，但身体的生物系统是正常的。同时发现这两个孩子的行为、习性完全和狼一样，白天睡觉，晚上嚎叫，趴着走路，用手抓食，喜吃生肉，不会说话，因此称之为"狼孩"。尽管心理学家、教育学家们经过努力，对其进行了精心的培养和训练，但是直到其中一个女孩17岁死去时，其语言功能发展也相当滞后，只能够讲一些简单的词语，智商也才相当于正常孩子3岁的智商。

在大脑结构上，这个狼孩和同龄人没多大差别。一个10岁儿童的大脑在重量和容量上已达成人的95%，脑细胞间的神经纤维发育也接近完成。只是因为狼孩长期脱离人类社会，大脑的功能得不到开发，智力也就低下。从狼孩的故事可以看出，一个人的智力高低，并不完全取决于大脑的生理状态，而更多地受到后天成长环境的影响。

2. 遗传素质的生理成熟程度制约着人的身心发展的过程及其阶段

生理成熟是指个体受遗传因子控制的生理机能和构造有规律性地变化，在一般的年龄阶段身体发展所表现的基本路线和状态。也就是说，按照正常的发展，个体到了某一年龄阶段就应出现该年龄阶段应出现的年龄特征，如乳儿期、婴幼儿期、童年期、少年期、青

年期等都各自具有不同的生理发展程度。各个生理发展程度阶段决定了人的身心发展的过程和阶段。

人的身心发展是个渐进的、连续的、变化的过程，从缓慢的量变再飞跃到质变。由于新质的出现，人的发展就从前一个阶段达到另一个新的阶段，并表现出一定的阶段性。这种阶段性的形成是与人的年龄相关的，并在一定程度上受到遗传素质生理成熟水平的制约。

同年龄阶段的儿童身心发展在同年龄阶段不仅有共同的表现，同时彼此之间又可能有一定的区别。这些区别即因个人之间生理成熟程度不同而导致的超前发展或延后表现，许多超常儿童表现出一般儿童所不具有的早熟或少年早慧，而另一些儿童又可能有许多行为表现得与其年龄不十分相符。这些都是生理成熟的不同程度的具体表现。

3. 遗传素质的差异性对人的发展有一定影响

人的遗传素质是有个别差异的，这种差异首先表现在外貌体态和感官上，长相漂亮的儿童总是更讨成人的喜欢，从而得到更多的发展机会。其次，个体间的差异表现在智力水平上，现代遗传学的研究证明，遗传基因的物质基础——核糖核酸排列及其活动存在差异，一个先天禀赋优异的儿童，如果后天得到良好的教育，在某些方面发展得更快、更好是完全有可能的；一个天生具有智力障碍的儿童，对他的发展自然是非常不利的。再次，这种差异还表现在神经活动的类型上，婴儿一出生就表现出这种差异，有的安静，有的则大哭大闹；一两岁时对外界的反应有快有慢，有的敏感，有的迟钝，这是高级神经活动过程中强度、灵活性和平衡性等特征的差异造成的。有实验证明，在思维方面，神经活动过程灵活性高的人比神经活动过程不灵活的人，在解决问题上可以快2～3倍；在知觉广度方面，神经活动过程强而灵活的人比较大，反之，神经活动过程弱而不灵活的人则比较小；在注意分配方面，神经活动过程平稳的人较快，兴奋占优势的人有困难，抑制占优势的人较差。

遗传对人的发展的影响是客观存在的，在每个人的身上表现出来的不同特点，如智力水平、才能、特长等，都在一定程度上受遗传素质的影响。由于遗传素质上的差异，有的人易于发展成一个善于思辨的科学家，有的人易于发展成一个有才能的音乐家，有的人易于发展成为一个优秀的体育运动员。

4. 遗传因素在一定程度上决定了个体发展的上下限

由于父母在生理结构和机能上的差异，不同个体所继承的遗传素质是存在差异的，这种差异还表现为即便个体在良好的环境中非常努力，他发展的最大可能性，也就是发展的域限也不同。不同人种、不同个体在一些方面的差异还非常显著。比如，运动心理学家就发现，黑种人的生理结构决定了其较黄种人的爆发力更强，许多黑人运动员100米可以跑出10秒以内的成绩。有学者认为，通常情况下人类个体只发挥了我们遗传基因提供的可能的4%～10%，因而彼此之间的差异并不明显。

当然，遗传因素为人类个体提供的只是一种可能，我们需要关心的是，怎样创造条件使具有不同先天素质的人得到尽可能充分的发展。美国心理学家桑代克所说的"人的智慧80%决定于基因，17%决定于训练，3%决定于偶然因素"的观点，以及霍尔的"一两的遗传胜过一吨的教育"主张片面夸大了遗传的作用，忽视了影响个体发展的环境、教育、个体经历等因素，存在严重的偏颇。

二、环境在人的发展中的巨大作用

环境一般是指直接或间接影响个体身心发展的全部外在因素，包括自然环境和社会环境。

(一)自然环境的影响

自然环境是指环绕着人类并影响人类生存与发展的自然界，主要有大气、土壤、水、岩石、植物、动物、太阳等。相对而言，居住在气候适宜、土壤肥沃、水质优良地区的人们容易获得食物和营养，个体生存和发展所需要的物质更能得以保证，社会和每个成员才容易得到好的发展。

(二)社会环境的影响

社会环境是指人类在自然环境基础上创造和积累的物质文化、精神文化和社会关系的总和。例如，物质生产与经济发展水平、社会制度、民族文化与生活方式、社区与家庭、社会风气与流行思潮、科学教育与各类社会教育等，是人类世代创造的产物。人从出生起就面对现实社会而不能选择，只有认识、适应这个现实的社会环境，人才能生存并获得自身的发展。具体表现为以下几个方面。

1. 社会的经济发展水平决定着人的发展程度和范围

人总是在一定物质生活条件下生活着、发展着，人的发展程度和范围直接为这种物质生活条件所制约，社会物质生活环境的变化，推动人们去学习知识技术、去掌握劳动技能、去从事科学创造、去进行科技与经济管理等，这就构成了人的发展的动力。同时，社会物质资料的丰富程度和发展速度，也影响着人的发展水平和程度。良好的社会生活条件，可以加速年青一代身心发展的进程；反之，可能会阻碍或延缓年青一代身心发展的进程。

2. 社会关系影响着人的发展的方向和性质

社会关系包括家庭关系、亲戚关系、同学关系、朋友关系、同事关系等，最主要的是人们之间的经济、政治关系(在阶级社会里表现为一定的阶级关系)。这些客观存在的社会关系的性质不同，对人的身心影响也就不同。每个人对社会、对其他人的态度往往与他所紧密接触的人有着巨大联系，幼小时受家人的影响，学龄期受老师、同学、同伴的影响，进入社会后受同事、朋友的影响，这些人群在社会中是积极乐观、充满正能量还是消极颓废、充满负能量，是高瞻远瞩还是肤浅短视，是勇敢、善良还是懦弱、邪恶，是诚实守信还是欺诈失信，直接影响着周围的人。因此，有社会学家说，看一个人的品位只要看看他周围的人就知道了。一些家长为孩子选择一所好的学校，在某种意义上说更看重的是好学校中良好的环境氛围、未来可能的人际关系。

关注：圈子

外在的帮助是个体发展的重要条件之一，生活中许多人都在努力经营自己的社交圈子，形成自己的资本和势力，其实就是整理和利用自己的社会关系。有些社会关系会长时间影响个体的发展，如亲戚关系、同学关系、战友关系等。据《南方周末》报道，大学生自主创业中的 95%依靠的是家庭和父辈的支持。社会心理学的研究表明，同龄同伴对个体具有重要的影响力，一些家长不遗余力地为子女选择好学校，其中的一个重要原因是好学校的生源质量高，家长希望孩子受到更好的教育，并为其将来的发展积累人脉。

3. 社会的精神文化影响着个体的身心发展内容

不同的社会精神文化可能给人以不同的行为习惯、思想品德、人生观、世界观和理想信念等的影响。优良、健康的精神文化可以给人以积极向上的身心发展内容；反之，则可能使人形成畸形、变态的心理。

4. 社会环境的不同还可能造成个体发展上的巨大差异

不同的生活、文化条件和教育条件，可能导致年青一代身心发展的不同水平。即使是智力优异的个体，处在一个生活艰难、教育水平低下的环境里，也可能成为被埋没的人才，这样的事例在我们周围有许多。生活在城市的孩子和生活在农村的孩子相比较，生活在经济发达地区的孩子和生活在经济欠发达地区的孩子相比较，他们在身体发育、思想感情、文化知识和行为习惯等方面都存在着差异。近 20 年，清华、北大新生中城市教师和公务员子女的比例越来越高也说明了这一点。人的发展只能在社会现有发展水平所辐射的范围内进行。

环境因素对人影响的特点是带有一定的自发性和偶然性，它不像学校教育那样有计划、有目的，但也不能因此而低估它的作用。因为人除了生活在家庭和学校之外，还有相当一部分时间是与亲戚朋友、邻里交往的，并在各种各样的社会活动、文娱活动、劳动活动中度过的。通过交往与活动，人们受到了来自各个方面的影响，由于这些影响具有耳濡目染、潜移默化的性质，因此，它具有一定的深刻性，有的甚至终生难忘。

社会环境是多种因素的复合体，其中既有积极的因素，也有消极的因素。青少年学生由于缺乏明确的信念以及辨别是非的能力，加之好奇心、模仿性、求知欲强，很容易接受它们的正反两个方面的影响。"近朱者赤，近墨者黑""昔孟母，择邻处"等教育格言，都是长期教育实践的总结。环境对人的影响是广泛的、潜移默化的，同时又是无目的、无系统、偶然零碎的，因而有时是相互矛盾、相互抵消的。但人与动物的根本不同之处在于人具有主观能动性，人对环境的作用和影响不是消极被动地接受，人在接受环境影响的同时，又凭借自己的经验和创造能力，积极地改造环境、利用环境。

遗传与环境是相互依存、相互渗透、相互转化、缺一不可的，即一种因素作用的大小、性质都依赖于另一种因素，它们之间不是简单地相加或调和。一方面，遗传可以影响或改变环境，而环境也可以影响或改变遗传；另一方面，遗传中有环境，环境中有遗传，两者有时无法分离。例如，从个体发展来看，从受精卵形成的一瞬间，遗传和环境两个因素的作用就交织、纠缠在一起，无法真正分离。遗传改变环境的典型例子是 Rh 溶血病，而对苯丙酮尿症的治疗是环境影响遗传作用的典型例子。

Rh 溶血病是指母亲与胎儿的 Rh 血型不合而引起新生儿免疫性溶血，是一种抗原和抗体的免疫反应。如果怀孕的母亲是 Rh 阴性，第一个孩子是 Rh 阳性，那么胎儿的血液透过胎盘进入母亲的血液循环系统，使母亲的血液产生 Rh 抗体。当第二个孩子又是 Rh 阳性时，母亲的 Rh 抗体就会进入孩子血液，侵袭红细胞，造成流产、死胎、心脏缺陷等问题。

苯丙酮尿症是一种遗传性疾病，它是由于在遗传过程中，血液中缺乏一种分解苯丙酮酸的酶，以致损害中枢神经系统，造成儿童严重的智力低下。在孩子生下来后，通过饮食疗法，可以使其智力恢复正常。

三、学校教育在个体发展中的主导作用

学校教育是环境的一个组成部分，但它是一种特殊的最优化环境，具有优越之处，引导着人的发展方向，能给人以系统而全面的影响。

(一)学校教育对人的发展起主导作用的原因

1. 学校教育较强的目的性和计划性决定着人的发展的全面性

学校是培养人的专门机构，它的一切活动都是以培养人才、教育人才为目的，按照具体的要求对学生进行德育、智育、体育、美育、心理健康教育，这既有利于青少年掌握系统的学科知识，又有利于形成科学的世界观；既有利于各种实际技能的形成和能力的发展，又有利于形成良好的道德品质。这是任何自发的、偶然的、零散的社会环境影响所不及的。

学校教育又是有计划的、有组织的、系统的影响过程。在家庭和社会自发的、偶然的活动中，尽管也会有一定的教育意义，但是这些活动并不以培养人为主要目的，其对个体的影响具有极大的不确定性。教育的这种目的性能明确而长期地按照一定的标准培养人，因而能收到较好的教育成果。学校教育结合不同年龄学生的特点，通过课程计划确定了关于他们的培养方案，并分解到不同的学科课程和活动中，各学科教学、各种教育活动之间互相交叉、互相促进，不断拓宽和加深，教学过程的科学组织，教学方法的合理选择，各个环节的控制，学校教育内部各方面教育影响的协调，学校外部教育力量如家庭教育、社会教育与学校教育的统合，进一步加强了学校教育的有效性、系统性和深刻性。

2. 学校教育的专门性特点保证了个体发展的质量

学校是社会机构中专门培养人的场所，培养人是学校的基本职能和中心任务。为履行这一职能，学校配备了经过专门训练的教师，他们具有良好的思想修养和职业道德，掌握比较系统和完整的知识结构，又具有心理学和教育学方面的知识和从教的能力与艺术，有明确的教育目的，熟悉教育内容和教育的规律、方法，能够遵循学生的心理发展规律和教育规律教育学生，促使学生按照一定的方向发展。而环境中的其他活动缺少这样的专职教育人员，也就不如学校的教育效率高。这一点在年青一代的成长中表现得更为明显。年青一代正是长身体、长知识的阶段，他们的主要任务是学习。他们的知识的获得、品德的形成主要依赖于成人对他们的教育，教师在学习和生活上首先起着示范作用。因此，"学校消亡""教师消亡"的论点是错误的。

3. 学校教育的选择性和规范性保证了个体的发展方向

影响人发展的因素是复杂多样的。从场所讲，有学校内的也有学校外的；从影响性质讲，有积极的也有消极的。学校教育可以从教育目的出发，通过对教育内容、教育环境和教育方法、方式及手段的选择和整理，避害趋利、去伪存真、去粗取精，排除和控制一切不利因素的影响，利用和发展一切积极因素的作用，尽可能地为青少年学生的成长和发展营造良好的环境，使人按照一定的方向发展，使学校教育达到应有的目的和效果。

学校教育有严格的规章制度制约，以保证教育教学活动的良好秩序，使教育教学能够顺利地进行。对学生的培养也是按标准严格地进行，从而保证各级、各类学校所培养的人才符合一定的社会要求。

4. 学校教育的系统性和简约性加快了个体发展的进程

学校教育是以文化影响为主体的环境，这使它与社会环境影响有较大区别。学校教育影响学生的主要媒介是教科书，教科书的编排经过选择和提炼并使之系统化，考虑社会经济、政治、文化等方面发展的需要，也考虑知识的逻辑顺序和学生身心发展的需要，并易于为学生所接受。它是人类文化的缩影，是促进学生身心发展的最好的内容材料。例如，中小学语文教材，选择的都是脍炙人口的思想性、科学性、文学性俱优的名家名篇。

在当代科学技术飞速发展、科学知识迅猛增加的形势下，年青一代就更需要通过学校这种制度化的教育形式，利用集中的时间、精力，接受学校教师严格而科学的教育训练，避免尝试错误，在最短的时间内把人类创造的文化知识成果转化为个体的精神财富。

(二)学校教育对个体发展主导作用的表现

1. 教育可以提升个体谋生的能力

个体接受某种程度和形式的教育的本来目的是在一定社会中生存并实现其自身价值。教育对个体谋生具有现实的价值和意义。

对于人类个体而言，之所以接受某种程度和形式的教育，是因为这种教育可以向他传授一定的知识和经验，帮助他掌握从事某种生产所需的技能，获得谋生的本领，从而使他能更好地生存。古代的生产相对简单，靠天吃饭的现实决定了教育对个体的价值更多的是改变人的阶级属性，而不是提高人的生产技能。随着工业革命的到来，机械化生产取代了原有的手工劳作，凭借原始的体力已无法进行机械化生产，教育也就成了从事现代生产的必要的前提条件。世界各国建立并完善现代教育制度的初衷正是为了培训能够适应大机器生产的工人，而且对劳动者的素质要求也越来越高，第一次工业(蒸汽机)革命要求劳动者具有小学文化程度；第二次工业(电气化)革命要求劳动者具有初中文化程度；第三次工业(电子)革命要求劳动者具有高中文化程度并受过职业化训练；现代信息革命提出了高等教育大众化的要求，要求越来越多的人受过专门的高等教育训练。可以说，在现代社会中，个体谋求某种社会职业是以接受相关的教育和训练为前提的，而且对受教育程度的要求也越来越高。教育已成为个体生存的一种手段和工具。

通过教育，尤其是在基础教育基础上进行的各层次职业技术教育、高等教育以及各种成人教育，直接向受教育者传授现代生产的知识、原理，训练他们生产的技能，形成某种谋生的本领，使他们成为推动社会生活发展进步的人力资源。出于个体谋生的需要，要求教育必须教人"学会生存"，在当代，这不仅是学校教育的任务，还是整个国家的教育职责。

2. 教育可以促进个体社会化

个体的社会化是个体学习所在社会的生活方式，将社会所期望的行为规范化，获得社会生活必需的知识、技能，以适应社会需要的过程。学校是个体社会化的场所，教育是个体社会化的途径，可以促进个体思想意识的社会化、个体行为的社会化，培养个体的职业意识和角色。

个体的思想意识是社会价值规范在个体头脑中的反映，是支配人的行为的内在力量。教育通常代表着一定社会的要求，传播社会中的主流文化和价值观念，受此影响学生就易于形成与主流社会文化要求相一致的思想意识，从而认可并自觉地维持现存社会的种种关系。教育所传播的文化价值观念的系统性和深刻性，以及教育活动组织的计划性和严密性、教育形式的活泼性和多样性，易于使学生接受这种价值观念，并形成完整的思想观念体系，特别是在对个体的思想意识的政治化方面学校教育的影响尤为明显。

个体要融入社会生活，其行为就必须符合所属群体或社会的要求，即符合一定社会的规范。教育通过社会规范的传递，使人们认识社会规范的意义和内容，认识到应该干什么、不应该干什么，并在社会实践中规范自己的行为，防止、纠正偏离社会轨道的行为。

职业是个体社会化的集中体现，人生活在社会中，要以一定的职业为生。教育对于个体的意义就在于它是为受教育者将来就业和生活做准备，基础教育为受教育者继续接受职业教育、高等教育服务，同时培养儿童的兴趣、爱好和相关能力，也为他们将来从事某种职业奠定一定的基础。对于职业技术教育、高等教育和成人教育来说，培养职业技能更是其核心要求。从这个意义上说，教育有助于培养个体的职业意识和角色，进而推动个体的社会化。

3. 教育可以促进个体的个性化

社会化的结果是人的社会适应性增强了，但人与人之间既有相同的一面，又有不同的一面，不同的一面表现为人的个性。个性是个体在实践活动中形成的独特性，它是个体个性化的结果。个性化是一个尊重差异性的求异过程，其核心是个体在社会实践中自主、独特、创造品质的形成和持续发展。

主体意识和主体能力是人的主体性表现。其中，主体意识是人作为认识和实践活动的主体的自觉意识，它包括主体的自我意识和对象意识，是主体性的观念表现。通过教育个体获得了认识客观世界和主观世界的知识，建立认识世界的相应标准，从而迅速地形成准确的、与社会生活相适应的自我认识、自我体验、自我评价以及对其他客体的科学认识和评价。缺乏清醒的主体意识，人类个体在社会生活中就难以为群体和他人所接受，难以融入社会。

由于受遗传的影响，个体存在着先天的差异，这种差异表现在气质、智力优势范围、智力最终发展水平可能的高低和时间的早晚等方面。个体后天的生活环境与所受的影响能在一定程度上改变其中的某些差异。教育作为一种有目的、有计划的育人活动，可以针对不同个体身心发展的阶段性、顺序性和差异性，设计有利于个体潜能发挥的情境，选择适合个体发展的内容和方法，引导不同的学生充分开发其内在的潜力，强化自己的优势区域和特长，弥补自身的不足，使个体在社会生活中形成独特的个性。

创造性是个体在社会活动中所表现出的自主、独特、与众不同的心理倾向，是个性的自主性、独特性的综合体现，在实践活动中表现为生产新颖、独特、有社会价值的产品的活动。人的创造性并不是天生的。在现代社会，创造性活动更是在对现有世界充分认识和把握的基础上才能取得结果。教育向受教育者传授系统的知识，为个体开展有价值的创造性活动奠定了认识基础，提供了可能的活动策略，为学生提供机会，从而开发人的创造性，使个体的才能得到最充分的表现，实现个体的最大价值。

4. 教育可以引导个体享受人生

在现代社会，教育不仅可以促进个体的社会化和个性化，帮助个体实现谋生的目的，而且能让个体在现实生活中领会、体验人生的幸福、崇高，人格的尊严与优越，具有审美的价值，引导个体充分享受生活。也就是说，教育已成为个体生活的基本需要和有机组成部分，对个体具有享受引领作用。

人类个体追求道德感与幸福感，同时也追求功利，但在社会生活中追求功利必须遵循一定的伦理规范，必须将主观的欲求与客观的制约因素协调统一。对学校教育而言，受教育过程是一个通过促进个体发展不断追求自由的过程。现实中，个体的活动要受到种种客观因素的制约，自由的活动不是否定或消除这些因素，而是在遵循这些客观规律的基础上，反映人的主观意志。教育通过知识的传授，教人"求真""向善""粹美"，促进人的知、情、意和谐发展，从而造就一种自由人格。幸福是完美人性的展示和表现，这种人性融智慧、情感、道德于一体。教育通过使受教育者人格的提升和完善，使他们体验到精神上的幸福。受过教育的人，是自由之人、有德之人，也是幸福之人。

教育固然教人知识，但获得的知识有外在和内在的不同价值。知识的外在价值在于转化为一种力量(知识就是力量)或一种生产力，成为谋生的手段。知识的内在价值在于促进人的身心和谐发展，造就完满的自由人格，使人成为自由之人、幸福之人。所以，教育的享受功能是教育个体发展功能的必然延伸，是教育个体功能的本质体现和最高境界。

(三)学校教育对人的发展起主导作用的条件

有人把学校教育的主导作用误解为学校在人的发展过程中起决定性的作用，不仅如此，他还认为学校可以解决社会生活中没法解决的问题，如通过教育解决社会分配中的贫富不均等问题。这种看法看到了学校在人的发展中的独特作用，但是没有看到人的发展的复杂性。事实上，学校教育的主导作用是有条件的，不是万能的，它受到诸多因素的制约，既不能超越其所依存的社会条件发挥作用，也不能违反人的身心发展规律而任意决定人的发展。

1. 学校教育活动本身是正确的

学校教育的价值在于能够满足社会与个体发展两方面的需要，各级各类学校目标的制定必须立足于人类社会发展的总体水平和本国现有的发展水平，必须符合个体发展的需要；否则学校的活动既得不到国家、社会的支持，又得不到学生及其家庭的认可。这里既包括教育活动本身的性质，又包括知识的质量、教育者的工作态度和责任心以及所采取的教育模式。如果艺术类学校组织学生参加各种竞赛或公益性活动，社会、家庭及学生本人都会支持，但如果组织学生去商业性酒吧、舞厅演出，则会受到政府的批评、学生家庭的抵制。教师认真负责，采用富有启发性的教学方法，传授基础性、系统性、结构性的知识，鼓励学生独立思考、积极创新就会获得各方面的欢迎，而照本宣科、体罚恐吓的教育方式是各方都不能接受的。当教师教授给学生一些连自己都不相信的虚假的内容时，所谓的知识就成了一块敲门砖，绝不会成为他日后生活的信念。

2. 学校教育必须遵循受教育者的身心发展规律

学生所面临的社会环境不同，其社会经验、知识基础、身心发展的成熟程度均存在差异，要有效地促进学生的身心健康成长，就必须从学生的身心发展实际出发，认识、研究学生的发展情况，根据学生身心发展的规律，以成熟的程序为依据，确定教育的目标安排教育教学进度，并应调动学生的积极性，组织学生参加到有利于身心发展的活动中去。

特别需要注意的是，当前学生面临的压力越来越大，各种心理问题日益增多，教育者需要维护学生的心理健康，避免因心理问题导致的极端结果。

3. 学校与家庭、社会需要保持一致

学生是生活在社会中的人，不仅受学校、教师的影响，同时受社会各种因素的影响。学校教育能否发挥主导作用，还要看是否能得到学生家庭的配合，是否能得到社会的支持。如果家庭在子女教育问题上不能履行应尽的责任和义务，不能配合学校的教育工作，甚至家庭教育与学校教育明显相左，那么，学校教育的主导作用就难以发挥。社会因素中的大众传媒对青少年学生的影响很大，其价值导向如果与学校教育所施加的影响不一致，甚至出现严重冲突，学校的主导作用就可能被抵消，收不到预期的效果。前些年，"超女""快男"的出现，一度诱导许多中学生放弃学业，不顾其中的"潜规则"，沉迷于进入娱乐圈扬名获利，对此学校是无可奈何的。各种关于名人弄虚作假的报道层出不穷，学校的诚信教育效果必然不佳。因此，学校必须争取家庭、社会各方面的配合，使各方面的影响一致，只有这样，学校教育才能真正发挥主导作用。

4. 必须重视受教育者自身的条件和主观能动性

学校教育的成果与教育者有关，也与受教育者有着密切的联系。一方面，学生入学前的准备状态如何，包括遗传素质、原有的知识基础和能力水平影响教育的结果，中考筛选对不同高中教育质量的影响是客观存在的；另一方面，学生的主观能动性发挥得如何，也影响教育的结果。学生是一个个能动的个体，具有主观能动性。在同样的环境和教育条件下，学生发展的特点和成就，主要取决于他的态度，取决于他在学习、劳动等活动中所付出的努力。学生学习的积极性越高，学校教育的作用越大。学生自身没有是非观念或缺乏辨别能力，教育的效果就可能大打折扣甚至是无效教育。

反思：一些学校教育为何如此失败

学校是培养人才的地方，即便不能使所有的人都成为人才，我们也希望走出校门的人留恋他们曾经生活和学习过的地方，成为一个善良、诚实、勤劳、懂得感恩的人。但发生在一些学校中的事件却让人感觉教育是失败的。从 2004 年云南大学的"马加爵事件"到2015 年河南商丘学生聚众打砸食堂掀翻警车事件，从海南中学教师与女学生教室内对打到北大女博士论文抄袭国外专著遭撤销学位，从湖南艺校学生深圳演出到广州中医药大学宿舍学生们"喊空调"，林林总总，有学生心态的问题，也有受社会环境变化的影响，还有学校和教师工作不到位的责任。

从学校教育的角度看，如果我们多从学生利益方面着眼，事件的结局是否会改变？多

给马加爵一些心理辅导，四个生命可能会更灿烂；消除垄断经营，驱逐暴利，学生可能处于平静；无论学生的行为如何，教师动手打学生就是错误的，打的结果是学生已不敢再回学校上课；没有空调与只为教职工开空调对学生而言感觉是不同的。须知魏书生早年当班主任与学生同吃同住，条件再苦、要求再严，学生也是跟随魏老师一起完成；把学生当作挣钱的工具让所有的家长都难以接受。

近年来，各级教育行政部门不断严管学校的办学行为，加强教师师德师风建设，将正向教育逐渐回归初心，人民群众的满意度不断上升，学生自我教育的能力也在不断提高。

四、人的主观能动性

在探索个体身心发展影响因素问题上，不能忽视个体的主观能动性对人的发展的作用。人是积极的、能动的主体，人的主体性和实践活动及其表现出的主观能动性对人的发展起着极为关键的作用。从个体发展的各种可能变为现实这一意义上说，个体的主观能动性是个体发展的决定性因素。

1. 个体的主观能动性是人身心发展的动力

环境和教育是个体身心发展的外因。根据唯物辩证法的原理，认为外因是变化的条件，内因是变化的根据，外因通过内因而起作用，人不是消极地适应自然提供的现成的条件来维持自己的生存，而是通过自身的自主自觉的活动去改造外部自然条件的方式来满足自己的需要，维持自己的生存。这就意味着，人是依靠自己的力量来创造自己的生存条件。正是从这个意义上说，人是一种"能动的自然存在物"。这也就意味着，环境和教育对个体身心发展的影响必须通过人的身心发展的活动来实现。也就是说，无论个体拥有何种遗传素质，也无论他身处何种环境、接受的是什么样的教育，如果没有主观努力，良好的遗传潜能就无法发挥作用，良好的环境影响会被忽略，教育也就无法发挥成效。个体的主观能动性才是人身心发展的动力。

2. 个体的发展是个体选择及努力的结果

每个人都有发展的巨大潜力，在相同的环境与教育下之所以呈现出不同的发展水平，往往和个体的努力程度有着极为密切的关系。

在人与环境的相互作用中，人的主观能动性发挥着筛选、过滤和改造的作用。受教育者根据自己的精神状态、需要、兴趣、目的等倾向性来选择环境和教育对他的影响。当外界环境和教育符合人的需要、兴趣和目的时，人会积极接受这种外来影响，并根据自己原有的认知结构来决定"同化"或者"顺应"，从而导致心理结构的变化，实现教育影响预期的结果；否则，他就会采取消极的态度，抵制这种教育的影响。任何教育都是外在的，它只有被个体的内心接受，并表现在内在的和外显的行为活动中，才能发挥作用，才能起到教育的效果。个体的能动性是教育的有效性的前提。

3. 个体因素缺失会阻碍个体的发展

个体因素缺失或丧失发展的内在性，会造成个体发展的被动性、外在性和异化，最终阻碍个体的发展。例如，美国有一对双胞胎兄弟，从小家境贫寒，父亲在他们很小的时候就因为偷盗被判了徒刑，由母亲艰难地抚养着兄弟俩。他们从小学到中学都在一个班学习，但哥哥勤奋好学，一直读到博士毕业后有了自己的公司，事业如日中天；而弟弟中学都没有毕业，一直游手好闲、靠小偷小摸度日。当记者分别问到这兄弟俩，为什么他们的发展会有如此大的差别时，他们的回答竟如出一辙："因为我有一个偷盗的父亲。"不过，他们的言外之意是不同的。请同学们想一想，不同的言外之意是什么？

为了充分发挥个体因素的作用，学校和教师应充分地发挥个体因素在发展中的作用，牢固树立教育是通过"自我教育"而实现的信念，提升个体的素质水平，特别是通过环境和学校教育提升学生的理想价值和确立正确的人生态度，提高他们的成就愿望和发展需要。

4. 个体的主观能动性通过人的活动得以表现

个体自身具备的多种发展可能以及环境中具备的、为个体发展所必需的条件和客体，虽然都是客体发展的必要条件，但还不是个体发展的充分条件，这种可能只是潜在的，也不会自动转化为发展的现实。事实上，个体发展中的多种潜在的可能能否转化为现实，个体与环境之间的相互作用，以及个体从外部环境中进行的能量的摄取，都离不开个体的活动。从个体发展的各种可能转变为现实这一意义上说，个体的活动是个体发展的决定性因素。这些活动包括生命活动、心理活动和社会实践活动。生命活动是个体心理活动和社会实践活动的前提；心理活动尤其是高级心理活动是个体作为人类所特有的活动，通过心理活动，人们形成了各种心理活动能力和个性，获得对外部世界和自身的认识；社会实践活动是个体活动中最高、最具综合性的活动，也是人的心理活动产生的源泉。

当然，个体主观能动性的发挥也是有条件的。

梦想是实现人类进步的强大动力，在人类社会发展的历史长河中，敢想、敢拼、敢干而取得成功的情况也有很多，人类梦想着能够上天，后来就出现了飞机甚至火箭、飞船和卫星；人类梦想着能够下海，后来就出现了轮船甚至潜艇；"世界杂交水稻之父"袁隆平经过多年的不懈努力，研究出杂交水稻，并在全世界推广种植。人们努力争取成功的愿望需要尊重客观规律，认真地开展调查研究，依靠科学技术，严格规范管理才可能取得成果。屠呦呦团队面对困难刻苦钻研，最终实现我国自然科学诺贝尔奖的重大突破。

上述因素对人的发展的影响和作用并不是等同的，在不同的时期和不同的情形中，其作用力是有强弱之分、方向之别的。在儿童发展的早期，遗传因素对人的发展的作用比较大，随着年龄的增长，遗传对人的发展作用相对减弱。

影响人身心发展的内外部因素是不断变化的，几乎不存在固定的内因或外因，在不同时期和不同条件下，内外部因素的表现形式是不同的。将教育作为影响人的发展的环境因素中的一个组成部分，并不意味着否认或低估教育在人的身心发展中的独特的、不可取代的作用，因素的类别与各因素影响的大小之间没有必然性的联系。教育既可以是影响人发展的外因也可以是内因。这些内外部因素是密不可分、互相影响的。外因通过内因起作用，而现有的内因又是在过去外因的影响下形成的。比如，人的主观能动性是在环境和教育的影响下形成的，主观能动性的发展又会加深环境对人的影响。

在个体的整个发展过程中，人的实践活动是内外因发生相互作用的桥梁。在人的发展中，活动是使主体与客体之间、内因与外因之间相互作用的根本性因素。也正是借助活动，外部因素才对人的发展发生作用，儿童是在自身与环境相互作用的活动中接受环境的影响；

儿童发展的内因也只有在活动中才能发挥作用。离开了活动，儿童的内因就不可能与外因产生联系，儿童内在发展的可能性就不可能通过外因的作用而转化为现实性。

第三节　教育与个体的身心发展

一、个体身心发展的特点和规律

1. 个体身心发展具有历史性与社会性

胚胎发育展示了人类的生物进化史，个体从刚出生时的生物性的人演化成为有一定的社会经验并能适应社会生活的人，展示了人类社会的发展史。个人发展的方向、程度、过程等都是由具体的社会历史条件决定的，原始社会生产力低下，人类生存艰难，进化的进度就慢得多。工业革命后，生产力快速发展，物质资料极大丰富，科学知识爆炸式增长，对儿童的早期教育越来越重视，教育的途径、方式、手段推陈出新，人类的发展进程突飞猛进。据新西兰的詹姆斯·弗林教授对 21 个国家几十年来智商测试结果的研究发现，人类的智商一直呈上升趋势，平均每 10 年提高 3 分。这种趋势后来以他的名字命名，被称为"弗林效应"。

2. 个体身心发展呈现出顺序性

在个体身心的发展过程中，无论其身体的发展还是心理的发展，都是按照某种固定的顺序展开的。例如，身体发展遵循着从上到下、从中间到四周的方向进行；骨骼和肌肉的发展，先是发展大骨骼、大肌肉，随后发展小骨骼、小肌肉。所以，儿童行动能力的发展往往依照翻身、坐、站、走和跑，之后才有写字、绘画等精细动作；神经系统的发展是先快后慢，而生殖系统的发展则是先慢后快。心理发展则按照从机械记忆到意义记忆，从直觉动作思维到具体思维再到抽象思维，从喜、怒、哀、乐、忧、惧等一般情感到理智感、美感、道德感等高级情感的顺序发展。在人的身心发展过程中，所表现出的这种顺序是固定不变的，先前的发展变化，又是其顺序序列中紧随其后的发展和变化的基础。顺序性所具有的这一特点使人的身心发展成为一种连续的、不可逆转的过程。

3. 个体身心发展的阶段性

个体发展的顺序性必然导致个体发展的阶段性，即在不同的年龄段表现出不同的总体特征，在发展的不同年龄阶段表现出的一般的、典型的、本质的特征。个体发展的阶段性是前后相邻的阶段进行着有规律的更替，每一个发展阶段都经历着一定的时间，在这段时间内，身心发展主要表现为数量的变化，这个时期后，就由量变发展到质变，把身心发展推进到一个崭新的阶段。通常分为婴儿、幼儿、童年、少年、青年、成年等 6 个时期，阶段与阶段之间的区别，不仅表现为数量上的变化——增加或减少，而且表现为发展水平上的区别、整体结构上的区别和中心问题上的区别。例如，童年期的学生的思维特点是具有较大的具体性和形象性，抽象思维能力还比较弱；少年期的学生，抽象思维已有了很大的发展，但经常需要感性经验做支持；青年期的学生，抽象思维居于主导地位，能进行理论判断。

阶段与阶段之间的联系既有连续性的一面，又有非连续性的一面，每个阶段总有一部分新的特质产生，又有一部分旧的特质淡化或被改造，还有一部分在上一阶段发展的基础上继续成长。

个体身心发展的阶段、顺序、速度及年龄特征是大体相同的，具有一定的稳定性。就个体而言，发展的速度和程度又有一定的可变性。

4. 个体身心发展的不平衡性

在个体身心连续发展的过程中，其发展的形式并不是完全与时间一致的匀速运动，在不同的年龄段有所差异。个体发展的不平衡性主要表现在两个方面：一是同一方面特质的发展速度，在不同的年龄阶段是不平衡的。心理学家认为存在着个体发展的"关键期"。例如，人的身高、体重有两个增长高峰，分别出现在出生后的第一年和青春发育期；人的大脑发育最迅速的时期出现在第5至第10个月之间，其后又经历了两个加速期，分别是5～6岁和13～14岁之间，人的言语发展在1～3岁左右是关键期。二是不同方面发展的不平衡性。有的在较早的年龄段就已经达到较高的水平，而有的方面则要到较晚的年龄才能达到成熟的水平。例如，生理方面，神经系统、淋巴系统成熟在先，生殖系统成熟在后；心理方面，感知成熟在先，思维成熟在后，情感成熟更后。生理成熟与心理成熟之间也存在不平衡，其中生理成熟以性机能的成熟为标志，而心理成熟以独立思考的能力、比较稳定的自我意识和个性的形成为标志，这两方面的成熟是不同步的。一般来说，生理成熟要早于心理成熟。目前，这种不平衡性表现得更加突出。一方面，食物营养的改善和社会文化的影响，导致个体生理成熟的年龄提前；另一方面，随着学习年限的延长、独立生活和工作期限的后推，也导致人的心理成熟年龄的后推。

5. 个体身心发展的差异性

由于人的遗传、社会生活条件和受教育条件以及自身的主观努力不同，个体身心发展存在着差异，表现为不同个体的发展速度、水平和优势都可能有所不同。

个体差异有多种层次。从个体角度看，有的青少年在某些方面于较早的年龄发展到较高的水平，有的则在较晚的年龄才达到某种水平，就如同人们所说的方仲永早慧、齐白石大器晚成。青少年个体的心理品质如兴趣、智力、才能、性格等方面也存在着差异，其中兴趣上的差异既包括兴趣指向对象的不同，如有人对数理化感兴趣，有人对文史有兴趣，也有人对艺术表现出特殊的兴趣，又表现在兴趣的广度、稳定性、持久性各有不同。智力的差异则突出表现在注意力、观察力、记忆力、想象力和思维能力等方面。以思维能力为例，有的个体思维的敏捷性、独立性、创造性强，表现为一种创造性的思维特点。

从群体角度看，首先表现为男女性别的差异，这不仅是自然性的差异，还包括因性别带来的生理机能和社会地位、角色、交往群体的差别，也在一定程度上造成了发展方向与水平的差异；其次表现在身心的所有构成方面，其中有些是发展水平的差异，有些是共性体现方式的差异。从个体角度看，差异性主要表现为个体独特性。

6. 个体身心发展的互补性

身心发展的互补性是指个体某一方面机能的受损甚至缺失后，可以通过其他方面超常的发展得到部分补偿，如失明的人的听觉、触觉要强于正常人。这种互补性是个体为适应环境、继续生存所形成的特点。互补性还表现为生理机能与心理机能之间，个体的情绪状态、意志对整个机体能起到调节作用，帮助个体战胜疾病和残缺，促使个体进一步发展。

7. 个体身心发展具有现实性与潜在性

人的发展还有极大的潜力。现代脑科学研究表明，人的发展已实现的水平与其可能达到的水平有着较大的差距，有人认为人只发挥了其所具潜力的 4%～10%。一般情况下，个体所发挥的潜能不会超过 20%。

二、教育要适应个体身心发展的规律

1. 适应个体发展的顺序性，教育要循序渐进

从正面来讲，循序渐进就是要求知识的传授、品德的培养、智力的开发、体质的增强等活动必须遵循这一顺序性，按照从具体到抽象、由浅入深、由简到繁、由低级到高级的顺序展开；从反面来讲，循序渐进不允许"揠苗助长""凌节而施"，也不允许压抑学生的发展力，但是循序渐进并不意味着教育要迁就学生现有的发展水平，而是要向学生提出高于现有发展水平且经过努力可以达到的要求，从而促进学生身心的持续发展。

2. 适应个体发展的阶段性，教育要有针对性

由于个体的身心发展在不同的阶段具有不同的特点，在教育中要求从教育对象的实际出发，针对不同年龄的学生提出不同的任务，采用不同的教育内容和方法。比如，小学生的思维以具体形象思维为主，教学就应当多采用直观教具，内容上以具体的知识和浅显的道理为主。初中学生的抽象思维有所发展，教育教学中注意理论联系实际，高中学生则以学术知识的教学和辩证逻辑能力的培养为主。

3. 适应个体发展的不平衡性，教育要抓住关键期

针对发展的不平衡性，心理学家提出了发展的关键期或最佳期的概念。最佳期是指身体或心理某一方面的机能或能力最适宜于形成的时期。在这个时期，对个体某方面的教育可以获得最佳效果，并能充分发挥个体在这方面的潜力。

据美国心理学家布卢姆的研究，儿童智力发展的关键期是 5 岁以前。如果把 17 岁时人所达到的智力水平定为 100%，那么 4 岁时已经获得了 50%，4～8 岁时获得 30%，8～17 岁缓慢获得了 20%。心理学的研究还提出，学习口语的最佳期是 2～3 岁，学习书面语言的最佳期是 4～5 岁，学习乐器在 5 岁左右为最佳，学习外语应从 10 岁以前开始。认识发展的不平衡性，对教育、教学工作具有十分重要的意义。当代许多心理学家、教育学家一致认为，在智力发展的关键期内，环境与教育对智力发展影响一年的效果，可能会超过其他时期 8～10 倍的效果。

4. 适应个体发展的差异性，教育要因材施教

由于个体发展存在差异性，为使教育对每个学生的发展都有意义，教育工作中不仅要依据年龄阶段特征对学生进行统一要求，还需因材施教，针对学生的不同特点，选择有效的途径，发现、挖掘并充分发展学生的个性和独特性，使全体学生的身心健康地发展。

人的发展所具有的上述特点限定了教育在个体发展中功能的大小、实现程度及其实现条件。每个人在不同时期、不同的人生阶段会面临不同的发展任务，因而对教育的需求也会有所不同。只有充分尊重人的发展特点，教育才不会妄图从外部控制人的生长发展，才不会降格为与动物训练类似的活动，不会退化为一般改造自然的活动。只有依据人的发展特点，教育才能满足个体发展的需要，真正促进个体全面、充分的发展。

实 践 指 导

(1) 统计学校所在地不同学历层次人群的收入状况、就业和升职的机会，分析新生代成功者的教育背景。

(2) 请学生结合自身经历，描述成长过程的机遇和改变的可能性。

问题与思考

3-1　从遗传在个体发展中的作用看优生优育的必要性。

3-2　从对人的发展角度评价构建和谐社会的重要意义。

3-3　如何看待部分学校教育的不成功？

3-4　评价"近朱者赤，近墨者黑"对青少年交友有何指导意义。

参 考 文 献

[1] 项贤明，冯建军，柳海民. 教育学原理[M]. 北京：高等教育出版社，2019.

[2] 陈帼眉. 幼儿心理学[M]. 北京：北京师范大学出版社，2012.

[3] 全国十二所重点师范大学联合编写. 教育学基础[M]. 北京：教育科学出版社，2014.

[4] 林崇德. 发展心理学[M]. 北京：人民教育出版社，2009.

第四章 教育目的

本章提要

- 教育目的是国家和社会对人才质量和规格的期待，是一切教育活动的出发点。
- 教育目的主要有社会本位和个人本位两种价值取向，其制定需要考虑主客观因素。
- 马克思主义全面发展学说是我国教育目的的理论基础，全面发展教育分为德育、智育、体育、美育等部分，实现全面发展需要借助素质教育。
- 世界各国中小学教育目的存在一定差异。

国家为什么办教育？个体为什么要接受教育？这是教育的核心问题之一。在教育理论中，对这一关乎教育本质属性问题的探讨，集中体现在对教育目的的阐释方面。

第一节 教育目的概述

一、教育目的及与教育目的相关的概念

(一)教育目的的概念

人类的活动都是有目的、有意识的活动，目的是指预期要达到的结果，这是人类活动的一个重要特征，也与动物的本能行为存在显著区别。正如马克思所指出的，蜜蜂建筑蜂房的本领令建筑师感到惭愧，但最蹩脚的建筑师在一开始就比最灵巧的蜜蜂高明，因为在建设前他已经在自己的头脑中把它建成了。

教育目的是根据社会发展和阶级利益的需要所提出的培养人的质量规格的总设想或规定。换言之，教育目的是一定社会中人们对所培养人才质量和规格的期待，或者说是人们对受教育者在接受教育后所产生的和所发生的变化的期待。它规定了通过教育把受教育者培养成什么质量和规格的人，是教育活动的出发点和依据，也是教育的归宿。

教育目的一般由两方面构成：一方面，它表明通过教育要把受教育者培养成社会上的哪一种人，也就是具有什么方向的社会成员，为谁服务；另一方面，它表明教育所要培养的这种人应当具有什么样的素质，能提供什么样的服务。构成教育目的的两个方面是相互联系的，教育目的中的人的社会价值制约着人的内部素质结构，人的一定的素质结构也制约着他在社会上所能发挥的功能的性质及水平。

(二)与教育目的相关的几个概念

在教育实践与研究中，经常涉及几个与教育目的相关的概念，如教育方针、教育宗旨、培养目标等，需对它们进行必要的比较。

1. 教育方针

教育方针是为实现一定的教育目的，国家或执政政党在一定历史阶段规定的教育发展的总方向，是各种教育政策的总概括，通常包括教育性质、教育目的以及实现教育目的的基本途径等。由此可见，教育目的和教育方针有着密切的联系。一般来说，在教育方针中包含着对教育目的的表述，一定的教育方针又是为实现一定的教育目的而制定的。但两者之间也存在着明显区别，教育目的是学术术语，强调的是对人才培养规格所做出的规定，有时可以由社会团体或个人提出；而教育方针则是政治术语，是对教育事业发展方向进行的规定，通常由政党或政府提出。

2. 教育宗旨

教育宗旨是中国近代教育史上出现过的一个概念，如果指教育的主要目的和意图，则与教育目的同义，如果指教育的主旨所在(清政府的教育宗旨是"忠君、尊孔、尚公、尚武、尚实")，则与现代意义的教育目的有一定区别，西方一些国家在研究教育目的这一问题时也常使用教育宗旨这一术语。

3. 培养目标

培养目标是各级各类学校根据教育目的和自身的性质、任务所确定的具体目标，它是教育目的的具体化，是各级各类学校培养人的规格或标准，以及各级各类学校在课程或教学方面对所培养的人的特殊要求。一般来说，教育目的是以社会发展为背景、以教育事业为对象、在国家层面制定的，培养目标则是以教育事业为背景、直接以人为对象、在各级各类学校层面制定的，培养目标应遵从教育目的。

二、教育目的的功能

教育目的对于教育活动意义重大，对个体、学校和社会都有不同程度的影响。具体来说，教育目的的功能主要表现在以下几个方面。

1. 导向功能

教育目的所反映的是教育者对教育过程和结果的期待，规定了教育活动所要培养的人才质量和规格，实际上就是规定了教育活动的最终方向。对于各个国家而言，其教育制度的建立、教育内容的确定以及教育活动形式、教育方法的选择等都必须以教育目的为最高准则。同时，学前教育、初等教育、中等教育、高等教育、特殊教育，学校、家庭和社会教育等也都应互相配合，以教育目的的达成为整体和最高的目标。作为这一整体活动方向的教育目的是教育活动的灵魂。

2. 调控功能

从宏观上说，教育目的对一个国家或地区的教育发展规划、教育结构的确立与调整等都具有指导、协调的作用。从微观上说，教育目的对具体教育内容的确定、教育活动的形式及教育方法手段的选择等都有支配、协调、控制和调节的作用。在理解和掌握教育目的的条件下，教育者在设计教育活动的大小方案时，都会自觉地按照教育目的的要求行事，以避免盲目的教育活动；当教育活动偏离教育目的所规定的方向时，教育工作者也会及时地反思和予以纠正。

3. 评价功能

既然教育活动以教育目的为出发点和归宿，那么检验教育活动成功与否的最根本标准也应是教育目的。教育目的是整合所有具体的教育评价标准的精神内核，也是教育评价的最高准则。人们在评价教育过程是否有效、教师工作成绩的高低以及在教育活动中学生成长的状况如何，虽然多数情况下依据的是非常细致的具体评价标准，但是所有细化的评价标准的最高价值预设都来源于教育目的。如果具体评价标准有违教育目的时，就需要对具体评价标准做出修正。

实践与反思：从高校认证评估看教育目的的作用

近年来，教育部组织了一系列的高校教育教学质量评估和专业认证，各高校无不是认真对待、精心准备、及时总结提炼，但也有部分教师对此充满怨气，认为这是劳民伤财的举动。实际上，认证评估是对各类院校自身培养目标的一种检查反馈，是为适应世界高等教育的迅速发展趋势，引导各高校积极面对国外激烈的人才市场竞争和教育市场竞争，不断增强适应环境变化的能力，提高生存发展的能力的重要举措。

通过认证评估，部分未建立起教育教学质量保障体系和一套保证与提高教学质量的体制的高校，被取消了不合格专业的招生资格或被责令限期整改。整顿的力度不可谓不大，也只有这样才能保证高校的办学方向，保障学校的教学质量，满足社会发展的需求和学生的需要。

三、确定教育目的的依据

教育目的的确定要从主观和客观两个方面着眼。

(一)确定教育目的的主观依据

1. 教育活动中人的价值选择是确定教育目的的依据之一

人们在确定教育目的时，往往会受其哲学观念、人性假设和理想人格等观念和价值取向的影响。哲学观念对于教育活动最重大的影响在于对教育目的的设定的影响。柏拉图认为，教育的目的不在灌输知识，而在启发理性，认识绝对理念，故理性的培养就不能不成为柏拉图教育目的论的核心。经验主义哲学家洛克认为，教育的目的应当是培养人对外在环境的兴趣，包括接受人与人之间的影响，从而形成他所谓的"绅士"。中国古代的教育家、思想家们的教育目的观往往建立在他们对"天""理""道""性"等宇宙之根本问题看法的基础上，强调教育的根本目的就在于教学生领悟宇宙和人生的根本，从根本上修身养性。由此可见，教育目的的确定肯定会受到不同世界观或哲学观念的影响。

2. 教育目的的确定制定者的人性假设的影响

中国自古就有人性善恶之争。主张性善论的孟子认为，人皆有恻隐之心、羞恶之心、辞让之心和是非之心，这"四心"正是仁、义、礼、智四种美德的发端，强调教育目的的无非是要让人将失掉的善心找回来，恢复人的本性并且发扬光大。主张性恶论的荀子则认为，"目好色，耳好声，口好味，心好利，骨体肤理好愉逸，故人性皆恶，其善者'伪'(即人为的)"，所以教育应当使人去性而起伪，"积礼义而为君子"。古代基督教教育思想家们曾经由原罪说引申出必须对儿童采取严厉的态度的结论。启蒙运动时期卢梭开始强调，"出自造物主之手的东西都是好的，而一到人的手里就全变坏了"，教育的根本目的在于求得儿童顺其自然的发展。由此可知，教育目的的设定一定会受到主体对于人性的基本假定的影响。

(二)确定教育目的的客观依据

教育目的的确定虽然带有较明显的主观性，却又受客观条件的最终制约，接受社会发展的最终检验，表现为以下几个方面。

1. 生产力和科技发展的状况是确定一定历史时期教育目的的物质基础

生产力和科学技术的发展水平不同，社会对受教育者的质量标准和规格要求就不同。在古代社会，由于生产力和科技水平的低下，不可能让全体社会成员都接受学校教育，教育与受教育的权利都控制在极少数统治阶级的手中。同时，由于社会生产的科技含量水平较低，劳动者也无须经过学校教育的专门培训。因此，古代教育的目的只有一个，那就是培养有一定文化素养的统治者，即只培养神职人员以及政治、军事、医学和法律等方面的管理人才。机器大工业时代的到来使社会生产对普通劳动者的科技文化素养提出了更高的要求。在现代社会，劳动者不具备一定的科技和文化素养，就无法适应现代化的社会生产，各国普遍实施了强制性的国民义务教育，学校教育开始具有全民性、民主性。教育目的必须兼顾培养有文化的管理人才、有较高科学文化水平的脑力劳动者和具有一定科学文化素养的体力劳动者或半体力劳动者的双重使命。信息时代和知识经济时代将对全体社会成员的文化与科技素养提出更高的要求，因此未来社会对于教育机会均等和劳动者文化素养的要求将更高。这也必然会影响到教育目的的确定。

2. 社会经济和政治制度影响教育目的的制定

一定的社会经济和政治制度决定了教育资源控制与分配方式，从而对教育目的的确定起着制约作用。在一定生产力基础之上建立起来的生产关系对教育目的起着决定性的作用，所以教育目的的确定就必然与一定社会经济、政治制度相联系。在阶级社会，统治阶级一方面会利用其经济和政治上的统治权制定出符合本阶级需要的教育目的，为巩固这一统治服务；另一方面还会利用自己在经济、政治上的权力维护本阶级在教育资源占有上的特权，并保证这一教育目的的实现。所以，教育目的的确定会体现一定社会经济、政治的要求，在阶级社会中具有鲜明的阶级性。

3. 受教育者身心发展的规律是确定教育目的的重要依据

尽管受教育者的身心特点及发展规律不对教育目的的社会性质和方向起决定作用，但它仍然对教育目的的确定有十分重要的制约作用。人们提出教育目的是希望引起受教育者身心发生预期的变化，使他们成为具有一定个性的社会成员，并且受教育者本身也是参与教育活动的主体，因而受教育者生理、心理发展的规律就是不得不考虑的要素。具体地说，各级各类教育的培养目标的制定必须依据受教育者身心发展的规律，因而教育目的需要反映不同的学段受教育者的共同成长规律。不考虑受教育者的身心发展规律的教育目的是难以实现的。

四、教育目的的价值取向

教育目的的价值取向是指教育目的的制定者或从事教育活动的主体依据自身的需要对教育活动做出选择时所持有的一种倾向。不同的教育家有着不同的教育目的观念和理论。教育思想史上具有代表性的教育目的价值取向主要有以下几种。

1. 社会本位的教育目的论

社会本位的教育目的论的基本主张是以社会的稳定和发展为教育的最高宗旨，教育目的应当依据社会的要求来确定。

社会本位的目的论主要反映的是古代社会的特征和要求。《学记》中说："君子欲化民成俗，其必由学乎。""古之王者，建国君民，教学为先。"中国古代教育一直以修身为本，但修身的最终目的是"治国平天下"。《论语》在谈学道时说："君子学道则爱人，小人学道则易使也。"

在近现代教育史上也出现过社会本位的目的论思想。教育社会学中的社会功能学派人为地将个体发展的社会条件无限夸大，认为个人的发展完全取决于社会。社会学家那笃尔普认为："在教育目的的决定方面，个人不具有任何价值。个人不过是教育的原料，个人不可能成为教育的目的。"涂尔干说："教育在于使青年社会化——在我们每一个人之中，造成一个社会的我。这便是教育的目的。"社会本位的另一个代表人物——德国教育家凯兴斯泰纳则认为，公立学校的主要目的是为社会进行公民教育，他说："我十分明确地把培养有用的国家公民当作国家国民学校的教育目标，并且是国民教育的根本目标"[1]。受此观点影响，20世纪初欧亚一些国家如德国、法国、日本，制定的均是社会本位的教育目的。

持有社会本位的教育目的的人认为，衡量教育好与坏的最高标准只能是看教育能否为社会的稳定和发展服务，能否促进社会的和谐与发展；离开为社会服务的教育目的是不可思议的，也是没有意义的。应当说，社会本位的教育目的论充分注意到了社会对个人、对教育的制约作用，但这一学派没有看到：社会也是由个体组成的，没有活力的个体，社会存在就是病态的；同时离开了个体的生活幸福等目的，社会存在也就失去了意义。社会确实是个体存在和发展的基本条件，但社会并不是个体存在的终极目的。因此，教育目的如果对教育对象自身的需要不做足够的关照肯定是有失偏颇的。

2. 个人本位的教育目的论

个人本位的教育目的论与社会本位的教育目的论相反，认为个人价值远高于社会价值，因此应当根据个人的本性和个体发展的需要来确定教育目的，强调人的自然本性，希望教育按照人的本性而不是违背这一本性办事。持个人本位目的论的教育学家为数甚多，卢梭

---

① 乔治·凯兴斯泰纳. 凯兴斯泰纳教育论著选[M]. 郑惠卿，译. 北京：人民出版社，1993.

认为人的天性是善良的，"在人的心灵中根本没有什么生来就有的邪恶"，一切人的堕落都是由于社会的负面影响。故"出自造物主之手的东西都是好的，而一到人的手里就全变坏了"这一说法是荒谬的。"大自然希望儿童在成人以前就要像儿童的样子"，所以"要按照你的学生的年龄去对待他"。因此，卢梭认为最好的教育是远离社会的自然教育。正是因为相信人的天性是好的，所以个人本位的教育学家都认为教育的根本目的是求得人的天性的自由和全面的发展。

个人本位的教育目的论具有强烈的人道主义色彩，18—19 世纪这一理论达到全盛。个人本位的教育目的论倡导个性解放、尊重人的价值等，有一定的合理性，因而直至今天仍然对全世界的教育有着重要的影响。不过正如社会本位的教育目的论只执一端因而有失偏颇一样，个人本位的教育目的论没有将个人的自由发展同一定的社会条件和社会发展的需要结合起来，所谓合乎人性的自由发展就会变成空中楼阁。

3. 人格本位论

持这种观点的代表性人物瑞士教育家裴斯泰洛齐认为，教育目的在于发展人的一切天赋力量和能力，使人的各种能力和谐发展。在他看来，人的一切才能必须获得最大限度的发展，因为每个人都具有天赋的力量和能力，这种能力和力量都具有从不活动状态到充分发展的倾向。另外，他又注意到，人是社会性的动物，人的发展有社会目的，人的各种能力的发展乃是"人类最普遍的需要"。他说："为人在世可贵者在于发展，在于发展各人天赋的内在力量，使其经过锻炼，使人能尽其才，能在社会上达到他应有的地位。这就是教育的最终目的。发展人的内在力量，不得不利用社会与人相结合的教育办法，从而使其得到人的品德、家庭幸福、工作能力，直到实现社会上的需要。"

4. 生活本位论

"生活本位论"把教育目的与受教育者的生活紧密联系在一起，他们或以为教育要为未来的生活做准备，或以为教育即是生活本身，注重的是使受教育者怎样生活。这方面突出的代表是斯宾塞和杜威。

英国著名教育家斯宾塞明确提出，教育目的是为"完满的生活"做准备，教育的主要任务就是教会人们怎样生活，教会他们运用一切能力，做到"对己对人最为有益"。斯宾塞的"生活预备说"体现了当时英国资产阶级的现实要求，即通过教育获取使个人幸福的知识与能力。

美国学者杜威反对将教育视为未来生活的准备，认为一旦把教育看作为儿童未来的生活做准备，必然要教以成人的经验、责任和权力，而忽视儿童此时此刻的兴趣与需要，把儿童置于被动地位。因此，他主张把教育理解为生活，"教育即生活"。一切事物的存在都是人与环境相互作用产生的，人不能脱离环境，学校也不能脱离眼前的生活，学校教育应该利用现有的生活情景作为其主要内容和途径，在做中学，教儿童适应眼前的生活环境，也就是培养能完全适应眼前社会生活的人。

实践与反思：高校并轨与扩招分析

从新中国成立到 1988 年的数十年中，中国高等教育一直都是"免费的午餐"，1989 年国家进行高等教育收费改革，当年的大学新生们每年就要交 200 元的学费，1996 年中国高等教育试行并轨招生，试点高校学费增加到近 2000 元，2000 年高等教育全面并轨，高校学费普遍涨过 4000 元，艺术类院校的学费则突破万元大关。许多人开始感叹中国高等教育学费昂贵，却没有看到其实质是学费之外隐含的我国高等教育目的的转变，即由社会本位的教育目的向个人本位目的转变。免费教育时代，国家是根据社会发展需要进行的计划招生与分配，录取的专业未必符合心愿，考上了大学就成了吃皇粮的"国家干部"，由国家统一行政分配工作，没有选择，个人意愿必须服从国家需要；到 20 世纪 80 年代末受教育者越来越不满意被分配的岗位，更多的人谋求自主选择就业，国家所急需的人才也初步满足，高校并轨适时产生，受教育者从专业选择到就业都是根据自身需要决定。当然，学生上学自己缴纳的也只是部分培养费用，国家同时建立相应的奖学金、贷学金制度，鼓励学生努力学习，引导学生毕业后参与劳动力市场的竞争。

2000 年我国高校开始扩招，从表面来看，这次高校扩招原因似乎是政府基于拉动国内消费，推动经济增长需要的一种政策手段，其深层次原因在于社会需求，在于经济与产业提升所带来的结构性就业需求。中国人常常把教育视为促进自身社会地位变动的基本手段，1998 年我国高校毛入学率仅达 9.1%，但高中毕业人数却以 10% 左右的速度急剧上升，越来越多的人着眼于将来的职业而希望获得更好更多的学习机会，对高校招生规模形成巨大需求。另外，高新技术产业的逐步发展，需要更多的高素质人才，为适应经济发展的变化，适龄人口选择了接受多样化的高等教育，高等教育扩招是有效地开发和利用人力资源，合理地配置人力资源的必然。只是扩招的规模应当控制在不影响教育质量的范围内。

第二节　马克思主义的全面发展学说及我国的教育目的

一、马克思关于人的全面发展学说

古希腊哲学家亚里士多德就提出了身体、德行与智慧和谐发展的思想。欧洲文艺复兴的人文主义教育家维多里诺、拉伯雷和蒙田等批判经院主义教育，强调人的身体、精神、道德的全面发展和个性解放。17 世纪夸美纽斯的泛智教育、洛克的绅士教育，18 世纪卢梭的自然教育、康德的理性主义教育、裴斯泰洛齐的要素教育思想等，也都强调人的全面发展、自由发展，培育人的健全人格。空想社会主义的代表人物莫尔、欧文、傅里叶、圣西门等提出了"全面发展的人"的理想，而且认识到分工是破坏人的全面发展的社会根源，并试图通过教育与生产劳动相结合，以实现人的全面发展。空想社会主义者的思想构成马克思主义人的全面发展思想的直接来源。

在众多的教育目的论中，马克思关于人的全面发展学说对我国教育产生了巨大的影响。

马克思认为，人的发展是由社会存在决定的，生产力发展水平、社会分工以及由此产生的社会关系的性质，决定着人身心发展的根本方向和特征。马克思关于人的全面发展思想是针对人的片面发展提出的。

(一)人的片面发展

在马克思看来，人的片面发展有以下两层含义。

第一层含义是指由于生产力的不发展或不充分发展以及私有制的生产关系(包括分工关系、阶级关系等),固定、狭小的活动范围,人际交往的局限所造成人的片面的、局部的能力的发展。马克思和恩格斯认为,在生产力不充分发展的私有制社会,由于劳动被分成几部分,人自己也随着被分成几部分。为了训练某种单一的活动,其他一切肉体的和精神的能力都成了牺牲品。人的这种畸形发展和分工齐头并进,分工在工场手工业中达到了最高的发展。①在私有制社会,不仅被统治阶级是片面发展的,统治阶级本身由于固定、狭小的活动范围、交往的局限,也是片面发展的。

第二层含义是指整个人类发展水平和个人发展的异化关系。与前一层含义不同,这种异化关系是指强调在私有制社会异化劳动的分工条件下,人类创造的、服务于整个社会个体全面发展的可能条件与人的现实的状况脱节,突出表现为人与物的对立。马克思和恩格斯指出,"在现代,物的关系对个人的统治,偶然性对个性的压抑,已具有最尖锐最普遍的形式"。②在私有制社会,人们为了物质需要和精神需要从事劳动和各种活动,结果这种异化了的劳动和活动反过来限制和否定着人们的物质需要和精神需要以及人的发展。马克思谴责私有制使劳动者"不能把劳动当作他自己体力和智力的活动来享受"。

(二)人的全面发展的含义

马克思认为,人的全面发展不仅有生产劳动方面的意义,而且也应该包括意识、精神、道德、个性等方面的意义。具体来讲,人的全面发展应该包括下述几方面的含义。

1. 人的体力和智力获得充分的、自由的发展和运用

这个含义主要是从把人作为劳动力这个角度提出来的。人的体力指的是人体所具有的自然力;人的智力指的是精神方面的生产力,包括文化科学知识、劳动技能、生产经验和创造力等。人的体力和智力是构成人的劳动力的两个对立统一的因素。人的全面发展首先必须克服由于旧式分工所造成的身体被束缚、智力被压抑的弊端,使人的智力和体力得到广泛的、充分的、和谐的统一发展,并能在物质生产过程中得到统一运用。全面发展的人既能从事物质生产又能从事精神生产,实现体力劳动与脑力劳动的结合,社会上一部分人依靠另一部分人供养的现象消失了,人们可以根据社会的需要和自己的爱好在物质生产领域内自由调换工作,而不是被迫从事某种活动。

2. 人的道德和审美情趣的高度发展

这是从把人作为"社会关系的总和"的角度提出来的。高尚的道德精神和审美情操是人的全面发展不可缺少的组成部分。某种特定社会所造成的"人的自我丧失"不仅是指人的体力和智力的发展受到压抑和摧残,而且也指道德的堕落和美的需要的丧失。人类不仅是物质财富和精神财富的创造者,同时也是物质财富和精神财富的享受者,其所能享受到的物质财富和精神财富越丰富,社会对人的道德精神和审美情趣的要求就越高。人的全面发展要求人们普遍具有共产主义觉悟和道德,全社会的人与人之间是真正的自愿、平等的合作关系,而不是强迫的、不平等的关系。马克思所说的人的全面发展,还包括有高度的

---

① 恩格斯. 反杜林论[M]. 北京:人民出版社,2015:12.
② 马克思恩格斯选集[M]. 北京:人民出版社,2013:11.

审美意识、审美能力和审美情操，艺术不是集中在少数人身上，每个人都可以在若干艺术领域活动，充分表现和发挥自己的艺术才能。

3. 人的个性的充分发展

这是从把人作为自然和社会的主人这个角度提出来的。人是社会历史发展的产物，人的发展离不开当时的社会历史条件。但是，人绝不仅仅是消极被动地适应社会环境，而是要运用自己高度发展的智能去积极主动地改造社会环境。人既受社会发展的制约，又是历史舞台的主人，历史的演变和人类的进步都是一个个具体的人共同活动的结果。因此，能否充分发展每个人的个性和特长是人类能否克服旧式分工所带来的片面发展而达到真正全面发展的一个重要标志。个体具有自由个性和独立创造精神，个人的自由和独立创造，既是表现和发挥自己的才能，也是发展自身的条件；人的个性得到充分的发展，他的体力和智力的充分发展和道德精神、审美情趣的发展才能得以实现。

4. 狭隘的民族意识和国家意识消亡

马克思认为，狭隘的民族主义和国家主义是一种把恶劣的人类集团作为崇拜对象的宗教，只有人人成为世界公民，才能得到全面发展。

总之，马克思主义关于人的全面发展的基本思想就是：在社会主义和共产主义条件下，使人成为体力劳动与脑力劳动相结合的，智力、体力、道德、情趣与个性都得到充分发展的新人。概括起来，人的全面发展就是指人的智力、体力、道德、审美情趣以及个性等方面充分、自由、统一、和谐地发展。

(三)实现人的全面发展的条件

现代生产力的高度发展是人的全面发展的物质条件和基础。只有现代生产力的高度发展，物质财富的极大丰富，才有可能使人完全摆脱旧式分工的束缚，广大劳动人民才能有充分的时间和精力去从事文化科学知识的学习和研究，使其兴趣和才能得到广泛的发展。

马克思认为只有到了共产主义社会，消灭了阶级剥削，社会物质财富极大丰富，人们的思想觉悟和文化科学技术水平极大提高，劳动变成了人们生活的第一需要，那时全体社会成员全面发展的理想才能真正实现。

(四)教育同生产劳动相结合是培养全面发展的人的根本途径和唯一方法

马克思在分析了大工业生产发展的需要和教育发展的趋势，并总结了空想社会主义者欧文在其工厂的教育实践活动的经验后，找到了培养全面发展的人的方法。马克思在《资本论》中指出："未来教育对所有已满一定年龄的儿童来说，就是生产劳动同智育和体育相结合，它不仅是提高社会生产力的一种方法，而且是造就全面发展的人的唯一方法。"在马克思看来，教育与生产劳动相结合是培养体力劳动与脑力劳动相结合的全面发展的人的根本途径和方法，同时也是提高社会生产力，逐步消灭三大差别，建设社会主义和将来过渡到共产主义的重要措施。

实现人的全面发展是一个历史发展的过程，人们为实现共产主义而奋斗的过程，实质上也是实现人的彻底解放、获得全面发展的过程。因此，在对待马克思主义关于人的全面发展学说的态度上，既不能把这一学说神秘化，认为其高不可攀、无法实现，也不能把这一学说庸俗化或变相否定这一学说。以素质教育代替全面发展教育，区分不清素质教育与全面发展教育有何差异，只是在社会主义和共产主义漫长的不同发展阶段，各自所应完成的任务和所具有的作用不同。

二、我国近现代教育目的的历史沿革

教育活动肯定都有其自身的目的。我国是教育发展较早，教育历史比较悠久的国家。早在奴隶社会初期，学校教育一诞生便有着自身的目的。此后，孔子、孟子等教育家还对教育目的做出了明确的论述。但是形成全国统一性的教育目的，则始于清朝末年近现代教育建立之后。

(一)中华人民共和国成立之前的教育目的

1. 清末的教育目的

我国古代的教育家们提出过许多很有建树的教育目的论，但在 1902 年以前全国没有提出过统一的教育目的。1902 年，梁启超在其《论教育当定宗旨》一文中，首先提出了制定和贯彻全国一体的教育宗旨的必要性。在中国历史上，由国家制定的教育目的始于 1904 年的《奏定学堂章程》。其中规定："至于立学宗旨，无论何等学堂，均以忠孝为本，以中国经史之学为基，俾学生心术归于纯正，而后以西学渝其知识，练其艺能，务期他日成材，各适实用，以为国家造就通才、慎防流弊之意。"这个目的体现了当时半殖民地半封建教育"中学为体，西学为用"的教育方针。1906 年，当时的学部正式规定教育宗旨为"忠君、尊孔、尚公、尚武、尚实"。

2. 民国时期的教育目的

民国时期的教育目的变动较大。1912 年，时任教育总长的蔡元培提出以军国民教育、实利主义教育、公民道德教育、世界观教育、美感教育五项为教育目的。其后教育部公布了国民教育宗旨为"注重道德教育，以实利教育、军国民教育辅之，更以美感教育完成其道德"。1923 年 3 月，国民党提出教育宗旨为："中华民国之教育，根据三民主义，以充实人民生活，扶植社会生存，发展国民生计，延续国民生命为目的；务期民族独立，民权普遍，民生发展，以促进世界大同。"这个教育宗旨是为国民党服务的。1936 年，国民党在《中华民国宪法草案》中规定："中华民国之教育宗旨，在发扬民族精神，培养国民道德，训练自治能力，增进生活智能，以造就健全国民。"总的来说，民国时期的教育目的已经摆脱了"尊孔""忠君"等封建意识，具有一定的现代教育特点。

(二)中华人民共和国成立之后的教育目的

中华人民共和国成立以后，我国的教育目的在不同的历史时期有着不同的表述和规定。

1951 年 3 月，在第一次全国中等教育工作会议上提出：普通中学的宗旨和教育目标是"使青年一代在智育、德育、体育、美育、劳育各方面获得全面发展，使之成为新民主主义自觉的积极的成员"。这种表述较简明，并且第一次提出智、德、体、美、劳全面发展。

1957 年，毛泽东根据我国当时政治、经济、文化上新的要求，并针对教育实践中出现的学生负担过重，忽视劳动教育和思想政治教育等问题，提出："我们的教育方针，应该使受教育者在德育、智育、体育几方面都得到发展，成为有社会主义觉悟的有文化的劳动者。"其间由于"左"的思潮的干扰，对这个教育目的的理解有失偏颇。把政治与知识对立起来，强调政治挂帅而轻视科学知识的学习；同时，在贯彻这一方针时，出现轻视脑力劳动、片面强调体力劳动的现象。

1981年中共中央《关于建国以来党的若干历史问题的决议》对我国的教育目的做了这样的表述：坚持德智体全面发展、又红又专、知识分子与工人农民相结合、脑力劳动与体力劳动相结合。1982年《中华人民共和国宪法》规定："国家培养青年、少年、儿童在品德、智力、体质等方面全面发展。"1989年11月，邓小平为少先队建队40周年题词："培养有理想、有道德、有文化、有纪律的无产阶级革命事业接班人。"人们习惯上称之为"四有"新人或"四有"人才。在邓小平这一思想指导下，我国教育目的在表述上又有新的发展。1986年《中华人民共和国义务教育法》把我国教育目的表述为"使儿童、少年在品德、智力、体质等方面全面发展，为提高民族的素质，培养有理想、有道德、有文化、有纪律的社会主义建设人才奠定基础。"

1993年《中国教育改革和发展纲要》重申了"培养德、智、体等全面发展的建设者和接班人"这一教育目的，并提出"教育改革和发展的根本目的是提高民族素质，多出人才、出好人才"。同年颁布的《中华人民共和国教师法》强调，教师的使命是"教书育人，培养社会主义事业建设者和接班人"。1995年《中华人民共和国教育法》对我国教育的目的做了科学、全面的表述："培养德、智、体等方面全面发展的社会主义事业建设者和接班人。"

1999年6月，中共中央、国务院颁发的《关于深化教育改革全面推进素质教育的决定》赋予教育目的以新的内容："以提高国民素质为根本宗旨，以培养学生的创新精神和实践能力为重点，造就'有理想、有道德、有文化、有纪律'的德、智、体、美等全面发展的社会主义事业建设者和接班人。"2001年5月《国务院关于基础教育改革与发展的决定》和稍后教育部颁布的《基础教育课程改革纲要（试行）》皆强化素质教育的宗旨，尤其前者又进一步强调"培养德智体美等全面发展的社会主义事业建设者和接班人"这一教育目的。

2004年2月，中共中央、国务院颁发的《关于进一步加强和改进未成年人思想道德建设的若干意见》对教育目的的表述又有新的提法："培育有理想、有道德、有文化、有纪律的，德、智、体、美全面发展的中国特色社会主义事业建设者和接班人。"在"社会主义事业"前加上"中国特色"限制词，更有现实意义和历史意义。

2010年7月制定的《国家中长期教育改革和发展规划纲要(2010—2020年)》指出，全面贯彻党的教育方针，坚持教育为社会主义现代化建设服务，为人民服务，与生产劳动和社会实践相结合，培养德、智、体、美全面发展的社会主义建设者和接班人。提出全面推进教育事业科学发展，要立足社会主义初级阶段基本国情，把握教育发展阶段性特征，坚持以人为本，遵循教育规律，面向社会需求，优化结构布局，提高教育现代化水平。

2012年，党的十八大报告指出："全面贯彻党的教育方针，坚持教育为社会主义现代化建设服务、为人民服务，把立德树人作为教育的根本任务，培养德、智、体、美全面发展的社会主义建设者和接班人。"

2018年9月10日，全国教育大会召开。习近平在讲话中提出要"培养德、智、体、美、劳全面发展的社会主义建设者和接班人"。

2020 年 9 月 9 日第三十六个教师节到来之际，习近平在慰问全国广大教师和教育工作者时，希望广大教师不忘立德树人初心，牢记为党育人、为国育才使命，积极探索新时代教育教学方法，不断提升教书育人本领，为培养德、智、体、美、劳全面发展的社会主义建设者和接班人做出新的更大贡献。

(三)我国教育目的的基本精神

我国教育目的的基本要求是坚持人才培养的社会主义性质，培养德、智、体、美、劳全面发展的人才，坚持教育与生产劳动和社会实践相结合，根据不同时期社会发展的要求，突出强调某些方面素质。正确理解我国教育目的的基本精神，应把握以下几点。

1. 人的全面发展与全面发展教育

人的全面发展与全面发展教育，是两个既相互联系又相互区别的概念，两者并不等同。人的全面发展，包括生理和心理两方面的发展。其中每一方面素质的发展对整体素质的形成都有不同的意义和作用，而没有主次之分、轻重之别。但是，全面发展教育则可以在不同的教育阶段，在内容、任务、方法上各有侧重。学校实施的全面发展教育中，各组成部分的任务、内容和方法都各有不同，它们都是从不同的方面，以不同的方式和方法促进人的德、智、体、美、劳等方面的全面发展，每一种教育都是把人的素质作为一个完整的结构而施加影响的。

2. "劳动者"与"建设者""接班人"

用"建设者"和"接班人"代替了原"劳动者"的提法，这是在更广阔的背景和战略高度对人才规格的规定，是教育思想上的一个重要发展。实际上，社会主义事业建设者和接班人仍然是劳动者，也就是符合社会主义现代化需要的体力劳动者和脑力劳动者，而不是不劳而食的剥削者、寄生虫和贪图享乐的精神贵族。总之，"建设者"和"接班人"是"面向现代化，面向世界、面向未来"的"劳动者"。

当今世界风云变幻，培养中国特色社会主义事业接班人尤其重要，正如江泽民在 20 世纪 90 年代初在庆祝建党 70 周年大会上的讲话中所指出的："社会主义事业在中国的前景，很大程度上取决于青年一代的状况。要以对今后十年乃至下个世纪中国特色社会主义事业的命运高度负责的精神，着眼于培养广大青少年。"2004 年，中共中央、国务院颁布的《关于进一步加强和改进未成年人思想道德建设的若干意见》明确指出，"国际敌对势力与我争夺接班人的斗争日趋尖锐和复杂"，并强调培育"中国特色社会主义事业建设者和接班人"。

2018 年 5 月 2 日，习近平总书记在北京大学师生座谈会上对"学校培养什么人、怎样培养人"的问题做了深入系统的阐述。他指出，古今中外教育的共性是培养社会发展、知识积累、文化传承、国家存续、制度运行所要求的人，在全国教育大会上，习近平总书记进一步提出了关于我国教育的根本任务的论断。他指出，我们的教育必须把培养社会主义建设者和接班人作为根本任务，培养一代又一代拥护中国共产党领导和我国社会主义制度、立志为中国特色社会主义奋斗终身的有用人才。[①]

---

① 田心铭. 深刻认识教育的本质和我国教育的培养目标，学习时报，2019-02-18.

3. 全面发展与个性发展

全面发展的教育目的要求学生的素质能得到多方面的充分发展，个性发展则是全面发展在不同的个体身上的不同表现，体现出不同的个性特点。人的全面发展作为教育的最后结果，可以作为对所有学生的统一要求，但不等于整齐划一、千人一面。因为不同的学生所处的环境不同，所受的教育水平不同，有不同的资质禀赋以及不同的兴趣爱好、价值取向、理想追求。因此，不同的学生个体应采取适合自己特点的方式获得全面发展的结果，这一过程实际上就是人的个性形成过程。如果学校教育不能发挥学生的特长，调动个体内在的潜能，把"全面发展"当作"全面出击"，平均发展，学生的个性就会被抹杀，学习的主动性、自觉性就会大大削弱，这样不仅不能使学生得到全面发展，甚至还会使学生"全无发展"，教育起不到促进学生发展的作用，反而起到促退的作用。

实践与反思：个性与"有才"的世俗理解

在日常生活中，个性通常被理解为思想言行与众不同，普通大众可能对有个性产生一些误解，认为一个"倔强""要强""坦率""固执"的人很有个性，而"文雅""平和""斯文""柔弱"的人没有个性。其实，个性是指一个人在其社会实践活动中经常表现出来的比较稳定的、带有一定倾向性的个体心理特征的总和，是一个人区别于其他人的独特的精神面貌和心理特征，所有的人都有个性，只不过真正有思想的人个性更鲜明，多数人的个性特征平淡而已。

"才"是将知识活化和运用的能力，包括一般能力、特殊能力、模仿能力、创造能力等，核心是正确的思维方法和能力，日常生活中多指表现于外的文艺方面的才能或某种特殊能力。实际上，每个人都具有一定的才能，并在不同的情境中表现出来。

全面发展不是青少年各个方面平均发展，而是结合不同学生不同的资质禀赋、兴趣爱好、价值取向和理想追求，使他们在原有基础上得到更大程度的发展，形成各自的特点。

三、我国全面发展教育的组成部分

全面发展教育是指教育者根据社会主义的政治、经济要求和人的身心发展规律和特点，有目的、有计划、有组织地对受教育者实施的旨在促进人的素质结构全面、和谐、充分发展的系统教育。通常包括德育、智育、体育、美育、劳动技术教育等几个部分。

1. 德育

德育又称思想品德教育，是指教育者根据一定社会或阶级的要求，有目的、有计划、有组织地对受教育者施加系统的影响，将社会的思想或道德转化为个体思想意识或道德品质的教育。在全面发展教育中，德育居于首位，起着导向的作用，引导着学生发展的方向、思想态度和行为规范，为国家培养高素质的社会主义合格公民奠定政治思想道德基础，德育出了问题我们培养的就是危险品。

我国学校德育的目标是帮助学生掌握马克思主义立场、观点和方法，形成坚定的政治立场和社会主义理想信念，树立社会主义法治意识，养成良好的道德行为习惯和高尚的道德情操，形成一定的道德评价能力和自我教育能力，为培养学生具有的政治方向奠定基础。

学校德育的主要内容包括：世界观、人生观、价值观教育，集体主义、爱国主义和社会主义教育，社会主义公民意识教育，理想信念教育，道德教育，民主法治教育，民族精神、时代精神和中华优秀传统文化教育。

中小学校的德育以公民与法制、政治课为核心的各科教学作为基本途径，并渗透在学校各种教育活动中，教师更是应该以身作则，通过耐心地说服教育、榜样示范、情境陶冶、实践锻炼、品德评价等方法提高德育的成效。

2. 智育

智育是授予学生系统的科学文化知识、技能，发展他们的智力和与学习有关的非认知因素的教育。它是促进人类社会文明发展的必要条件。在人的全面发展中，智育通过向学生传授知识、技能，发展智力，为其他各育提供知识基础和认识基础，对其他各育的发展起着重要的作用。可以说，智育包含了其他各育的因素，其他各育的实施都离不开智育。因而，在全面发展教育的各组成部分中，智育处于特殊的重要地位。

基础教育阶段在智育方面的基本要求是：使学生掌握一定的科学、文化基础知识；具有阅读、写作、计算、实验操作的基本技能；发展学生的智力，培养创新精神和创造力；培养学生的学习兴趣和爱好，养成良好的学习习惯；为适应自身发展和现代社会生活、职业岗位选择以及科技发展的需要，奠定坚实的科学文化基础；培养学生的实践能力。

3. 体育

体育是授予学生健康的知识、技能，发展他们的体力，增强他们的自我保健意识和体质，培养参加体育活动的需要和习惯，增强其意志力的教育。体育可以促进学生身体发育，增强学生体质，是全面发展教育不可缺少的重要条件，为德、智、美、劳诸育的发展提供一个物质基础，并与其他各育密切相关，促进各育的发展。

我国学校体育的总目标是：增进学生健康，掌握和应用基本的体育与健康知识和运动技能，形成运动的兴趣习惯，形成良好的心理品质，提高人际交往的能力与合作精神，形成健康的生活方式和积极进取的生活态度。

中小学体育的内容分为运动参与、运动技能、身体健康、心理健康和社会适应五个学习领域。学校体育要针对学生的年龄特征和个性差异，合理安排运动量，使学生养成锻炼身体和讲究卫生的习惯，对体育运动产生兴趣，全面、持久开展锻炼，形成健康的体魄。

4. 美育

美育是形成学生正确的审美观点，培养学生感受美、鉴赏美和创造美的能力，引导学生追求人生情趣和审美境界的教育，也称审美教育或美感教育。它是社会主义精神文明建设的重要内容。社会越发展，物质文明越丰富，精神文明程度越高，美育对社会发展的影响就越深远。加强美育，可以使人的审美能力提高，可以促进文化建设和思想建设，从而促进我国社会主义精神文明的建设。美育还可以给学生的思想以影响，促进学生共产主义道德品质的形成；美育可以促进学生智力的发展，扩大和加深学生对客观现实的认识；美育可以调剂学生的精神状态，增进身心健康。在学校教育中，正确实施美育，可以促进教育目的的实现，使学生德、智、体全面发展。

学校美育的目标是：树立正确的审美观点，提高审美能力；培养健康的审美情趣，陶冶高尚的道德情操；激发想象力和创新意识，培养表现美和创造美的能力。学校美育的内容体现在艺术美、社会美、科学美、自然美等方面。

5. 劳动技术教育

劳动技术教育是引导学生掌握劳动技术知识和技能，形成劳动观点和习惯的教育。它是全面发展教育不可缺少的组成部分，劳动实践能培养学生热爱劳动、艰苦朴素等优良品德，能促进知识的掌握、技能的形成以及智力的发展，同时，还有助于学生体质的增强。重视劳动技术教育是世界各国教育发展的共同趋势，很多国家把劳动教育作为一门独立的课程纳入教学计划，使之成为整个教育体系的重要组成部分。

当前我国特别重视劳动教育。2022年教育部发布《义务教育劳动课程标准(2022年版)》，以丰富开放的劳动项目为载体，重点是有目的、有计划地组织学生参加清洁与卫生、整理与收纳、烹饪与营养、家用器具使用与维护等日常生活劳动，农业生产劳动、传统工艺制作、工业生产劳动、新技术体验与应用等生产劳动和现代服务业劳动、公益劳动与志愿服务等服务性劳动，让学生动手实践、出力流汗，接受锻炼、磨炼意志，培养学生正确的劳动价值观和良好的劳动品质。学校可结合实际，在不同学段自主选择确定任务群学习数量。每周不少于1课时，用于活动策划、技能指导、练习实践、总结交流等。

全面发展教育各个组成部分之间是相互联系、相互区别，不可分割、代替，且缺一不可。各育都具有制约或促进其他各育的因素，其发展又都离不开其他各育的配合，需要其他各育与之协调。任何片面的做法，都有可能导致人的素质的发展出现倾斜。各育都具有特定的内涵，都具有自己特定的任务，各育的社会价值、教育价值、满足人发展需要的价值都是通过各自不同的作用体现出来的。在全面发展教育中它们是辩证统一的。

在实际生活中，青少年德、智、体诸方面的发展往往是不平衡的，有时需要针对某个带有倾向性的问题着重强调某一方面。学校教育也常会因某一时期任务的不同，而在某一方面有所侧重。但绝不意味着可以忽视和放松其他方面，在任何情况下，都要注意坚持社会主义教育目的，使受教育者在德、智、体诸方面和谐发展。在教育教学工作中，要倡导为学生全面发展创造良好宽松的条件，克服那种只重视智育，轻视德育、体育、美育和劳动技术教育，在智育中又只重视知识传授而忽视能力培养的倾向。

四、实施教育目的的基本要求

教育目的是全部教育工作的灵魂，要提高教育质量，全面实现我国的教育目的，教育工作者应该明确以下问题。

1. 端正教育思想，明确教育目的

教育思想是人们在教育实践过程中对教育问题的认识、看法或观点，是用以指导自身教育实践的依据。其核心内容集中体现在为谁培养人、培养什么人和如何培养人的问题上。因此，首先应正确把握和理解人的全面发展包括人在物质生活领域、精神生活和文化生活领域的全面发展，其所涉及的是大多数人的全面发展，而不是极少数人的发展。其次，全面发展不是人的各方面平均发展、均衡发展。全面发展是指人的各方面素质的和谐发展。

它意味着人的高尚的思想信念、道德品质、审美情趣、智力发展，以及物质需要和精神需要的有机结合，使人在工作和生活中体现出力量、能力、热情和需要的完美和谐。再次，全面发展不能忽视人的个性发展。人的全面发展与个性发展并不是矛盾的，而是辩证统一的，没有全面和谐的发展，也不会显示出完美的个性，没有鲜活的个性也谈不上全面发展。德、智、体等各种素质在个体身上的和谐发展，正是个性完美发展的表现。

在教育目的的实施过程中，还要克服"等级"教育的倾向，即认为智育第一，德育第二，体育、美育、劳动技术教育可有可无的分等、排序现象。这种倾向也是由于没有更好地理解全面发展教育造成的。要培养全面发展的社会主义事业建设者和接班人，需从基础教育开始实施，贯彻五育并举、全面发展的思想，发挥教育的整体功能。在实际教育工作中，青少年在德、智、体等几方面的发展往往是不平衡的，有时学生的发展可能在某一方面出现比较大的缺陷，需要针对某种倾向性的问题着重强调和抓紧某一方面的教育，但这并不意味着可以忽视和放松其他方面的教育。

2. 全面贯彻党的教育方针，全面提高教育质量

"两全"是现阶段对我国各级种类教育活动的统一要求，是对各种教育行为所提出的基本规定。人的全面发展已成为当代世界各国教育普遍关注并努力实现的目标，社会生产和生活日益知识化、科学化、智能化、审美化，人的全面发展越来越突显其重要性。缺乏全面发展的观念，忽视全面发展，不可能培养和造就出适应现代和未来社会发展需要的全面发展的人才。

树立全面发展教育观对搞好各级各类教育，特别是中小学教育尤为重要。基础教育是经济发展和社会进步的基础和标志。面对国际激烈的竞争，各国不仅重视高级人才的培养，而且重视国民整体素质的提高，把基础教育当作人力资源开发的根基，当作关系国家未来生存的问题。参照国际经验，审视国内教育的实际情况，我们必须明确普通中小学教育的基础性质，全面培养全体学生的基本素质，为他们学习做人和进一步接受专业(职业)教育、各种高一级教育打牢根基，为民族素质提高打下坚实的基础。

3. 深化教育改革，全面推进素质教育

1993 年，中共中央、国务院印发了《中国教育改革和发展纲要》，首次明确使用"素质教育"的概念，对素质教育的内涵做出规定：素质教育指向国民素质的提高，面向全体学生，提高学生的全面素质，促进学生生动活泼地发展。2010 年颁布的《国家中长期教育改革和发展规划纲要(2010—2020 年)》把素质教育作为重要的战略主题。党的十九大报告指出，"要全面贯彻党的教育方针，落实立德树人根本任务，发展素质教育"，并把"立德树人"作为教育的根本任务，把"培育和践行社会主义核心价值观"作为素质教育的重要内容。素质教育的内涵可以概括为：以提高国民素质为目的，面向全体学生，促进学生全面地、生动活泼地、可持续发展，促进学生个性发展的教育，着力提高学生的社会责任感、创新精神和社会实践能力。

素质教育的实施需要以下措施。

(1) 要明确基础教育的目标和任务。深刻认识"应试教育"对中小学教育产生的影响和危害，树立素质教育的基本观念，着眼于受教育者及社会长远发展的要求，以面向全体学生、全面提高学生的基本素质为根本宗旨，以注重培养受教育者的态度、能力，促进他们

在德、智、体等方面生动、活泼、主动地发展。

(2) 要改革课程内容。建立和完善以全面提高学生素质为目标的课程体系，优化教学过程，减少课程门类，减轻学生过重的课业负担，使他们有时间、有条件接触自然，接触社会，参加劳动，丰富生活经验，培养动手操作能力。

(3) 建立素质教育的督导评估体系，改革考试和评价方法。逐步建立和完善各种素质教育的表彰和奖励制度，不断完善小学升初中免试和高中毕业会考制度，不得以升学率作为评价学校工作及考核干部和教师的唯一标准。

(4) 要努力建设一支高素质的教师队伍，依法治教。教师要热爱学生，尊重学生的人格，面向每个学生，平等、公正，因材施教，要逐步掌握对学生进行发展性评估的方法，促进他们健康地成长和发展。

(5) 要加强政府的领导，创设良好的社会环境。积极稳步地推进劳动人事制度改革，逐步实行学历与能力并重的用人制度，重学历不唯学历，重真才实学，争取家长、社区的支持，为实施素质教育创设良好的社会环境。

(6) 重视创新人才的培养。21世纪是知识经济的时代。影响经济发展的关键因素不再是传统的物力因素，而是新的人力因素，包括知识、技术和创新精神、创新能力。创新是知识经济时代的根本要求。培养创新人才需要教育创新，改革现实的教育，实现观念的创新、人才培养模式的创新和管理制度的创新；同时，实施创新教育。创新教育，从目标上说，是以培养学生的创新精神和创新能力为重点，以培养创新型人才为价值取向的教育。其核心是着重研究和解决如何培养学生的创造性思维和创造性人格、创新精神问题。

创新教育是围绕着创新人才的培养，对教育的整体定位，是带有全局性、结构性的教育发展的价值追求。创新教育要求的是教育全方位的创新，也需要全方位的保证。所谓教育全方位的创新，包括教育各个要素的创新及其整体的创新。所谓全方位的保证，包括教育制度、教师队伍、教育技术等为创新教育提供保证，也包括社会、家庭、社会舆论等为创新人才培养提供保证。培养创新人才，需要凝聚全社会的力量，齐心协力，共同营造创新人才成长的空间和支持系统。

实践与反思：疯狂补课何时了

近年来，中国教育出现一种奇特的、疯狂现象，一方面各级政府大力推行素质教育，要求学校和教师减少讲授的时间、减轻学生的负担，另一方面一些学校仍存在着成建制交费补课的问题，而且社会各种补课班如雨后春笋般涌现出来，补课几乎占满了学生所有的周六、周日和寒暑假休息时间。以前中小学生参与课外补课的往往是学习困难的学生，补课可以一定程度上提高部分学生的成绩，优秀的学生一般不会参与，而现在似乎不补课就很难获得稳定的好成绩。

对此，社会各界议论纷纷。中国社会的竞争依旧很激烈，"优胜劣汰"的管理观念、唯学历的用人制度、截然不同的地位待遇无疑进一步加剧了竞争，加大了就业压力，历史的、制度上的、行政上的一些因素导致高等教育资源的不均衡，发展机会的相差悬殊，且必然将社会的竞争压力移到高考，并延伸到中小学。家长怕孩子不补课会输了未来，学校怕不补课学生成绩低会输了学校的名声、失去好生源，整个社会都弥漫着一种怕"孩子输在起跑线上"的焦虑。但过度的补课使孩子们不得不在家长的威迫诱哄下学习他们并不喜欢的知识，完成家长替自己做的未来规划。但家长替孩子做出的选择和决定，焦虑的是孩子能不能拥有"我所期待的人生"，而不是孩子"愿不愿意的人生"，孩子失去了快乐的闲暇活动，机械地学习，学不能致用，逐渐产生厌学心理，压抑了个性和创新能力，得不偿失。有偿补课加重了家长的经济负担，无形中影响了学校和教师形象，甚至造成教师忽视课堂教学这一主阵地，影响自身的职业声望。学校应坚持信任学生、依靠学生、发展学生的教学理念，努力调动学生内在的潜力，打开学生学习的心扉，多给学生成长的时间与空间，把学习变成学生自己要完成的事，在学习活动中提升能力，真正促进学生的发展。

令人欣慰的是 2021 年 7 月中共中央办公厅、国务院办公厅印发了《关于进一步减轻义务教育阶段学生作业负担和校外培训负担的意见》，着眼学生身心健康成长，坚持以学生为本，积极回应社会关切与期盼，减轻家长负担，以政府为主导，多方联动依法从源头开展综合系统的治理，充分发挥学校主体作用，努力提升校内教学质量，切实解决学生学业负担过重的问题。希望"双减"试点能取得预期的效果。

实 践 指 导

深入本地一所中小学校，完成下列任务。

(1) 调查当地中小学是否开始按照国家规定开设各类课程，特别是非中高考所涉及的音乐、美术、信息技术、综合实践活动等课程的开设情况。

(2) 访谈教导主任或副校长，了解该校落实"双减"的状况，包括学校为提升教学质量所采取的措施、放学的时间、课后作业的内容形式与难度、学校延时服务的师资配置与内容形式。

问 题 与 思 考

4-1 如何看待教育目的的价值？

4-2 全面发展有哪些内涵？

4-3 现代社会要全面发展还是要个性发展？

4-4 如何处理德、智、体、美各育之间的关系？

4-5 素质教育体现了我国现阶段教育目的的哪些精神？

参 考 文 献

[1] 柳海民. 现代教育原理[M]. 北京：中央广播电视大学出版社，2002.

[2] 项贤明，冯建军，柳海民. 教育学原理[M]. 北京：高等教育出版社，2019.

[3] 姜德君. 小学教育学[M]. 沈阳：辽宁大学出版社，2005.

[4] 冯建军. 现代教育学基础[M]. 3 版. 南京：南京师范大学出版社，2007.

[5] 杨民. 初等教育比较[M]. 大连：辽宁师范大学出版社，2005.

第五章 教育的形态

本章提要

- 按教育实施的空间划分，教育可分为学校教育、家庭教育、社会教育。
- 家庭教育既具有广泛性，又有其特殊性，对儿童发展中具有不可替代的重要作用。
- 学校教育是一种有目的、有计划、有组织的教育，对儿童成长起主导作用。
- 终身教育是世界教育制度变革中一种新的观念，是教育发展的总趋势。
- 社会教育对象广泛，内容丰富、实用，方法灵活多样，是学校教育的必要补充。
- 学校、家庭、社会应相互配合，共同做好儿童教育工作。

教育的形态是指教育的表现形式。依据教育活动的规范程度，可以将教育分为正规的教育和非正规的教育；根据教育现象在时空中存在的形态可以将教育分为实体教育和虚拟教育；根据教育活动存在的范围可以将教育分为家庭教育、学校教育、社会教育。研究学校、家庭、社会的教育作用及其相互关系，对于实现教育的培养目标具有特殊的意义。

第一节 家 庭 教 育

家庭是建立在夫妻、血缘或收养关系基础上，由父母和子女组成的最小的、最基层的社会组织。作为社会的基本单位，家庭具有生育、经济、娱乐和教育等多方面功能。

家庭教育是指父母或其他年长者通过言传身教和其他有目的、有意识的教育方式方法，对子女施以的教育影响。在教育发展史上，人们早就认识到家庭教育的重要性。中国古代就有"孟母择邻""岳母刺字"等故事，也有《颜氏家训》等影响巨大的家教文献。近现代许多著名教育家，如夸美纽斯、卢梭、杜威、陶行知等都强调家庭教育在儿童成长中的重要作用。

一、家庭教育的特点

相比学校教育和社会教育，家庭教育具有以下特点。

(一)家庭教育对儿童成长的影响具有广泛性

1. 在教导儿童掌握基本生活技能方面起着重要作用

人类个体幼小时期的自然适应能力远不如其他动物，人类个体在其幼小阶段适应环境的能力十分有限，每个个体都有温饱的需求，却没有获取足够衣食的本领，生命的成长规律和社会分工决定了他们只能依靠家庭中的其他年长者给予多方面的照料。在其成长过程中，主要是由家长教导他学习掌握衣、食、住、行等基本技能。逐步掌握那些生存所需要的最基本的生活技能、自我服务的技能，帮助其日后适应社会生活。

2. 在教导个体掌握社会行为规范以形成道德情操和个性特征方面起着不可替代的作用

个体不是与世隔绝地生存，作为一个社会人，必须遵守一定的行为规范和道德准则，接受一定的社会价值观，但这些观念、规范和准则绝不是在自然状态中萌发出来的。儿童在家庭中与他的长辈或同辈伙伴开始了最初的交往活动，体验人与人之间的交往规则，家庭生活的行为规范也是他最初接触到的社会规范，儿童最初总是以其双亲的言行为榜样，以其双亲的需求、情感来调节自己与他人的关系，进而理解社会价值观念；儿童的性格受父母性格影响很大，在某种程度上说就是其家庭主要成员性格的真实写照。

3. 在指导个体生活目标、形成个人的理想、志向、兴趣方面起着重要作用

儿童个体最初的兴趣爱好是在家庭生活中萌发的，可能的兴趣与其家庭为他提供的活动有关，儿童的兴趣如果得不到家长的支持，通常很难进一步发展，更难形成特长。理想最初往往是由兴趣、爱好所引发的，家长利用各种机会引导受教育者逐渐地懂得现实生活的意义，注意发展他们各种正当的兴趣和爱好。在家庭生活中，家长用自己的全部生活经验去影响教育子女，帮助他们树立远大的抱负和理想，培养他们的进取心，在对其倾注着莫大期望的同时给予全力的支持，这样就使得他们在人生道路上能做出有价值的选择。[①]

4. 在培养个体社会角色过程中也具有独特的作用

家庭本身就是一个多重角色组合而成的初级群体，孩子依自己与家庭不同成员之间的不同关系逐渐成为一个承担多种角色的主体，有时儿童在游戏中模仿成人的角色，体验长辈的心态，积累了在日后社会上充当复杂多样角色的启蒙经验。同时，家庭通过影响儿童的志趣理想抱负、职业选择等途径，使他们在以后的社会生活中选择和充任一定的社会角色；家庭在培养社会角色过程中的独特作用，还表现为它能复制出社会文化传统习俗所要求的不同社会角色，如男女性别角色行为。

关注："假小子"和"娘娘腔"

儿童的性别角色意识是家长们长期刻意培养的结果。男孩与女孩性别意识的形成除了其自身的生理差异影响外，与父母对他们的教养方式有极大的关系。家长在取名、衣着打扮、卧室布置、玩具选择等方面为男女儿童营造了不同的环境；过半男孩名字中体现出勇猛、高大、刚强的特征，三分之二的女孩名字以贤惠、迷人、聪颖为特色；给男孩的玩具通常是刀枪、各种车、智能机械等男性玩具，而给女孩的玩具则多为娃娃等；对他们的态度、要求也不同，父母多会对男孩子说要坚强些，对女孩则更多给予呵护。如果家长从小就对孩子施以相反的性别角色对待，则会导致儿童的性别角色意识错乱：男孩可能因受到家庭无微不至的呵护而养成了文弱、多愁善感等习气，甚至形成所谓的"娘娘腔"，女孩则会因偏离女性的生活轨迹而趋向于"假小子"的行为特点。

男孩、女孩性别角色的紊乱和迷失需要引起社会的关注；否则将带来他们以后"性取向"的困窘。

---

① 孙宏吉. 让和谐的家庭教育促进儿童健康成长[J]. 现代教育科学：中学教师，2012(6).

(二)家庭教育对儿童的影响具有特殊性

1. 从时间上看家庭教育具有先入为主的定式作用

儿童早期获得观察他人和自己是在家庭中，因而家庭教育因素就影响了他们最初的经验，这些认知结果在他们以后的成长过程中往往表现为难以磨灭的铭刻性，如果没有重大事件的影响儿童早期的经验是不易改变的。具体的如儿童在家庭环境下所养成的生活习惯、评议表达、行为模式，最初的道德观念和性格态度等。而且，家庭的这种影响，对儿童随后接受其他影响时具有强大的筛选作用，是他们接触、接受其他现实影响的过滤器，儿童在学校和社会生活环境中接受的其他影响需要由他们的家庭不断地进行补充、扬弃和调整。

2. 家庭对儿童的控制方式具有多维性

在学校中，教师对学生的控制主要是通过认识的和章法的(规章、制度、秩序、纪律)手段来实现的；而在家庭教育中父母对子女的控制，既有认识和章法手段(即所谓家规)，也有情感的和经济的手段。家庭的一体化决定了成员之间的特殊性，学校教师如果对学生采取体罚手段很难被学生原谅，但家长的粗放管教方式却能被孩子忘却；从情感上看双亲和子女的关系更富有人情味儿，家长对子女传输教育要求、教育信息时，多以家庭情感作为载体，双亲对子女有一种特殊的亲切感，子女对父母则怀有信任、依恋和爱戴情感，双亲通过情感更容易控制子女的行为。家庭又是社会中最基本的消费单位，未成年子女的各种物质文化需求，都要通过家庭获得满足，子女在物质和经济上依赖家庭和家长，而家庭和家长则可以通过经济手段对子女进行教育、控制，父母在教诲子女、指导子女、检点他们的言行等方面具有较大的优越性和权威性。

3. 家庭群体交往接触的密切性

儿童是在长辈的照顾下成长起来的，家长对孩子的言行是再熟悉不过的。相对学校而言，家庭中家长与子女的互动接触多属于非正式的和高频度的，这种轻松的氛围无疑加强了家庭中的群体内聚力，这使得家庭教育影响能在多次重复的条件下传递到儿童身上。

4. 家庭影响具有教育与生活的高度融合性与统一性

在家庭中，教育与生活是高度融合的，一方面，儿童与家庭成员朝夕相处，家庭生活的各个侧面都影响着他们的身心发展，也都包含着教育的成分；另一方面，抚养、教育子女是家庭生活中经常性的、重要的活动，许多家庭的生活节奏围绕孩子运行，孩子在家的时候总需要至少一个家长的陪伴，为孩子上学买车，孩子放假全家外出旅游，为孩子学习搬家、租房等，由于家庭教育和家庭生活的统一性，家庭的教育影响就永远带有连续性和潜移默化的性质，它不是通常意义那种正规的有着严密计划性和系统性的教育，并随着家庭生活变化和子女发展的现状不断地变换着教育的形式和内容。

反思：一切为了孩子教育的父母

这是中国社会的一种特殊现象，孩子是家庭的核心，孩子的教育问题是家庭的首要问题，为了孩子的教育，家长们竭尽所能，这一点在子女处于基础教育阶段表现得尤为突出：怕影响孩子的学习，一些家庭放弃了各种聚会、旅行；怕孩子分心，父母收起了电视机，收起了网线关了电脑；为了让孩子多睡一会腾出时间学习，一些家庭搬离自己宽敞舒适的房子到学校附近租房居住；有的父母为了解孩子的学习又重温了一遍昔日的课程；甚至有的家长为了照顾孩子的学习放弃工作；还有的家长将孩子送到国外学习，自己成为寄居外国的"陪读父母"。

那些面对压力与质疑的父母们，以孩子的前程为重，给予孩子无私的奉献与爱，翘首子女学业有成，令人钦佩。同时，我们也要清醒，孩子最终是要靠自己走向社会、走向成功的，家庭中父母的教育能力以及意识到的教育方法和教养态度，家庭的其他因素，如家长的生活态度、方式、事业追求与成就，也同样有力地影响着儿童的个性、态度和品行。但愿父母牺牲一切，甚至牺牲自己幸福的付出，不是阻碍孩子发展的可怕礼物。

5. 家长对儿童了解和影响的深刻性

这也是家庭中最明显不过的特点之一。"知子莫若父，知女莫若母"，由于父母与子女朝夕相处生活在一起，父母对子女的观察、教育是从孩子幼小时就已经开始，对子女的情况最为熟悉、最为了解，核心家庭的众多长辈将他们的关爱集中到为数不多的孩子身上，这一点家庭成员相比学校教师占了绝对的优势。学校中教师与学生之间的关系是一种发散性的关系，一个教师同时要了解多个受教育者，故了解不易达到全面而深刻的程度，分配到具体一个学生身上的关爱少之又少。家庭中家长可以长时间观察子女的一举一动和言谈举止，把握他们心理活动的脉络，在教育中就可以因事指导、因时施教，具有很强的针对性。

二、家庭中影响教育的因素

1. 家长的职业类别

研究表明，家长的职业差别对子女的学习成绩和道德面貌具有影响。究其原因，不同职业的家长生活方式、工作方式不同，他们的职业道德要求、职业修养等也不一样，使得家庭教育和家庭生活都受到不同程度的影响，而且不同职业类别的家长对子女学习的指导能力存在差别。值得注意的是，知识分子的职业类别，在教育子女问题上有着特别有利的条件，因为家长本身接受较多的教育，在文化上具有优势，生活、工作与学习更容易融为一体，这使得他们的子女在学习上往往能取得较好的成绩，对自身的严格要求和良好行为习惯影响到他们子女的品德状况。[①]

2. 家长的受教育程度

家长的受教育程度也是影响学生学习成绩、品德面貌及抱负水平的因素之一。鲁洁教授将 450 名家长的文化程度分为"小学或小学以下""中学或中专""大学或大学以上"三个级别进行过相关调查，结果显示家长的受教育程度与其子女的学习成绩，从整体上看存在着统计学意义上明显的对应关系：受过高等教育的父母，其子女的学习成绩整体上普遍高于受过中等教育父母的子女；而父母的文化为初等教育水平的学生，从总体上来看成

---

① 李勇，王亚锋，张艳红. 家长的职业、文化程度和家庭经济状况对学生学习成绩的影响 [J]. 现代中小学教育，1998(2).

绩更低，当然不能否定许多父母没有受过良好的教育而子女却取得优异成绩的现象，如山东沂蒙山一农家四个儿子均为博士。并且家长受教育程度不同，其子女的品德等方面也存在极为明显的差异，高等文化程度的父母，其子女的品德表现优于中等文化程度父母的子女；后者又优于初等文化程度父母的子女。

3. 家庭的经济状况

家庭经济状况直接与受教育者的物质生活、学习环境、健康条件等方面相联系。国内外教育专家学者对家庭的经济状况对教育的影响进行了大量的调查研究，其结果表明；家庭的经济状况对学生教育的影响是相对的、有条件的，具体的表现为家庭经济水准在温饱以下极端贫困状态时，就不能为其子女提供正常或必要的学习条件，包括无法提供有营养的食物、学习空间、时间、学习用品和资料，不能支持子女参加学校的各种活动费用等，这将严重影响子女的教育和身心发展。 家庭经济条件超过满足其子女正常学习需求后，其任何幅度上的增长额对于子女的学习不再产生有意义的影响和积极的作用。研究还表明，过于优裕的家境条件可能反而容易养成子女养尊处优的品性，不利于他们的学习。

反思："拼爹"时代的无奈

曾几何时，我们的学校总是教育学生要靠自己的努力奋斗取得成功，但现实是每个学生的每个家庭起点不同，发展机会差异很大，中国内地的孕妇在中国香港地区、欧美发达国家待产的人数越来越多，无非是借高投入为孩子获得一个领先的机会。

近期，中国青年报社会调查中心通过民意中国网和搜狐网，对3809人进行的一项在线调查显示，83.5%的受访者觉得身边有很多想加入"拼爹游戏"的年轻人，80.4%的被访者觉得当代年轻人靠"拼爹"成功得多。认为"靠奋斗成功得多"的受访者只占10.1%。

"拼爹"一词从河北"我爸是李刚"开始火于全国，各种"拼爹"事件纷纷出现，多年前的"学好数理化，走遍全天下"变成了今天的"学会数理化，不如有个好爸爸"。这的确是当前社会价值观异化的表现，却又是无奈的现实。在教育上，"拼爹"现象也是事实，从幼儿园到小学到中学再到大学，家长有没有权力或经济条件将孩子送进名校就学，是否为孩子请得起优秀的教师一对一地进行辅导，是否为孩子的下一阶段学习做出安排，都将影响到孩子在学校的学业成绩。难怪四川内江六中高三的学生打出"高否？富否？帅否？否，滚去学习！"的标语。"官二代"与"富二代"在教育的起点和教育机会上的优势对寒门学生人生观、世界观会有怎样的影响？

4. 家庭的结构

当前家庭结构主要是指家庭的完整性，有常态家庭和非常态家庭两类，非常态家庭又包括离异再婚家庭、缺损家庭和收养关系家庭。

对于来自非常态家庭(尤其是离异、缺损家庭)的学生来说，这一非常的家庭结构可能成为他们学习、成长的精神负担。日本麦岛、美国格卢克等地研究指出，非正常的家庭结构正是导致青少年违法犯罪的重要原因。国内研究认为，非常态家庭子女在学业和品行上呈现出两极化的倾向，要么好而且是很好，要么是不好或特别不好，青少年违法的统计显示，大多数少年犯来自非常态家庭。

关注：父亲的角色

国外有关研究认为，在无父家庭中存在着一种特殊的家庭气氛。从儿童期过渡到青少年期，受教育者在家庭中互动的侧重点已从母亲身上逐渐移到双亲，这一转移使父亲在家庭教育中的影响作用大为提高。父亲对青少年至关重要，他既是教养者，又是纪律执行者、社会化指导者、职业的榜样和参谋，或余暇时间的伙伴，这与家庭教育有较大影响。因母亲容易用温存和感情主义的态度对待子女，在父亲不在的场合，家庭教育和学习指导就较多地出现缺乏理智和严格要求的情况。

5. 家庭的气氛

家庭的气氛指的是家庭成员在经常状态下占优势的态度和感受，它是家庭生活中的一个非自然的主观因素。家庭成员的互动及其影响始终是在一定的家庭气氛之下进行，因此，家庭气氛直接影响着家庭教育的效果。

国内学者对家庭气氛对学生影响进行了多种调查研究，结果表明：在"和睦""平常"和"紧张"三等级标准的家庭气氛条件下，学生的学习成绩和品德等都存有显著的差异。"和睦"的家庭气氛下，学生的成绩和品貌均优于"平常"的家庭气氛；后者又优于"紧张"的家庭气氛。

在对北京城区和河北农村的调查中也得出了相似的结果：民主、平等、和谐的家庭气氛加强了家庭内部的群体内聚力，保证了家长教育和影响的效果，这对受教育者学习和品德发展是有利的；相反，专断、紧张、常有冲突的家庭气氛对于子女的成长势必产生不良的作用和结果；平淡、不活跃、关系疏离的家庭气氛导致子女和双亲之间存在心理距离，家长的教育影响被削弱。因此，家庭气氛本身就可被看作一种潜移默化的教育力量。

还有的研究结果表明，家庭气氛可以成为青少年违法和犯罪的直接原因。和睦、不和或冲突的家庭气氛，与违法行为率关系甚大，不和睦的家庭比和睦的家庭，其子女违法行为者明显增多。另外，即使对一般儿童而言，家庭的冲突也给他们带来很大的不幸，这易导致他们产生挫折感和不安全感，长此下去，可造成他们的人格蜕变或情绪障碍，从而影响他们正常的学习和健康的心理发展。

6. 家长的期望水平

家长对子女的期望水平对子女的学业也有很大的影响。研究发现家长对于子女的期望水平高，其子女对自己学习成就的愿望就强烈，其学业成绩也普遍提高。但家长的期望水平应遵循适中原则，即略微高于孩子的实际水平，孩子经过努力是可以达到的，如果家长的期望过高，反倒对孩子的学习产生负面影响。家长对子女期望带有隐蔽的强化作用，使他们受到良好的激励，通过日积月累的反馈作用，子女在感受家长的关切和信赖中能产生较为持久的学习努力，同时子女时时将自己与家长所期望的形象相比较，以此来调整他个人的学习和生活计划，从而影响到他的成就和个性品德各个方面。

反思：望子成龙与望女成凤

在当今激烈竞争的社会，许多父母怀有望子成龙、望女成凤的心愿，特别是那些体验过生活艰辛的父母们，担心孩子不好好学习会掉到社会的底层，有的人会把孩子取得成就看成是毕生的追求，只要孩子能有所为，他们宁可付出任何代价。因此为自己的子女特别焦虑，学习是否主动、效率是否高、行为是否表现出能力、有无特长等。对于有的人来讲，天下最苦恼的事情之一就是孩子的成长问题，为此，他们不惜代价为孩子选择各种补课班、特长班，采取强迫压制的办法逼着孩子去学，忙得焦头烂额，但很多时候孩子一点不领情，效果也不理想。

须知，期望是作为个体行为的动机的决定因素而起作用的。当一个人的行为与群体期望发生矛盾时，就可能招致心理上的相应制裁。在家庭这样的凝聚力很高的初级群体中，受教育者一般很难使自己的行为违背家长的期望。但如果家长一厢情愿，给孩子施加的压力过于沉重，其结果只能是落花有意、流水无情，家长的期望反倒成为孩子的负担。[①]

每个孩子都是有差异的，作为父母要考虑他们的兴趣、爱好，理智地提出切实可行的目标，不盲目攀比，不贪多求全，因势利导，激发孩子的学习兴趣和学习欲望，培养孩子在各种环境下独立生存的能力。

三、学校教育与家庭教育的合作

家庭教育与学校教育各自有其自身的特点，两者要明确各自的分工，积极合作，特别是对于学校而言，家庭的作用是不可替代的。为做好学生的教育工作，学校与家庭应从以下几方面入手。

1. 保持学校教育与家庭教育的协调一致，满足家长的矫情权

家庭教育与学校教育协调一致是家庭教育与学校教育合作的基础。这种一致性表现在教育目标和教育内容两个方面。学校的培养目标使儿童得到全面发展，与家长的教育目标是"望子成龙""望女成凤"目标是可以一致的；家庭教育与学校教育两者都必须向受教育者传授必要的知识和技能技巧，培养一定的道德品质，使之成为一定社会和时代所需要的人。同时，学校要秉持开放包容的理念，采取科学有效的沟通方式，将学生的在校学习生活情况、学校课程设置、重要活动安排、重大改革决策等信息及时传递给家长，充分满足家长的知情权，化解家长好奇、猜疑乃至小心窥伺的心理[②]。

2. 开通家庭与学校联系的多种渠道，实现互惠共赢

家庭与学校联系一般可以分为集体形式和个别形式。集体形式多包括家长会、家长开放日和接待日、班级 QQ 群、微信群等。学期初、期末，或按需要召开的家长会，其目的在于通报学校或班级工作情况，有针对性地征求家长意见，回答家长普遍关心的问题，使家长了解学校和班级所面临的实际困难和问题，取得家长的理解和帮助，并共同探讨一些教育问题。QQ 群和微信群是现今人们联络的重要形式，方便、及时，学校教师与家长之间群的建立可以迅速地将双方的想法、态度传达，并将学校对学生的要求公布，求得家长的支持和帮助。有利于家庭与学校间的交流合作。

家校联系的个别形式一般为日常联系，有面访、电访和微信访。这是教师或家长根据

---

① 张飞. 关于独生子女家庭教育的几点思考：基于教育社会学的视角[J]. 沈阳教育学院学报，2010(6).

② 王淑清.《家庭教育促进法》视域下家校合作的问题与对策[J]. 中小学管理，2022(1).

个别学生的教育问题而展开的个别交流。教师通过家访、电话、QQ、邮件或者微信等形式向每一个家长了解或介绍他们孩子的发展情况，及时沟通某些学生在教育过程中所需要的特别关照或需要家校相互配合教育的问题，并因材施教。这种形式是学校个案教育的重要途径，也是个案追踪研究的资料来源。

在强调终身学习的时代背景下，学校和家庭作为共同的育人主体，既要本着责任共担原则履行好各自义务，又要坚持互惠共赢理念实现共同成长。学校作为主导方要处理好与家长之间合作分工的关系，实现优势互补，协商制订家校共育行为准则，明确负面清单，避免责任推诿。同时，学校还要通过系统专业地培训提升教师尤其是班主任的家校合作理念、专业素养和沟通能力；通过多种途径提供家长有效的家庭教育指导，并适度兼顾普适性和个性化，以满足不同层次家长的需求。

3. 系统设计优化升级，不断提升家校合作实效

学生家长是最能反映学生利益的社会因素，在学生未成年时代表学生做出选择，也是学校重要的教育资源，学校要建立相应的家长组织，争取家长们的支持。不同职业或者不同文化背景的家长，既可以给学校带来丰富的教育内容，又能为学校的教育和管理提供多种支持和服务。各国都比较注重从家长中选派代表组成家长委员会，作为学校与家长联系的桥梁，及时反映家长对学校工作的意见和建议，协调家长之间、家长与学校之间的关系，协助学校做好家长工作。

家长委员会可以安排家长有效参与教育过程，监督学校和教师的教育行为，或配合学校课程开展一些相关活动，使学校的教育效益有所增值。学校可以根据家长的不同职业、不同文化层次以及家长的教育参与积极性，进行家长资源的开发，如由家长进行有关讲座、与学生一起组织活动、开展有关教育问题的研讨、家教经验交流、轮流到校辅助教育教学等。这样一些活动的开展，使学校和家庭贴得更紧，教育合力的形成也就更加容易。

4. 分享经验，指导家庭教育

家庭教育是一种非正规的教育，没有强制性的标准要求究竟对子女进行什么教育、怎样进行教育、何时进行教育，一切取决于家长自身对教育的认知和理解，并不是所有的家长都知道怎样教育子女，家长的文化素养、教育能力参差不齐，教育效果相差很大，这就需要由学校出面进行家庭教育的指导。

学校进行家庭教育指导工作一般有两个目的：一是统一认识，通过向家长介绍学校的任务、内容和要求以及学生在学校的表现，要求家长在对孩子的教育目标、内容上与学校教育保持态度一致、步调一致，这对于孩子能否向着学校所期望的方向发展，具有十分重要的意义；二是向家长介绍和交流有关家庭教育的知识、经验和方法，提高家长素质和家庭教育的质量，促进学生身心健康地发展。

在开展家校合作方面，地方政府和教育行政部门可以重点围绕出台框架标准、整合教育资源、推动经验共享、开展教育评估等方面着力，以弥补学校"单兵突进"的不足。

第二节　学校教育

一、学校教育概述

(一)学校的产生和发展

在母系社会时期曾出现过一种公共教育机构——"青年之家"，原始社会全体成员的儿童都在里面受教育，主要是接受从事未来劳动生活的训练、学习举行各种宗教礼仪。文字出现后，专门为僧侣和官吏子女开设的学校成为一个独特的机构。目前所发现的、有较丰富文字记载的学校是位于现在伊拉克的苏美尔学校，公元前2500年左右其目标是培养国家经济和管理需要的缮写人员，课程主要是半科学性和关于文学和创作等内容。到17世纪出现了现代意义上的学校——文科中学，它以古典人文主义教育为特征，偏重于传授拉丁文和希腊文，但忽视自然科学，18世纪出现了比较注重自然科学与现代语文教学，面向广大贫民的实科中学；19世纪下半期，严格意义上的学校教育系统才在西方形成。

学校作为一个严密的教育机构，必须具备一定的条件，主要包括：严格的入学规定，如年龄及入学水平；修业年限的规定，是在不同级别、不同层次学校中学习年限方面要求；分年级教学，依照不同的年龄、水平区分不同的年级；有明确的课程方面的要求，对学习内容提出一定的要求；有严密的管理制度，特别是严格的组织纪律方面的规定；有较为固定的专职教学人员和场所。

(二)学校的特点

学校教育就是教育者利用学校系统，对受教育者所进行的有目的、有计划、有组织、有系统的教育。相对家庭教育和社会影响，学校有其自身的特点：一是学校系统不断发展完善，成为社会中一个相对独立、稳定的社会组织形式，才能对影响青少年发展的各种社会因素进行有效筛选，排除来自其他方面的不利干扰，按照教育的客观规律去精心培养人才，通过优秀人才的培养，去促进社会其他方面的良好发展；二是学校拥有一支经验丰富、训练有素的专职教师队伍，保证了教育工作的专门性和权威性；学校为人们的学习提供了优越的物质条件，这些必要物质条件，是家庭和社会某一方所无法长期和完整提供的；三是学校的建筑格局、校园环境、后勤服务、课程安排、教师选配等特有的文化为了学生提供有利于学习的心理环境和气氛。

有了这些特点，学校系统才能以一个独立的社会组织形式与其他方面发生联系，促进社会发展和人的发展；才能保证对青年一代教育的科学性、连续性和有效性。如果失去了这些特点，学校教育就无法在整个教育中占有主导的地位。

关注：城乡教育的差异比较

在我国，出生于农村还是城市，完全是两种身份和境遇，城乡政治、经济的二元制度造成了城乡发展的不平衡，城乡教育的差异问题也越来越突出，这种差异主要表现在教育氛围、教育资源、教育机会和教育结果等几个方面。

教育氛围是一个很宽泛的概念，包括城乡居民的整体收入水平和教育投入水平、家长的文化水平等，相对于农村家庭，城市居民子女的教育费用除了学校内的花费外，学校之外也有很多教育投入。农村家长本身的文化水平较低，决定了他们对下一代的教育水平、教养态度和教育期望远不如城市家长。

教育资源包括两个方面，即师资和教学设备。农村的师资匮乏，结构不合理，培训不足，福利待遇无法保障，职业发展潜力弱于城市教师，城市学校的图书馆、阅览室、计算机室、实验室等一应俱全，而农村学校无论硬件设备还是软件均落后于城市学校，甚至有的学校教具都不齐全，上课仅限于抽象说教，从而导致教学效率低下，学生难以理解等问题。

由于城乡教育经费投入不等和教育资源的差异，使农村孩子知识的学习总体上落后于城市孩子，从而使农村孩子升学的机会远远小于城市孩子，重点大学的农村学生数量不断减少，社会变迁和改革中出现的一些新问题还给农村学校带来一些新的困惑，如农村人口的减少，农村教师的流动、匮乏，教育经费短缺问题不断加大城乡教育的差异。

布尔迪厄曾说："学校比其他任何东西能更好地有助于既定秩序的再生产，因为它比其他任何东西能更好地掩饰它所实行的功能。同时，它又通过个体的流动——有控制地选拔少数有限个体，来确保社会的稳定，并认可社会流动的理想。"学校强化了原有的社会关系，强化了我国城乡的二元结构，它使大部分农村孩子因学业失败而返回农村，由此形成了城市优势文化圈和农村劣势文化圈。[①]

(三)现代学校教育的发展

长期以来，学校教育在整个教育中一直占据主导的地位。但近些年，随着科学技术和社会其他方面飞速地向前发展，学校教育的这种优越地位开始受到了挑战：由于先进的通信手段和教育技术日益发展，社会各方面举办教育的积极性日益提高，所以，现在许多人都可以通过学校以外的途径学习新的知识；由于普及义务教育的程度日益提高，绝大多数家长都有能力对孩子进行初等教育，加之家用电子计算机和各种教育软件的发展，家庭教育的内容越来越广泛，展现了十分诱人的发展前景。社会教育和家庭教育将逐渐成为与学校教育并行的另外两支力量。

但学校教育也会在改革中不断求得发展，从而仍然在整个教育中占据主导的地位。从学校自身纵向发展来看，现代学校表现出如下新的特征。

(1) 高信息化。从培养目标的确定，一直到教学过程的方式方法。例如，现代学校已经把掌握制造、处理、分配、使用信息的本领，作为学生质量规格中不可缺少的方面。在发达国家，电子计算机课程正成为越来越多学校的必修课，而且在现代学校中产生信息的源泉日趋丰富化，来自学生的信息，来自到校讲课或参与管理的家长、专家和实际工作者的信息，来自教育电影、电视、幻灯、录音和各种参考书籍的信息，已经成为现代学校信息网络中不可缺少的方面。一些发达国家已经出现无黑板教室、无黑板学校、智能教室等，如图像信息、数字信息、语音信息等新形式教育内容快速出现在学校教育的各个领域，大幅度提高了教育信息传输的速度和数量，并极大地提升教育质量。

---

① 俎媛媛. 文化再生产视角下中国教育的城乡差异[J]. 当代教育论坛，2006(6).

(2) 系统化。对现代学校的高系统化，可以从两个方面加以分析。一是从宏观上看，现代学校已经是社会巨系统中不可缺少的子系统，它的运行和发展既受巨系统的制约，又影响着巨系统。学校活动的各个方面，如设置专业与教育层次、招生与分配、教学以及政治思想工作，只有在社会巨系统不断调整和反馈下，才能获得正常的发展。二是从微观上看，现代学校的内部组织管理体系正趋于严密化和合理化，这保证了学校的各项工作，如教学、财务、后勤、团队活动等，能高效、有序地进行。

(3) 科学化。随着哲学、社会学、心理学、教育学、人才学、生理学、测量统计学，以及其他有关的社会科学和自然科学的发展，现代学校的各项工作已经有可能建立在科学而不是经验的基础上。现代学校进行的改革和探索不是盲目的，而是受各种科学理论的指引。按照科学所揭示的客观规律办学，用科学的方法进行检验已经深入人心，成为现代学校文化不可缺少的组成部分。

(4) 学校的开放化缩小了学校与社会和家庭之间的距离，课程的不断更新、实用化和趣味化、远程教育的普及、教学形式的个别化和现场化都使学校教育与社会的发展紧密联系起来，从而保证了学校教育的价值。

(四)现代学校的职能

现代学校的发展与现代社会的发展是相适应的，现代社会赋予了多种职能，表现为以下几点。

1. 提高受教育者素质

学校是一种有目的、有计划、有组织且有系统地开展教育活动的专门机构。提高受教育者素质是现代学校最基本的职能。现代社会的发展要求全体国民具有现代道德、现代科学知识和能力等素养，要求全体国民素质普遍得到提升。

2. 培养现代社会所需的劳动者和各级各类专门人才

现代学校在一定程度上是为了适应社会生产而发展起来的，基础教育阶段各级学校为培养劳动者奠定基础，中等职业技术学校培养中等技术人才，高等院校培养各级各类高级专门人才，都需要根据自身的层级和类型，面向现代社会发展，履行为培养现代劳动者和专门人才服务的职能。

3. 文化的传承与有文化传承与创新

学校是传授文化知识的场所，传承文化是学校固有的职能与使命。现代学校则不仅需要传承道德文化，还要传承科学文化。同时在传承现代科学文化的基础上，努力实现科学文化的创新。这种创新赋予现代学校新的职能与使命。

4. 开展科学研究

开展科学研究是现代学校的另一重要职能，尤其是现代大学的职能。自从19世纪德国大学的改革确立了大学的研职能以后，科学研究便成为现代大学的重要职能。也正是因为有了科学研究的职能，大学才具有现代性，大学对世界科学研究的大力推进和科学技术的迅猛发展功不可没。众多先进的科研成果来自大学。随着现代科技的发展，现代大学开展科学研究的职能在不断加强。

5. 提供社会服务

现代学校具有面向社会开放的特点，需要着眼于社会的需要，为社会的发展与进步提供各种可能的服务，既表现为直接为社会培养和输送劳动者与专门人才，又表现为利用学校的师资、场地、设施设备为社会提供培训与服务，特别是利用大学的优势资源，与社会的政治、经济和文化组织或机构建立更广泛的联系和实行多样化的合作。

二、学校教育制度

(一)学制的概念

学校教育制度简称学制，是指一个国家各级各类学校的教育系统，它具体地规定着各级各类学校的性质、任务、培养目标、入学条件、修业年限以及它们之间的关系。

学校教育制度是国家教育制度中最重要的组成部分。国家教育制度是指一个国家各种教育机构的体系，除学校教育制度外，还包括校外教育机关和文化教育机关。校外教育机关主要指儿童电影院、少年宫、少年体校、少年科技站等，文化教育机关通常指图书馆、文化馆、博物馆等。而学校教育制度则是整个国家教育制度中最系统、最基本和最有计划性的部分，集中体现着一个国家教育制度的精神实质。

从纵向看，学制一般包括学前教育机构(托儿所、幼儿园)、初等教育(小学)、中等教育(初中、高中)、高等教育(大学)四个层级。从横向看，学制包括普通教育、成人教育、职业教育和特殊教育等，其中特殊教育机构包括盲校、聋哑学校、启智学校等。

各种层次的学校并不是按照小学、中学、大学的顺序出现，从产生时间的先后看却是另外的顺序。12 世纪随着欧洲商业、手工业和城市的发展，在意大利、英国先后产生了大学，如博洛尼亚大学、牛津大学、剑桥大学、巴黎大学等，通常这些大学设有四个学院，即文学院、神学院、医学院、法学院，分别培养官吏、神职人员、医生和法官。同样是在欧洲文艺复兴前后，出现了一些培养为大学做准备的古典文科中学，在英国叫公学，在德国叫文科中学。18 世纪初出现了以学习自然科学和现代外语为主要课程的实科中学，经历200 多年的争斗，两者均发展成为日益完善的现代中学。欧洲早期的初等学校主要是行会学校和教会学校，17 世纪开始，德国的一些公国开始普及义务教育，纷纷建立现代小学，工业革命后大机器生产要求劳动者具备初步的读、写、算的能力和一定的自然与社会常识，促成各国初等教育的快速发展。随着生产发展的需要，只让劳动者掌握初等教育的知识技能已经不符合要求，各国才又为普通家庭子女提供初中程度的教育，再后来又与高中接轨，形成今天的局面。

(二)建立学校教育制度的依据

制定学校教育制度不是随意的，它是社会发展到一定历史阶段的产物，其制定和修改需要以下因素。

1. 学制的制定要依据一定社会生产力发展的水平和科学技术发展的状况

古代社会的生产力水平相对较低，科学技术也不发达，通过父传子、师傅带徒弟的教学方式，在生产过程中将积累的知识、经验和技能传授下来。所以，当时的学制类型是比较简单的。随着机器大工业生产的出现和科学技术的推广应用，向学校教育提出了培养不同目标、不同层次、不同规格的各种人才的要求，以便通过不同的修业年限和入学条件，采用不同的教育内容和方法，完成不同的教育任务，达到相应的培养目标，以适应社会发展的需要。而随着知识经济的到来，大力发展高等教育已经成为必然选择。

2. 学制要受到一定社会的政治经济制度的制约

在阶级社会里，学制反映着不同社会的政治和经济需要，为当时的统治阶级的利益服务，主要表现在为谁服务和培养什么样的人方面。资本主义早期的学制，也是资产阶级利用自己在政治上、经济上的统治地位和富有的经济实力，在"双轨制"和收取高额学费等限制下，使广大贫穷的劳动人民及其子女很难受到完备的学校教育。但是，为了资产阶级的利益和市场经济竞争的客观需要，资产阶级又不得不相应地扩大受教育的范围，让劳动人民及其子女接受一定年限的义务教育和职业教育。欧洲各国学制体现着双轨制的特点。

3. 学制的确立还要受教育者的年龄特征、身心发展规律和知识水平的影响

个体都要经过婴幼儿、儿童、少年、青年、中年等不同的年龄发展阶段，每个年龄阶段都有着不同的身心发展特点和规律。学制必须适应学生的身心发展特点和规律，将学校教育划分为相互衔接的幼儿园、小学、中学、大学等不同的阶段。科学研究证明，人脑的发育及各种心理因素发展在 6 周岁时已能适应在学校集体环境中进行学习活动的要求，所以，世界上大多数国家都把儿童入学年龄定为 6 岁或 7 岁。另外，各级各类专业学校和职业技术学校的设置，一方面是为了适应社会经济发展对不同种类人才的需要，另一方面也是受教育对象不同的心理发展特点和知识结构类别的制约和影响，表现为各种不同类型的学校在新生的录取条件和培养目标方面有不同的标准和要求。

4. 制定学制还要受到本国的文化历史传统和国外学制发展经验的影响

国家制定学制时，要注意研究本国的文化历史传统，使学校教育制度更符合本国的国情。美国的学制在形式上属于单轨制，同时实行地方分权制，各州在学制上差别很大，有"六三三""六六""八四"和"四四四"等几种学制。法国实行中央集权制，在学制上也采取全国统一学制。此外，在一个国家中，即使经过了社会制度的变革，在新旧学制之间也不可能完全割断联系。例如，我国 1951 年的学制改革，就批判地吸收了旧学制中有用的部分。由于儿童身心发展具有一定的普遍规律性，各国在经济、文化和科技方面不断交流，使得许多国家的学制有很多相似之处。

(三)现代学校教育制度的类型

现代学制主要由三种类型，结构构成为双轨学制、单轨学制以及介于这两者之间的分支型学制。

1. 双轨学制

18—19 世纪的西欧，在社会政治、经济发展及特定历史文化条件的影响下，由古代学校演变而来的带有等级特权痕迹的学术性学校继续快速发展，与此同时，为提高劳动文化水平和生产能力，各国陆续为劳动人民子女建立的大批初等学校也快速发展，并向中等教育扩展，但两类学校的生源和他们最终目的的结局并不相同，也不存在衔接，于是就形成

了欧洲现代教育的双轨学制：一轨自上而下，其结构是——大学(后来也包括其他高等学校)、中学(包括中学预备班)；另一轨自下而上，其结构是——小学(后来是小学和初中)及其后的职业学校(先是与小学相连的初等职业教育，后发展成为和初中连接的中等职业教育)。

2. 单轨学制

北美多数地区最初也曾沿用欧洲的双轨学制。哈佛、耶鲁等大学只不过是牛津、剑桥大学的缩影，拉丁语学校则是文法学校的翻版。但美国的文化背景是没有特权传统，追求平等，其建国的时间也比较短，各级各类学校成立较晚，早期在教育上缺乏成就，学术性学校没有得到充分发展，为适应急剧发展的经济需要，美国不得不在短期内迅速发展普及性公立小学和普及性公立中学，从而形成了美国的单轨学制。美国单轨学制自下而上的结构是：小学、中学，而后可以升入大学。其特点是一个系列、多种分段，即"六三三""五三四""四四四""八四"和"六六"等多种分段。

单轨制产生后被世界许多国家先后采纳，是因为它有利于教育的逐级普及。实践证明，它对现代教育的发展具有更大的适应能力。

3. 分支型学制

十月革命后，苏联制定了单轨的社会主义统一劳动学校系统。后来部分恢复了原文科中学的某些传统和职业学校单设的做法，从而形成了既有单轨学制特点又有双轨学制某些因素的分支型学制。分支型学制不属于欧洲双轨学制。因为它一开始并不分轨，而且职业学校的毕业生也有权利进入对口的高等学校学习，毕业后少数优秀生可直接升入对口高等学校，其余工作三年后也可升学。但它和美国的单轨学制也有区别，它前段(小学、初中阶段)是单轨，在进入中学阶段时开始分叉，是介于双轨学制和单轨学制之间的分支型学制。

(四)我国学校教育制度的演变

我国现代学制的建立始于清末。列强对中国的疯狂侵略和国内洋务运动中资本主义势力的兴起，迫使清朝政府不得不对延续了几千年的封建教育制度进行改革，于是"废科举，兴学校"，改革教育，制定现代学制。

1902年，清政府颁布了钦定学堂章程，也称"壬寅学制"，这是我国正式颁布的第一个现代学制，它标志着中国现代教育的开始。因这个学制是维新派制定的，所以未能实施，到1904年经修改颁布了奏定学堂章程，也称"癸卯学制"，这是我国正式实施的第一个现代学制(见图5-1)。这个学制的指导思想是"中学为体，西学为用"，其宗旨是"忠君、尊孔、尚公、尚武、尚实"。它以当时的日本学制为蓝本，并保留了尊孔读经等封建教育的残余。其突出特点是教育年限长，总共26年。如果6岁入学，中学毕业为20岁，读完通儒院则是32岁。

1912年中华民国成立后，以蔡元培为首的革命党人制定了"壬子癸丑"学制，缩减了年限，并正式确立女子与男子一样接受教育。第一次世界大战以后，当时留美派主持的全国教育联合会，以美国的学制为蓝本，又提出了改革学制的方案，于1922年颁布了壬戌学制，即通称的"六三三制"。这个学制受美国实用主义教育的影响，强调适应社会进化的需要，发扬平民教育精神，谋求个性的发展，注重生活教育，在学校系统，将全部学校教育分为三段五级：初等教育段为六年，分初小(四年)、高小(两年)二级；中等教育段六年，分初中(三年)、高中(三年)二级；高等教育段为四至六年，不分级。在国民党统治时期，这个学制虽几经修改，但基本没有变动，影响深远。

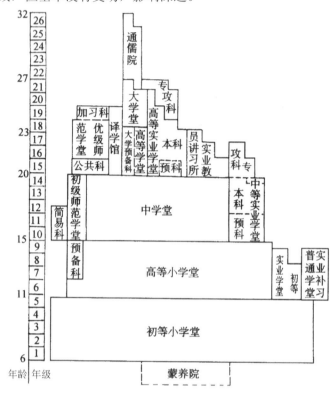

图 5-1　"癸卯学制"系统图(1904 年 1 月 13 日)

1949 年中华人民共和国成立，中央人民政府政务院于 1951 年颁布了《关于改革学制的决定》，明确规定了中华人民共和国的新学制。1958 年后许多地区开展了学制改革的试验，如提早入学年龄，进行了六岁入学的试验；为了缩短年限，进行了中小学十年一贯制的试验；为了贯彻"两条腿走路"的方针，采取多种形式办学，创办了农业中学、半工半读学校，进一步发展了业余学校。"文化大革命"时期提出了"学制要缩短""教育要革命"等口号，对我国的学制和教育事业造成了严重破坏，直到 1976 年才结束了这场浩劫。

十一届三中全会后，我国迅速结束了十年浩劫所造成的教育上的混乱局面，着手重建和发展被破坏的学制系统：延长中学的学习年限；恢复和重建中专和技校，创办职业高中；恢复高等学校专科和本科的两个层次；扩大高等专科学校；恢复和重建很多院校、科系和专业；建立学位制度和完善研究生教育制度；恢复和重建各级各类成人教育机构等，从而使我国学制逐步向合理和完善的方向发展，使各级各类学校形成了一个完整的系统。

经过一个世纪的发展，我国已建立了比较完整的学制，这个学制还在 1995 年颁布的《中华人民共和国教育法》里得到了确认(见图 5-2)，它包括以下几个层次的教育。

学前教育(幼儿园)：招收三至六七岁的幼儿。

初等教育：主要指全日制小学教育，招收六七岁儿童入学，学制为五至六年。在成人教育方面，是成人初等业余教育。

中等教育：指全日制普通中学、各类中等职业学校和业余中学。全日制中学修业年限为六年，初中三年，高中三年，职业高中二至三年，中等专业学校三至四年，技工学校二至三年。属成人教育的各类业余中学，修业年限适当延长。

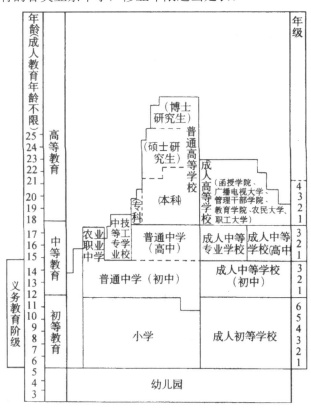

图 5-2　我国现行学校系统

高等教育：指全日制大学、专门学院、专科学校、研究生院和各种形式的业余大学。高等学校招收高中毕业生和同等学力者。专科学校修业为二至三年。大学和专门学院为四至五年，毕业考试合格者授予学士学位。业余大学修业年限适当延长，学完规定课程经考核达到全日制高等学校同类专业水平者，承认学历，享受同等待遇。条件较好的大学、专门学院和科学研究机关设立研究生教育机构。硕士研究生修业年限为二至三年，招收获学士学位和同等学力者，完成学业授予硕士学位。博士研究生修业年限为三年，招收获硕士学位者和同等学力者，完成学业授予博士学位。在职研究生修业年限适当延长，完成学业者也可获相应学位。

近20多年来，我国学制改革和发展的基本方向就是重建和完善分支型学制。我们现在正在走的道路是通过发展基础教育后的职业教育走向分支型学制，下一步要走的道路将是通过高中综合化走向单轨学制。

(五)现代学制发展的趋势

1. 重视早期教育，大力发展学前教育

随着科技竞争的加剧和生活水平的普遍提高，许多有识之士积极倡导人才的早期培养，对脑资源的开发给予格外的关注，家庭对儿童的早期发展也特别重视，这也推动了幼儿教

育事业的发展。各国重视幼儿教育，将其纳入学校教育体系，与初等教育相衔接，已成普遍趋势。重视早期智力开发，还表现在许多国家积极为智力超常儿童的发展创造条件，在学制上做出若干弹性规定，对有特殊才能的儿童，允许提前入学，允许跳级，设立特殊学校和特殊班级，实行因材施教。日本设立"英才实验学校"、美国制定《天才教育法》都是对超常儿童的教育给予特殊地位，并使其得到国家学制的承认。

2. 初等教育入学年龄提前，义务教育年限延长

在当代学制改革中，许多国家规定儿童入学年龄有所提前。绝大多数国家都规定儿童入学年龄在 5～7 岁之间，我国与多数国家一样实行 6 岁入学。进入当代社会以后，各发达国家不但普遍实施了义务教育普及，而且其年限也在不断延长。目前，发达国家的义务教育年限一般为 12 年左右，个别国家达到 14 年(如美国)，发展中国家一般为 9 年。义务教育年限的长短是一国教育发展程度的标志之一。

3. 高中多样化发展，寻求普通教育与职业技术教育的最佳结合

中等教育结构改革的核心问题是处理普通教育与职业技术教育的关系。一方面，普通高中得到了迅猛发展；另一方面，加强职业技术教育成为当代中等教育结构改革的趋势，因为在现代经济发展中，大批新兴产业均属技术密集型产业，其劳动力需要经过严格的职业培训。因而，培养熟练工人与初级技术人才成为中等教育阶段重要任务之一。各国在学制改革中处理中等教育阶段普通教育与职业技术教育的关系，采取措施不尽相同，有的在普通中学增加职业技术教育内容，为中学毕业生做好就业准备，有的在职业技术学校增加普通教育课程，为学生打下更好的文化科学基础，增强对未来职业的适应能力，即所谓"职业教育普遍化，普通教育职业化"。

4. 高等教育出现多级层次，学校类型多样化

在新技术革命浪潮推动下，高等教育获得空前的发展，打破了传统高等教育的结构和体制，大多数国家形成了高等学校的三级体制：初级层次是学习时间为 2～3 年的初级学院，美国叫社区学院，日本叫短期大学，这类学校学制短、教育投资少、发展快、职业性强，受到产业部门的欢迎，它在高等教育发展中占较大比例。中级层次是学习时间为 4～5 年的综合大学及文、理、工、商、医等各种学院，是高等学校的基本部分，保持学术上严格要求，培养科技与学术的高级专门人才。高级层次大学的研究生院，设置硕士、博士学位课程，分别攻读三年或两年即授予学位，培养科学研究的高级人才。

获得博士学位后，在高等院校或研究机构从事学科研究的人员的工作职务通常称为博士后，国内这种从事科研的过渡性安排任期时间不超过两年，国外高校一般对博士后没有统一的安排，经费来源、时间长短均比较灵活。

高等学校随着数量的迅速增加，类型日益多样化。除了有许多全日在校学习的普通高等学校外，还有许多不固定在学校的广播、电视、函授、夜大学等多种形式。这种开放式的大学在发展高等教育中发挥着越来越大的作用。

5. 发展继续教育，构建终身教育体系

1965 年，保罗·朗格朗提出终身教育理论。1972 年，联合国教科文组织出版《学会生

存》一书，使终身教育思想广泛传播。许多国家调整教育结构、改革学制以终身教育思想为指导，继续教育被日益重视，成为学制体系中的重要组成部分。继续教育是指在接受完基础教育和职业技术教育之后，为适应知识与技术不断发展的要求而继续进行的教育与训练。现代科学技术迅猛发展，要求人们接受教育不断延伸。据统计，按一个人一生工作45年计算，他所用的知识大约20%是职前在学校学的，其余的80%是在职后通过各种方式学习获得的，可见继续教育的重要性。瑞典、美国、日本等国先后颁布法律，通过法案对成人接受继续教育的经费、假期工资等做出规定，为开展继续教育提供保障，把成人继续教育纳入学校教育体系中。

6. 教育社会化与社会教育化

教育社会化即教育对象的全面化。现代社会教育发展的结果之一是在空间上将扩展教育对象到全社会，根据社会需要、个人才能和兴趣，使每个社会成员都有受教育的机会，而不受种族、社会成分、经济状况、家庭地位等的限制。要实施教育社会化，就需要增加教育投入、扩充教育设施、逐步扩大教育规模。

社会教育化不仅表现在正规学校向社会开放，更主要的是整个社会都将担负教育的职能。随着现代教育体系的发展，不仅整个社会将举办各级各类的学校，而且各级政府部门、群众团体、文化机构、工厂农村基层组织、城市街道等从中央到地方的各级机构和基层单位，以及博物馆、电视台、广播电台、新闻出版部门、电影院、图书馆等公众服务机构，都应该在行使各自的分工职能的同时，自觉考虑并发挥教育的作用，使社会成为一所学校，实现社会教育一体化。

三、义务教育

(一)义务教育的含义及特性

义务教育是指依照法律规定，对一定年龄的儿童所实行的由国家、学校、家庭必须予以保证的国民教育。在有的国家也称强迫教育。

对于义务教育中的"义务"可理解为：国家有制定法律强迫儿童、少年在学龄期受教育的义务；国家有开办学校、任用教师、供应教材等便利儿童入学的义务；儿童及少年在学龄期有入学受教育的机会；家长有送子女入学受教育的义务；社会有缴纳捐税或集资兴办学校，发展教育的义务。

义务教育有着三个基本的特性：一是强制性；二是普遍性；三是免费性。义务教育的英文就是"compulsory education"，直译即为强迫教育，它是用法律规定的强制性措施来保证适龄儿童入学，用法律来规定人们的权利和义务，用国家的意志来实现在全体适龄儿童中普及教育的目标，以保证全体公民的共同利益和要求。各国有关义务教育的法令一般都对不履行义务的行为规定有强制性的措施，以保证义务教育的实施。

普遍性是义务教育的另一个显著特点。义务教育施行的对象是全社会范围内的适龄儿童，同其他的教育类型相比，它的普遍性极为突出。不论乡村城市、山区海岛，不论民族种族、社会地位，不论贫富智愚，不分男女性别，只要有适龄儿童居住的地方，就应设有学校，招收所有儿童入学。

免费性指的是义务教育免除学费、杂费，并根据各国实际情况免除其他一些费用，没有免费作为前提，外在的强制性即使再大，因为缺乏起码的生存条件，无力支付费用，也是不能奏效的；同样，没有免费作为前提，因为家庭经济收入等的限制，普及就很难达到。换句话说，没有免费的强制是没有充足理由的强制，没有免费的普及是没有经济保障的普及。

(二)普及义务教育的措施

1. 提高认识是普及义务教育的前提

从义务教育普及较好国家的实践经验看，只有当统治阶级对普及义务教育的价值有了清楚的认识，并把它作为"立国之本"的政策，举国上下重视时，义务教育才能得以实现。英国颁布初等教育法前教育大臣在议会强调"我国产业的繁荣取决于初等教育的发展程度，对没有接受过教育的职工实施技术教育是不可能的"。日本把普及义务教育当作富国强兵、发展经济的手段，同时还极力宣传教育是个人取得社会地位、获得幸福的源泉，所以在日本形成了重视教育的传统。新加坡各种资源匮乏，把教育放在优先发展的战略地位，培养了各级各类人才，从而确立了其在国际上的地位。

2. 教育立法是普及义务教育的法律保证

义务教育属于强制教育，只有通过法律规定和保障，普及义务教育才能真正实施。义务教育的强制性，一方面要求学生的家长承担使其子女接受学校教育的义务，这是国家强制家长必须承担的义务。日本和新加坡法律都规定如果家长不能保证其子女接受义务教育，将被罚款或坐牢。另一方面，要求国家和社会承担设置实施义务教育学校的义务，以保证儿童受教育权利的实现。没有校舍的保证，强迫入学是不能实现的。各国对不履行义务者通过法律给予处罚，如日本因建校舍不力，市长、镇长、村长和议员被撤职或辞职屡见不鲜，对使用童工的拘役一年或高额罚款。

3. 筹措必要的教育经费是普及义务教育的经济保证

教育经费投入水平及其增长幅度是衡量一个国家教育发展的重要标准。从各国实际情况看，凡普及义务教育有成效的国家，义务教育经费在整个教育经费中的比例都比较高，同时，各国多方筹措教育经费，除财政拨款外，鼓励各种基金、企业和个人捐资助学。一些发展中国家，教育经费也是优先保证义务教育阶段学校使用。

4. 实行免费教育是普及义务教育的条件

免费教育现在已成为义务教育的一项重要原则和支柱，各国的经验表明，免费的范围越大，家庭经济困难的儿童入学可能性才越大，义务教育的普及程度越高。日本1900年免交学费之前学生入学率不足60%，免费后到1903年入学率达到90%。各国免费的项目不尽相同，一般为学费，日本还免书费，美国、英国、法国均由学校供给书籍、医疗费、交通费，对贫困的家庭还有一定的补助。我国普及义务教育的过程中免费的项目和程度也在不断提高，截至2007年，农村基础教育基本免除各种学费和杂费，对于特殊学校、贫困家庭的学生逐步免除全部费用，并给予一定经济补助，以保证义务教育的顺利实施。

5. 提高师资素质是普及义务教育的关键

从各国普及义务教育的经验来看，培养一支数量足够、质量合格的教师队伍是保证义务教育成功的关键。发达国家都是在实施义务教育之前就建立起了师范教育体系，现在教师普遍受过高等师范专业培训，有的国家要求教师达到硕士水平。为保证义务教育的质量，各国重视在职的进修，通过各种方式提高在职教师的水平，并提高教师的社会地位和待遇。德国教师的平均工资为工人的一倍半，日本教师的工资比一般职员高出 10%～20%，朝鲜在生活上采取了许多措施优待教师，如住房、医疗等，以吸引优秀人才流向教育界。

6. 从实际出发，因地制宜是重要经验

各国的国情不同，历史传统、文化背景、政治、经济、人口、社会性质都有所不同，实施普及义务教育的步骤、时间、内容、形式、方法，必须与各地的实际情况相适宜。印度因经济水平不齐，有的邦实行 8 年义务教育，有的实行 5 年义务教育。

第三节　社　会　教　育

一、社会教育概述

(一)社会教育的含义

社会教育是学校与家庭以外的社会文化机构以及有关的社会团体或组织对社会成员，特别是青少年所进行的教育。

社会教育的出现并不算很晚，但是 20 世纪以前，各国的社会教育发展都比较缓慢，直到 20 世纪 20 年代前后，由于社会各方面发生了一系列重大变化，对人的发展也提出许多新的要求，学校教育无法完全适应，人们才把目光转向社会教育，以求必要的补充。从此，社会教育开始蓬勃发展，其地位也日益提高。到目前，许多国家都形成了相当完善的社会教育体系，一些国家还通过法律的形式确立了社会教育的地位。例如，日本的《社会教育法》规定，社会教育在整个国民教育制度中处于与学校教育并列的地位。

(二)现代社会教育的几个特点

1. 社会教育的对象日益广泛

随着社会的发展，社会教育对象开始日益扩大，几乎包括社会的每个年龄阶段的成员。儿童、青少年需要扩大知识面，发展兴趣才能；成人需要不断学习新知识和职业技术；老年人需要了解社会变化，为社会贡献余力，随着老龄化社会的到来，各国的老年大学快速发展，对于丰富老年人的生活发挥了重要作用。目前，各种团体、组织和机构为青少年、妇女、老年人组织的专题讲座进行得特别频繁，电视台和报纸杂志为儿童开辟的教育栏目也相当繁荣，随着移动互联网的快速发展，在线教育覆盖了所有年龄段的社会成员，这反映了目前的社会教育确实具有广泛的群众性。

2. 社会教育的办学主体日益多样化

举办社会教育的机构主要有文化馆、科技馆、少年宫、图书馆和博物馆，以及电影院、剧院、体育场(馆)、公园等。近年来，越来越多的组织、团体、机构、企业甚至个人兴办社

会教育。例如，电台、电视台利用优越的信息传输系统举办各种类型的讲座；报社杂志社利用报纸、杂志开办函授教育；妇联、青年团、工会和各个党派纷纷组织各种讲习班、学习班和训练班；各种专业组织、科技协会积极推广和普及先进的技术；城乡各级政府也利用各种形式举办群众性的道德教育、法制教育、文化和科技教育；产业资本也在积极关注教育领域的发展，而且全球在线教育经过近几年的发展，正处在一个快速爆发的阶段。当然我们也应看到，由于大多数举办社会教育的单位都是兼职的，因此，需要做好协调和管理工作。

3. 社会教育内容具有多样性、实用性、及时性和补偿性

社会教育通过丰富多样的教育内容来满足不同年龄阶段、不同职业、不同文化程度和不同兴趣爱好的人的各自需要。既有由电台、电视台、报社、杂志社和有关教育团体举办的比较系统的各类广播及函授教育，也有由各类团体组织举办的各种系统或不太系统的专题性讲座；既有着眼于提高的内容，如各级文化宫、少年宫、少年科技馆、业余体校所确定的教育内容，也有普及性的内容，如公园、体育场(馆)、影剧院以及文艺团体、医院、机关和单位等组织的各种宣传、讲座和咨询服务活动，既有道德、法律、理想、纪律等思想教育方面的内容，也有旨在开发人们智力的各种文化、科技讲座、智力竞赛，以及卫生保健、子女教育、生活常识和体育娱乐等方面的内容。

社会教育内容的实用性表现在两个方面：一方面，人们在选择社会教育的内容时，一般不是简单地迎合一些人对学历的盲目追求，而着眼于帮助人们解决在生活和工作中所遇到的实际问题。因此，社会教育中，伦理道德、时事、职业技术、家庭教育、新技术应用、日常生活科学、卫生与健美等内容占有相当大的比例。另一方面，人们选择、编写、编排和讲授社会教育的内容时，不简单地追求理论上的完整和系统，而是根据不同的教育对象，进行适当的取舍和浓缩，注意利用先进的视听设备进行演示，讲究趣味性和易接受性。

一般来说，学校教育的内容比较稳定，这有利于对学生进行系统和基础的教育，但也有它的不利方面，就是对外界出现的新东西反映得太少太慢。社会教育则可以以它及时性的特点，避免学校教育的这一缺陷。一切新的东西都可以通过现代化通信与视听手段，以及各种讲座的形式及时地反映出来，为广大群众所了解和接受。

4. 方式灵活多样，注意运用先进的信息传递手段

社会教育的形式必须灵活多样，否则就会限制某些人的学习机会。目前社会教育的形式大体有：利用移动互联网的智能在线教育；利用无线和有线广播的广播教育；利用电视传播系统的电视教育；利用报纸杂志的刊授教育；利用电影、幻灯的银幕教育；利用磁带的录音、录像教育；利用博物馆、展览馆中实物资料的直观教育；利用图书馆藏书的阅读教育；利用公共场所宣传橱窗的板报教育；走向街头的宣传咨询教育；等等。各种组织机构和个人举办的系统课程、专题讲座、训练班、学习班、讲习班等的文化知识教育以及少年宫、文化宫、科技馆组织的专项教育越来越重视多媒体技术手段的应用，以及公安部门与居委会联合组织的后进青少年帮教小组，街道、村镇、企业组织的少年之家、妇女之家、老年之家活动也在选取效率高的形式等。社会教育鼓励人们选择自己满意的内容和方式，无论是开始还是结束一项学习都是建立在自愿的基础上。

5. 社会教育的结果具有复杂性

由于社会教育的办学主体不同，没有经过筛选，其动机与目的也比较复杂，所开展的社会活动结果也就存在差异，部分个人或机构以营利为目的，散布虚假信息，夸大其词，欺骗不明真相的人，结果造成参与活动的人们深受其害。比较典型的是针对老年人的医疗健康活动和针对青少年的专项教育活动，主办者利用老年人对健康的追求心理，举办讲座、体验活动，最终的目的是骗取老年人的钱财。一些青少年学业不理想，家长着急，个别社会力量办学机构虚假宣传，采用题海战术、疲劳教育的方式，其结果反倒是耽误了孩子的正常发展。

二、社区教育

(一)社区教育的内涵

社区教育(community education)一词最早是 20 世纪初由教育家杜威提出，他的"学校即社会"思想中已经包含了社区教育的萌芽，不过杜威当时是指要把学校作为改造社会，实现民主的重要力量，教育必须走出校门，让学生呼吸社区里的新鲜空气，在社区的环境里成长。这与我们今天所提社区教育的内涵尚有一定的差异。

社区教育较早出现在美国，既是美国经济发展的形势所需，也是其"移民国家"的文化背景使然。19 世纪末至 20 世纪初的美国已成为全球首屈一指的工业制造国家，经济发展一日千里，但工厂工人大多是外来移民，他们缺乏必要的技术培训，也不会讲英语。于是，许多夜校和成人学校大批涌现，同时出现了社区学校。由 D.恩德瑞发起的密尔克威公学(MPS)工程，即为满足那些把英语作为第二语言的成人而开办的。为适应工业发展的要求，1911 年威斯康星州率先通过一项支持夜校和社区学校的法案，以增进成人教育和识字率工程。20 世纪 30 年代，富兰克·曼尼等政界要员考察了 MPS 模式，以此为模范，全国陆续创办了一些社区学校。到 20 世纪 80 年代，美国社区教育协会(NCEA)成立，社区教育有了全国性的组织机构。

小资料：美国的社区教育

美国社区教育协会认为，"社区教育是一种教育哲学理念，它建立在社区学校的基础之上，致力于为每一个社区成员(包括个人、学校、工商界、公众和私人组织)创造机会，满足每一个成员的多种需要。社区教育最具特色的实施机构是社区学校，它的开放时间超出了传统学校的时空限制，为所有年龄段的居民提供学校课程、娱乐、健康、社会服务以及职业准备培训。"

社区教育是在居民的社区观念勃兴的形势下，由社区和学校双方的资源整合而发展成以社区学校为代表的教育机构，它打破了传统教育时空分布的局限性，致力于为每一个社区居民提供全方位的教育服务，以实现以人为本的教育理念。

社区教育是教育社区化和社区教育化的统一，是一种复合的教育范式，是对传统教育观的重要超越。传统教育是居民走出社区，被迫去适应学术性、选拔性的教育；而在社区教育中，教育走进社区，走近每一个居民，让他们接受实用型的教育。前者强调正规性，要求学员按部就班地在特定时空范围内接受教育训练；后者注重教育的多元性和选择性，在教育史上第一次赋予非正规教育、非学历教育以"正式"的合理性。前者以高难度的学术课程见长，在精英教育取向的体制下，压抑了部分学员学习的积极性；后者则平等地对待每一个居民，把每个居民看成是有个性、有发展潜力的居民，学习变成每个居民日常生活的组成部分，不得压制任何个人的学习欲望。

(资料来源：徐卉，李岩. 美国的社区教育[J]. 城市问题，2013(4).)

(二)社区教育的基本准则

社区教育是一项非营利性教育，社区教育的任务是强化居民的社区共享观念，使不同文化背景、不同阶层的人通过社区教育形成社区认同，通过对话和交往形成共同的社区价值观；这项公益事业应该得到政府、企业及各种基金会等社会组织的拨款或资助。

尊重居民自主决定权，社区居民最清楚自己需要得到什么类型的教育，社区教育"教什么"应由居民自主决定。社区教育应由居民们发挥自己的能力来帮助本地居民，当居民意识到自己有责任来改善社区的生活时，他们会更懂得为社区做贡献的价值，而不是过分依赖和索取；利用当地居民的领导才能将会更有效地推进社区教育。

社区教育应注重地方特色，每一个人是有个性的，每一个社区也是有个性的，社区教育反对任何整齐划一的模式。资源利用最大化，社区乃至社区以外的各种资源都应被联合起来使用，以满足居民的多样化需求。社区教育不排斥任何居民，不问阶层、收入状况、性别、年龄、种族、宗教都可径直参与，一切活动均应尽可能接纳广泛的居民参加。

社区教育是一种终身教育的观念，它为居民提供的是"从摇篮到坟墓"的跟踪式教育服务，是构建学习化社会与学习型社区的重要手段。

(三)近30年我国城市社区教育的发展历程

从20世纪90年代起，我国城市企业实行转换经营机制改革，城市管理体制开始由过去的"政府—企业—职工"模式转变为"政府—社区—居民"模式。同时，我国每年都有2亿多农民工流入城市，给城市治安、市容建设带来巨大考验。1993年，中共中央、国务院印发了《中国教育改革和发展纲要》，其中提出一些开展社区教育的建议，如支持和鼓励中小学同社区合作，共同推进社区教育的发展。这一时期，社区教育以推动社区可持续发展与服务社区全体成员为目标，教育内容由校外德育扩展到国民精神文明教育，出现了实施社区教育的专门机构，试点工作初步开展，且成为教育体系中重要的一环。

1999年，国务院在转批教育部《面向21世纪教育振兴行动计划》中提出，开展社区教育与实验工作，逐步建立和完善终身教育体系，努力提高全民素质。在该政策的引导下，我国社区教育实验工作正式在21世纪全面展开，进入社区教育发展的试验推广阶段。国家级社区教育实验区由开始的8个，发展至目前的64个。2011年，国务院办公厅印发《社区服务体系建设规划(2011—2015年)》，文件指出，应健全新型社区管理和服务体系，强化社区服务体系和信息化建设。2016年，教育部等九部门在《关于进一步推进社区教育发展的意见》中指明，要加强社区教育实验区、示范区建设，推进社区教育规范化、制度化发展。其中明确提出，到2020年时，要基本形成具有中国特色的社区教育发展模式。

(四)我国近 20 年社区教育取得的成就[①]

1. 思想观念得以深化，社区特色予以凸显

改革开放后，我国市场经济迅速发展，法治社会稳步推进。但在改革取得成效的同时，复杂的社会问题亦日益凸显，例如环境污染、道德滑坡等。社区教育因其受众的全面性，在解决上述社会问题中发挥着积极参与、人际互动、价值引领、心理引导、舆情分析等诸多作用。社区教育的治理理念逐渐显现。随着社会的发展进步、个体民主意识的觉醒，社区教育愈来愈关注人民群众的需要，希冀通过发挥自身的公平正义功能，使每个个体都能接受到与之适配的教育。社区教育实验区正努力探索着符合自身地域特色的社区教育模式。

2. 课程建设迅速发展，师资构成日趋多元

目前，社区教育课程建设处于快速发展阶段，课程开发工作全面优化升级，课程编制工作已开始在北京、上海等地着手进行，课程开发模式已在一些社区教育先进地区形成。社区教育课程实施按照教师申报、课程发布、社区选课、教师上课的一般环节稳步推进。由专兼职教师队伍和志愿者队伍构成的社区教育师资体系逐步形成，规模正在不断扩充，其构成亦日趋合理。教师的授课方式形式多样，既有讲座、研讨等现场教学方式，又可通过在线网络教学的方式展开。

3. 管理体系日益健全，团体建设逐渐兴起

目前，社区教育政策日益完善，从社区教育的目标、组织形式到参与主体、基本任务、保障措施、质量评估等都进行了系统的政策规定，社区教育从只关注学校教育的发展到关注每个个体的终身教育，且非常注重与其他教育形态的融合，如家庭教育、职业教育、农民工教育、老年教育、残障人士教育等。社区教育管理组织愈加完备，政府部门、社区学校、社区单位、民间组织等各种主体陆续成为社区教育管理的主体。社区教育管理模式也摆脱了过去单一的政府推动模式，形成了以社区街道为中心的联动型社区教育、以学校为中心的辐射型社区教育、以辖区内社区学院为中心的综合型社区教育、以地域为边界的自治性社区教育以及媒介型社区教育等多元化管理模式。

4. 平台建设逐步推行，资源整合不断加强

全国各地都非常重视社区教育平台建设。据统计，我国 32 个省、自治区与直辖市都建设了社区教育平台，它们一般以社区教育网、终身教育网、终身学习网或学习网命名，且平台注册学习人数和各类教学资源日益丰富，功能日趋完善。同时，各地都非常重视社区教育资源的整合工作，一方面是对原有的教育资源进行再开发，使其得到充分利用，提高利用效率；另一方面是开发潜在的资源，使其为社区教育所用，实现社区资源的教育化。

5. 教育社区纳入终身教育体系，借鉴国外社区教育经验

国家已将社区教育作为终身教育或继续教育中的重要发展领域，将社区教育视为"继续教育的平台"，并将其与职业培训、扶贫开发、技术推广等紧密结合起来，为打破我国终身教育体系中各级各类教育之间的纵向割裂与横向不连接的局面发挥着重要作用。理论

---

① 尚瑞茜，侯怀银. 中国共产党领导下社区教育的发展和展望[J]. 终身教育研究，2021(4).

工作者积极研究国外发达国家的社区教育理念、政策支持及灵活适应性等内容，为我国今后如何发展具有中国特色的社区教育提供了经验与启示；各地借鉴国外利用图书馆、公民馆、会馆、科学馆、博物馆、音乐厅等基础设施开展社区教育的经验，积极推进基础设施建设，完善社区教育公共资源，在高校中开设社区教育专业，探索社区教育的实践模式。

展望未来，社区教育要想继续高质量地发展，还需要放开眼界，立足国际视野与平台，持续加强对国外优质社区教育资源的消化与吸收，完善现有的社区教育制度，包括完善非正规教育组织的相关制度、社区教育协商共治制度、社区教育政策执行的监督与评价制度、社区教育投入制度、社区教育资源调配制度、岗位培训制度等，推动社区教育制度体系的全面发展，保证社区教育政策的顺利推进。要营造良好的社区教育环境，发挥利益主体参与热情，促进利益主体对社区教育的深度参与。同时，加快专业化发展进程，提升老年、弱势群体和高素质人群等不同领域的教育质量，继续统筹协调社区教育资源，结合我国自身国情与文化特点，建设具有中国特色与国际竞争优势的社区教育。

三、学校与社会教育机构的合作

学校与社会教育机构的联系范围相当广泛，从目前的情况看，主要有以下内容。

1. 建立学校、家庭、社会三结合的组织，使学校与学生主要居住区间形成稳定的联系

三结合的校外教育组织，一般是由学校一位教师、学生主要居住区(村、镇、街道等)管校外教育的同志以及家长代表共同组成。这个组织的主要任务是：交换情况，研究学生在学校、家庭和社会上的表现；制定、实施、推广好人好事和改造后进生的计划和措施；在学生居住区内组织各种校外活动小组，共同商讨解决学生进行勤工俭学、校外文娱体育活动所需的器材、指导教师和场地等问题。三结合的校外教育组织的特点是比较稳定，有专人负责。如果专职人员选派得力，活动开展得较好，能大大推动学校、家庭和社会间的协同和配合。

2. 学校与新闻媒体建立联系，共同开展一些对学生有益的活动

学校系统与校外新闻媒体建立联系，主要有三个方面的内容：一是及时向新闻媒体反映学校近期开展的活动，力求通过各种宣传渠道让更多的人了解和支持学校教育；二是向出版部门、电台、电视台反映学生对各种读物和广播、电视节目的需求情况，并提出哪些类型的读物或节目会给学生的健康成长带来有利或不利的影响，争取这些部门为学生出版和制作更多有意义的、喜闻乐见的读物和节目；三是与相关网站、报社、杂志社、电台、电视台以及青年团、少先队等组织共同举办青少年智力、作文、美术、书法、摄影、小发明、小创造等各种形式的竞赛活动，共同组织各种讲演会、专题报告会，以大面积地推动学生课余活动的开展。学校与新闻媒体共同开展活动，可以吸引更多的学生参加活动，形式新颖，影响面大，这是我们今后应注意发展的方面，学校也应当加强自身网络文化建设，与时俱进。

3. 学校与社会公共文化机构建立和保持经常性的联系

学校与社会公共文化机构建立联系一般有两个内容。一是安排学生到公共文化机构进

行活动。例如，组织学生到博物馆、展览馆进行参观，安排学生到影剧院观看有教育意义的电影和文艺演出，为学生办理图书馆阅读卡片，帮助学生办理使用体育场(馆)、公园等设施和场地的手续，以及请这些部门的同志到学校进行辅导等。二是请这些部门的同志帮助把关，引导学生不去阅读或观看他们暂时还不宜接触的读物、录像、电影，不去参加他们暂时还不适合参加的聚会，如舞会、拳击比赛等活动。同时，还要请这些部门的同志把在公共场所有不良表现的学生及时反映给学校。

由于希望到这些社会文化机构进行活动的学生较多，而这些部门的管理人员和场地容量又有限，因此，双方事先一定要做好周密的安排。学校应派专人具体负责，加强学生的组织管理。有条件的话，双方可以共同制定一些协议和制度，以保证相互配合的稳定性。

4. 学校与社会专门性的社会教育机构建立稳定的联系

这种联系主要有两个方面内容：一是请少年宫、文化宫、少年科技馆、业余体校的专职教师到学校进行辅导，推动群众性的学生业余文体、科技活动的开展；二是帮助这些机构物色和选拔有发展前途的苗子。

5. 学校有选择地与有关工矿、企业、村镇、部队等建立联系

建立这种联系的目的，一是请这些部门的优秀同志到校做报告，或聘请他们作校外辅导员；二是组织学生到这些地方进行参观、访问和劳动。

需要指出的是，在我国，家庭、学校和社会的根本利益是一致的，这为家庭、学校和社会相互支持和协作提供了良好的前提条件。但也应该看到，由于各方对各自教育责任的理解不同，对青少年的看法不同，所信奉的教育思想不同，因此，三个方面有时也会在一些问题上产生分歧。三个方面要统一，就必须统一在党的新时期基本路线和方针政策基础上，统一在建设社会主义的物质文明和精神文明上，统一在社会主义的教育目的和方针上，统一在教育科学理论和教育规律上。一般来说，在三个方面的协同和配合中，学校应起主导作用，这是因为学校是专门从事教育的机构，在教育青年一代方面有优于家庭和社会的各种条件。学校责无旁贷地应成为三个方面互相联系、互相配合最积极的倡导者和组织者。而其他两个方面应大力支持学校的这项工作。

实 践 指 导

(1) 深入中小学校调查中小学与家庭联系的方式与内容，家长委员会工作的内容与形式分组；设计一份家长会报告提纲，包括教育政策的解读、班级的基本情况分析、班级工作目标、已经在本系统取得的成绩、拟进一步开展的活动或采取的措施等。

(2) 走访当地少年宫、展览馆、图书馆等机构，了解它们为学生成长所做的工作，分析小学、初中、高中、大学几个层级学校的培养目标，领会它们之间的衔接关系。

问题与思考

5-1　为什么说家庭教育是不可替代的？

5-2　家长在家庭教育中应该注意哪些问题？

5-3　未来学制发展的趋势是什么？

5-4　阐述学校与家庭共同开展教育的策略。

5-5　大力发展社会教育有何积极意义？

参 考 文 献

[1] 姜德君. 小学教育学[M]. 沈阳：辽宁大学出版社，2005.

[2] 蒲蕊. 教育学原理[M]. 武汉：武汉大学出版社，2010.

[3] 联合国教科文组织的报告. 学会生存：教育世界的今天和明天[M]. 北京：教育科学出版社，1996.

[4] 朱闻哲.家庭教育学[M]. 北京：清华大学出版社，2020.

第六章 教育的内容——课程

本章提要

● 课程是学校教育的内容及其进程，有多种不同的课程理论，主要包括学科课程论、活动课程论、社会再造课程论。

● 课程类型需要关注学科课程、活动课程、综合课程、隐性课程、校本课程等。

● 课程的内容结构包括课程计划、课程标准和教科书，不同国家课程结构存在的形式不同。

● 课程的设计要有目的性、科学性、发展性。

● 近年来课程改革呈现新的趋势，我国新课程改革有其自身的特点。

第一节 课 程 概 述

任何教育都涉及"教什么"的问题，包括知识、技能、能力、态度、情感、价值观等方面的内容。这些内容最终是以课程体现出来的。因此，课程是实现教育目的和目标的基本手段或工具，是决定教育质量的重要环节。

一、课程概念的内涵

我国课程一词始见于唐宋年间，唐朝孔颖达对《诗经·小雅·巧言》中"奕奕寝庙，君子作之"一句注疏："维护课程，必君子监之，乃依法制。"这是"课程"一词在汉语文献中的最早显露。宋朝朱熹在《朱子全书·论学》中也曾提到"宽着期限，紧着课程""小立课程，大作功夫"等，这里的课程主要是指学习的范围、领域、时限及其进程，只是很少涉及教学上的要求，可称为学程。西方国家最早采用"课程"一词的是英国教育家斯宾塞，他在 1859 年发表的《什么知识最有价值》一文中最早提出"curriculum"(课程)一词，意指"教学内容的系统组织"。赫尔巴特学派"五段教学法"的引入，使人们开始关注教学的程序或阶段，课程的含义从"学程"变为"教程"。

在现代社会，不同的学者对于课程的界定有不同的观点，可谓见仁见智。概括起来，国内外比较接近课程本质的定义主要有以下几种。

1. 课程是学科知识

这是一种历史悠久、影响深远、比较传统的观点，也是最具代表性和广泛性的观点。我国古代的礼、乐、射、御、书、数"六艺"，欧洲中世纪的"骑士七艺"都把课程等同于所教科目。斯宾塞在《什么知识最有价值？》一书中也是从指导人类活动的诸学科角度来探讨知识价值和训练价值的。在世界范围内，近代的课程体系主要是在这种观点影响下建立起来的，夸美纽斯、赫尔巴特、布鲁纳是其中的典型代表，我国中小学普遍实行的学科课程及相应的理论也是这种观点的体现。

2. 课程是学习经验

这种观点主要是在对于前一观点的批评和反思基础上产生和形成的。以美国教育家杜威为首的一些人认为，只有那些真正被学生经历、理解和接受了的东西，才称得上是课程。目前西方人本主义学者多持这种观点，他们强调只有当学生与知识发生了相互作用，知识才可能真正转化为课程，因而将课程的重点从教材转向学生。

3. 课程是文化再生产

鲍尔斯等人认为，课程是对社会文化的反映，是从一定社会文化里选择出来的材料。学校教育的职责是要生产对下一代有用的知识和价值，课程是文化再生产。

4. 课程是对社会改造

以巴西的弗雷尔为代表的激进教育家则认为课程是社会改造的过程，课程不是要使学生适应或顺从社会文化，应把重点放在当代社会的主要问题和弊端、学生关心的社会现象以及社会改造和社会活动计划等方面。

联合国教科文组织的《教育技术用语词汇》中指出，"课程即指在某一特定学科或层次的学习的组织"[①]。而世界经合组织则把课程定义为："囊括儿童在校学习期间应具备的全部经验，并包含教育目标、教育目的、课程、教学活动、师生关系、人力物力资源以及所有影响学校师生关系的调查。"

概括国内外对课程的不同定义，可以从广义和狭义两个方面来理解课程的概念。从广义上看，课程是指学生在学校获得的全部经验，其中包括有目的、有计划的学科设置、教学活动、教学进程、课外活动以及学校环境和氛围的影响。从狭义上看，课程是指各级各类学校为了实现培养目标而开设的学科及其目的、内容、范围、活动及进程等的总和，主要体现在课程计划、课程标准和教材之中。

二、课程的理论流派

对课程的不同定义是以学者们不同理论为依据的。关于课程的主要理论包括：

1. 学科中心课程论

这一理论的基本思想是：学校课程应以学科的分类为基础，以学科教学为核心，以掌握学科的基础知识、基本规律和相应的技能为目标。学校开设的每门课程都是从相应科学中精心选择的，课程体系是以科学逻辑组织的，并且按照学习者的认识水平加以编排；作为知识的课程通常特别强调课程计划、课程标准、教科书等所谓看得见、摸得着的客观存

---

① 拉塞克 S，维迪努 G. 从现在到 2000 年教育内容发展的全球展望[M]. 马胜利，高毅，丛莉，等译. 北京：教育科学出版社，1996.

在物；课程是社会选择和社会意志的体现；课程是既定的、先验的、静态的、外在于学习者的；学习者服从课程，在课程面前是接受者的角色，从心理基础而言，主要关注并依赖学习者的认知品质和认知过程。

这种理论更多地关注成人设置的教学科目，对学生的主体作用、情感体验和创造性有所忽视，在科学和教育不是很发达又需要快速开展教育的情境中是有效的。但随着科学的不断发展、学科的分化、知识的迅速膨胀，学校中的学习科目难以包含生活和生产所需的知识。实际上，学校为学生提供的学习已远远超出列入正式课程的学科范围，许多国家纷纷开设综合课程以应对此局面。

关于课程主要是学科知识这一理论，杜威曾对此大加批判。但 1957 年苏联人造卫星上天后重新受到重视。布鲁纳明确提出，教育的内容应当是由各个学科内最具权威的专家确定结构，帮助学生在最短的时间内掌握学科的一般概念、原理和原则，即结构。

2. 活动课程论

这种理论主张课程应有益于人的尊严、人的潜能在教育过程中得到实现和发展，强调不能以成人的标准判断儿童，应根据儿童的心理发展特征和心理发展要求确定课程。代表人物是法国启蒙思想家卢梭和美国教育家杜威，尤其是杜威的以儿童活动为中心的经验主义课程论的影响很大。卢梭强调教育必须遵循儿童的"自我活动"，即教育要适应受教育者的身心成熟阶段和个性差异，他还特别重视"直接经验"；杜威认为课程必须以儿童为出发点、为中心、为目的，与儿童的生活相联系，课程的内容超出儿童经验和生活的范围，理想的课程应该促使儿童的生长和发展，要考虑到儿童的需要和兴趣，以引起儿童学习的动机，因此，不能按成人的逻辑编排学科课程，应该考虑儿童心理发展的次序，并利用儿童现有的经验组织课程，即课程的组织应该心理学化。

这种课程论往往是从学习者角度出发和设计的，课程是与学习者个人经验相联系、相结合的，强调学习者作为学习主体的角色。从心理基础而言，这样的课程跳出了单纯认知的范畴，强调和依赖学习者个性的全面参与及积极性、选择性、感情、兴趣、态度等。课程不是外在于学习者、凌驾于学习者之上的，学习者的角色是参与者和组织者。问题是把学生所有的经验都包含进来，课程就显得过于宽泛。

3. 社会再造主义课程论

此理论关心的是课程与社会政治、经济发展的关系，强调社会对教育的制约作用，主张根据社会的需要确定教育目的和课程活动，重视道德教育和社会权威的作用。乐观的社会再造主义者认为，教育能够影响社会的变化。

在中国儒家文化强调以恢复周礼为目标，以道德教化为实现治国平天下的主要手段，教育的目的和功能是使人们明了和践行封建的君臣、父子、夫妇、兄弟伦理关系，在西方，社会再造主义课程论的思想早在柏拉图的《理想国》中就有反应了，他将理想国中的人分为哲学家、武士和农民三类，对他们分别实施不同的教育；洛克强调根据社会需要确定教育目的和教育活动以培养绅士；涂尔干则提出教育的目的在于"使年轻一代系统地社会化"，学校课程应成为维护社会结构、保持社会平衡的手段；美国社会学家帕森斯提出了角色理论，认为人们在社会中扮演不同的角色，按照约定俗成的角色行事，保证了社会的稳定，学校的课程就是对学生进行筛选，从而使他们在社会不同位置上扮演不同的角色。

三、课程的类型

按不同的标准，课程可以分为不同的类型：以课程的表现形式或影响学生的方式为依据，分为隐性课程和显性课程；按课程开发与管理的主体划分，有国家课程、地区课程和学校课程；从课程内容所固有的属性来区分，有学科课程和活动课程；在学科课程中，从课程的组织方式来区分，有分科课程、综合课程与核心课程；按课程实施的要求分，有选修课程和必修课程等。

1. 显性课程和隐性课程

显性课程也称官方课程、正式课程，是课程表中列出的要求学生必须学习并通过考核，以获取受教育证明的课程。显性课程有特殊的形式，它以教学为根本途径，具有明确规定的教育目标。

隐性课程与显性课程相对，也称非官方课程、非正式课程、潜在课程，最早由杰克逊于1968年提出，是指学生在学校环境中有意无意接受的、正式课程未包含的或不同的知识、规范、价值或态度。它以学生自我体验为根本途径，以潜在性和非预期性为主要特征，包括学校的物质环境、校园文化、教室布置、各种仪式活动、学校中的人际关系、校风、班风、学校组织制度、师生特有的心态、行为方式和价值观念等。实质上，隐性课程并不是习惯意义上的课程，而是学校正式课程之外的各种影响学生发展的因素的总称，它对学生的学习和社会化起着潜移默化的影响，有时这些影响甚至超过有意安排的正式课程。当然隐性课程也可能产生消极影响，由于潜在课程的存在，可能使教育培养完美人格的作用不能正常发挥。

隐性课程与显性课程是可以相互转化的，一旦隐性课程被意识并重视，也就转变为显性课程，显性课程被忽视，就可能成为隐性课程。

2. 国家课程、地区课程和学校课程

国家课程也称为国家统一课程，是由中央政府负责设计、实施和评价的课程，体现的是国家的教育意志，具有较高的权威性、多样性和强制性。地区课程是由地方政府根据国家的教育目的和本地政治、经济、文化发展的特点负责设计、实施的课程，一般在本辖区内适用，有助于满足地方社会发展的现实需要。

学校课程也称校本课程，是由学校教师根据国家的教育目的，结合本校的实际财政状况，针对本校特定的学生群体编制、实施和评价的课程，可以充分展示学校的办学宗旨和特色。目前许多中小学都开设了校本课程，由于从学校的实际出发，且有任课教师参加编制，修订及时，校本课程比较新颖、实用，突出体现了地方教育特色，也比较贴近中小学生的生活实际。但应不断提高校本课程的质量和连续性，降低编制校本课程的教育成本和实施中的波动性。

3. 学科课程和活动课程

学科课程也称为分科课程，其主导价值在于传承人类文明，使学生掌握人类积累下来的文化遗产。其优点是它的逻辑性、系统性和简约性强，有助于学生学习和巩固基础知识，

形成知识体系，也方便教师教授。

在西方一些国家，一组互相密切联系和配合的学科被称为"关联课程"。要编制关联课程，就不能只考虑单个学科的逻辑结构和排列顺序，而是要全面考虑两门以上相邻学科之间的关系，使这些学科的教学顺序能够相互照应、相互联系、穿插进行。关联课程要求每个学科的教师同时对相邻学科的教学内容、排列顺序和进度有所了解，即具有"跨学科"的眼光和思路；相邻学科的教师需要保持密切的联系，经常共同研究教学问题。如果加强了两门以上相邻学科的联系，并把这些相邻学科的内容糅合在一起，从而形成一门新的学科，这就是所谓的"融合课程"。

广域课程是合并数门相邻学科的教学内容而形成的综合性课程。典型的例子是在美、英等国广泛采用的"社会研究课"，起先，这门课是把历史和地理加以融合而形成的，后来在合并史地的基础上又加入了经济学、社会学、政治学、法学和人类学的有关内容。此外，"综合自然科学"综合了物理、化学、生物、生态、生理、实用技术等；"语言艺术"综合了文法、阅读、写作、戏剧、电影、电视、新闻和实用语言等；"创造艺术"综合了绘画、美工、雕塑、音乐、舞蹈、工艺和广告艺术等，这些也都是比较通行的广域课程。

活动课程也称为经验课程，是针对学科课程的弊端而提出的、侧重于学生直接经验获得的课程，可以使学生获得关于现实世界的直接经验和真切体验。这种课程的主要特点就在于动手"做"、在于手脑并用、在于脱离开书本而亲身体验生活的现实，以获得直接经验，并在直接经验的层次上实现知识经验的综合化。它是学校课程的抽象知识内容与学生生活实际和社会实践相联系的中间环节，应当成为学校课程整体结构中不可缺少的有机组成部分。活动课程适合于许多课堂教学，如朗诵、表演、实验、参观、实地调查、演奏乐器、绘画等，甚至可以用活动课程的形式组织一门完整学科的教学。活动课程的最大缺点是易忽视基础知识的学习和基本技能训练，学生所形成的知识比较零乱，不成系统。

无论是学科课程还是活动课程都不是完美无缺的。学科课程的缺陷可以在活动课程中获得一定程度的克服，活动课程的优点正是学科课程所必须汲取的；反之亦然。只有将两者有机地结合起来，才能取长补短、相得益彰。

4. 必修课程和选修课程

必修课程是一个教育系统或教育机构法定性的，要求全体学生或某一学科专业学生必须学习的课程。它反映的是国家对受教育者的统一要求，具有强制性，其主导价值在于培养和发展学生的共性，其功能主要表现为选择传递主流文化，帮助儿童掌握系统化知识，形成特定的技能、能力和态度，促进一部分儿童的体质、认知、情感和技能的发展。由于各级各类学校的目标不同，必修课程也就不同，在中小学基本上是必修课程，又分为国家必修课程、地方必修课程。

选修课程则是学生可以按照一定规则自由选择学习的课程，一般分为限定选修课程与任意选修课程。限定选修课程是指在规定的范围内学生按一定的规则选择学习的课程，比如学生必须在若干组课程中选修一定组数的课程，或在若干门指定的课程中选修一定门数的课程；任意选修课程则是不加限制，由学生自由选择学习的课程。社会需要和文化背景的差异、儿童发展需要的差异、知识经验增长的无限性、学习时间的有限性是选修课程日益受到重视的原因，其主导价值在于满足学生的兴趣、爱好，培养和发展学生的个性。

5. 传授性课程和研究性课程

从课程实施的方式来看，可将学校课程分为传授性课程和研究性课程两种类型。传授性课程是以教师讲解为主的课程，其主导价值在于使学生能够在教师的指导下获得"规范"的发展；而研究性课程是以学习研究性学习为主的课程，其主导价值在于使学生能够通过自主学习、研究，发现式获得知识、技能。

四、课程的结构(课程的文本呈现形式)

在不同的国家和地区课程结构的名称有所不同，但其文本表现形式一般都包括课程计划(教学计划)、课程标准(教学大纲)、教科书(课本)三个层次。其中，课程计划属于课程的宏观结构，课程标准和教科书则属于课程的具体结构。

1. 课程计划

课程计划是课程的总体规划，在欧美国家称为教育计划，俄罗斯以及部分东欧国家称为教学计划。课程是根据教育目的和不同类型学校的教育任务，由国家教育主管部门所制定的有关教学和教育工作的指导性文件。它对学校的教学、教育活动做出全面的安排，规定课程设置、课程顺序、课时分配、学年编制和周安排等。课程计划是课程标准和教学材料研制开发的主要依据。

2. 课程标准

课程标准是根据教学大纲，以纲要的形式编写有关学科教学内容的教学指导文件，它规定学科的教材范围、教材体系、教学进度和教法上的基本要求，是中小学开展教学活动最重要的依据，也是评价教学活动的基本依据。一般地，课程标准的内容包括以下几部分。

(1) 前言。结合本门课程的特点，阐述课程改革的背景、课程性质、基本理念与本标准的设计思路。

(2) 课程目标。按照国家的教育方针以及素质教育的要求，从知识与技能、过程与方法、情感态度与价值观三方面阐述本门课程的总体目标和学段目标(如果有学段的话)；学段的划分大致规定在一至三、四至六、七至九年级，有些课程只限于一个学段，有些课程兼两个或两个以上学段。

(3) 内容标准。根据上述的课程目标，结合具体的课程内容，用尽可能清晰的行为动词所阐述的目标。

(4) 实施建议。为了确保国家课程标准能够在全国绝大多数学校的绝大多数学生身上实现，减少中间环节的"落差"，需要在国家课程标准中附带提供推广或实施这一标准的建议，主要包括教与学的建议、评价建议、课程资源的开发和利用建议以及教材编写建议等。同时要求在易误解的地方或陈述新出现的重要内容时，提供适当的典型案例，以便于教师的理解，同时也是引导一种新观念的有效方法。

(5) 术语解释。对标准中出现的一些重要术语进行解释与说明，让使用者能更好地理解与实施标准。

3. 教科书

教科书也称教材，是依据课程标准编制、系统地反映学科内容的教学用书。它是课程标准的具体化，不同于一般的书籍，通常按学年或学期分册，并划分单元或章节。它主要由目录、课文、习题、实验、图表、注释和附录等部分构成。其中，课文是教材的主体部分。

教科书在学校教育中具有重要的作用，它是学生在学校获得系统知识、进行学习的主要材料，它可以帮助学生掌握教师讲授的内容，同时也便于学生预习、复习和做作业，是学生进一步扩大知识领域的基础。所以，要教会学生如何有效地使用教材，发挥教材的最大作用。它也是教师进行教学的主要依据，它为教师备课、上课、布置作业，学生学习成绩的评定提供了基本材料。熟练地掌握教材内容是教师顺利完成教学任务的重要条件。

随着科学技术的发展，教学手段的现代化，教学内容的载体也多样化了。除教材以外，还有各类指导用书和补充读物，工具书、挂图、图表和其他教学辅助用具，教学程序软件包，幻灯片、电影片、音像磁盘等。此外，教材的编辑要妥善处理思想性与科学性、观点与材料、理论与实际、知识和技能的广度与深度、基础知识与当代科学新成就的关系。

受教育制度和教育传统的影响，课程结构经常表现出不同的存在形式。

(1) 以统一要求为特点的存在形式。统一的课程计划和课程标准是中央集权的教育体制的最典型、最显著的特点，如中国、法国，课程计划和课程标准体现着国家的意志，其制定和修改都是国家的权力，国家决定基础教育各阶段学校开设哪些课程，各课程的范围和具体内容，彼此之间的先后顺序和相互联系，地方和学校必须严格执行国家制定的、带有法律性和强制性的课程计划和标准。

(2) 以多样化为特点的存在形式。在地方分权的教育管理体制下，如美国、英国、德国，国家没有统一的课程计划和课程，课程具有高度的自由性、灵活性和差异性。地方教育行政部门或学区、教育督导机构、其他团体根据本区域内教育的传统和现实情况制定课程计划和课程标准，同一国家的不同地区，甚至同一地区的不同学校，其课程计划和标准都有可能不同。

这两种课程结构存在形式近年来出现了相互融合的趋势：一方面保持原有的主要特点；另一方面出现了与原有特点相反的变化，强调统一性的开始向多样化发展，注重多样化的开始进行适度控制，强调设立国家统一标准。中国和俄罗斯的课程结构开始向多样化发展，美国、英国则开始建立国家的课程标准，不断提高课程要求。

第二节 课 程 开 发

一、影响课程的因素

总体分析起来，影响课程的因素主要有以下三个方面。

(1) 社会的要求，如社会经济建设与发展、各职业就业的需求等。

(2) 学习者的需求和学生一定年龄阶段身心发展规律，如学生心理发展的先后顺序、不平衡特征、差异特征等的规律。

(3) 各学科的逻辑体系，即学科自身知识、概念结构及逻辑。

二、课程开发的内涵、模式和过程

(一)课程开发的内涵

课程开发是指依据一定的价值取向、学校的培养目标和现实条件，整合学校内外的各种课程资源，对课程做出决定的过程。也称课程设计，它由"课程编制""课程建设"等词发展而来。通常认为，课程开发是国家或地方政府课程决策的过程。它不单是指教育学者和课程专家的工作，也是社会各有关方面共同合作的事业。

课程开发既要确定教育目的并具体化为各级各类教育的明确目标，围绕目标设置课程，从中小学教育来看就是要突出基础性，构建全面性的内容体系，促进学生的全面发展；又要考虑课程内容符合科学体系的要求，正确反映各门学科，把握各学科之间的内在联系，体现自然科学、社会科学、人文科学的辩证关系；同时，要遵循学生身心发展的规律，考虑学生身心发展的阶段性和差异性，在小学阶段尤其应加强活动课程。

(二)课程开发的模式

基于不同的价值取向、课程理念以及不同的参与者，课程设计有多种不同的模式：体现课程科学化和基于社会控制的目标模式，立足于教育内在价值与实践的过程模式，根植于文化分析的情景模式，着眼于具体实用方法的实践与折中模式，致力于个体主体意识提升与解放的批判模式，走向教师、学生本位的合作模式等。由于目标模式在当前的课程设计与开发中仍作为主导模式而存在，因此过程模式对于目标模式的缺陷有很好的弥补功能，这里重点对目标模式和过程模式作一介绍。

1. 目标模式

目标模式是以目标为课程设计的基础和核心，围绕课程目标的确立及其实现、评价而进行课程设计的模式。这一模式的奠基者是现代课程论之父博比特，他在 1924 年出版的《怎样编制课程》一书中提出了以目标占据支配地位的课程研制三步骤：①确定目标；②选择经验；③组织经验。

目标模式的代表人物泰勒在 1949 年出版的《课程与教学的基本原理》一书中指出，开发任何课程和教学计划都必须回答四个基本问题：一是学校应该试图达到什么教育目标；二是提供什么教育经验最有可能达到这些目标；三是怎样有效组织这些教育经验；四是如何确定这些目标正在得以实现，即"泰勒原理"确定教育目标、选择教育经验、组织教育经验、评价教育计划。

2. 过程模式

过程模式是通过对知识和教育活动的内在价值的确认来设计课程，由英国著名课程论专家斯腾豪斯(L.Stenhouse)在对"泰勒原理"进行批判的基础上提出的。他在 1975 年出版的《课程研究与开发导论》中系统地阐述了自己的观点：它鼓励学生探索具有教育价值的知识领域，进行自由自主的活动；倡导"过程原则"，强调过程本身的教育价值，主张教育过程给学生以足够的活动空间；它强调教师和学生的交互作用，教师在课程开发与实施过程中具有充分的自主权。

过程模式把发展学生的主体性、创造性作为教育的广泛目标，尊重并鼓励学生的个性特点，并把这一目标与课程活动、教学过程统一起来，进而又统一于教师的主体作用中。它冲破了目标模式"工具理性"的框架，把课程开发建立在实际的教育情境基础上，显然是符合时代潮流的一种取向。我国新一轮基础教育课程改革受这一模式的影响较大。

(三)课程开发的过程

泰勒的目标模式清晰明确，便于操作，通常以此作为课程开发的程序，包括确定课程目标、选择课程内容、组织课程实施及进行课程评价等环节。

1. 课程目标的确定

课程目标是指课程本身要实现的具体目标和意图。它规定了某一教育阶段的学生通过课程学习以后，在发展品德、智力、体质等方面期望实现的程度。从课程内容的设计到课程实施，基本上是以人们对课程目标的学习、认识以及变通把握为前提的，即使是课程评价，也是以课程目标的实现程度和水平为重要依据和准绳的。

课程目标的确定要考虑当代社会生活的需要、学习者的需求、学科发展的状况等因素。一定时期社会、国家对学生成长发展的总体要求构成了课程的宏观目标，某一具体学科在某一领域对学生成长与发展的预期要求，具有较强的学科性，充分体现了学科自身的特色，构成了课程的微观目标。

确定课程目标的方法主要有以下两种。一是筛选法，先预定若干项课程目标，涉及课程的各个方面，如"培养阅读、写作、说、听的技能"，"培养艰苦的性格和自尊心"；然后书面征求有关人员对预定课程目标的意见，允许他们补充其他课程目标；再把原先预定的课程目标和补充的其他课程目标汇总在一起；请有关人员根据汇总的课程目标，依次选出若干项最重要的课程目标；最后根据统计结果，确定名次靠前的若干项课程目标。二是参照法，即在确定课程目标的过程中，参考过去的课程目标和其他国家的课程目标，并根据本国国情和教育状况，确定符合本国情况的课程目标。

课程目标的取向分为行为目标、生成性目标和表现性目标三种。行为目标以精确、具体、可操作的特定动词指明学生可能发生的行为变化及其条件，便于评价，对于基础知识和技能教学训练指导意义很大，但它只关注了学习活动的外显结果，忽略了学习过程及隐性课程的影响，易造成学习过程与结果的分离。生成性目标是在一定的教育情境中，因问题解决而自然生成的课程目标，它是学习者在与教育情境的相互作用中所产生的自己的目标，不是课程开发者或教师强加的目标，这种取向对于教师的要求非常高，课程实施过程也过于开放，不易控制。表现性目标不是预先设定的，是学生运用所学知识技能对某一主题或情境多样的、充满个性化的理解与反应，旨在培养学生的创造性。

2. 课程内容的选择与组织

根据特定的课程价值观和受益人课程目标，从学科知识、社会生活及学习者的经验中选择概念、原理、技能、方法、态度、价值观等课程要素的过程。学科知识不能直接成为课程的内容，既要考虑学科知识内在的逻辑体系要求，又要兼顾儿童身心发展的内在要求，还要考虑与其他学科知识的联系；师生的社会生活经验是课程内容的重要组成部分，但它不是被动地模仿或传递社会生活经验，而是要主动地批驳和重建有意义的社会生活经验，完成对社会生活经验的批判与超越。

课程组织是对所选择的主题、原理、价值观或技能等要素按照横向的或纵向的发展序列进行整合，形成完善的课程结构形态。

3. 课程的实施

课程的实施是学校和教师、学生根据课程计划开展教与学的过程。一方面是学校与教师按照课程目标组织教育教学活动，保证完成课程任务；另一方面是不同学生对同一课程内容的不同理解和体验，并将其中的部分内容内化为自己的价值观、知识或技能。

课程实施存在三种价值取向，即忠实取向、相互适应取向和创新取向。忠实取向就是严格按照课程计划实施教育活动，成功的标志是实现了预定的课程目标；相互适应取向指课程计划与在具体的课程情境中的课程目标、内容、方法与组织模式等相互调整以达到最佳状态；创新取向则强调师生联合在一定的教育情境中创造出新的体验或经验，在一定程度上与原来的初衷相背离。

4. 课程评价

课程评价是依据一定的理论或观念，运用一定的技术方法，对课程计划、过程和结果做出价值判断的过程。常见的评价包括形成性评价与总结性评价、目标本位评价与目标游离评价、量化评价与质性评价等。

第三节　课程改革

课程改革涉及整个教育系统，包括教育思想、教育目标、教育制度、教育内容和方法等。近30年来，各国教育改革的经验表明，以课程改革作为切入点将带动整个教育体系的改革，因此，各国无不是通过课程改革来推动整个教育体系的改革。课程改革不可能脱离社会政治、经济、文化、科技等因素的影响，学生的发展状态与心理特征，特别是学生的智力水平、心理倾向性也是学校课程改革的参照点。

一、世界范围内课程改革的发展趋势

综观各国课程改革历史，主要涉及课程内容、课程形式、课程评价三个方面的内容，课程内容的改革主要涉及课程内容的增减问题，既要删去一些过偏过难的内容，又要加入一些面向现实生活与时代联系紧密的内容；课程形式的改革主要是分科课程与综合课程、选修课程与必修课程、学科课程与活动课程以及显性课程与隐性课程的变化；课程评价的改革则侧重学习过程和评价主体的调整。具体表现为以下特点。

1. 培养新世纪需要的身心健康的人是各国课程改革的共同目标

当前世界各国都把培养身心健康发展的人作为迎接新世纪挑战的重要举措。尽管不同国家由于独特的文化传统以及价值观的不同而对"身心健康发展的人"的理解而各异，但对其基本内涵都有一致的共识，联合国教科文组织把这种身心健康发展的人才标准概括为"学会认知""学会做事""学会与他人共同生活""学会生存"四种基本素养。在学习目标的定位上不是"以量取胜"，而是"以质取胜"，强调学生创新意识和实践能力的培养成为各国课程改革的共同追求。

2. 优化课程结构、最大限度地发挥课程的育人功能

强调课程的综合化、恰当处理综合课程与分科课程的关系，强调课程的选择性、恰当处理选修课程与必修课程的关系，是各国课程改革的重要趋势。课程的综合化优势表现在：强调以学习者的经验、社会需要和问题为核心进行课程的整合，有效培养学生解决问题的能力和综合实践能力，软化学科界限，如澳大利亚的"学习领域"、日本 1998 年开始推行的"综合学习时间"等。为发展学生的个性特长、培养学生的自主选择能力和对自己的毕生发展进行合理规划的能力，各国课程改革都强调完善课程选修制，加强课程的选择性。课程结构的选择性是依据地方、学校与学生的差异以及课程的适应性要求而提出的，课程选修制已成为现代基础教育的重要支柱。正确处理必修课程与选修课程之间的关系成为世界课程改革的重要课题。尤其是教育集权制国家(如法国、日本、中国等)，长期着重加强中小学必修课的建设，而忽视选修课的建设，因此这些国家的中小学课程改革呈现出加强选修课程的趋势。

3. 更新课程内容，加强学科知识与学生的经验、当代社会生活的内在关联

20 世纪 90 年代以来，高新技术特别是信息技术迅猛发展，引起社会经济结构、社会生活的深层变革，人类迈入信息社会和知识经济时代的速度空前加快。为适应社会急剧变迁和人的发展的内在需要，各国在课程内容的选择上，不是"囊括"而是"精选"更新课程种类，并且进一步完善课程内容。价值观教育、信息技术教育、国际理解教育、环境教育等领域成为各国课程改革关注的热点。技术特别是信息技术开始成为各国课程体系中的重要内容。各国非常强调信息技术与学生日常生活的结合，强调信息技术的应用性，信息意识、信息素养和信息能力的培养是各国信息技术教育的基本目标。针对世界性和地区性环境问题，开展卓有成效的环境教育，培养学生的生态伦理意识，确立面向可持续发展的教育方向。不论是传统学科领域还是新增加的学科领域，都强调学科知识对学习者的经验的适应性、对当代社会生活的适应性。

实践与反思：中国的霾与环保教育

北京申办奥运和美国大使馆持续播报 PM2.5 的行为，引发了社会对空气污染问题的关注，2013 年 1 月以来，我国出现了大范围的雾霾天气，甚至北京的马拉松比赛也是在雾霾中进行的。在环境保护部(现为生态环境部)通报的春节期间部分城市空气质量状况中，74个监测城市中 PM2.5 平均超标率达 42.7%，空气质量堪忧。有网友调侃说，世界上最远的距离，不是生与死的距离，而是我在北京街头牵着你的手，却看不见你。

雾霾是一种灾害性天气，汽车尾气的排放、建筑工地的扬尘、大量石化燃料燃烧后排出的废气和粉尘等都是造成雾霾的原因，对交通运输、植物生长等均产生重要影响，更是危害人们的身体健康。乱砍滥伐破坏植被、生活污水和工业废水乱排放、水污染严重等破

坏环境的行为，使人类自身的生存受到威胁。

2013年9月12日，中国治霾的"发令枪"响起，国家公布了《大气污染防治行动计划》，以壮士断腕的决心和力度，继续加大空气污染的治理。控车、控煤、脱硫、除尘，淘汰高耗能、高污染过剩产能，推广新能源汽车，治理机动车尾气，打造新的经济增长点，实行区域联防联控，学校将保护环境的内容纳入课程，教育孩子们从自己做起，从当下做起，从身边小事做起，养成绿色低碳生活方式，敢向违法排污和浪费资源说"不"。2022年北京冬奥会期间各国选手对中国的空气环境给予了充分肯定，我们的"蓝天常在"已不遥远。

4. 各国课程改革都特别强调道德教育尤其是价值观教育

各国都将加强青少年道德教育作为课程改革的主要目标加以重视，注重传统的道德价值观教育，注重弘扬本民族文化和历史的优良传统，增加德育投资，加强品德教育研究，改革德育方法途径，根据新形势更新德育内容，制定防范管理条例措施，以帮助学生在各种价值观念的冲突中做出自主的、正确地选择。

5. 重视课程实施过程、转变课程评价观念和技术及功能

为优化课程实施过程，许多国家都把教师培训视为课程改革的关键环节，教师培训的方式也发生了重大变化；强调以教师在工作实践中所实际发生、实际体验到的问题为核心进行培训，以提高教师自我发展能力。各国还把转变学生的学习方式视为课程改革的重要内容，由被动接受与模仿转向积极探究与发现，强调利用信息技术等手段主动解决问题。并且课程评价的观念、技术和功能在各国课程改革中都发生了重要转变。由甄选评价转向发展性评价；由仅关注结果的评价转向既关注结果更重视学习过程的评价；由单一的量化评价转向量化评价和定性评价相结合的评价方式，这是各国课程改革的共同趋势。

6. 课程管理体制日益充满活力，课程决策日益民主和科学

在课程管理体制方面，世界课程改革呈两种趋势：凡强调统一管理的国家(如中国、日本、法国等)倾向于权力下放、分级管理，以充分调动地方和学校在课程改革中的积极性；凡强调分级管理的国家(如美国、加拿大、澳大利亚等)则倾向于集中管理，以充分发挥国家在课程改革中的作用。不论是统一管理的国家还是分级管理的国家，都强调课程改革应最大限度地满足国家、地方和学校的需求，最大限度地发挥各级的积极性。需特别指出的是，教师和学生不是既定课程计划的被动实施者，而应在课程改革中充分发挥主体作用，创造性地实施国家和地方的课程计划。

二、我国基础教育的第八次课程改革

(一)课程改革的背景

2001年教育部颁布了《基础教育课程改革纲要(试行)》，标志着我国第八次课程改革正式开始。这次课程改革既是适应国际课程改革的发展趋势，也是为适应经济社会发展需要培养新型人才进行的一次尝试。随着经济市场化、政治民主化、文化多元化的不断深入，前期为选拔人才而确定的课程体系已经不适应发展的要求，课程观念滞后，课程内容存在着"繁、难、偏、旧"的状况，课程结构单一，学科体系相对封闭，难以反映现代科技、社会发展的新内容，脱离学生经验和社会实际。选修课程、实践性课程、校本课程开发不足。课程管理强调统一，致使课程难以适应当地经济、社会发展的需求和学生多样化发展的需求。

在终身教育理念日益深入人心，学习化社会加速到来，计算机网络普及的信息时代，课程改革成为时代发展的必然。

(二)第八次课程改革的历程

新课程是在大量的调查研究、经验研究与比较研究的基础上产生的。

1996 年，教育部基础教育司组织有关专家，对 1992 年以来义务教育课程实施状况进行了一次全国性的调查，初步梳理了我国现行基础教育课程体系存在的基本问题；研究了全球课程改革的动态和趋势，提出了基础教育课程改革的紧迫性与必要性。

1999 年 1 月，教育部基础教育司正式成立了"基础教育课程改革专家工作组"，专家组历时两年半，就课程目标、课程结构与设置、课程标准、考试、评价、实验区工作以及各门学科的课程标准、综合课程设计、农村课程改革、课程政策改革等，组织召开了 100 多次专题研讨会，起草并形成了新一轮课程改革的总纲——《基础教育课程改革纲要(试行)》(以下简称《纲要》)，并于 2001 年 6 月正式颁布。同年 7 月，17 个学科的 18 本课程标准(实验稿)正式公布。2001 年秋季，新课程在全国 38 个基础教育课程改革国家级实验区开始实验。

2003 年，在实验使用反馈和调研的基础上，组织修订课程标准。到 2005 年秋季，中小学阶段各起始年级实施新课程体系。

2010 年秋季全国各省市高中实施新课程，高考方式也随之变化。2010 年秋季全国各省市高中实施新课程，高考方式也随之变化。

在课程改革的持续进行中，各地学校和广大教师针对所面临的问题提出了许多宝贵的意见和建议，国家也在人力、物力、财力上给予大力支持，2011 年开始，在不断实践—研究—反思的基础上，对课程内容和课程标准进行重新修改，2018 年语文、道德与法治、历史三门学科还出版了教育部统编版教材。

(三)新一轮课程改革的价值追求

第八次课程改革的基本价值取向是：为了中华民族的复兴，为了每一个学生的发展。具体体现在以下五个方面。

1. 教育公平

教育公平意味着课程必须谋求所有适龄儿童平等享受高质量的基础教育。这里的平等不是形式上的、低质量的"平等"，而是以高质量的教育为前提，它不同于精英教育时期给予多数人一个受教育的机会。因此，促进基础教育阶段学校的均衡发展是本轮课程改革的重要议题。

2. 国际理解

在开放的时代，课程内容必然包含各民族优秀的文化，引导学习者以平等的地位与其他民族开展持续而深入的交流、分享和合作，这是教育与国际接轨的要求。但国际理解一定是在学生拥有强烈的民族认同感和民族自豪感基础上，对其他民族文化的理解、欣赏，因此，我国的课程体系必须追求国际性与民族性的内在统一，把尊重不同文化视为交往的共同基础，并追求最终建立不同文化的和平共处。

3. 回归生活世界

新课程体系不能脱离生产和生活的实际，机械地学习书本知识，在课程内容上把科学、艺术、道德、个人世界、自由的日常交往都视为重要的课程资源，要将学生在家庭、社区、学校的经历也作为课程的内容进行整合，要培养善于自知、能够发现他人、会做事、会与他人共同生活的人。

4. 关爱自然

新课程必须把关爱自然、追求人与自然的可持续发展作为重要的价值追求，改变以往一味强调人控制自然、主宰自然的思维方式，将人作为自然中的一部分，主动保护自然、关爱自然，推动人类与自然的长期和谐共生。让自然不只是为我们这一代人提供良好的生存环境，还要为子孙后代造福。

5. 个性发展

课程必须尊重每一个学生个性发展的完整性、独立性、具体性、特殊性。人的个性成长是在生活中、在持续的社会交往中进行的，个性发展内在地包含了社会性，因此课程体系应为学生创设促进个性发展的社会情境。同时，也要让个体认识到个性发展是持续终身的、无止境的完善过程，因此要构建适应终身学习的课程体系。

(四)新一轮课程改革的特点

1. 实现了课程功能的转变

当前，世界各国的课程改革都将课程功能的转变作为首要目标，力争使新一代的国民具有适应21世纪社会、科技、经济发展所必备的素质。在对我国基础教育现状进行深刻反思、对国际课程改革趋势进行深入比较、对未来人才需求进行认真分析后，本次课程改革在《纲要》中首先确立了课程改革的核心目标即课程功能的转变：改变课程过于注重知识传授的倾向，强调形成积极主动的学习态度，使获得基础知识与基本技能的过程同时成为学会学习和形成正确价值观的过程。即从单纯注重传授知识转变为引导学生学会学习、学会合作、学会生存、学会做人，打破传统的基于精英主义思想和升学取向的过于狭窄的课程定位，而关注学生"全人"的发展。这一根本性的转变，对于实现新课程的培养目标，在基础教育领域全面实施素质教育，培养学生具有社会责任感、健全人格、创新精神和实践能力、终身学习的愿望和能力良好的信息素养及环境意识等具有重要意义。

2. 体现了课程结构的均衡性、综合性和选择性

新一轮基础教育课程改革，对现行课程结构进行了重大调整，减少了课程门类，对各门具体课程之间的比例进行了调整，在保留传统学科课程的同时，加强了旨在养成学生科学素养和实用技能方面的课程，使科学、综合实践等课程的比例呈上升趋势。从小学至高

中设置综合实践活动课程，内容主要包括信息技术教育、研究性学习、社区服务与社会实践以及劳动与技术教育等，旨在加强学生创新精神和实践能力的培养，加强学校教育与社会发展的联系，改变封闭办学、脱离社会的不良倾向，培养学生的社会责任感。改变课程结构过于强调学科本位、科目过多和缺乏整合的现状，整体设置九年一贯制课程门类和课时比例，并设置综合课程，以适应不同地区和学生发展的需求。新课程重视不同课程领域(特别是综合实践活动、体育、艺术等)对学生发展的独特价值，淡化学科界限，强调学科间的联系与综合。课程结构的这种转变，与课程功能的转变遥相呼应，折射出我国基础教育课程改革的基本思想和新时期的培养目标，保证学生全面、均衡、富有个性地发展。

3. 密切了内容与生活和时代的联系

改变课程内容"繁、难、偏、旧"和过于注重书本知识的现状，加强课程内容与学生生活以及现代社会和科技发展的联系，关注学生的学习兴趣和经验，精选终身学习必备的基础知识和技能。课程内容的这一转变，力争反映现代科技发展的新成果，使课程具有时代精神。此外，不再单纯以学科为中心组织教学内容，不再刻意追求学科体系的严密性、完整性、逻辑性，注重与学生的经验结合在一起，使新知识、新概念的形成建立在学生现实生活的基础上。课程内容切实反映学生生活经验，努力体现时代特点，将会有效地改变学生学习生活与现实世界相脱节的状况，极大地调动学生学习的主动性和积极性。

4. 改善了学生的学习方式

《纲要》明确指出，改变课程实施过于强调接受学习、死记硬背、机械训练的现状，倡导学生主动参与、乐于探究、勤于动手，培养学生搜集和处理信息的能力、获取新知识的能力、分析和解决问题的能力以及交流与合作的能力。以往长期的灌输式学习使学生变得内向、被动、缺少自信、恭顺……自然也就窒息了人的创造性。学习方式的改善是以教师教学行为的变化为前提的，因而我们把教师教学行为的变化和学生学习方式的改善视为本次课程改革成功与否的重要标志，从某种意义上讲，也是素质教育能否深入推进的关键因素。

为了使学生的学习方式发生根本性的转变，保证学生自主性、探索性的学习落到实处，此次课程改革强调要把学生当作独立的、有差异的、发展中的人看待，确立学生的主体地位，促进学生积极、主动地学习。同时倡导学习过程转变成学生不断提出问题、解决问题的探索过程，并且能够针对不同的学习内容，选择接受、探索、模仿、体验等丰富多样的适合个人特点的学习方式。学习方式的这种转变，还意味着必须关注学生的学习过程和方法，关注学生是用什么样的手段和方法、通过什么样的途径获得知识。由于获得知识的过程和方法不同，由此带给学生真正意义上的收获也可能不同，对学生终身发展的影响也就有可能不同。

实践与反思：高中研究性学习模式的尝试与困惑

世界各国的课程改革都把学习方式的转变视为最重要的内容，研究性学习是一种以科学研究为主的课题研究活动，注重调动学生学习兴趣和积极性，强调知识的联系和运用，是培养学生创新精神与实践能力的有效途径。在我国虽然起步较晚，但推行速度之快令人感到有点措手不及。

被纳入高中必修课的研究性学习在实施过程中并非一帆风顺，且在全国各地的发展权不平衡，一些师资强、生源优、条件好的重点高中取得了一定效果，但许多高中的研究性学习流于形式。目前看，主要面临以下的困惑：一是师资问题，研究性教学对教师提出了更高的要求，繁重的教学工作导致时间、精力不足，而研究性教学在教学前需要精心准备，在学生的探究过程面临和应对大量不可预期的、随机出现的问题，需要把握好介入指导的时机；二是学生和家长对研究性学习的认可程度，研究性学习难以立竿见影，对提高学生的考试成绩帮助不大，但几乎所有的家长都将孩子的目标定在考取一所称心如意的大学上，多数中学的教师和学生要面对考试竞争，要为分数苦苦奋斗，提倡探究学习的阻力和压力都很大，家长的怨言多；三是对研究性学习的评价，虽然有学者提出了一些策略与方法，但在实践上往往难以操作，实施起来费时费力，要求评价者具有较高的评价素养。

研究性学习被认为是当前教育改革的世界性主题和发展趋势，它能改变学生的学习方式，引导学生自主获得知识或信息，对于培养学生终身学习的能力、创新能力和可持续发展具有重要的意义。研究性学习的实施是一项系统工程，学校管理者的理念、教师的素质、家长的态度、班级学生的人数、充足的材料、社会的支持、考试招生制度都会对其产生影响，只有诸多方面协调发展，才能使研究性学习深入地推广下去，课程改革才能落到实处。

5. 建立了与素质教育理念相一致的评价与考试制度

新一轮课程改革要建立一种发展性的评价体系，改变课程评价过分强调甄别与选拔的功能，发挥评价促进学生发展、教师提高和改进教学实践的功能。一是要建立促进学生全面发展的评价体系，使评价不仅要关注学生在语言和数理逻辑方面的发展，而且要发现和发展学生多方面的潜能，了解学生发展中的需求，帮助学生认识自我，建立自信，促进学生在已有水平上的发展，发挥评价的教育功能。二是要建立促进教师不断提高的评价体系，以强调教师对自己教学行为的分析与反思，建立以教师自评为主，校长、教师、学生、家长共同参与的评价制度，使教师从多渠道获得信息，不断提高教学水平。三是要将评价看作一个系统，从形成多元的评价目标、制定多样的评价工具，到广泛地收集各种资料，形成建设性的改进意见和建议，每一个环节都是通过评价促进发展的不可或缺的部分。评价目标多元、评价方法多样，重视学生发展和教师成长记录，是今后一段时间内评价与考试改革的主要方向。

6. 实行了三级课程管理制度

新课程将改变课程管理过于集中的状况，实行国家、地方、学校三级课程管理，增强课程对地方、学校及学生的适应性。本次课程改革从我国的国情出发，妥善处理课程的统一性与多样性的关系，建立国家、地方、学校三级课程管理体制，实现了集权与放权的结合。三级课程管理制度的确立，有助于教材的多样化，有利于满足地方经济、文化发展的需要和学生发展的需要。为了实现上述目标，本次课程改革重新划分了国家、地方、学校在基础教育课程管理中的职责分工，调整了国家课程在整个课程计划中所占的比例，在课程内容和课时安排上增加了一定的弹性，让地方和学校拥有相应的选择余地。三级课程管理政策的运行，为课程适应地方经济、文化发展的特殊性，以及满足学生个性化发展的需要、体现学校办学的独特性创造了良好的条件，并且对于加速我国课程建设民主化、科学化进程必将产生深远的影响。

(五)面临的挑战和问题

教育改革不是一蹴而就的，尤其是在改革的初期，会面临许多问题。正视、克服改革中的问题和实际困难，是每个教育工作者不可回避的现实。

1. 教师面临的挑战与压力

教师培训和素质的提高应该走在课程改革的前面。课程改革中最难实现的变革是教学实践的变革和教学思想的变革，而任何一项新的课程计划成功与否，教师是关键。在新课程实验过程中，广大教师应关注新课程自由空间变大与教师创造性实施能力较小的矛盾；新课程课时内容安排的灵活性与传统课程时间固定性的矛盾；新课程注重方法的多样性与教学中个别学生掌握知识不扎实之间的矛盾；新教材编排体例的变化与教师教学习惯的矛盾等。同时，要转变观念，如何正确看待学生、学习、知识、发展、课程，利用并开发各种课程资源，在课程实施的每一个环节，坚持全面发展的观点，引导学生质疑、调查、探究，在实践中学习，富有个性地学习，充分考虑如何保护并发挥学生的主动性、积极性，促进每一个学生的充分发展。

2. 考试改革的滞后

考试作为一种导向、一个指挥棒，对于课程改革已经构成一个巨大的羁绊与束缚，成为制约新课程发展的瓶颈。只要国家的中考、高考仍然保持原来的取向，学校、教师就不可能真正贯彻落实课程改革的精神。当前，要促进课程改革，国家需要加快高考制度改革，出台与新课程理念相适应的考试政策，使高考制度与课程改革相配套。

3. 课程资源的不足

有关课程实验调查表明，作为课程实施最基本保障的课程资源严重缺乏。如"在您认为在本校实施新课程的不利条件"的回答中，有78.3%的教师选择"教学设施等物质条件不能满足需求"；"在您觉得使用新教材的难点在于"的回答中，有93%的教师选择缺乏课程资源。造成课程资源匮乏的突出原因有两个：一是教育经费投入不足，无法满足教育教学的正常需要；二是教师没有意识到自己是最重要的课程资源，缺乏课程工发的动力与意识。

4. 对人类共同追求的道德品质教育重视不足

道德品质教育是学校德育的重要内容。不同国家道德品质教育强调的内容有所差异，但也有共性，正如习近平总书记在联合国大会上所提及的：和平、发展、公平、正义、民主、自由，是各国的共同价值追求。从学生个体发展角度来看，诚实、守信、勇敢、助人、友善、合作、平等、创新等品质具有重要意义，中小学德育应该将这些内容作为稳定的内容固定下来，及时增加关于生命教育、生存教育和生活教育等方面的内容，提高德育的实效，推动学生品行的真正形成和发展。

实践与反思：诚信的价值与"扶不扶"现象

"扶不扶"一词近些年成为社会热议的公共话题。扶还是不扶，成为许多人艰难的选择：扶，脑海之中不断显现出那些扶了被讹的案件，南京彭宇案、重庆万鑫案、天津许云鹏案无不刺激着人的神经线。不扶，会使良心上过不去，甚至错失救治生命的良机。有统计显示，超过六成的被调查者因担心被讹选择不扶，中华民族助人为乐的传统美德到今天竟然演变成了两难选择，扶与不扶可能在每个人心里都会做一番斗争，不扶归根结底还是权衡得失后害怕惹祸上身，不敢扶，扶不起。

不扶处于危险中的人是社会文明的倒退，而导致这种社会中尴尬出现的原因却是社会诚信的缺失和国人道德滑坡，助人为乐的人得不到保护，当给他人帮助所获得的不是快乐，而是麻烦、痛苦甚至是灾难时，谁还会主动伸出援手呢？个别素质低下的人昧着自己良心颠倒黑白，置社会公德于不顾是社会文明进步的悲哀。

人性本善，那些面对倒地老人毫不犹豫扶助的人还是给了我们希望！每个人都有可能面临需要别人扶一下的情况，如果我们都选择袖手旁观，又有谁来救我们自己呢？全社会共同努力，营造全社会崇尚道德、践行道德的良好氛围，提高老人的社会保障，严惩讹诈行为，"扶不扶"将不再是难题。

三、义务教育课程方案(2022年版)

为迎接当今世界科技进步日新月异，网络新媒体迅速普及，人们生活、学习、工作方式不断改变，儿童青少年成长环境深刻变化，人才培养面临的新挑战。2022年3月，教育部颁布了《义务教育课程方案》(2022年版)[①]。

1. 指导思想

以习近平新时代中国特色社会主义思想为指导，全面贯彻党的教育方针，遵循教育教学规律，落实立德树人根本任务，发展素质教育。以人民为中心，扎根中国大地办教育。坚持德育为先，提升智育水平，加强体育美育，落实劳动教育。反映时代特征，努力构建具有中国特色、世界水准的义务教育课程体系。聚焦中国学生发展核心素养，培养学生适应未来发展的正确价值观、必备品格和关键能力，引导学生明确人生发展方向，成长为德智体美劳全面发展的社会主义建设者和接班人。

2. 修订原则

本次课程方案修订，坚持目标导向、问题导向和创新导向三项原则。

认真学习领会习近平关于教育的重要论述，全面落实有想、有本领、有担当的时代新人培养要求，确立课程修订的根本原则。准确理解和把握中共中央、国务院关于教育改革的各项要求，全落实习近平新时代中国特色社会主义思想，将社会主义先进文化、革命文化、中华优秀传统文化、国家安全、生命安全与健康等重大主题教育有机融入课程，增强课程思想性。

全面梳理课程改革的困难与问题，明确修订重点和任务，注重对实际问题的有效回应。遵循学生身心发展规律，加强一体化设计，促进学段衔接，提升课程科学性和系统性。进一步精选对学生终身发展有价值的课程内容，减负提质。细化育人目标，明确实施要求，增强课程指导性和可操作性。

---

① 中华人民共和国教育部.义务教育课程方案(2022年版)[M]，北京师范大学出版集团，2022：4.

既注重继承我国课程建设的成功经验，也充分借鉴国际先进教育理念，进一步深化课程改革。强化课程综合性和实践性，推动育人方式变革，着力发展学生核心素养。凸显学生主体地位，关注学生个性化、多样化的学习和发展需求，增强课程适宜性。坚持时共进，反映经济社会发展新变化、科学技术进步新成果，更新课程内容，体课程时代性。

3. 主要变化

(1) 关于课程方案。

一是完善了培养目标。全面落实习近平关于培养担当复兴大任时代新人的要求，结合义务教育性质及课程定位，从有想、有本领、有担当三个方面，明确义务教育阶段时代新人培养白体要求。

二是优化了课程设置。落实党中央、国务院"双减"政策要在保持义务教育阶段九年9522总课时数不变的基础上，调整优化课程设置。将小学原品德与生活、品德与社会和初中原思想品德整台"道德与法治"，进行一体化设计。改革艺术课程设置，一至七年级音乐、美术为主线，融入舞蹈、戏剧、影视等内容，八至九年级选择开设。将劳动、信息科技从综合实践活动课程中独立出来。科学、综合实践活动起始年级提前至一年级。

三是细化了实施要求。增加课程标准编制与教材编写基本要明确省级教育行政部门和学校课程实施职责、制度规范，以及教育改革方向和评价改革重点，对培训、教科研提出具体要求；健全实施机制，强化监测与督导要求。

(2) 关于课程标准。

一是强化了课程有人导向。各课程标准基于义务教育培养目标将党的教育方针具体化、细化为本课程应着力培养的核心素养，正确价值观、必备品格和关键能力的培养要求。

二是优化了课程内容结构。以习近平新时代中国特色社会主义思想为统领，基于核心素养发展要求，避重要观念、主题内容和基础知识，设计课程内容，增强内容与育人目标的联系，优化内容组织形式。设立跨学科主题学习活动，加强学科间的相互关联，带动课程综合化实施，强化实践性要求。

三是研制了学业质量标准。各课程标准根据核心素养发展水平，结合课程内容，整体刻画不同学段学生学业成就的具体表现特征，形成学业质量标准，引导和帮助教师把握教学深度与广度，为教材编写、教学实施和考试评价等提供依据。

四是增强了指导性。各课程标准针对"内容要求"提出"学业要求""教学提示"，细化了评价与考试命题建议，注重实现"教—学—评"一致性，增加了教学、评价案例，不仅明确了"为什么教""教什么""教到什么程度"，而且强化了"怎么教"的具体指导，做到好用、管用。

五是加强了学段衔接。注重幼小衔接，基于对学生在健康、语言、社会、科学、艺术领域发展水平的评估，合理设计小学1～2年级课程，注重活动化、游戏化、生活化的学习设计。依据学生从小学到初中在认知、情感、社会性等方面的发展，合理安排不同学段内容，体现学习目标的连续性和进阶性。了解高中阶段学生特点和学科特点，为学生进一步学习做好准备。

在向着第二个百年奋斗目标迈进之际，实施新修订的义务教育课程方案和课程标准，对推动义务教育高质量发展、全面建设社会主义现代化强国具有重要意义。

实 践 指 导

(1) 对一线教师新课程教学开展调查。调查对象分为两类，一类是工作 20 年以上的老教师，另一类是工作 5～10 年的教师，掌握他们对新课程理念的理解程度、课程教学中面临的问题和应对措施。

(2) 模拟校本课程开发。利用教育见习或高年级教育实习的时机，根据见习学校的实际情况，尝试为其开设一门 2～3 学时的校本课程，体验课程开发的过程，熟悉课程开发的条件。

问 题 与 思 考

6-1 学校如何更好地发挥潜在课程的积极作用？

6-2 中小学教师个人如何应对新课程改革？

6-3 各科教学如何加强环保意识教育？

6-4 中学如何更好地开展研究性学习？

参 考 文 献

[1] 王本陆. 课程与教学论[M]. 3 版. 北京：高等教育出版社，2017.

[2] 教育部. 义务教育课程方案[M]. 北京：北京师范大学出版集团，2022.

[3] 全国十二所重点师范大学联合编写. 教育学基础[M]. 北京：教育科学出版社，2008.

[4] 钟启泉. 课程论[M]. 北京：教育科学出版社，2007.

第七章　教师和学生

本章提要

● 教师的职责是教书育人，其劳动具有示范性、创造性、复杂性、合作性等特点。
● 教师的核心素养包含思想道德、文化知识、执教能力、心理素质等方面。
● 教师的专业发展是其职业发展的基础和源泉。
● 学生是独立的、发展中的、有差异的个体，在教育中拥有相应的受教育权。
● 师生关系是学校中最基本的人际关系，直接影响着教育的效果。

教师这一职业常常被誉为太阳底下最光辉的职业。而青少年学生又不是被动接受成人的影响，也会与教育者产生各种矛盾和冲突，因此，把握教师职业的工作特点、权利与义务，具备合格教师的素质要求，明确学生的角色、地位、年龄特征和实际问题，理解了教育过程中师生之间的关系，才能履行教师的光荣职责，提高教育质量。

第一节　教　　师

一、教师职业

(一)教师职业的产生

教师职业是人类社会古老而永恒的职业，早期的教师往往是"兼职"。为了生存和发展，原始部落的氏族首领和有经验的长者充当了"教师"的角色，把他们在长期生产和生活中积累的经验知识、技能、风俗习惯、维系部落秩序的行为准则等有意识地传授给下一代，成为最早的教师；一些部落中的巫师也充当教师的角色。

进入奴隶社会后，学校产生了，中国官学中的教师通常由一些官吏兼任，形成官师合一的教育体系。古代欧洲如古希腊的教师则由伺候奴隶主子弟的成年教仆充任，在宗教盛行的地区，寺院中的僧侣成为教师的主体，从而形成政教合一的教育体系。

在漫长的封建社会，教师队伍不断扩大，在我国明代就出现了大批从事教育教学的官师；文艺复兴以后，教师的作用日益受到重视，但当时欧洲各国初等学校的教师大多由教堂里的唱诗人、各类手工艺人兼任，普鲁士甚至要求以皇家退伍的老弱残兵为教师。

1794 年法国建立了第一个培养教师的巴黎师范学校，开创了人类师范教育的先河，19世纪初，德国师范教育也发展起来，之后各国开始陆续通过师范学校培养专门的教师。为各级各类学校培养合格的专业化教师，教师已经成为一种专业程度越来越高的社会职业。中国近代师范教育兴起于 19 世纪末至 20 世纪初，1897 年，盛宣怀在上海创办南洋公学师范院，1902 年京师大学堂师范馆的创办则标志着中国高等师范教育的开始。

(二)教师职业的多重角色与职责

对于教师的职业角色,古今中外许多思想家和教育家有过不同的解释。在我国古代就有"师者,教人以道者之称也""师者,所以传道、授业、解惑也"的说法;培根把教师称为科学知识的传播者,是文明之树的培育者,是人类灵魂的设计者。在现代社会,通常认为教师是国家教育目的的执行者和体现者,是受过严格的、系统的、专业的训练并取得合格证书的专业工作者,是学校教育活动的组织者和实施者。

在学校教育工作中,教师实际上扮演着多重角色,发挥着多种功能。

首先,教师是知识的传授者和研究者。教师要根据学生的身心特点系统地向学生传授科学,但不能只是照本宣科。教师被认为是智者的化身,首先必须是一个学者,要以严肃的态度来学习和研究课程标准,处理教材,了解与教材有关的信息,研究如何实行教学计划以达到培养目标,并通过学习与反思及时更新自己的知识结构[①],以便使传授知识建立在更宽广的知识背景之上,适应社会的发展和学生的需要。

教师研究能力的提高是新课改重视的主题,教师不再而是以为指导,灵活地开展教学活动,教师应该潜心研究课程标准的内涵,在教学过程中,教师更应该研究教学的每一个环节,而教学反思是做研究的重要环节。

其次,教师是教学活动的设计者、组织者和管理者,学生学习的促进者。教学中的基本矛盾是知与不知,知之不多到知之较多、知之完善的矛盾。在解决这对矛盾中,学生是接受者的角色,教师无疑充当指导者的角色,要精心地进行教学设计,为教学提供良好的环境;通过对时间分配、内容安排、学生分组等教学资源的配置,采取合理的活动方式来组织教学,可以启发学生的思维,协调学生的关系,激发集体学习的动力;通过对教学环节的调控,对学习态度、学习活动、学习习惯、学习质量的调节,对教学偶发事件的处理等管理教学活动。

再次,教师是学生学习的榜样。教师的言行举止、态度、个性等,无不对学生发生潜移默化的影响。教师的榜样作用具有双重性质:好的教师榜样,给学生留下公正、正义、理智、热情、坚强、果断的印象;而教师的不良言行则会造成消极的影响,给许多学生留下心理上的阴影,甚至导致行为上的缺陷。

同时,教师还是学生的朋友,学生心灵的培育者。虽然教师与学生有一定的年龄、地位、阅历等方面的差异,但并不妨碍师生之间友情的建立。教师把学生当作朋友,可以使学生更亲近教师,教师也可以更全面地了解学生。[②]教师不但要善于激发学生的学习热情,培养学生自主学习的能力和习惯,调整学生的不良情绪和心态,还要经常提醒学生仔细、认真、勤奋、刻苦,培养良好的学习心理品质;善于发现学生的学习差距,特别关注学习成绩不佳的学生,并善于使学生相互帮助,形成良好的学习风气。

此外,教师还扮演着医生、警察、法官等多重角色,替代父母给予学生特殊的关爱。由于这些角色之间存在较大的差异,又常常引起教师的角色冲突,包括角色的模糊性产生的冲突、不同团体对教师角色的不同期望产生的冲突、教师的自我利益与他人利益之间的冲突、多元价值产生的冲突、自主性与受雇地位之间的冲突等。

---

① 朱胜基,高任连. 新课改背景下教师角色转变的思考[J]. 当代教育理论与实践,2014(8).

② 沈庆新. 论教师角色的转换[J]. 教育教学论坛,2010(12).

当然，在 21 世纪新课程改革背景下，教师角色也在悄然发生转化：由知识的传授者转化为学习的促进者，由课程的接受者转化为课程的开发者，由教学的实践者转化为课程的研究者，由单一的管理者转化为全面的引导者。

教师的职责是教书育人，即向学生传授系统的科学知识，并对学生施加符合社会要求的影响，引导学生按社会的要求发展。各阶段教师的职责体现出一定的差异，小学教育是基础教育的初级阶段，小学教师工作的全部职责在于为培养健全、合格的公民奠定基础，具体表现为启迪学生的认知、开发学生的智力和能力、陶冶学生的情操、促进学生的个性和谐、维护学生的身心健康发展。中学阶段教师的职责突出表现为以身作则，言传身教，为人师表，面向全体学生，因材施教，调动学生学习积极性、主动性，注重启发、培养兴趣，帮助学生掌握适合自己的学习方法，提高学生的学习能力，提升其学业成绩，关心学生的身心健康，疏导学生各种心理问题，与家长共同促进学生个性发展。大学作为一个自由追求学问、探索真理的场所，肩负着创造知识、推动人类进步的使命，大学教师的职责则强调倡导高尚精神，构建民主意识，追求卓越文化，带领学生探求真知，培养学生创新能力，并引导学生探索科学前沿，承担科研任务，实施精英教育，培养精英人才。

(三)教师的社会地位

考察一种职业的社会地位，一般可以从他应有的社会权利、经济待遇、政治待遇与职业声望等四个方面进行评价。

(1) 教师的社会权利包括教师履行职责时所具有的社会权力和教师享有的合法权益。前者是用以约束和改变他人行为的力量，如塑造好学生的心灵与改变学生行为等社会职能。教师特有的社会权利由专业权力、法定权力、精神感召力等构成，世界各国给予教师的这项权力普遍比较大。后者指具有不受任何非法干涉的利益，如根据自己各方面的素质获得相应教师资格，根据工作水平获得晋职、提升、报酬和奖励等。

(2) 教师的经济待遇是指国家和社会给予的工资报酬和其他物质待遇。各国对教师劳动的作用与价值的认识不同，因而给予教师的经济待遇也就不尽相同。不同的经济待遇反映了国家社会对教师职业的认可和关怀程度，关系着教师的切身利益，也影响教师队伍的稳定和发展。凡是教师经济待遇高的国家和地区，教师职业的吸引力就越大。通常与具有同等学力的公务员相比，无外乎三种情况：德国、日本、美国、新加坡等重视教育的国家其教师的经济收入明显高于公务员，中国义务教育规定教师的收入不低于公务员，也有部分国家教师的收入略低于公务员。

(3) 教师的政治待遇和职业声望体现了国家和社会对教师职业的尊重和信赖。政治待遇标志着教师在社会中所享有的政治权利与地位，职业声望反映了社会成员对教师职业的价值、声誉的综合评价，两者对教师队伍的稳定及教师积极性的发挥有着重要作用。特别是作为知识分子的教师，更多的是重视精神方面的待遇。因此，政治待遇和职业声望也是教师社会地位的重要标志，几乎所有的国家给予教师的政治待遇都是比较高的。随着社会的发展和我国对教师职业的重视，中小学教师的职业声望越来越高。

历史上教师的社会地位是有差异的。在原始社会中，由于社会生产力水平低下，故长者为师、能者为师，教师的权利得到普遍认可，备受人们的尊重和拥戴，因而教师的社会地位很高。我国历史上儒家把教师的地位抬得很高，荀子曾把师纳入天、地、君、亲的序列，由于学在官府，统治者也把教师列入官吏之行，教师在政治、经济方面都有很高的地位。如孔子被后世誉为千秋仁义之师、万世人伦之表。荀子认为："国将兴必贵师而重傅，贵师而重傅则法度存。国将衰，必贱师而轻傅，贱师而轻傅则人有快，人有快则法度坏。"

知识拓展："老九"的来历

很多开明的统治者都推崇教师，当然受尊重和重用的多数是名师，而不是所有的教师，而且尊师重道也不是所有统治者都一样，轻视教师职业的也大有其人。在整个封建社会并非一直把尊师重道置于突出的位置，从魏晋到唐初，由于实行的是士族制度，教师被忽视；而元朝更是轻视教师职业，忽必烈统一北方之后，元朝中的一些王公贵族，把知识分子视为眼中钉、肉中刺，竭力排斥打击知识分子。他们认为南宋的知识分子诡谲多谋，都是习钻小人，读了几句诗书，便想入非非，不好驾驭，视"儒士与厮养同役"。因此，社会上把人分为十等，所谓"一官二吏三僧四道五医六农七渔八猎九儒十丐"之说，教师的经济和生活地位也很低下，故有后来的"老九"之称。

到了近代社会，我国教师的社会地位逐渐提高，民国时期教师的地位开始大幅提升，中华人民共和国成立后，教师的政治地位有了较大提高，但在"文化大革命"这一特殊历史时期教师的地位又急剧下降，几乎达到历史低点。改革开放后国家重新重视教师的作用，教师的地位大幅度提高，目前教师已经成为竞争激烈的热门职业。

二、教师的作用

由于教育活动主要是通过教师的劳动进行的，因此，从某种程度上讲，教育的作用也就是教师所能发挥的作用。从教育过程本身来看，教师的作用主要表现在以下几个方面。

1. 教师是人类文化知识技能的传播者

教师是"过去和未来之间的一个活动环节"，是先于学生受教育的人，他能够通过自己的劳动，在最短的时间内，用最有效的教学方法，把人类社会所积累的劳动生产经验、科学文化知识和一定社会的思想观点、道德规范等传播给年轻一代，使其接替老一辈的工作从而延续社会的发展。从这个意义上讲，教师对整个人类社会的发展起着承前启后的作用，对人类文化的继承和发展起着传播和桥梁纽带的作用。

2. 教师在教育过程中起主导作用

学校教育则主要是通过教师来实现的，所以说教师在教育过程中起着主导作用。这是因为：第一，教师是代表社会要求的施教者，其作用就在于使学生的身心朝着社会要求的方向发展。教师是国家教育目的、政策的体现者和执行者，其活动体现着学校教育的方向，课程标准等主要是通过教师的教育教学活动实现的，一所学校能否为社会主义现代化建设培养合格人才，关键在教师。第二，教师是教育活动的组织者、领导者，学生在学校的活动主要是在教师的指导下进行，教师指导、调整、控制着学生的学习活动，对学生的学习方向、内容、进程和方法起着决定性的作用。第三，教师受过系统的训练，知识经验丰富，承担着教书育人的任务。相对而言，学生则比较年轻、幼稚，知之不多，为谁学、学什么都有赖于教师的教育和指导。如果没有教师的培养，学生的发展就会受到极大的阻碍。

3. 教师在教育改革中起关键作用

当今社会，教育改革方兴未艾，新理念、新思想、新模式、新方法、新课程如雨后春笋不断涌现，在教育改革中，教师起着关键作用。因为他们是学校教育、教学活动和教育改革的直接实践者，是教育改革的主力军，他们对教育改革最有发言权。教育改革的实施、成果的推广也只有通过教师才能进行。

三、教师劳动的特点

教师劳动是一种人与人之间相互作用、相互影响的过程，是复杂的、艰苦的脑力劳动，中小学教师日常的工作烦琐冗杂，还是一种艰苦的体力劳动。正是由于这种特殊性，决定了教师劳动具有自己的特点，具体如下。

1. 教师劳动的示范性

教师劳动的示范性是指教师以自身为工具，以自己的学识、思想、情感、性格、意志、言行等对学生产生影响，它也是教师劳动价值的反映。无论是知识信息的转换与传递，还是思想品德教育，教师劳动都是在一定教育理论、教育思想指导下的示范行为，教师分析教材、演示教材的过程、教育教学活动中的各种实践活动，都离不开教师的示范，中小学生有向师性和模仿教师言行的特点，使得学生坚信教师言行的正确性、权威性，并愿意接受教师的教诲，主动模仿教师的言行。这就要求教师时时、处处、事事严格要求自己，在各方面都堪为楷模。

2. 教师劳动的创造性

没有任何一种理论适合所有的教师，也没有任何一种方法适用于所有的学生。

教师劳动的创造性特点是由教师的劳动对象、资料、手段等变化性特点决定的。教师的劳动对象是正在成长中的、存在个别差异的学生群体，学生在思想、行为、兴趣、需要等方面往往会表现出相当大的差异。而且教师劳动的内容和手段也是不断变化的。教科书也会因时代的发展而表现出一定的变化，这就使得教师不能年复一年地套用固定的教育教学模式，而必须因人、因事、因时、因地制宜地进行创造性的劳动。教师的劳动是没有固定不变的规范、程式或方法可以套用的，教师必须在劳动中发挥自己的主观能动性，通过自己对教育目的、教材的理解，对教育对象具体特点的全面把握，遵循教育的规律，选择最能奏效的方法与途径来实现教育目的。这种理解、把握、选择、实现的过程本身，都包含着相当大的创造性。

教师劳动的创造性还表现在教师对学生创造力的培养上。时代的发展要求培养具有创新精神和创造能力的新型人才。教师必须转变教育观念，把培养学生的创新精神、创造思维的方法和从事创造性活动的能力摆在教育的首位，不能再一成不变地沿袭注入式的教学传统，也不能千篇一律地使用某种看似有效的教学套路，而必须随着教育情境的变化选择相应的教育方法，创设一种开放的民主、平等的氛围，对学生创造性品质的形成提供条件。[①]

---

① 姚鹏. 浅谈当代高校教师劳动的特点[J]. 教育探索，2007(8).

3. 教师劳动的复杂性

教师劳动的复杂性是由于教师劳动的对象、内容、影响学生因素的多样性决定的，表现在以下几个方面。

(1) 教师劳动的对象存在着差异。教师劳动的对象是具有一定自觉意识的，有情感、有理智、有个性的活生生的人，在家庭环境、文化背景、生活方式上存在差异，有各自不同的生理特性和个性特点。这就要求在教育工作中，教师既要按统一的标准来培养学生，又要根据不同学生的特点，注意因材施教。

(2) 教师劳动的内容与过程是复杂的。教师对学生既要教书，又要育人；既要管学习，又要管身体；不仅要培养学生适应自然、改造自然的能力，使他们能正确处理好人和自然的关系，还要培养他们适应社会、改造社会的能力，既要关注学生的情感，又要培养学生坚强的意志品质、训练良好的行为习惯，是一个综合运用智力的复杂过程。

(3) 影响学生发展的因素多种多样。学校教育是按社会核心价值观培养青少年的活动，但社会发展中还存在着其他非主流价值观，对社会阅历和经验尚不成熟的青少年产生不同程度的影响。特别是在互联网高度发达的时代，学校已经不是唯一的信息源，网络中各种消极因素的影响是不可忽视的。

4. 教师的劳动具有长期性与合作性

知识的掌握是长期积累的结果，技能技巧也需反复练习才能形成，思想品德、行为习惯的形成和培养，智能的发展更非一日之功。"十年树木，百年树人"这句古语恰当地说明了教师劳动的长期性。

教师对学生付出的效果往往要经过五年到十年甚至更长时间才能显示出来。一方面是因为人的身心发展有自己的规律，需要一个过程，不可能人为地超越；另一方面受教育者由于受年龄、经验、知识、阅历等各方面条件的限制，他们在认知、情感、意志、行为等方面往往是多变的，容易受到不良因素的干扰，在成长过程中具有不稳定性和反复性的特点，这就使得教师的教育活动不可能是一次就能奏效，而必须长期反复地进行。

任何一个学生在德、智、体诸方面的全面发展，都不仅仅是某位教师个人的劳动成果，同时也是教师集体共同影响的结果。每个教师都要主动同其他同事统一步调、通力合作，共同坚持正确的教育思想，采取一致的教育措施，并注意协调学校与家庭、社会的影响，共同创造良好的教育环境。每个教师只有置身于良好的教育集体之中，才能最大限度地发挥自己的教育才能，取得良好的教育效果。

5. 教师劳动的伦理性

教师劳动不是简单的物的生产，而是成就人生命的事业，教师对学生的爱既是教育的目的，也是教育的条件，只有对学生充满关心、理解、尊重、期待，并能够在学生现有水平的基础上勇于提出严格的要求，才能促进学生的成长。教师只有爱教育事业、爱学生，才能对教育有真诚的投入，主动钻研教学，促进学生发展。

四、教师的专业素养与专业发展

教师专业素养，又称教师素质、教师修养，是教师作为一种专业角色需要具有的素养。

教师专业素养是直接影响课程与教学目标、内容、教学过程、教学方法、教学手段和课程评价等课程与教学因素的重要条件，制约着教学效率和教学质量。

(一)思想品德素质

教师能否承担"人类灵魂工程师"的光荣使命，首先取决于自身的思想品德修养。思想品德素质为教师的教育活动和行为提供动力，对教育能力和专业水平的提高和发挥起着重要的保证作用。教师的思想品德素质主要表现为教师的政治思想和师德修养。

教师要承担为社会主义建设培养接班人的重任，就应具备与此宗旨相一致的政治思想，从而科学地预测社会的发展变化，正确地理解党的教育方针政策；运用辩证唯物主义和历史唯物主义原理去分析处理教材信息和教育问题，运用有效的方法培养学生的智能和思想品德，完成立德树人的根本任务。

教师职业道德品质是教师职业的特殊道德要求，它是调整教师之间、教师与学生之间、教师与领导之间、教师与学生家长及社会各方面的行为准则。在教育部颁布的《中小学教师职业道德要求》中，提出了师德的六个方面内容。

1. 爱国守法是教师职业的基本要求

爱国守法是教师职业的基本要求。首先，爱国是教师做好本职工作的支撑，作为一名教师，要把热爱祖国作为自己的神圣职责，不断强化自己的爱国意识及情操，激发爱国情感；其次，守法要求教师要依法执教，教师职业的特殊性必须要求教师成为守法的楷模，这样才有利于潜移默化地影响受教育者，为建设社会主义法治国家奠定基础。

2. 爱岗敬业

爱岗敬业是教师职业的本质要求。对待教育事业，教师要爱岗敬业，能无私奉献，这是教师对教育事业的意义和价值有着正确认识的基础上形成的态度和信念，也是决定其他师德素质的前提。教师职业是一种收入永远比付出少的职业，但教师的付出可以换来学生个体的发展、社会的进步，是一种功在当代、利在千秋的事业。具有这种师德，认真履行教师的规范和职责，积极和创造性地进行教育活动，献身于国家的教育事业。如果不热爱教育事业，对教师职业的意义和价值认识不足，就会影响工作的态度和效果。

3. 关爱学生

关爱学生是师德的灵魂，师爱是理解、信任、尊重、积极期待并严格要求学生，真诚爱护，诲人不倦。教师的服务对象是学生，怎样对待学生历来是教师的职业道德的基本原则问题。教育的无数实践证明，教师对学生理解、信任、尊重是教育学生的前提，是发挥学生自我教育作用的基础，苏联教育家马卡连柯在高尔基工学团的教育实践为我们提供了成功的范例，对学生的期待则是学生进步的动力，美国心理学家罗森塔尔的实验充分证明了这一点。师爱是不可缺少的教育因素，没有真诚的学生观，就没有真正的教育。具有这种师德，教师才能像慈母一样关心新一代的成长，认真备好课教好书，严格要求学生和促进学生的全面发展，才能因材施教，公正地处理好学生出现的问题，为培养人才呕心沥血。如果对学生漠不关心，甚至挖苦打击，必然导致教育措施的失败，教师就没有尽到应有的职责。

小资料：皮格马利翁效应(罗森塔尔效应)

皮格马利翁是希腊神话中的塞浦路斯国王，擅长雕刻，他用神奇的技艺雕刻了一座美丽的象牙少女像，像对待自己的妻子那样用全部的精力、热情、爱恋抚爱她，装扮她，为她起名加拉泰亚，并乞求神让她成为自己的妻子，爱神阿佛洛狄忒被他打动，赐予雕像以生命并让他们结为夫妻。这就是著名的皮格马利翁效应。

美国著名心理学家罗森塔尔和雅各布森在原神话的基础上做了一个实验，他们找到一所学校，从1～6年级中各选三个班级，对18个班的学生"煞有介事"地做发展预测，然后以赞赏的口吻将"有优异发展可能"的学生名单通知有关教师。名单中的学生，有的在老师的意料之中，有的却不然。对此，罗森塔尔做过相应的解释："请注意，我讲的是他们的发展，而不是现在的基础。"并叮咛不要把名单外传。八个月后，他俩又来对这18个班进行复试。结果是，他们提供的名单里的学生成绩增长比其他同学快，并且在感情上显得活泼开朗，求知欲旺盛，与老师的感情也特别深厚。原来，这是一项心理学实验。所提供的名单纯粹是随机的。他俩通过自己"权威性的谎言"暗示教师，坚定了教师对名单上学生的信心，调动了教师独特的深情……通过眼神、笑貌、嗓音，滋润着这些学生的心田，使这些学生更加自尊、自信、自爱、自强。很明显这是受教师积极的期望影响，由于教师对这部分学生寄予积极的期望，上课时给予他们更多的关注，通过各种方式向他们传达"你很优秀"的信息，教师的信任、期望和关注会产生一种激励作用，学生会按照教师的期望调整自己的学习行为，因而取得了好的成绩。这就是著名的皮格马利翁效应。

(资料来源：李洪华.用知识塑造健康的心理：谈皮格马利翁效应对学生心理的影响[J].

卫生职业教育，2013(3).)

4. 教书育人

教书育人是教师的天职，也是作为一名教师的根本任务。教书是育人的主要手段，育人是教书的根本宗旨。教师要遵循教育规律，做到循循善诱、诲人不倦、因材施教，培养学生良好品行，激发学生的创新精神，处理好领导与被领导、教师个人与集体、同事之间的种种关系，取长补短，不断进步，并且在教育和教学上相互协调一致，使教育质量不断提高，从而促进学生的全面发展。对待同事和学生家长要团结协作、互勉共进。

5. 为人师表

为人师表是教师职业的内在要求。作为教师，要坚守高尚的情操，知荣辱，严于律己，以严谨的治学态度、高尚的人格影响学生，做学生的表率。具有这方面师德，教师才能在教育学生方面扪心无愧。如果教师治学态度马虎，自以为是，放松自己的道德修养，就会受到学生的怀疑甚至否定，就难以实现教育学生的目的，就不可能为培养新一代人才做出应有的贡献。

6. 终身学习

终身学习是教师专业发展的不竭动力。作为一名教师，要与时俱进，甚至要走在时代发展的前沿，因此我们要树立终身学习的理念，不断拓宽知识面，更新知识结构，潜心钻研，提高自己的业务能力，不断探索，不断提高自己的专业素养和能力，不断更新适应时代发展和人的身心发展规律的教学方法，不断提高教学水平。

反思：从教师潜规则学生现象看师德的意义

"潜规则"是相对明文规定的规章制度而言的，虽不公开、不透明，却让人惧怕，不得不恪守、维护，多见于商界、文艺圈和官场。但近些年教育领域的潜规则越来越多，引发社会各界对教育的质疑，突出表现在教育红包、有偿补课、"性骚扰"异性学生等方面。

教育红包是指学生或学生家长出于某些功利性目的而送给教师的"红包"或类似"红包"的东西，如消费卡、贵重物品等。不管是教师主动要求或暗示学生送礼，还是教师张嘴伸手"笑纳"红包，教师很可能会对送礼的学生给予特别照顾，师生关系好像融洽了，但损害的却是其他学生的利益，并且受到照顾的学生感到了潜规则巨大的力量，不再把契约精神变成自己的信仰，必将诱导他们在未来的生存中追求更多的潜规则，其害无穷。

补课本是教学的一种辅助活动，但一些中小学教师或强制或暗示学生到自己办的补课班进行有偿补课；否则跟不上正常教学进度。这也是当前学生和家长极度无奈和愤慨的现象，正常的教育教学活动被少数教师变成敛财之道，异化了教育的公益性，学生从中学到的东西，足以对他的一生造成消极影响。

厦门大学博导诱奸女学生、川美某副教授"性骚扰"女生、海南"校长开房门"、南开大学三名教师被女学生实名举报等事件则是另一种典型的教育潜规则现象。教育本是培养学生人格、促进学生健康的活动，个别教师已经从教导、帮助学生演化为侵害学生的身体，受害学生又将形成怎样的人格？其心灵的创伤又需要谁来抚慰？

诚然，教师的物质收获远远小于其付出，学生可以表达对教师的感谢，如果真的是想感谢教师的教导，逢年过节完全可以送给教师一些精神性的礼物——如一句感谢的话、一张小卡片、一件手工制品等。教师承担传道授业解惑的良心角色，但毋庸置疑，师德的一些边界是恒定的，并不该随着时间、地点、对象的变化而变化，教书育人是要传递正确的价值观，师德弱化甚至沦丧是不该被容忍和被接受的；否则教师就可能成为误人子弟的教书匠，其言行甚至会起到反面示范作用。加强师德建设刻不容缓，一方面要提高教师的待遇，缩小物质上的诱惑力，另一方面要借鉴境外经验，将师生"利益回避"原则更为具体地写入法规文件和教职人员选聘合同，加大教师、导师行为约束，建立学生权利保障和退出机制，达到教育以学识教人、以师德育人的本来面目。

(二)教师的文化知识素质

1. 教师必须具有扎实的专业学科知识

教师的专业知识要全面、扎实。无论是数学、物理、化学、科学，还是语文、外语、历史、政治，教师都应精通所教学科的专业知识，既要了解本学科的发展历史、现状，又要掌握学科知识在生产生活中的应用、未来的发展趋势，还要清晰本学科与相邻学科的关系，做到扎扎实实、精益求精、融会贯通、举一反三，决不可浮光掠影、一知半解。同时，教师的专业知识要精深灵活。既依据课程标准的要求，又深于它、广于它、"活"于它。这样，才能真正透彻地理解教材，灵活地处理教材，准确地讲授教材，带领学生在知识的海洋中遨游，起到向导的作用。

2. 教师要有广泛的文化科学知识

当今世界，各学科之间相互交叉、渗透，呈现出既高度分化，又高度综合的趋势，许多新兴学科、边缘学科层出不穷，教师要适应这一趋势，就必须扩充自己的知识面，必须统观全局、博采众长，多方汲取新知识。因为正在成长中的年青一代学生兴趣广泛，思维活跃，求知欲强，上至天文，下至地理，从远古到未来，从宏观到微观，无所不想知，且通过各种渠道获得的新鲜事物也多，他们经常会向教师提出形形色色、五花八门的问题。对此，教师应广泛涉猎各种知识，以防止教学中可能出现的"冷门"，不能由于自己的浅薄无知而对学生的提问置之不理，甚至妄加斥责，挫伤学生求知的积极性。特别是在"互联网+"时代，我们生活和生产与互联网的联系越来越紧密，各种媒体经常介绍与"互联网+"相关联的内容，中小学教师也需要掌握必备的互联网知识，才能应对学生的问询。

3. 必须掌握教育科学理论和教育教学艺术

教育活动有自己的规律，学生的身心发展也有自己的规律，这一切都要求教师掌握教育科学理论，以减少工作的盲目性。纵观世界各国的教师教育，无不重视教育科学理论知识，它主要包括教育学和心理学的知识。

教育学从理论上系统地总结和揭示了教育的科学规律和方法，教师只有通过对教育学的系统学习，才能详细了解教育目的、教学原则和方法等一系列重要的教育理论和实践问题，才能自觉地运用教育规律，根据教学内容、学生实际，选择行之有效的教学手段，提高教学的效果。教材教法是从特定的专业教学要求出发，针对不同的内容、体裁、特点的教材，进行的最佳教学方案的设计与研究，认真钻研教材教法，讲究教学的艺术，才能使教学生动形象，使学生易于接受，以现代的管理理论作指导，及时总结实际工作经验，运用先进的、科学的管理手段，不断提高管理工作水平，收到事半功倍之效。

心理学是研究人的心理现象及其规律的科学。它系统阐述了人的心理机制、心理过程以及心理差异等心理发展的规律。作为教师，学习和掌握发展心理学、教育心理学、创造心理学、健康心理学等方面的知识，了解学生不同年龄阶段的心理特点和发展规律，对教学工作是很有帮助的。此外，教师自身也需要学习一定的心理学知识，养成良好的心理素质，这样才能在教学中创造出奇迹，取得优异的教育教学成绩。

(三)教师的能力素质

学者未必是良师。有了丰富的知识，还必须掌握教育教学的能力，练就教学的艺术，这样才能当好教师。教师应具备的能力包括以下方面。

1. 教学的基本能力

教学能力是教师应具备的基本素质，具体指以下几种能力。

(1) 备课的能力。备好课是讲好课的前提和保证。备课有很多要求，教师要全面、准确地理解课程标准，融会贯通地把握教材，深入细致地了解学生，合理确定课堂教学目标。

(2) 口头语言表达能力。教师与学生之间的沟通交流主要是通过口头语言进行的，教师的教室借助自己的系统讲授向学生传递信息，引导学生掌握学习内容，这就要求教师能够根据不同的教学内容，准确地阐述相关的观点、知识、原理，把握语速、语调、语气，通过形象生动、风趣幽默的语言来吸引学生。

(3) 课堂教学调控能力。课堂教学调控能力是指教师对教学进行状态的一种灵敏而强烈的感知，并做出准确反应的能力。教师自身的职业认同度、职业发展期望、精神状态、教学准备状态以及课堂教学的模式、教学环境、学生的注意力和学习的积极性等因素对此都有一定的影响。要很好地调控课堂教学，教师要认真备课，目的明确，课堂上传授什么知识，培养什么技能，开发什么智力，如何突出重点、讲好难点、说明疑点等，都要心中有数，并以饱满的状态进入课堂，不管课前发生多少烦心事，不管身体多么不舒服，只要一上讲台，就要立刻进入角色，精神饱满，全身心投入，特别是要把感情融入教学的全过程中，以情动人，引起学生的共鸣，达到目的；节奏适中，教师讲课要讲究节奏，要使讲课内容安排得整体和谐，讲课速度的快慢、音调的高低强弱，各种课堂活动穿插配套等有规律的合乎美感的变化和运动，要注意讲课空间的变化、速度的变化、声调的变化；方法要多变，除了教师讲授外，还可以采取讨论、辩论、演讲及看录像等形式，教师要善于运用评价手段来调动学生的积极性。

(4) 教学基本功。主要是指普通话、三笔字及现代教育技术手段的运用能力。其中板书的设计与书写是教师必备的基本功，是教师揭示教学内容、纲目标题、试题演示必不可少的教学手段。教师的板书能力和水平直接影响教学效果和自己在学生中的威信。板书要做到内容简明扼要，量、份适当，使学生能够提纲挈领地掌握教学重点，切不可无计划地随意乱写；板书的形式要布局合理、工整美观，使学生能分清主次、清晰可见；板书的字迹要美观、大方、规范，避免错字、漏字。板书一般分为主体板书和辅助板书，主体板书在黑板的左边，约占黑板的2/3，主要把标题、重点、内容要点和结论书写出来，包括公式、性质、例题、一、二、三……循序出现；辅助板书在黑板的右边，约占黑板的1/3，主要说明疑点，凡是讲新课带有旧知识或疑难字、解释字都可以写在黑板的右边，可以随时擦去。

(5) 多媒体操作能力。随着信息传播技术、计算机等在教育过程中的广泛应用，教师角色也在发生历史性的转变。它要求教师要有现代教育技术手段的应用能力，能正确地指导学生进入信息高速公路检索信息、获取知识、解决问题，并具有相应的熟练操作能力、改进信息系统的教学能力和一专多能、通晓多个学科领域、指导多门学科学习的能力。教师要具有驾驭现代教学手段和方法的能力，如电化教学的基本能力、电化教学的设计能力及计算机辅助教学的能力，充分发挥多种感官的功能，以实现教学优化。

2. 组织管理的能力

组织管理的能力主要体现在教育教学工作计划制订、课堂教学组织、管理学生班集体等。教师根据教学计划、教学大纲要求，结合学生实际情况，全面安排自己的教学工作程序；要善于调动学生的学习积极性，维持课堂秩序，创设和谐的教学气氛，引导学生学习，顺利完成教学目标，课堂调控有序，学生积极主动，任务优质高效；善于组织和培养班集体，充分了解学生，精准选择、培养和使用学生干部、学生典型和骨干，指导班级团队和学生会工作；合理确立班集体的奋斗目标，并用这个目标去引导和激励班级每个成员的士气；积极培养班级积极健康的集体舆论，用积极舆论去克服消极舆论；有效组织、指导班级的各种活动，用学生喜闻乐见的活动，如文体活动、节日庆祝活动、社会实践活动、第二课堂活动、主题班会等，激励学生的志向，陶冶学生的情操。

3. 教育科研能力

随着时代的发展和素质教育的不断推进，现代教育和传统教育的矛盾不断涌现，它们涉及教育观念、教育方法、教材编写、教育技术、教学模式等各个方面。在教育教学过程中，每个教师都会遇到这样或那样的问题，如怎样转化差生、怎样培养创新型人才、如何提高课堂教学效率等。为解决这些问题，就要求教师必须进行教育科研。教师应具备科学研究的意识，掌握教育研究的基本方法，善于运用科学研究解决教育实践过程中的问题，改变长期以来形成的"教书匠"形象，使自己成为"教育研究者""教育专家"。

4. 人际交往能力

在现代社会中，教师的工作并不是孤立的，而是有着广泛的社会联系的。教师除与学生联系外，还与学校的领导与同事联系，也与校外的学生家长及其他社会人员联系。教育的活动在本质上是人与人的相互作用。所以，如何有效处理人际关系是广大教育工作者都面临的问题，一个合格的教师必须具备协调人际关系、进行人际交往的能力，具有与人沟通及表达的能力，这样才能与同事、学生家长、与学生有关的各种社会关系密切合作，为教育教学创造一个良好的环境。

5. 教育机制

教育机制是教师面对新的突发事件，能够迅速而正确地做出判断，随机应变采取恰当而有效的教育措施解决问题的综合能力。教师的教育机制产生于教师平时对教育问题的不断思考，也是教师对学生仔细观察了解的结果，是教师长期积累教育经验的反映。

(四)教师的心理素质

教师的心理健康状况不仅对教师个人工作的成败有重大的影响，还直接或间接地影响着学生的心理健康水平和人格的成长。在中小学生的心理问题中，有很大一部分是"师源性"心理问题，所以有心理学家认为教师的心理健康状况比其专业素养更为重要，较高的心理健康水平和健全的人格是从事教育工作的教师所必备的心理素质。

教师的心理健康标准既包含一般心理健康标准，也应体现教师职业的特殊性，应包含以下几点[①]。

1. 对教师角色的认同

勤于教育工作，热爱教育工作，能积极投入工作中去，将自身的才能在教育工作中表现出来并由此获得成就感和满足感，免除不必要的忧虑。

2. 有良好和谐的人际关系

交往中能了解彼此的权利和义务，将关系建立在互惠的基础上，能客观地了解和评价别人，不以貌取人，也不以偏概全；在与人相处时，尊重、信任、赞美、喜悦等正面态度多于仇恨、疑惧、妒忌、厌恶等反面态度；积极与他人真诚地沟通。教师良好的人际关系在师生互动中则表现为师生关系融洽，教师能建立自己的威信，善于领导学生，能够理解并乐于帮助学生，不满、惩戒、犹豫行为较少。

---

① 俞国良. 教师心理健康标准[J]. 北京大学学报，2001(1).

3. 能正确地了解自我、体验自我和控制自我

能平衡自我与现实、理想与现实的关系。在教育活动中表现为：能根据自身的实际情况来确定工作目标和个人抱负；具有较高的个人教育效能感；能在教学活动中进行自我监控，并据此调整自己的教育观念，完善自己的知识结构，做出适当的教学行为；他人评价与自我的评价较为一致；在教育活动中具有自我控制、自我调适的能力。

4. 具有教育独创性

在教学活动中不断学习，不断进步，不断创造。能根据学生的生理、心理和社会性特点富有创造性地理解教材，选择教学方法，设计教学环节，使用语言，布置作业等。

5. 能真实地感受自己的情绪并控制好情绪

由于教师劳动和服务的对象是人，因此情绪健康对于教师而言尤为重要。具体表现在：保持乐观积极的心态；绝不将生活中不愉快的情绪带入课堂，绝不迁怒于学生；能冷静地处理课堂环境中的不良事件；克制偏爱情绪，一视同仁地对待学生；不将工作中的不良情绪带入家庭。

反思：教师的心理出了问题会怎样

随着社会的快速发展和竞争的加剧，教师也会出现各种各样的心理问题。1999年国家中小学心理健康教育课题组对辽宁14个城市中小学教师健康状况采用SCL—90检测，存在心理问题的超过51%。近几年北京、广州、杭州等地对中小学教师健康状况的检测，结果也是超过50%的教师存在心理问题，近三分之一的教师属于轻度心理障碍。如果这些问题不能及时、有效地解决就会产生心理疾病。

教师的心理品质和心理状态是其开展教育教学活动的基础。有学者指出，中小学生的可塑性极强，受教师的影响也更为明显，教师心理健康直接影响学生的心理健康、学生的社会性和人格品质的发展。只有心理积极、健康的教师，才能创造出一种和谐与温馨的学习气氛，使学生心情愉快；如果教师情绪紧张、烦躁、忧郁，会产生一种紧张与压抑的学习气氛，使学生惶惑不安；教师存在心理情绪问题及其导致不适宜的教育行为会直接造成学生过度焦虑、压抑或抗拒、逆反，进而影响学生人格、情感的健康发展，并极易导致学生丧失学习兴趣和积极性，丧失学习与行为努力的动机与进取心，因而直接影响学生的学习过程和效果。据《中国青年报》报道，哈尔滨中小学生心理问题的检出率均接近50%，其他地区的调查结果也基本相似。而造成中小学生问题的一个重要原因是任课教师心理出了问题。要提高学生的心理健康水平，首先教师要有较高的心理健康水平。

教师的心理健康对学生的健康发展、对学校教育教学质量的提高具有极其重要的作用，因而，教师自身要转变观念，悦纳自己，学会放松，出现了心理问题应积极寻求外部支持；学校要关心教师的心理状态，减轻教师的工作压力，丰富教师的业余文化生活；各级政府要不断提高教师的社会地位和待遇，增强教师的职业威望，为教育提供良好的人文环境，使教师能够安心工作。

五、教师的专业发展

为了培养高素质的教师，世界各国都重视教师的专业发展。教师专业化是当今世界教师教育的发展趋势，它包括教师个体专业发展和教师群体专业发展两个方面，通常探讨的主要是个体的专业发展。

1. 教师个体专业发展的内涵

教师个体专业发展是指教师在整个专业生涯中，在外部条件下通过终身专业训练，形成科学的教育理念，习得教育专业知识和技能，实施专业自主，表现专业道德，并逐步提高自身从教素质，成为一个良好的教育专业工作者的成长过程。从本质上看，教师的专业发展过程就是一个不断学习和探究的过程。

教师专业发展的内容包括专业理念、专业精神、专业知识、专业能力和专业自主等五个方面。专业理念主要是指形成正确的教育观、学生观、学习观，专业精神即师德要求，包括敬业精神、爱生精神、进取精神等，专业知识包括学科知识、教学法知识、学习者及其特点的知识、课程知识、教育情境知识等，专业能力是开展教育教学活动所需要的能力，专业自主是在正确的教育理念指导下，在社会认可的教育目的引导下，根据特定的教育环境开展教育教学活动的空间与能力。

2. 教师专业发展的基本途径

教师专业发展的途径主要包括职前的师范教育、新教师的入职培训和教师的在职学习[①]。

职前师范教育阶段是师范生进行专业准备与学习，初步形成教师职业所需的知识与能力的关键时期，是教师个体专业化发展的起始和奠基阶段。师范教育的质量直接决定了新教师的质量，并影响着教师今后发展的可能性。因此，当今世界许多国家都十分重视职前师范教育的质量提升问题，试图通过改革来提高师范教育的专业化水平，努力以师范教育的专业化去促进教师教学的专业化程度。当前，我国职前师范教育也面临重大改革，许多师范院校、教师教育机构试图通过构建科学的师范教育课程体系、整合课程内容、强化实践性课程等措施寻求提高师范教育的质量。

从学校的角度看，校本培训是推动教师专业发展的必要工作。特别是对于刚工作的新教师，学校采取及时、有效的支持性措施，以"师徒帮带"的方式帮助新教师掌握教学技巧，可以让新教师快速实现所学知识与实践的融合。学校还可以采用集中培训、远程培训的方式促进教师的专业发展，培训时间长短不一，培训的内容可以是教师应具备的思想方面的素质，也可以进行具体教学指导；还有的学校对教师中以研究问题的方式实施培训，使教师在联系中小学教育实际问题、在研究解决问题的过程中提高素质和能力。组织骨干教师参加学位课程学习也是一种有效的方式。

从个人的角度看，教师在工作之余坚持自主阅读，提升自己的理论水平，不断反思及时总结，在实践中开展行动研究都是可行的发展途径。不断创新，从而保证教师专业化发

---

① 教育部师范教育司编. 教师专业化的理论与实践[M]. 北京：人民教育出版社，2003.

展得以持续不断地进行下去。当然，学校、培训机构也应营造一种"学习化"的氛围，开展一些活动，如课程进修等，以更好促进教师的学习与成长①。

教师之间也可以形成怀有相同愿景的共同体，由最初的面对面形式，逐步发展为便捷高效的网络在线模式。在信息化时代，通过分享数字化的教学资源、整合社会化的碎片信息，通过网络进行互动交流与管理，改变当前各学校由于信息系统差异而造成的分享阻碍。这样不仅会增强教师作为成员的认同感，还可以提高个人专业化能力，减少竞争矛盾，从而带动教育体系的信息化平衡发展②。

3. 教师的权利与义务

教师的权利是教师的权益，也是教师工作的基础和保障，教师的义务是教师对社会应尽的责任和应做出的贡献。教师的权利和义务是相辅相成的。教师享有法律规定的权利，履行法律规定的义务，忠诚于人民的教育事业。国家保护教师的合法权益，改善教师的工作条件和生活条件，提高教师的社会地位。

根据教师法的规定，教师享有下列六项权利，即教育教学权、科学研究权、指导评定与批评教育权、获得报酬权、参与管理权、进修学习权。

同时，教师需要履行下列义务：遵守国家法律、完成教育教学工作、弘扬高尚师德并对学生进行以爱国主义教育为核心的思想品德教育、促进全体学生全面发展、维护学生的合法权益、提高政治素质和业务水平。

第二节 学 生

教育的对象是人，教育的目的是培养"新人"，教育的价值也是从人身上来体现的。在广义的教育中，凡是为提高自身素质而处于学习状态的人都是受教育者。在学校教育中，受教育者主要指学生，他们是以学为职责的人。尽管教育者对他们施加这样或那样的影响，但他们不一定完全按照教育者的要求发展，其中除了教育者对一些环境因素难以进行有效控制外，还与学生的主体价值观和对影响的选择有关。所以，教育者要使学生朝着自己期望的方向发展，就必须认真研究受教育者的需要和特点，因材施教。

一、儿童接受教育的可能性与必要性

一方面，作为人类个体，正常的儿童一出生就具备了人类发展所必备的遗传基因，也就具有了发展的可能性，具有巨大的发展潜能和可塑性，如果给予儿童良好的生活环境，他自身又能有力地配合，儿童身上的这种潜能将得到充分的发挥，这是已为心理学所证明了的，也就是说儿童是可以教育的。

另一方面，处于成长中的儿童首先是自然人，尚未完成其社会化的过程，只能通过接

① 刘捷. 专业化：挑战21世纪的教师[M]. 北京：教育科学出版社，2002.
② 李欣颖：中小学教师专业化发展模式思考[J].现代教育科学，2019(6).

受反映着社会影响的教育，并积极参与社会实践，才能使得具备了生物学意义的个体逐渐实现社会化。正如同联合国教科文组织教育发展委员会在《学会生存》中所说的："人是一个未完成的动物，并且只有通过经常地学习，才能完善他自己①。"不可否认，社会实践是个体社会化的根本途径，但社会发展的结果是学校教育作为专门的社会性机构承担了特定的职能：为儿童的社会化进程提供了最佳的帮助，儿童接受学校教育可以在自身发展的关键时期最高效、最便捷地实现其社会化进程。

二、学生在教育中的地位与作用

学生是教育活动的对象和主体，教育的最终效果集中体现在学生身上，学生在教育活动中的主动状态又直接影响到教育效果。但从教育实践来看，学生的主动状态能否发挥出来，又与教师对学生的看法和采取的一系列教育方法有关。学生观是人们对学生的基本认识和根本态度，是对学生的权利、地位及其发展规律的看法，是对学生采取何种态度与方法的出发点和依据。

如何看待学生的学习过程、发展过程、智力及其人格上的差异及其影响，是学生观的核心。正确的学生观是教师设计科学教育方法的基础。如何看待学生，集中反映了教师的教育思想和教育方法论。中国历史上曾有"性善论"和"性恶论"，西方历史上也有类似的观点，这些都反映了过去人们对学生的基本看法。随着西方人文主义教育思想的出现与教育科学研究水平的提高，到今天已形成了一些科学的学生观。

历史上曾有几种不同的学生观。一是"教师中心论"，以赫尔巴特、凯洛夫为代表，它强调教师在教育中的权威作用，认为教师应成为教学活动的中心，成为教学过程的主宰，成为学生发展的舵手，培养学生心智的任务总体上应当留给教师。二是儿童中心论，以卢梭和杜威为代表，这种观点片面夸大学生自身的作用，贬低甚至否定教师的作用，卢梭强调必须把儿童当儿童看待。教师对待儿童"要以天性为师，而不以人为师"，使儿童成为"天性所造成的人，而非人所造成的人"，教师施教要设身处地为幼小儿童着想，不能脱离儿童，不能揠苗助长。儿童自身的兴趣是教育的出发点，儿童自身的求知活动是教育的中介点，儿童的发展与成长是教育的归宿。杜威则提出要从儿童自发的兴趣和需要出发，在教育上以儿童为中心，教师退居顾问地位。

我们究竟如何看待学生？加德纳的多元智力理论为教育者提供了一种研究学生的新视角②。

1. 学生是发展的人

学生具有巨大的发展潜能，教师应该相信学生的确是潜藏着巨大发展的能量，坚信每个学生都可以积极成才的，是有培养前途的，是追求进步和完善的，是可以获得成功的，因而对教育好每一个学生应充满信心。所有的学生都能成为合格生，每个学生都能成为某方面(哪怕极小方面)的特长生，只要教学内容、方法等得当并且师生配合得好，每个学生的身心发展总水平、总潜能都可能较大地提高。

---

① 联合国教科文组织教育发展委员会. 学会生存：教育世界的今天和明天[M]. 北京：教育科学出版社，1996.
② 李小英. 学生：多元智慧的存在：多元智力理论与教育变革[J]. 班主任之友，2002(7).

学生的学习类型本身并没有好坏之分，因为学生与生俱来就各不相同，没有相同的心理倾向，没有完全相同的智力。每个学生都有相对优势的智力类型，他的优势智力对他自身的发展可能起主导作用。教师认识到这一点，对学生的发展来说至关重要。但是一个学生的潜能怎样发挥出来，是各不相同的。这就需要教师"以学为本，因学行教"。

2. 学生是有差异的

多元智力理论认为，每个儿童所具有的独特能力的组合存在着质的不同，难以从量上加以排序、分类。每个儿童都拥有相对于自己或是相对于他人的智力强项，教育旨在帮助儿童发现、培育自己的智力优势，并以强项带动弱项的学习，建构自己的优势智力组合，实现自身全面、和谐的发展。

学生的差异是多方面的，甚至有些方面是超出我们的想象的。在此，我们可对学生差异做以下几方面归纳：诸如来自生理方面的差异；来自需要和动机方面的差异；来自个体认知风格方面的差异；来自个体情绪和意志方面的差异；来自气质性格方面的差异；来自能力水平和结构方面的差异；来自社会环境因素方面的差异等。正如辩证唯物主义理论，世界上没有两片完全相同的树叶。根据多元智力理论，教育设计的理念应力主个性化。

3. 学生是独立的人

多元智力理论强调在评价中充分尊重不同文化中智力表现的多样性，充分尊重不同社会环境中儿童个体经验的差异性，在一个宽松、公平、多元文化的环境中，让所有的儿童都能表现和发展其自身文化认同的智力。

每一个学生都是独立于教师头脑之外，不以教师的意志为转移的客观存在，如果教师将自己的意志强加于人，就会挫伤学生的主动性、积极性，扼杀学生的学习兴趣，窒息学生的思想。教育也不应该有"差生"，某方面的"差生"可能恰是另一方面的优生。基于多元智力理论的评价既不是为了发现小天才，也不是为了对儿童进行选拔、排队，而是旨在发现每个儿童的智力潜力和特点，识别并培养他们区别于他人的智能和兴趣，帮助他们去实现富有个性特色的发展，为他们提供一条建立自我价值感的有效途径。

三、学生在教育中的权利

青少年、儿童是社会的未来、人类的希望，有着独特的社会地位，是行使权利的主体，联合国大会于 1989 年 11 月 20 日通过的《儿童权利公约》中规定了体现这一核心精神的基本原则，主要是儿童利益最佳原则、尊重儿童尊严原则、尊重儿童观点与意见原则、无歧视原则。具体地可以从以下几个方面对学生在教育中的权利加以认识。

1. 学生受教育权

受教育权是公民的一项基本权利。联合国主张教育是所有儿童的一项人权，教育制度要体现对儿童人权的尊重。学生的受教育权具体表现在就学的平等权、上课权和受教育的选择权等方面。

《儿童权利公约》中明确指出，儿童有权享受特别照顾和帮助、有权自由发表言论、有权享受法律保护等，家庭、社会和学校应在和平、尊严、宽容、自由、平等和团结的精神下，抚育他们成长。《义务教育法》第四条和第五条规定："国家、社会、学校和家庭依法保障适龄儿童、少年接受义务教育的权利。""凡年满六周岁的儿童，不分性别、民族、种族，应当入学接受规定年限的义务教育。"《未成年人保护法》第九条和第十四条规定："父母或者其他监护人应当尊重未成年人接受教育的权利，必须使适龄未成年人按照规定接受义务教育，不得使在校接受义务教育的未成年人辍学。""学校应当尊重未成年学生的受教育权，不得随意开除未成年学生。"

2. 学生受教育的保障权

根据受教育权的产生、发展的时间顺序，可以将受教育权划分开始阶段的"学习机会权"、过程阶段的"学习条件权"和结束阶段的"学习成功权"。

(1) 学习机会权是指受教育者有权通过学习获得生存与发展能力的可能性空间和余地，是接受任何等级教育的起点、资格或身份，也是使受教育权存在与发展的前提性和基础性权利，其表现形式包括入学升学机会权、受教育选择权和学生身份权。

(2) 学习条件权主要包括教育条件建设请求权、教育条件利用权和获得教育资助权三种表现形式。学生在学校能否健康成长，一个必不可少的条件就是学习条件权。一方面是学校必须以制度的方式保证学生在校园之内拥有人身自由以及正常的教育资源，学生作为生活主体能够没有恐惧地参与学校所安排的学习、生活等活动和自己安排的学习、生活、交流、交往等权利。另一方面是学生必须拥有拒绝学校和教师安排他们参与一些违背学生本人意愿的活动的权利，也就是说，学生有权按照学校的制度参加学校的日常活动，学校和教师不应该随心所欲、心血来潮地安排学生从事日常学习和生活之外的活动。

(3) 学习成功权是受教育过程结束时的结果权利，即获得学习成功的权利。学习成功是每个学习者追求的目标，社会对人才的评价、使用在很大程度上依赖个人在学业上成就的有无和大小。学业完成后，能否获得以资证明学习成功的评价及证明，对于每个受教育者来说都是至关重要的，甚至是决定个人前途和命运的关键。学习成功权主要包括获得公正评价权和获得学业证书及学位证书权。为保证学生这一权益，教育者应不论学生能力、个性、性别、家庭条件如何，采取公正、客观的态度和统一标准评价学生的成绩和品德。

3. 学生受教育的自由、免于控制的权利

"在多数社会中，传统上父母实际上都享有惩罚子女的无限权力。教师，作为那些社会里的代理人，同样具有任意处罚学生的无限权力。"当教师行使这些权力的时候，即使触犯了学生的法定权利，也不会遭到学生明显的、强烈的反抗行为。而这种权力恰恰是其他人(除父母或其他亲人)所不具备的。这构成了教师的特权。这些特权就成为教师和学校控制学生的根源。

学生应该具有自主思考的自由，自主选择课外书的自由，自己安排学习的自由。现实中，学生的思想被教师控制起来，学生的思考被教师"引导"到正确答案上去。尤其值得注意的是，学生在学校和课堂中丧失了自己的话语权。许多教师不给学生发表思想的空间，不允许学生发表不同的看法，不允许学生争论。

《儿童权利公约》第十三条规定："儿童应有自由发表言论的权利，此项权利应包括通过口头、书面或印刷、艺术形式或儿童所选择的任何其他媒介，不论国界，寻求、接受、传递信息和思想的自由。"现代教育是强调人的主体性的教育，强调学生在教育教学过程

中的主体地位，强调学生参与课堂，保证学生课堂上的话语权。但我们的学生，在课堂上的话语权受到很多的限制，有时学生超出教师标准答案的话语，还会受到教师的指责和挖苦。《未成年人保护法》第十六、二十五、二十七条规定："学校不得使未成年学生在危及人身安全、健康的校舍和其他教育教学设施中活动。""严禁任何组织和个人向未成年人出售、出租或者以其他方式传播淫秽、暴力、凶杀、恐怖等毒害未成年人的图书、报刊、音像制品。""任何人不得在中小学、幼儿园、托儿所的教室、寝室、活动室和其他未成年人集中活动的室内吸烟。"

4. 免于恐惧的权利

《未成年人保护法》第十五条规定："学校、幼儿园的教职员应当尊重未成年人的人格尊严，不得对未成年学生和儿童实施体罚、变相体罚或者其他侮辱人格尊严的行为。"

在今天的教育中，特别是对所有弱小、无助的孩子而言，最基本的保障，列为第一位的应该是安全，身心的绝对安全。首先必须保证他们远离所有的危险，保证他们在课堂上、课间活动时、游戏与集合时都拥有人的珍贵的尊严。他们可以放心地行使自己所有的权利，而不用担心任何体罚、斥责、谩骂与侮辱；无论他们多么愚顽，智力有多大的缺陷，行为由于无法自制的天性而多么严重地违反纪律(注意是纪律而不是法律)，学校都不应当使他们感到恐惧，教师都不应当使他们感到恐惧。只有安全的居所才真正有助于想象力、批判力和创造力的发展，才真正有助于自由天性的不断成熟，才真正有助于使孩子们从入学的第一天开始就充满对人的信赖。

5. 免受歧视的权利

《儿童权利公约》强调，国家必须采取一切适当的措施，保护儿童免遭各种形式的肉体和精神上的暴力；国家必须承认残疾儿童的特殊需要，并确保他们能受到教育、得到服务、充分享受体面的生活和特别关爱，并要培养他们自立的能力，促进儿童积极参与社区生活。我国《义务教育法实施细则》第二十二条规定，学校和教师对品行有缺陷、学习有困难的儿童、少年应当给予帮助，不得歧视。我国《未成年人保护法》第十三条也规定，学校应当关心、爱护学生；对品行有缺点、学习有困难的学生，应当耐心教育、帮助，不得歧视。

学校教育中，应努力将学生视为具有与成人同等尊严的大写的人，无论是智力的差异、种族的区别、成就的优劣。学生免受歧视的权利就在于学生是具有尊严的人。《未成年人保护法》第三十、三十一、三十六条规定："任何组织和个人不得披露未成年人的个人隐私。""对未成年人的信件，任何组织和个人不得隐匿、毁弃；除对无行为能力的未成年人的信件由父母或者其他监护人代为拆开外，任何组织或者个人不得开拆。""国家依法保护未成年人的智力成果和荣誉权不受侵犯。"

6. 学生的休息娱乐权

学生是现实生活中的人，教师不能以未来可能的发展为借口而牺牲学生的现实生活，学生在接受教育的过程中需要按照科学的作息时间进行，教师不能随意占用学生的休息时间，更不能阻止学生的正当娱乐活动。

第三节　师　生　关　系

师生关系是学校教育过程中最基本的人际关系，它既反映了一定社会关系的各方面，也反映了教育过程中的特殊矛盾。

一、师生关系的内涵

师生关系是指教师和学生为实现教育目标，以各自独特的身份和地位开展交流活动而形成的人际关系。良好的师生关系不仅是顺利完成教学任务的必要手段，而且是师生在教育教学活动中的价值、生命意义的具体体现。

1. 师生之间的教育关系

师生之间的教育关系也称为组织角色关系，是指教师和学生为完成一定的教育任务而建立起来的一种工作关系。教育活动是师生的双边活动过程，缺少任何一方，教育活动都无法进行。同时，师生的教育关系是一对矛盾，双方关系的协调与否，直接影响和制约教育的效果。

在教育活动过程中，教师是矛盾的主要方面。是否能建立双边的合作与协调关系，关键在教师一方。因为在制度和身份上，教师是教育者，学生是受教育者；教师是领导者、组织者，学生是被领导者、被组织者；教师是评价者，学生是被评价者；教师具有控制学生的权威和权利，而学生需要听从教师的教导，服从教师的要求。

2. 师生之间的心理关系

师生之间的心理关系，是指师生之间建立在相互认知和相互尊重的基础上的心理交往与交流。教师和学生都是有思想、有个性、有独立人格的人，教师对学生的认识、理解和评价反映了自身的价值观和人生观，只有对学生得有正确认知，才能有的放矢地对学生进行教育；学生对教师的印象和评价也反映了学生的认知水平和个性倾向。他们对教师的信任、理解并主动积极接受教育等对完成教育任务具有非常重要的作用。同时，师生彼此都有一种期待心埋，教师不同的期望支配着对待学生的态度和采取的教育措施，因而也产生不同的教育后果，学生对教师的期望也是基于对教师的认知和判断上。学生尊重教师是理所当然的，教师对学生的热爱、信任与尊重可以增强学生向上的动机，提高学习效果。

3. 师生之间的道德关系

作为学生，是正在成长中的儿童和青少年，他们不仅学习教师所教的知识和智慧，同时也学习教师对社会、对事业、对工作、对他人的态度和行为方式，学习教师的精神风貌、教师的人格特征，并且这些都是通过一种潜移默化的方式影响的，这就是教师的感染力，是其他任何职业无可比拟的。

总之，在学校的教育活动中，教师与学生之间产生着多方面的关系和影响。当这些关系和影响向积极的、正向的方向发展，就有利于教师教育的成功；反之，就会产生消极的、负向的影响。现代的师生关系倡导的是一种以尊重学生的人格、平等地对待学生、热爱学生为基础，同时应看到学生是处在半成熟、发展中的个体，需要对他们进行正确的引导、严格地要求这种民主型的师生关系。

二、师生关系的作用

1. 良好的师生关系是教育教学活动顺利进行的重要条件

教育是以学生的发展为最终目的的，要达到这一目的，必须充分调动学生的积极性、主动性，促进其生动活泼主动地发展。然而，学生愿不愿意接受教师的教育影响，能不能主动配合教师，与师生关系有密切关系。良好的师生关系使学生产生安全感，乐于接受教师的教育和影响，激发学习的兴趣，集中学习的注意力，启发积极思维的同时，也唤醒教师的教学热情与责任感，激励教师专心致志地从事教育工作。相反，师生关系紧张，甚至互不信任、彼此戒备，将会干扰教育教学活动的顺利进行，降低学生的学习兴趣和教师的教学热情，影响教育教学质量。教师与学生建立一种友谊关系，对于促进学生学习兴趣和完整人格的形成有着重要意义。

2. 师生关系是衡量教师和学生学校生活质量的重要指标

教育教学活动是教师和学生的生命活动特别是精神活动的方式，教育教学中结成的师生关系是教师和学生生存方式的具体表现。不同类型的师生关系，体现了师生不同的生命活动形态，对建构师生自身的价值形成具有不同的意义。因此，师生关系对教师和学生的发展具有本体价值、目的价值。理想的师生关系是教师和学生既作为独立的完整的人，又作为合作者、共享共创者所形成的相互理解、相互尊重、相互信任、相互合作的和谐亲密关系。学生在教育交往中感受到人格的尊严，体现出自主、张扬的个性，体验到人生的价值和最初的人生幸福，进而发展自由的个性，形成健康的人格。教师在与丰富多彩的年轻生命的交往中，感受到生命的神奇与可敬，体验到自己工作的价值。

3. 师生关系是校园文化的重要内容

师生关系是学校中最基本、最重要的人际关系，是一所学校的精神风貌、校风、教风、学风的整体反映和最直观反映。师生关系状况投射出学校价值取向、人际关系状况、管理水平等。师生关系作为校园文化的组成部分，对学校精神文化的建设、对学生在校的发展和今后的成长都起着重要的作用。

三、师生关系的类型与特征

1. 师生关系的类型

从历史的角度概括，师生关系主要有以下几种类型。

(1) 专制型。教师以班级成绩好和尖子生多为最高的荣誉，对学生的期待就是听话、用功、学习好，而对学生的其他兴趣、爱好、个性、特长发展往往不是鼓励，而是压制，使学生厌恶学习、厌恶学校。权威性话语体现教师权威的地位，他教的内容，学生必须学会；他提出的要求，学生必须做到；他发出的指令，学生必须服从。从而使课堂变为一言堂，使教育教学管理沦为命令式。这种权威式话语还表现在教学中的精英主义，教师对成绩好的学生过于偏爱，无形中剥夺了那些所谓的差生在课堂上的发言权，有的教师甚至采取排座等手段来减少他们对"好学生"的干扰。

(2) 放任型。教师对学生不冷不热，对学生的问题不闻不问，采取放任自流的态度，学生对教师的存在与否也无所谓，消极地对待教师提出的要求。师生之间交往甚少，交流有限，既缺少相互期望和帮助，也无明显的对抗和冲突，关系平淡。

(3) 民主型。合作对话、平等民主、教学相长的互利互惠的关系、互联身份与互为因果的关系；而不是单一的先知与后知、授受、控制与被控制、压迫与被压迫的关系。实践证明，民主型的师生关系最有助于学生的发展进步。

随着教育心理学对学生心理研究的深入，人们逐渐认识到学生是活生生的、有思想、有感情、有价值、有尊严的人而不是物，也逐渐认识到教育活动是一种内化的过程而不是外压的过程，因而对师生关系的认识也就逐渐人性化了。绝大多数教师的师生关系观开始发生合理的转变，即从"人-物关系观"向"人-人关系观"的转变。而且，人们逐步认识到教育过程不仅是学生的生长过程与发展过程，同样也是教师的成长与发展过程，教师主要通过教育过程，通过与学生之间的互动，才逐步认识并体悟到什么是教师，怎样才算是一个合格的教师，从而最终胜任教师这一社会角色的，可以说教师与学生共生、共存、共命运。学生在许多方面，如创构的欲望与能力，接受新信息、新观念甚至在知识占有等方面优于或强于教师的现象比比皆是，学生一不小心便成了"先生"，而教师一不小心便会成为"学生"了。教师愿意"以生为师"，更有助于提升自己的专业素质与教育品位，得到学生更多的尊重；否认与回避这个现实，则必定会使自己的专业发展停滞不前，乃至拉大与学生之间的"创构距离"与"知识距离"，更加得不到学生的尊重和支持。

2. 理想师生关系的基本特征

从优化师生关系，保证教育活动顺利进行和教育目标完成的角度看，理想的师生关系具有以下基本特征。

(1) 尊师爱生，相互配合。学生尊重教师的劳动和教师的人格和尊严，对教师要有礼貌，理解教师的意愿和心情，主动支持和协助教师工作，虚心接受教师的指导；尊师是学生对教师正确的认识、情感和行为的综合体现。受到学生尊重是教师最大的需要和满足，它能够极大地调动教师工作的积极性。教师要爱护学生，要理解、尊重和信任学生，严格要求学生并公正地对待学生。它是师生交往与沟通的情感基础、道德基础，其目的主要是相互配合与合作，顺利开展教育活动，也是教师热爱教育事业的重要体现。

(2) 民主平等，和谐亲密。师生在教育中相互尊重人格和权利、相互开放、平等对话、相互理解、相互接纳，这是教学生活的人文性的直接要求和现代人格的具体体现。教师能向学生学习、理解学生，发挥非权力性影响力，并一视同仁地与所有学生交往，善于倾听不同意见，也要求学生正确地表达自己的思想和行为，学会合作和共同学习。民主平等、共同参与的结果是师生的融洽、协调。和谐亲密体现了师生的人际亲和力、心理融洽度。

(3) 共享共创，教学相长。共享就是教师和学生共同体验和分享教育中的欢乐、成功、失望与不安，它是师生情感交流深化的表现。共创就是教师和学生在相互适应的基础上相互启发，使师生的认识不断深化，共同生活的质量不断跃进。共享共创体现了师生关系的动态性，是师生关系的最高层次。共享共创的结果是教师和学生相互促进、共同发展，思想、智慧、兴趣、人格等的全面生成，是教师专业自我的成熟过程。

四、良好师生关系构建的基本策略

就教育内部而言，建立良好的师生关系要靠双方共同努力。教师在师生关系建立与发展中占有重要地位，起着主导作用。所以，要建立民主平等、和谐亲密、充满活力的师生关系，对教师来说，有以下几种策略。

1. 了解和研究学生

人际交往中对彼此了解的程度影响着最终交往的效果。教师要与学生取得共同语言，使教育影响深入学生的内心世界，就必须了解和研究学生，包括了解学生个体的思想意识、道德品质、兴趣、需要、知识水平、学习态度和方法、个性特点、身体状况和班集体的特点及其形成原因，这样才能更有针对性地采取措施，满足学生的合理需求，获得学生的认可，达到交往的目标。

2. 树立正确的学生观

学生观就是教师对学生的基本看法，它影响教师对学生的认识及其态度与行为，进而影响学生的发展。学生是有巨大发展潜力的；学生的不成熟性具有成长价值；学生具有主体性，特别是创造性；学生是权责主体，有正当的权利和利益；学生是一个整体的人，是知、情、意、行的统一体。正确的学生观来自教师对学生的观察和了解，来自教师向学生的学习和对自我的反思。

3. 热爱、尊重学生，公平对待学生

热爱学生包括热爱所有学生，对学生充满爱心，经常走到学生之中，忌讳挖苦讽刺学生、粗暴地对待学生。尊重学生特别要尊重学生的人格，保护学生的自尊心，维护学生的合法权益，避免师生对立。教师处理问题必须公正无私，使学生心悦诚服。

4. 开展丰富多彩的活动，主动与学生交往

共同的活动是缩短人与人之间距离、增进人与人之间情谊的重要桥梁，仅仅依靠课堂教学的接触难以让师生间形成密切的关系。师生关系一般也要经历生疏、接触、亲近、依赖、协调、默契阶段。在师生交往的初期，往往出现不和谐因素，如因为不了解而不敢交往或因误解而造成冲突等，师生交往中教师掌握着主动性，寻找共同的兴趣或话题，开展多种学生喜闻乐见的活动，如课间的游戏、体育竞赛、郊游野餐、家访等，可以有效消除学生对教师的抵触心理，增进彼此的理解与包容，推动良好师生关系的建立和发展。

5. 努力提高自我修养，健全人格

教师的素质是影响师生关系的核心因素。教师的师德修养、知识能力、教育态度、个

性心理品质无不对学生产生着深刻的影响。教师要使师生关系和谐，就必须通过自己崇高的人生观、渊博的知识、严谨的治学态度、活泼开朗的性格、多方面的爱好与兴趣等来吸引学生。为此，教师必须加强学习和研究，使自己更加智慧；经常进行自我反思，正确评价自己，克服个人的偏见和定式；培养自己多方面的兴趣和积极向上的人生观；学会自我控制，培养耐心、豁达、宽容、理解等个性品质。

实 践 指 导

(1) 角色转换——当一次教师：利用学科教学的时间扮演一次教师，完成教师的工作，体验教师工作的艰辛，体会教师的权利与义务。也可以利用教育见习的机会，请中小学校的主任介绍优秀教师的高尚师德。

(2) 深入班级，尝试快速与学生建立一定的师生关系。可以从迅速记住学生姓名入手，与孩子们一起出操、做游戏，展现个人才华，让学生快速喜欢上你，通过各种途径了解学生们最喜欢的教师都有哪些品质。

问题与思考

7-1　教师劳动有什么特点？

7-2　中小学教师应该具备的核心素质包括哪些？

7-3　阐述教师专业发展的途径。

7-4　学生在教育中有哪些权利？

7-5　师生之间如何构建良好的关系？

参 考 文 献

[1] 全国十二所重点师范大学联合编写. 教育学基础[M]. 北京：教育科学出版社，2014.

[2] 傅道春. 教师的成长与发展[M]. 北京：教育科学出版社，2001.

[3] 王晨霞. 教师成长札记[M]. 石家庄：河北教育出版社，2020.

[4] 教育部师范教育司编. 教师专业化的理论与实践[M]. 北京：人民教育出版社，2003.

第八章　教育的实施

本章提要

- 教育的实施包括线下课堂教学、综合实践活动、线上网络教育等途径。
- 课堂教学是实现教育目的最基本的途径，应遵循其自身的发展规律，并结合实际需要贯彻相关的教学原则。
- 教学方法可分为语言的方法、直观的方法、实践的方法，班级授课制是最基本的组织形式。
- 教学工作包括备课、上课、作业的检查与批改、课外辅导、教学评价等基本环节。
- 综合实践活动是以学生的经验、生活为核心的实践性课程，具有特殊的价值。
- 网络与网络教育是新兴的教育途径，具有广阔的发展前景。

现代教育制度一经产生，课堂教学(也称为教学)就成为一种严密、简捷、高效地传授知识技能，促进学生全面发展教育的基本途径。综合实践活动则能够有效弥补课堂教学在帮助学生积累实践经验方面的不足；网络的普及与发展突破了课堂教学在时间和空间上的局限性，教育活动的进行可以借助课堂教学、综合实践活动、网络教育等途径。

第一节　课　堂　教　学

课堂教学就是在一个特定的场所或环境中，以课程内容为中介，由教师的教和学生的学所共同组成的统一的双主体活动。或者说是由教师主体启发引导，学生主体有计划、有目的、有组织、积极主动地系统学习文化科学知识和基本技能，发展能力和体力，陶冶品德与情感，形成良好心理素质的活动。

一、课堂教学的任务

教学的任务是根据国家教育目的、学生身心发展的年龄特征和认识发展水平，以及教学本身的社会职能确定的。中小学教学的基本任务包括以下几个方面。

1. 引导学生掌握文化科学基础知识和基本技能

教学的首要任务是引导学生掌握科学文化基础知识和基本技能。基础知识是指形成各门学科的基本事实、相应的基本概念、原理和公式等一门学科知识的基本结构，它反映了学科文化发展的现代水平，确保培养人才的质量规格。技能是指运用一定知识，通过练习而获得的，能够在实践中顺利完成某项任务比较稳定的系统的活动方式。而基本技能，则是指各门学科中最主要、最常用的技能。例如，语文和外语的阅读、写作技能，数学的运算技能，物理、化学、生物学科的实验操作技能等。技巧是指技能经过多次练习而达到熟练的程度。教学中，教师要善于指导学生应用知识，化知识为技能、技巧，这是提高学习效率的重要保证。新一轮课程改革不仅教学要引导学生掌握基础知识形成基本技能，还要帮助学生形成正确的学习态度与价值观，掌握适合自己的学习方法。

2. 发展学生的能力，培养学生的创造才能

发展学生能力是使学生顺利进行学习的必要条件。为解决学生有限的学习时间与人类不断积累的巨量知识之间的矛盾，教学要发展学生的能力，以增强学生的学习能力和发展他们的自学能力，使学生的外在的知识、技能、技巧顺利地转化为他们的精神财富，青少年时期是能力发展的关键时期。一个中学阶段能力得到较好发展的人，对其终生将有很大的影响。因此，教学在向学生传授知识的同时，要十分注意发展学生的能力。

所谓创造才能，对于基本任务是学习人类知识的学生来说，主要是指能够运用自己已有的知识和智能去探索、发现和掌握尚未知晓的知识的能力。当然，有时也可以发现新的真知、创造出新的独特的具有社会价值的产品。创造才能不仅是能力发展的高级形式，而且是学生个人的求知欲望、进取心和首创精神，意志力与自我实现决心的体现。只有注意发展性教学，善于启发诱导学生进行思维操作，进行推理、证明，去解决创造性作业，才能培养学生的能力和发展他们的创造才能。

3. 培养学生良好的品德和审美情趣，奠定科学的世界观

教学永远具有教育性，这是一条客观规律。因为教学的方向、目的、任务和内容等，都体现着一定的社会要求，客观规定着教学必然是教书育人。教学通过传授和学习文化科学知识，使学生认识客观事物或内部现象以及事物之间的联系和关系，必须要符合辩证唯物主义的思想观点；他们在掌握自然科学和社会科学知识以及联系实际过程中，将提高自己的思想认识、道德修养和审美情趣；他们在班级的集体教学活动中，将根据一定的规范和要求来调节自己的思想和行为，这都会使学生具有良好的品德和审美情趣，并为形成科学的辩证唯物主义世界观打下坚实的基础。

4. 增强学生的体力，促进个性健康发展

体力是指人体活动的能力度，它包括人体活动的力量、灵敏度、速度、耐力等，体力发展是能力发展的基础，发展学生体力是教学的一项重要任务。青少年正处于长身体时期，其健康状况不仅关系到他们成年后的体质、脑力劳动和体力劳动的效率，而且关系到全民族的体质强弱；"健全的精神寓于健全的身体"，学生的学习活动是心理和生理协同活动的过程，人体的各个器官是相互联系、相互依存的，没有相应的体力保证，学生紧张的脑力劳动将难以进行。因此，教学必须通过传授和学习生理卫生、体育运动知识和技能，培养学生良好的卫生和体育锻炼的习惯。

个性即人的个性心理特征，有时也称为非能力因素。发展学生的个性是指发展学生的情感、意志、性格等良好的心理品质。因为这些是人活动的动力系统，如健康的情感能直接转化为学生学习的动机，成为激励学生学习的内在动力；坚强的意志会使学生在学习中排除阻力和干扰；坚强不屈的性格能使学生将学习进行到底。能力与个性互为因果、互相促进；在教学中发挥学生的个性和发展学生的能力同样重要。

教学这几方面的任务是在教学活动中统一实现的。几方面任务相互制约、相互联系，体现着全面发展教育各项内容的要求，保证教育目的的实现。

二、教学过程的基本阶段

教学过程是教师根据一定社会的要求和学生身心发展的特点，以大量的可控信息为主要刺激手段，使学生掌握知识体系，形成技能和促进身心发展的过程，具有间接性、引导性、简捷性等特点，教师、学生、教学内容和教学手段构成了教学过程的基本要素。通常可以将教学过程分为以下六个阶段。

1. 激发学习动机

人的一切活动都是由一定的动机引起的。学生进行学习同样是受一定的学习动机所支配的。学习动机是指引起、维持学生学习活动，并导致该学习活动趋向教师所设定目标的内在心理过程。需要、兴趣、思想和情感等都可能成为动机。学习兴趣是学生学习的直接动机，如果课程内容本身对学生很有吸引力，学生就会有强烈的求知欲。学习目的则是学生学习的间接动机，学生对学习目的的认识得越明确，学习的积极性就越高。学生学习时两种动机都起作用，但在多数情况下，直接动机更能推动学生去学习，教师要善于培养学生的学习兴趣，可以对学生提出引人思考的问题；可以讲述有趣的故事；可以演示引人注目、给人新知的直观材料；可以指出将要学习的新知识的重要价值等。

2. 感知教材

感知教材是教师通过直观和形象的方法，使学生感知学习材料，形成对事物的清晰表象，获得感性认识。学生的学习主要是掌握书本知识，这种知识对学生来说是前人实践经验的总结。要理解和掌握这种知识，学生必须有感性认识作基础，如果学生的感性认识丰富、表象清晰、想象生动，理解书本知识就比较容易；没有一定的直接经验作为基础，学习书本上的概念公式、原理等将"会生吞活剥"，为了使学生很好地理解书本上的抽象概念，就必须丰富学生的感性认识。

学生感性知识的获得主要是通过三条途径：一是根据所学内容，教师有目的地提供有关的实物和各种教具，进行各种实验演示，组织必要的参观、观察、实习等；二是通过教师生动形象的语言，巧譬善喻而获得的感性知识；三是通过适当联系已学过的教材使感性认识和理性认识相统一，在感知的基础上，通过有意识地联系旧教材，重新唤起学生已掌握知识中的感性认识，使原有的感知与新感知建立起联系，学生的感性认识就会更生动、更丰富、更形象。

3. 理解知识

理解教材是引导学生通过比较、分析、综合的逻辑思维方法和归纳、演绎等逻辑推理形式，把感知教材和书本知识联系起来，进行思维加工，形成概念，把握事物的本质和规律，使学生的感性认识上升到理性认识。

理解教材是教学的中心环节，因为教材的感知是深入理解的基础和预备，而其后的"巩固"和"运用"两个阶段是围绕这个环节来进行的。这一阶段的主要任务是教师在学生感知教材的基础上引导他们进行抽象概括，去粗取精，去伪存真，由表及里，由现象到本质，形成概念、判断、推理，达到认识规律、掌握理论，也就是获得理性认识。教师要恰当地选择典型性的感性材料，并运用典型说明教材中的主要问题，奠定理解知识的基础，并要注意给概念下精确的定义，帮助学生形成一定的概念体系。在深入理解阶段，教师必须有目的、有计划地引导学生概括、判断、推理，使学生逐步深入地理解教材。

4. 巩固知识

巩固知识就是把所学的知识牢固地保持在自己的记忆中。知识的巩固贯穿于教学的全过程，教学的每一个环节都要注意这个问题。巩固知识要求清晰的感知和准确的理解，但更重要的是进行各种形式的复习，复习可以使知识在记忆中的痕迹得到强化，形成牢固的联系。复习是防止遗忘的最好办法。学生的认识是通过教学比较迅速而便捷地获得人类积累的认识和经验，在很短的时间内掌握大量的书本知识。教师如果不在学生理解教材后马上引导并深入领会、反复记忆，那么，不仅随学随忘，而且会使下一步的学习缺乏坚实的基础，学习活动就难以进行，也就无法更好地运用知识。因此，在教学过程中，对已理解的知识进行巩固是必不可少的重要环节，是教学这种特殊的认识活动所特有的。

教师要注意指导学生进行记忆，发展他们的记忆力。在教学过程中，首先，教师要使学生明确记忆目的、任务，培养记忆兴趣，以增强学生记忆时的主动性和积极性。其次，要教给学生记忆的方法，使他们在真正理解、领会的基础上记忆，把意义记忆与机械记忆结合起来，把集中记忆和分散记忆结合起来，同时针对学生的年龄和特点培养他们的记忆力。

5. 运用知识

掌握知识的最终目的是运用知识。运用知识不仅是学生进一步学习新知识所必需的，而且也是他们参加社会实践活动所必需的。只有运用知识，才能形成技能、技巧，才能使他们学到的知识更加巩固，才能检验对知识的理解是否正确和全面。学生掌握了运用知识的方法，还可以提高分析问题和解决问题的能力，为其将来独立思考、独立工作打下坚实的基础。

学生对知识的运用，基本上有两种情况：一种是在教学中通过各种形式的作业练习，如解题、答问、实验和实习等来运用学过的知识；另一种是在生产实践和科学实验中运用所学过的知识。前者的特点是结合教学活动进行的，运用知识的范围较小，内容也比较单一，而且在性质上也不同于一般的社会实践。后者的特点是综合运用学过的知识，是培养学生在更大的范围内对知识的掌握和分析问题、解决问题的实践能力，在性质上已接近人们在社会实践过程中的知识运用。

6. 检查反馈

检查是教学过程必不可少的，检查可以发现学生对知识理解和掌握的情况，以便及时调节教学的内容、进度、方法，这样的检查在教学过程中随时可能进行，其方式非常灵活，如提问、检查课堂练习的完成情况。在阶段性的教学任务完成以后，还要进行总结性的检查，以便了解教学阶段性效果。为了培养学生学习的主动性和自觉性，教师还要培养学生自我检查的能力，如组织学生自查、互查、小组检查等。实践表明，只有那些能对自己所学知识、所做作业自主进行认真检查、验证的学生，才能在学习中及时纠错、精益求精，获得优异的学习效果，养成良好的学习习惯。

教学过程的几个基本阶段，对组织进行教学过程具有普遍的指导意义，但是，也要防止在运用中出现简单化和形式主义的倾向。

三、教学过程的基本规律

教学过程的基本规律是其内部各因素相互依存、相互作用，形成一些稳定的必然联系。弄清教学过程的基本规律有助于阐明教学的基本原理，能够指导我们比较科学地进行教学活动，提高教学质量。

1. 间接经验和直接经验相统一的规律

直接经验是个体通过直接参与实践所获得的知识，间接经验是从书本或他人那里获得的知识，也是他人或前人直接实践的产物，由于时间、精力、条件等因素的限制，人类的学习是以自身实践为基础，以间接经验的学习为主，并使两者有机统一起来。

(1) 学生以学习间接经验为主。个体认识世界始于直接经验，并随着直接经验的丰富而不断扩大认识范围。但个体生存和实践的时间和空间毕竟是有限的，不可能凡事都从实践开始，也不必重复人类已经获得的认识所走过的全部实践道路。所以，教学中学生学习主要是间接经验。学生主要通过"读书""接受"现成的知识，然后再去"应用"和"证明"。这是学校教学为学生精心设计的一条认识的捷径。在教学中，把人类世代积累起来的科学文化知识加以精选，编成课本，并由专门的教师指导学生学习，这样就可以避免人类认识史上所经历过的曲折和失败，使学生能用最短的时间掌握大量的系统的文化科学基础知识，同时还可以使学生在新的起点上继续认识客观世界，继续开拓新的认识领域。

(2) 学生学习间接经验必须以学生个人的直接经验为基础。侧重于理性认识的书本知识，对学生来说是他人的认识成果，是很抽象的、不容易理解的东西。学生要把这种书本知识转化为自己理解的知识，就必须以个人以往积累的或现时获得的感性经验为基础，要为教学提供条件许可的实践和丰富感性经验的活动，从而让学生真正掌握比较完整的知识。

(3) 要实现间接经验与直接经验相统一。在学生获得的知识中，书本知识的传授和学习应处于主要的和主导的地位，而直接经验则是辅助学生理解和运用书本知识的必要条件。在教学过程中，教师组织学生运用各种感官接触各种事物，体验生活，扩大感性认识，丰富直接经验，目的是帮助学生把抽象的概念同自己头脑中鲜明的表象结合起来，在理解事实和现象过程中学习书本知识。只有坚持以间接经验为主，辅之以一定的必要直接经验为基础，使间接经验与直接经验有机地结合起来，才能收到良好的效果。

2. 掌握知识和发展能力相统一的规律

教学不仅要使学生掌握知识技能，而且要发展学生的能力，掌握知识与发展能力是相互促进、相互依存的。

(1) 掌握知识是发展能力的基础，能力是在掌握知识的过程中发展。在教学过程中，学生能力的发展依赖于他们对知识的掌握。学生掌握的基础知识越多，理解得越深刻，就越有利于能力的发展。教学中如果离开掌握知识的基础去谈能力的发展，就成了无源之水、无本之木。人们常说"无知必无能"，是很有道理的。不爱学习，知识与经验都很缺乏的人，他的能力不可能发展得很好。

(2) 能力发展是掌握知识的重要条件。能力发展水平直接影响着学生掌握知识的进程、深度和广度。学生能力发展得好，才能深入地掌握知识；在学习中，才能举一反三、触类旁通。而能力发展较差的学生在学习中则有较多的困难。一个学生的观察力和思维力强，他对事物的观察就能及时并抓住主要问题，进行分析，对科学的概念和原理懂得快、用得活。只有注意发展学生的能力，才能帮助学生学得更好、更多、更主动、更灵活，真正使学生成为学习的主人。

(3) 掌握知识与发展能力相互转化的内在机制。知识不等于能力，学生掌握知识的多少并不完全表明其能力发展的高低。而发展学生的能力也不是一个自发的过程。必须探索两者之间相互转化的过程和条件，以引导学生在掌握知识的同时，有效地发展他们的能力，既要传授给学生的知识应该是科学的规律性的知识，又要科学地组织教学，根据学生的个别差异，启发学生独立思考、探索和发现，鼓励学生选择不同的学习方法和认知策略去解决问题，学会学习、学会创造，同时，要重视培养学生的参与意识与能力，提供学生积极参与实践的时间和空间。

3. 掌握知识和提高思想相统一的规律

在教学中，不仅要引导学生掌握知识，而且要使他们提高思想觉悟，掌握知识和提高思想相统一，反映了教学过程中教学的科学性和思想性的辩证关系。

在世界教育史上，第一次明确提出"教学的教育性"的德国教育家赫尔巴特指出："教学如果没有进行道德教育，则只是一种没有目的的手段；道德教育如果没有教学，就是一种失去了手段的目的。"

(1) 学生思想的提高以知识为基础。因为人们的思想观点和世界观的形成都离不开人们的认识，都需要以一定的经验和知识为基础。因此，在教学中，向学生传授科学知识的同时，要引导他们接触自然和社会，认识人生、社会和宇宙及其发展，并且要使学生深刻领悟知识，而且要善于引导和激发学生对所学知识的社会意义产生积极的态度，形成自己的善恶观念、爱憎情感和价值追求，为其树立正确的人生观、科学的世界观奠定良好的基础。

(2) 学生思想的提高又推动他们积极地学习知识。学生掌握文化科学知识的过程是一个能动的过程。不断提高学生的思想，端正他们的学习态度，树立远大的理想和抱负，就能给学生学习以巨大的动力，推动他们自觉地、主动地进行学习。

教学的教育性规律要求防止两种倾向：一种是单纯传授知识而忽视思想教育的倾向，持这种观点的人忽视教学的教育性必须经过教师给学生的积极影响，必须通过启发激励出学生对所学知识的积极态度才能得到实现；另一种是脱离知识的传授而搞空洞说教的倾向。这种思想教育显然是无本之木，不利于学生思想的提高。

4. 教师主导作用与学生主动性相统一的规律

教学过程是教师的教和学生的学组成的双边活动，学生是教师组织的教学活动中的学习主体，教师对学生的学习起主导作用。

(1) 教师在教学过程中起主导作用。教师闻道在先，学有专攻，并且了解学生的身心发展，决定着学生学习的方向、内容、进程、结果和质量，学生学习的主动性和学习的质量都有赖于教师的教导。教师的主导作用表现为引导、规范、评价和纠正学生的学习活动，影响着学生学习方式以及学生学习主动积极性的发挥，影响着学生的个性以及人生观、世界观的形成。其中学生学习主动性的调动，是衡量教师主导作用发挥的主要标志。教师主导作用的充分发挥，是学生简捷有效地学习知识、发展身心的必要条件。

(2) 学生是学习主体，发挥着参与教学的主体能动性。教师的教是为了学生的学，在教学过程中，必须充分调动学生的学习主动性、积极性。在教学过程中，学生作为学习的主体，其能动性具体表现在：受学生本人兴趣、需要以及所接受的外部要求的推动和支配，学生对外部信息选择的能动性、自觉性；受学生原有知识经验、思维方式、情感意志、价值观等制约，学生对外部信息进行内部加工的独立性、创造性。这里需要明确的是，学生的主体地位是在教师主导下逐步确立的。学生这个主体从依赖性向独立性发展是教师主导作用的结果。

(3) 建立民主平等的师生交往关系。教学过程是教师指导下伴随着情感交融的认识过程，它应该是师生共享教学经验的过程，在此过程中，师生共同明确教学目标，交流思想、情感，实现培养目标。在师生交往活动中，教师要善于创设和谐情境，鼓励学生积极学习，主动参与；善于从学生的年龄特征和个别差异出发，对学生提出严格的要求；善于洞察学生的内心世界，尊重学生的个性和才能；善于引起学生在思想和情感上的共鸣，培养学生自我调控能力，鼓励学生大胆创新，同时创设自我表现的机会，使学生不断获得成功的体验。如果教师与学生的两个积极性能相互配合，就能获得教学的最佳效果。

四、教学原则

教学原则是人们根据一定的教学目的，遵循教学过程的客观规律而制定的指导教学工作的基本准则和要求。教学原则是教育目的、教学规律、儿童身心发展规律的反映，也是人们成功的教学实践经验的总结。不同时期，由于我们所面临的问题不同，因而所提出的教学原则也有所不同。

1. 科学性和思想性相结合的原则

科学性和思想性统一的原则是指教学要以中国特色社会主义思想理论为指导，授予学生以科学知识，并对学生进行共产主义品德和正确人生观、科学世界观的教育。

科学性和思想性统一的原则，是一个有关教学方向性的原则，它既是教学永远具有教育性这一客观规律的反映，又是我国社会主义教育目的的必然要求。贯彻科学性和思想性统一原则的基本要求如下。

(1) 确保教学的科学性。教学的科学性是教学的根本要求。教学中传授的知识和采用的方法都应当是科学的，在思想观点上都是正确的。要做到论证合乎逻辑、举例可靠贴切、方法严格规范。至于科学上悬而未决的问题，中小学阶段课堂上一般不宜讲述。

(2) 注意挖掘教材中的思想性因素。由于各学科都有广泛的思想因素，社会科学具有鲜明的阶级性和思想性，如语文、历史等都是提高学生思想修养、进行人生观教育的重要教材；自然科学知识本身没有阶级性，但它体现着唯物主义思想和辩证法，是培养学生辩证唯物主义思想的重要基础。因此，在教学中要深入发掘教材内在的思想性，结合知识传授，联系实际、有的放矢地向学生进行思想教育，以潜移默化地影响学生。

(3) 要通过教学活动的各个方面进行品德教育。教师不仅要在上课时间向学生进行品德教育，而且还要通过作业、辅导、考试等各个方面，对学生提出严格要求，做到教书育人，培养学生主动自觉、认真负责的学习态度，以及勤奋学习、持之以恒、一丝不苟的良好习惯。

2. 理论联系实际原则

理论联系实际原则是指教学要以学习书本基础知识为主，并联系实际生活以理解知识、运用知识去分析问题和解决问题，做到学以致用。

理论联系实际的原则是人类认识规律的反映，也基于教学过程中间接经验与直接经验相统一的规律。它要求正确解决和处理教学中理性认识与感性认识的关系、学与用的关系。贯彻理论联系实际原则的基本要求如下。

(1) 进行书本知识的教学要注重联系实际。教学中教师必须注意联系学生生活经验和已有的知识、能力、志趣、品德的实际，联系科学知识在生产建设和社会生活中的实际运用；联系当代最新科学成就的实际。当然，在课堂上要联系哪些实际，应根据教学需要而定，这就要求教师进行创造性劳动。

(2) 注重培养学生运用知识于实际的能力。既要重视教学实践，如练习、实验、实习、参观等，又要根据教学的需要组织学生进行一些参观、访问、社会调查等社会实践。使学习书本知识与适当地参加实践活动结合起来。学生通过运用知识与实践，会丰富自己的直接经验，补充书本知识的不足，从而掌握比较完全的知识。

(3) 正确处理知识教学和技能训练的关系。在教学过程中要防止两种倾向：一种倾向是搞所谓的"开门办学""做中学"，不注重基础知识的系统学习；另一种倾向是搞经院式的闭门读书，完全把学生禁锢或封闭在学校内、小课堂里，单纯地听从教师的灌输，从理论到理论。只有将两者结合起来，学生才能深刻理解知识，掌握技能，达到学以致用的目的。

此外，要补充必要的乡土教材。由于我国幅员辽阔，各地各方面的差异很大，为了使教学不脱离实际，必须补充必要的乡土教材。

3. 直观性原则

直观性原则，是指教师要运用各种直观手段，引导学生观察，充分感知所学对象，使学生获得生动的表象，为正确理解教材、掌握科学概念打下基础。

直观性教学原则的理论依据有两个：一是学生掌握知识的认识活动的规律，即学生主要以学习书本间接经验为主，而书本知识必须以感性认识或经验为基础；二是学生的年龄特征和思维发展特点所决定的，小学四年级学生的思维才从具体思维到抽象思维过渡。贯彻直观性原则的基本要求如下。

(1) 正确选择直观教具和现代化教学手段。直观是手段，目的是通过直观更好地完成教学任务。因此，在运用各种直观方式时，要根据学科的特点和实际，根据教学的具体任务、教材的性质和难易程度、学生的年龄特点，正确选用直观教具。直观教具一般分两大类：一类是实物直观，包括各种实物、标本、实验等；另一类是抽象直观，包括各种图片、图表、模型、幻灯、电视、电影、录音等。

(2) 直观要与讲解相配合。教学中的直观不是让学生自发地看，而是要在教师的指导下有目的地观察，教师通过提出问题引导学生去把握事物的特征，发现事物之间的联系；并通过讲解以解答学生在观察中的疑难，帮助学生获得较全面的感性知识，从而更深刻地掌握理性知识。

(3) 要充分发挥语言直观的作用。教师用语言做生动的讲解、形象的描绘，能给学生以感性知识、形象生动的表象或想象，也可起到直观作用。同时语言直观还可以不受时间、地点和设备的限制而广泛被采用，尤其是对语文、历史等社会学科的教学具有特殊作用。因此，教师要在口头语言上下功夫，善于运用生动形象的语言，描绘事物及其发展变化，帮助学生理解和掌握知识。

4. 启发性原则

启发性原则是指教师在教学过程中要承认学生是学习的主体，注意调动学生的学习主动性，引导学生独立思考，积极探索，生动活泼地学习，自觉地掌握科学知识和提高分析问题与解决问题的能力。

启发性原则反映的是教学过程中教师主导作用和学生主体地位相统一的规律性，是一个古老的教学原则，中外历史上的教育家和教育著作中都有过论述，苏格拉底的"产婆术"、孔子所说的"不愤不启，不悱不发"、《学记》中"道而弗牵，强而弗抑，开而弗达"的教学要求，都强调教师的作用在于引导、激励、启发，而不是牵着学生走，强迫和代替学生学习。贯彻启发性教学原则的基本要求如下。

(1) 调动学生学习的主动性。学生的学习主动性受多个因素影响，如学生的兴趣、求知欲、情绪、态度、愿望。因此，教师要善于因势利导，使许多一时的欲望和兴趣，汇集和发展为推动学习的持久动力。在培养学生的学习主动性上，最主要的是充分发挥教材本身的吸引力，以它的情趣、意境、价值以及在社会生活、生产、科研和人类发展中的巨大作用，来激发学生的求知欲和积极性。

(2) 启发学生独立思考，发展学生的逻辑思维能力。在教学中使学生积极地思考，是启发的关键。在教学过程中，教师应根据教材和学生的不同特点，善于提出一些富有启发性的问题，引导学生进行分析、综合等思维活动，开阔思路，使他们从无疑到有疑进而去解疑，使学生的认识步步深入，以独立获取新知，发展其思维能力。

(3) 教给学生学习的方法，指导他们进行创造性的学习。教师不仅要用启发的方法教育学生，而且更重要的是要教会学生学习的方法。教师要引导学生进行发现式学习，引导他们多动脑、动口、动手，使其学会通过创造性学习去探索知识。

(4) 尊师爱生，建立民主平等的师生关系。教师要注意营造一种温暖、轻松、和谐的客观环境和心理环境，使学生感到心情舒畅，这样学生才愿意接受教师的教导，才会主动按照教师的期待规范自己的行为，产生期待效应，使期待成为实际行动。

5. 循序渐进原则

循序渐进原则是指教学要按照科学知识内在的逻辑顺序和学生认识发展的顺序进行，使学生系统地掌握基础知识和基本技能。

循序渐进原则是由科学自身发展规律和学生认识发展规律所决定的。科学本身有着严密的逻辑系统，其知识结构有必然的内在联系；学生的认识能力是从低级到高级循序渐进地发展，同样是有序可循。只有遵循这两个"序"组织教学，才能使学生掌握系统科学知识和技能，使他们由不知到知、由不会到会，逐步提高和发展认识能力，并学会系统地学习，养成系统的、循序渐进的学习习惯。贯彻循序渐进原则的基本要求如下。

(1) 要使学生打好基础，掌握好"双基"。基础知识和基本训练是构成学科体系的基干。为此教师要严格按照教学大纲和教科书的系统进行教学，不能随意增减，破坏知识的体系和完整性。

(2) 注意新旧知识之间的联系。在学生学习新知识时，要注意和已有知识联系起来，在已有知识的基础上，逐步扩大和加深，使新知识成为已有知识的合乎逻辑的发展，并把新知识纳入已有知识的系统之中。

(3) 要遵循由近及远、由浅入深、由易到难、由简到繁的认识规律。《学记》中说："学不躐等""不凌节而施谓之孙"。意思是说，教师要根据学生实际水平和认识特点进行教学，不能越级前进；否则，急于求成，欲速则不达。因此，教学中要严禁赶进度、搞突击等不符合渐进原则的错误做法；并且要分清主次，突出重点、难点，而不能不分轻重，平均使用力量。

(4) 要系统地检查学生知识，培养学生系统学习的习惯。教师通过必要的常规训练和系统的讲解，都可以培养学生系统学习的习惯。而系统地检查学生的知识更是培养学生踏实的、持之以恒的良好学习习惯的重要手段。

6. 因材施教原则

因材施教原则是指在教学中，教师既要注意学生的共同特点，又要照顾个别差异，从学生的实际出发，有的放矢地进行教学，使每个学生都能扬长避短，获得最佳的发展。

因材施教原则是学生身心发展差异性规律在教学中的反映，这一原则是为了处理好集体教学与个别教学、统一要求与尊重学生个别差异问题而提出的。宋代朱熹把孔子根据学生的不同特点概括为因材施教。贯彻因材施教原则的基本要求如下。

(1) 了解学生，从学生的实际出发进行教学。教师要深入调查研究学生，努力做到知才、识才，不仅要了解全班学生的一般特点，而且要了解每个学生的个性特点。只有这样，才能从学生实际出发，有的放矢地进行教学，做好长善救失的工作，使全班学生都按照教师的要求，在各自不同特点的基础上，发展、成才。教师在了解学生的基础上，要处理好一般和个别的关系。在面向集体教学的同时要善于兼顾个别学生。

(2) 正确对待个别差异，善于发现和培养具有特殊才能的学生。学生中的个别差异是客观存在的，教师在教学中不能搞"一刀切"，要按照他们的个别差异，区别对待，加强指导，使其都得到良好的发展。对在某些方面有特长和爱好的学生，要采取积极措施，加速其发展。对学习程度差的学生，更应呵护备至，循循善诱，既不能搞"揠苗助长"，也不能消极适应。

五、教学方法

教学方法是教师和学生在教学过程中，为完成一定的教学任务而采取的工作方法和学习方法的总称。它既包括教师教授的方法，又包括在教师指导下学生学习的方式方法。

教的方法与学的方法是统一的。教师如何教，学生就如何学。由于教师在教学中的主导地位，决定了教法对学法有指导作用，教师在选择教学方法时一定要考虑学生学习的方法，教与学是辩证的统一。在教学方法之中，实行启发式、废止注入式是教学方法的根本指导思想。

根据教学方法的外部形态和学生的认识活动的特点，通常把教学方法分成以下三类：以语言为主的教学方法，其共同特点是以语言为媒体传递教学信息，包括讲授法、谈话法、读书指导法等；以直观感知为主的教学方法，是让学生通过观察，获得具体、形象感性认识，主要包括演示法和参观法；以实践训练为主的教学方法，其特点是有计划地训练学生的技能，培养学生能力，并指导知识运用于实践，包括练习法、实验法、实习作业法等。

我国中小学常用的教学方法有以下几种。

1. 讲授法

讲授法是教师通过语言系统、连贯地向学生传授知识的方法。它的特点是教师自己的独白，便于在短暂的时间里，系统地传授较多的知识，有利于培养学生的逻辑思维能力，并能结合传授知识进行思想品德教育，提高学生的思想觉悟，使教师能充分发挥主导作用。

讲授法包括讲述、讲解和讲演。讲述是教师对某个事物或事实做系统的叙述和描绘。讲解是教师向学生解释、分析和论证概念、公式、原理。讲述与讲解各有所侧重，但在教学中常结合使用。讲演是教师对一个完整的课题进行系统的深入分析和事实论证，并在此基础上得出科学的结论。它要求有分析、有概括、有理论、有实际、有理有据，一般在中学高年级采用这种方法。

运用讲授法的基本要求是：①讲授内容具有科学性、系统性、思想性，既要突出重点、难点，又要系统、全面；②注意启发，讲授时举例不在多而在于典型，并善于提出问题，启发学生分析和思考问题，使学生透彻理解、融会贯通；③讲究语言艺术，力求语言清晰、准确、简练、形象、条理清楚、通俗易懂；讲授音量、速度要适度，注意音调的抑扬顿挫。

2. 谈话法

谈话法是教师根据学生已有的知识经验，提出问题，引导学生积极思考，使学生从所得的结论中获得新知识的教学方法。它的优点是：能激发学生的能力活动，使学生的思维处于积极状态；易于保持学生的注意和引起学生的兴趣；有利于发展学生的语言表达能力。不过，谈话时对问题的设计和对学生应答的引导难度较大，容易失控而脱离中心；谈话比讲授需要花费更多时间，也需要学生有一定的准备知识。

运用谈话法的基本要求是：①要精心设计问题和谈话计划，上课前教师要根据教学内容和实际，准备好谈话的问题和顺序，从一个问题引出和过渡到另一个问题。②提问要适合学生程度，有启发性，问题的表述方式应通俗易懂、含义明确。③提出问题要面向全班学生，启发大家思考，然后指定个别学生回答。④谈话结束时，要结合学生谈话的内容进行总结，对所提出的问题做出明确的结论。

3. 读书指导法

读书指导法是指教师指导学生通过阅读教科书、参考书获得知识和巩固知识，培养自学能力和习惯的方法。

运用读书指导法的基本要求是：①提出明确的目的、要求和思考题，让学生带着任务、问题学习，提高学生学习的积极性，让学生自主地掌握学习的方向、要求和质量，自主地调节自己的行为去实现学习目的。②教给学生读书的方法，引导学生掌握朗读、默读和背诵的方法，以及浏览、通读与精读的方法，学会使用工具书，如字典、辞典、索引、注释等，学会做读书笔记，如做记号、做摘要和摘录、写提纲和读书心得等。③适当组织学生交流读书心得，在个人阅读基础上，可适当组织学生开展讨论、笔谈、办学习园地等交流读书心得，以巩固和增强读书收获、培养学生读书的兴趣爱好。

4. 演示法

演示法是教师通过向学生展示实物、教具、示范性动作或利用现代化教学手段，使学生在观察中获取感性知识、发展能力的教学方法。演示法使用的器具有实物、模型、图片、图画、幻灯片、录像等。

运用演示法的基本要求是：①做好演示前的准备，演示前要根据教学需要，做好教具准备，选择典型的实物、教具；同时要先说明观察的重点，使学生集中精力观察演示对象的主要特征。②要尽可能让学生利用各种感官，充分感知学习对象，获得深入的感性材料。③演示要和教师的语言相配合，发挥教师的主导作用；教师还可在重点部分提示一些思考题，把感知与理解、直观和抽象思维结合起来，为理解教材服务。

5. 参观法

参观法是根据教学目的和要求，组织学生到校外一定的场所对实际事物进行观察、研究，从而扩大知识面，巩固知识或验证已学知识的一种教学方法。运用参观法的基本要求是：①参观前准备。确定参观的目的、地点和所需要观察的对象，向学生提出应注意事项和应遵守的纪律。②参观中指导。在观察时，引导学生去看最主要的东西，指导学生搜集有关资料，做好参观记录工作。③参观后总结。进行总结性谈话，把学生在参观时获得的知识予以概括，把感性知识上升转化为理性知识。

6. 练习法

练习法是学生在教师指导下，将知识运用于实际以巩固知识、培养技能技巧的教学方法。它的优点是：能使学生更加牢固地掌握知识；能使学生应用知识，形成技能、技巧，达到学以致用的目的；促进能力发展和能力形成；还能培养学生克服困难，形成顽强意志的优良品质。从练习的内容与方式看，练习的种类有：语言表达练习，解答问题练习，实验操作练习，绘画制图练习，作文和创作练习，体育、文娱、体能、技巧练习等。

运用练习法的要求是：①练习前，教师要使学生明确练习的目的与要求，根据情况可做出示范；②练习中，教师要进行个别指导，使学生掌握正确的练习方法，科学地分配练习时间；③练习后，要及时检查练习结果，进行分析和总结，指出优缺点，并提出改进的要求。

7. 实验法

实验法是指学生在教师的指导下，利用一定的仪器设备，通过条件控制引起实验对象的某些变化，从观察这些变化中获得知识，培养科研技能的方法。

运用实验法的基本要求是：①实验前要制订好实验计划，并做好各种仪器和用品的准备工作；②实验过程中，教师要进行具体指导；③实验结束时，教师要根据学生的实验情况作简明的小结，并要求学生写出实验报告。

8. 实习作业法

实习作业法是教师根据教学大纲的要求，组织学生在校内外参加实践活动和实际操作，将书本知识运用于实践的一种教学方法。运用实习作业法的基本要求是：①实习前，做好分组工作，并说明实习作业的任务要求；②实习中，教师要及时加强指导；③实习后，对学生的实习作业活动进行检查和评定工作，做好总结。

在教学方法的改革过程中，一些教育家因为特殊的教育目的，提出了许多著名的教学模式，国内的代表包括李吉林的情境教学、魏书生的六步教学、倪谷音的愉快教学，国外的代表包括布卢姆的掌握学习教学模式、斯金纳的程序教学、洛扎诺夫的暗示教学模式、加涅的信息加工教学模式、瓦根舍因的范例教学、布鲁纳的发现教学模式等。

任何教学方法都是为实现教学目的服务的。选择和运用教学方法要考虑教学目的和任务、学科和教材内容、学生的情况、教师自身的特点和学校现实条件，做到教学有法但无定法，贵在得法。

六、教学组织形式

(一)教学组织形式概述

教学组织形式，就是教学活动中师生相互作用的结构形式，或者说，是师生的共同活动在人员程序、时空关系上的组合形式。它要解决教学活动应怎样组织、教学活动各因素应怎样有效地加以控制和利用等问题。

教育史上先后出现的影响较大的教学组织形式主要有个别教学、班级授课、道尔顿制、分组教学、特朗普制等。

个别教学是指在同一时空内教师对学生逐个轮流地教；教师在教某个学生时，其余学生均按教师要求进行学习。我国奴隶社会的私学、封建社会的私塾和书院、欧洲古代和中世纪时期的学校都采取这种教学组织形式。个别教学最显著的优点是教师能根据学生的特点因材施教，使教学内容和教学进度适合于每一个学生的接受能力。但是采用个别教学，每个教师所能教的学生数量是十分有限的，因而教学效率不高。

16世纪，随着资本主义工商业的兴起和科学技术的进步，教育规模扩大，教育内容扩充，客观上要求教学组织形式也必须变革，班级授课制应运而生，捷克教育家夸美纽斯较早对这一组织形式从理论上加以说明并在实践中采用。其优点在于有利于发挥教师的作用，扩大了教育对象，比个别教学的效率高，然而，班级授课制不利于针对学生的个别差异开展教学，不利于学生个性的充分发展。

道尔顿制由美国教育家柏克赫斯特于1920年在美国马萨诸塞州道尔顿中学创建。按道尔顿制，教师不再通过上课向学生系统讲授教材，而只为学生分别指定自学参考书、布置作业，由学生自学和独立作业，有疑难时才请教师辅导，学生完成一定阶段的学习任务后向教师汇报学习情况和接受考查。学习任务按月布置，完成后再接受新的学习任务。道尔顿制由于忽视教师的系统讲授，忽视班集体的教育作用，加之对教学设施和条件的要求较高，在实践中容易导致放任自流和效率低下。

从20世纪初叶起，分组教学开始在一些国家出现。所谓分组教学，就是按学生的能力或学习成绩把他们分为水平不同的小组进行教学。分组教学类型主要有能力分组和作业分组。能力分组是根据学生的能力发展水平来分组教学，各组课程相同，学习年限则各不相同。作业分组是根据学生的特点和意愿来分组教学，各组学习年限相同，课程则各有不同。

特朗普制又称"灵活的课程表"，这是20世纪下半叶在美国进行实验的一种教学组织形式，由教育学教授特朗普提出。其基本做法是把大班上课、小班讨论、个人独立研究三种教学组织形式结合起来。首先是大班上课，把两个或两个以上的平行班合在一起上课，应用现代化教学手段，由最优秀的教师任教；其次是小班讨论，每个小班20个人左右，由教师或优秀学生负责，研究和讨论大班上课的材料；最后是个人独立研究，其中部分作业由教师指定，部分作业由学生自选。这三种形式的时间分配比例大致是：大班上课占40%；小班讨论占20%；个人独立研究占40%。这种教学组织形式是一种综合的教学组织形式，它试图将班级授课、分组教学和个别教学的优点结合起来。

走班制属于一种教学组织形式改革，它是指学生在教师指导下自主选择在不同层次的班级上课，是以固定的行政班和走动的学科分层教学班相结合的教学组织形式。由学生自主选择课程和教师，到适合自己学习水平的班级学习，因此学生在课程选择上具有一定的自主权，能够调动学生的学习主动性。

(二)教学的基本组织形式——班级授课制

1. 班级授课制及其特点

班级授课制也称班级教学、课堂教学，是根据年龄或文化程度把学生编成有固定人数的班级，由教师按照课程计划统一规定的内容和时数并按课程表进行教学的教学组织形式。

班级授课制的基本特点包括：第一，以"班"为单位，教师同时面对全体学生上课，班级人数固定且年龄和知识水平大致相同。第二，以"课"为活动单位。把教学内容以及传授这些内容的方法、手段综合在"课"上，把教学活动划分为相对完整且互相衔接的各个教学过程单元，从而保证教学过程的完整性和系统性。我们经常说的"新授课""复习课""练习课"等，就是指班级授课制的各种不同的课型。第三，以"课时"为时间单位，上课有统一的起止时刻和固定的单位时间。

2. 班级授课制的优点

班级授课制之所以被广泛地采用，成为当前我国基本的教学组织形式，是因为它具有以下优点。

(1) 有利于提高教学效率。一个教师能在同一时空里对几十名学生施教，较之个别教学，大大提高了单位时间的教学效率，适应大规模培养人才的需求。

(2) 有利于教学的系统性和连贯性。班级授课制对教学的时间、空间、人员组织、教学内容、学习进程等都有系统的安排和固定的要求，有利于教师按照课程计划的要求有目的、有计划、有系统地开展教学工作，确保学生循序渐进地学习和掌握各学科的系统科学知识，完成预定的教学计划。

(3) 有利于发挥教师的主导作用。班级授课制帮助教师在统一的教学计划的指导下，以教师的系统讲授为主，协调一致地对学生施加影响，能够发挥教师的主导作用。

(4) 有利于发挥集体的教育作用。年龄相近、心理发展阶段相同、认识水平大体一致的学生同处一班，容易形成结合型的学习集体，既有利于教师利用集体力量进行教育，又有利于学生之间取长补短、互帮互学，促进集体主义思想的形成与发展。

(5) 有利于加强教学管理。班级授课制有一整套严格的制度，如按年龄编班的分级制度，作息制度，课堂纪律与常规，学年学期和学周制度，招生、考试、升留级和毕业制度等。这些都有利于教学的制度化、规范化，保证教学活动的有序进行。

3. 班级授课制的局限性

当然，班级授课制也存在局限性，表现如下。

(1) 难以照顾学生的个别差异。在班级授课背景下，教学面向全班学生，步调统一，难以照顾学生的个别差异，不利于因材施教。

(2) 不利于发挥学生的独立性和自主性。班级授课制强调教师对教学活动的组织和领导，而教师对课堂教学的计划、组织和控制很容易限制学生的独立性。

(3) 不利于培养学生的探索精神。班级授课制由于学生规模较大，学生的学习也主要是接受性学习，课堂中留给学生思考和探索的时间往往比较有限，不利于培养学生的探索精神和实践能力。

(4) 缺乏灵活性和变通性。班级授课要求教学的时间、内容、进程都程序化、固定化，难以在教学活动中容纳更多的内容和方法。

因为班级授课制有其优越性，才被人们普遍接受和采用，并成为许多国家学校教学的基本组织形式。同时，班级授课制也有其局限性，需要随着时代的发展进行变革。但是，就目前的种种改革尝试来看，还没有一种更为健全的组织形式能完全取代班级授课制。下面谈及的个别教学和现场教学等还只能作为教学的辅助形式。

(三)班级授课制的辅助形式——个别教学和现场教学

现代教学除了采用班级授课制外，还要采用多种辅助的教学组织形式，以巩固、加深和补充课堂教学的知识，弥补课堂教学在照顾学生个别差异、进行因材施教方面的不足。这些教学的辅助形式活动空间往往在课外，不需要限定在课堂之内，活动的时间可长可短，没有固定的时限要求；对学生的要求因人而异，不需强求统一，活动形式灵活多样。

个别教学是指教师对个别学生进行教学的组织形式。由于班级授课制不能充分照顾学生的个别差异，因此个别教学是教学的一种重要的辅助形式，在教学中具有重要的意义。

现场教学是指依据一定的教学任务和内容，教师组织学生到生产或者生活现场进行教学的一种辅助性的教学组织形式。现场教学使学生获得了丰富、直观、具体的感性认识和直接经验，有助于学生理解和掌握课堂教学中所学的理论知识，激发学生的学习兴趣，有利于培养学生综合运用知识解决问题的能力，同时也有助于学生热爱生活、热爱劳动、热爱自然、关注社会等优秀品质的养成。现场教学可以作为课堂教学的补充，弥补课堂教学的不足。

(四)特殊的教学组织形式——复式教学

复式教学是把两个或两个以上年级的学生编在一个班里，由一位教师在同一节课里分别对不同年级的学生进行不同内容教学的一种教学组织形式。教师在对一个年级的学生教学时，组织其他年级的学生自学或做作业，并有计划地交替进行。复式教学是贫困偏远地区解决师资缺乏、校舍紧缺等问题的有效教学形式，虽然条件简陋，却锻炼了学生的自主学习能力，培养了学生的协作互助意识。

七、教学工作的基本环节

教学工作的基本环节包括备课、上课、作业检查与批改、课外辅导、教学评价等基本环节。其中，上课是中心，备课是上课的基础，作业检查与批改是上课的延续，课外辅导是上课的补充，教学评价为上课提供反馈信息，促进教学工作的改进与提高。

(一)备课

备课是教师上课前的准备工作，是上好课的前提条件。只有认真备课，教师才能更好地掌握教材和教法，加强教学的预见性和计划性，充分发挥教师的主导作用，从而保证教学任务的顺利完成，收到良好的效果。因此，任何一个教师上课前都应认真备好课。

教师备课必须做好三方面工作。

1. 钻研教材

钻研教材包括研究课程标准、研读教科书和阅读有关参考资料。这是备好课的基础。钻研课程标准主要弄清本学科的教学目的和任务、教材体系和基本内容，以及教学法上的基本要求。同时还要了解相关邻近学科的课程标准。

教科书是教师备课和教课的主要依据。教师备课必须先通读全书，熟练地掌握教科书的全部内容，了解全书知识的结构体系，分清重点章节和各章节的重点、难点和关键点。

为了更好地把握教学内容，教师还要阅读本学科的各种相关参考资料，特别是针对不同年级的同一学科知识体系应融会贯通，形成自己的知识体系，并能运用自如。

2. 了解研究学生

备课效果的好坏，关键是教师在备课中能否从学生实际出发。为此，教师要观察、了解和研究学生，包括了解学生原有的知识技能的质量，学生的兴趣、需要与思想状况，学生的学习方法和习惯等，对学生在学习中可能遇到的困难、可能提出的问题，做到心中有数。教师还要考虑自己的教学如何既要面向全体学生，又能因材施教。只有全面照顾、区别对待，学生各有所得，才能充分调动全体学生学习的积极性，教学才能卓有成效。

3. 考虑教法

考虑教法，就是考虑把已经掌握的教材，用什么方法教给学生。确定选用什么教法，要从教学任务、教学内容和学生发展特点、学校条件、本人特点等方面考虑。方法确定后，教师要对教材进行教学法上的加工，使教材的传授和每一步采取的教学方法结合起来，把教材的重点、难点和关键点变为教学中的主要活动，并且计划好学生的活动，同时还要考虑确定指导学生学习的方法。

4. 在做好以上工作的基础上写出三种计划

(1) 学期(学年)教学进度计划。学期教学进度计划是对一学期的教学工作所做的总的准备和制订的总计划，应在学年或学期开始前制订出来。它的内容有：对学生情况的简要分析；本学期教学的总要求；根据教学大纲、教科书列出一学期教学内容的章节或课题，以及它们之间的内在联系；每一课题的教学时数，需要用的教具、电教方法、参观、实验等重要教学活动的安排；提出教学改革的设想等。

(2) 单元(课题)计划。一个单元(课题)教学开始前，教师必须对这个单元的教学做全面的考虑和准备，并制订出单元(课题)计划。它的内容包括单元名称、本单元的教学目的、课时划分、课的类型、教学方法和必要的教具等。制订单元计划时，教师应明确本单元在整个学科知识体系中所处的地位与前后单元之间的联系。

(3) 课时计划，即教案。上课前，教师一定要写好并熟悉教案。教案是在课题备课的基础上，对每一节课进行的深入细致的准备。一个较为完整的教案应该包括班级、学科名称、授课日期和时间、教学目的、课的类型、教学方法、教学进程、教具和备注等(见表 9-1)。教师在编写课时计划时应注意详略得当。一般来说，新教师缺乏经验，需要写得详细些，有经验的教师对教材、教法比较熟悉，可以简略点。浅显的教材可以简略点；难度较大的教材应该详细些。课时计划标志着课前的准备，也是上课时的备忘录。教师的课时计划太简略，容易使问题考虑有疏漏；课时计划太详细，不便于在课上迅速扫视当时需要的内容。

表 9-1　课时计划

年级		班级		日期	
科目				课型	
课题				教具	
教学目标					
教学重点					
教学难点					
教学过程	教学内容			教学方法	
板书设计	基本板书			辅助板书	
教学反思					

(二)上课

上课，主要是指教师的课堂教学工作。充分的备课，最终要落实到上课。上课是整个教学工作的中心环节。要上好课必须了解课的类型、结构、一堂好课的标准和上课的技艺。

上课是提高教学质量最关键的一环。那么怎样才能上好每一堂课呢？必须以现代教学理论为指导，遵循教学规律，全面贯彻教学原则，灵活运用各种教学方法，此外，还必须遵守下列要求。

(1) 目标要明确。教学目标是一堂课的具体要求，既包括知识教学目标，也包括思想教育目标。具体地说，教师要明确这堂课要求学生掌握什么知识和技能、学会什么方法、培养何种情感、具备怎样的态度、形成什么样的价值观等。教学目标确定以后，教材的组织、教法的运用、课堂组织结构等，都应贯穿这一目标。

(2) 内容要正确。内容正确就是要保证教学内容的科学性、思想性和系统性。教师教授的知识必须是科学的、确凿的、符合逻辑的；教师教学技能或行为要符合规范，并要求学生做出的反应同样是正确的，如果不正确，教师要及时予以纠正。在科学性的基础上，从教材内在的思想性出发，有的放矢地对学生进行思想品德教育。在教材处理上，既要保证教材的系统性，又要突出重点、难点，使学生明确新旧知识之间的内在联系。

(3) 结构要紧凑，组织严密。一堂好课，教师必须精心设计和妥善安排各个环节和活动，做到结构合理紧凑，有严密的计划性和组织性。例如，该课的进程次序分明、有条不紊，课堂节奏进行紧凑，不同任务间过渡自然，课堂秩序良好。教师要有一定的组织管理才能，取得学生的积极配合，才能做到组织严密。

(4) 方法要恰当。教师要根据教学目的、教材内容和学生的实际情况，恰当地选择教学方法，创造性地加以运用，使学生学得生动、有趣，力求学生能领会并掌握所学的知识。方法本身无所谓好坏，但不同的方法有不同的适用范围。教师无论选用什么方法，都要坚持启发式，最大限度地调动学生学习的自觉性、积极性。

(5) 教学效果要好。课堂教学效果好主要体现在两个方面。首先，主要看单位时间内学生的学习质量和学习效率。其次，上课是教师和学生的双边活动，因此师生双方的积极性都要充分调动起来。教师教得投入、忘我、引人入胜，学生在教师的指导下充分发挥学习的积极性，学得津津有味。双方都应积极主动，相互配合，相互支持，共同促进。这样的课才称得上一节好课。

当然，各地教学任务不同，对课堂教学的要求也不尽相同。课堂教学是一门科学，也是一门艺术，教师们可以结合教学实际灵活开展教学工作。

(三)作业的检查与批改

布置与批改作业是整个教学工作的重要组成部分，是课堂教学的有效补充，其目的在于巩固和消化所学知识，形成技能、技巧，培养学生独立分析问题、解决问题的能力。教师也可从学生完成作业的情况中获得反馈信息，检查教学效果，调整和改进课堂教学。

课外作业的内容和形式主要有：阅读作业，如预习、复习教科书，阅读教科书、参考书，阅读有关文艺、科技等各种课外读物等；口头作业，如复述、朗读、背诵课文等；书面作业，如演算习题、写作文、绘制图表等；实践作业，如社会调查、课外实验、实地测量等。

布置批改作业应注意以下几点。

(1) 布置的作业应符合教学大纲和教科书的要求，要紧扣课堂教学的内容，应有利于巩固和加深理解所学的基础知识，形成相应的技能、技巧，培养学生的能力。作业要具有代表性和典型性。

(2) 作业分量要适中，难易适度。要坚持克服"题海战术"，防止学生作业负担过重；

更不能把作业当作惩罚手段，给学生造成心理压力。

(3) 布置作业要提出明确的要求，规定具体完成的时间，对比较复杂的作业，教师也可适当提示，但这种提示应是启发性的，不能代替学生的独立思考。要培养学生独立完成作业的习惯，要对学生完成作业的方法进行必要的指导。

(4) 对学生作业应及时批改，以便掌握学生的学习情况。批改时应注意学生作业错误的数量、性质，并分析产生的原因，以便有针对性地讲评。批改作业要做到细致、认真，评分公正，评语恰当，收发及时，定期讲评。

(四)课外辅导

课外辅导是课堂教学必要的辅助形式，是因材施教、提高教学质量的重要环节。它是上课的一种补充和延续，而不是上课的继续和简单重复。

课外辅导一般有个别辅导和集体辅导两种形式。课外辅导的任务和内容有：给学生解答疑难问题；指导学生完成课外作业；给学习基础差的学生和因病因事缺课的学生补课；对全班学生在学习方法、学习态度上给予指导；对学习成绩优异或某方面表现出特殊才能的学生"开小灶"，给予个别指导，帮助他们更好地发展。教师要重视课外辅导，做到课内课外相结合，一般与个别指导相结合。

课外辅导必须从辅导对象的实际情况出发，确定辅导内容和具体措施，这样有针对性地辅导才能收到实际效果。辅导时要注意启发，开阔思路，调动学生学习的积极性。同时，课外辅导只有在保证课堂教学质量的前提下，才能发挥更大的作用，不要把课外辅导变成上课。

(五)教学评价

教学评价是指依据教学目的，运用教育学和心理学的理论，对教学工作质量所做的科学判定。它包含对教师教和对学生学的评价，具体表现为课堂教学的评价、教师教学质量的评价和学生学习质量的评价等。具体内容可以参照第十章。

第二节　综合实践活动

一、综合实践活动的性质

不同于一般意义上的课堂教学，综合实践活动以学生的兴趣和需要为出发点，由学生通过自己组织一系列的活动进行学习，获得直接经验，掌握解决实际生活问题的知识，培养兴趣、能力和发展个性，强调动手做，手脑并用，脱离开书本而亲身体验生活，以促进学生的认知、情感、行为的统一协调发展。

综合实践活动对于培养学生具有永不满足、追求卓越的态度，培养学生发现问题、提出问题、解决问题的能力具有重要意义，学生从学习生活和社会生活中获得的各种课题或项目设计、作品设计与制作等基本学习载体中，获取直接经验和综合信息，构建自身完整的知识结构。

二、综合实践活动的基本理念

1. 坚持学生的自主选择和主动参与，发展学生的创新精神和实践能力

中小学生已经具有一定的抽象思维能力，他们思维活跃，具有强烈的探究欲望，在知识和能力方面具有一定基础，不满足于对书本知识进行简单的死记硬背，学校要引导学生要形成问题意识，善于从日常生活中发现自己感兴趣的问题；学生要善于选择自己感兴趣的课题，自主制定学习活动方案。在课题的开展阶段，可以采取个人独立探究、小组合作探究、班级合作探究、跨班级与跨年级合作探究、学校合作探究等多种多样的组织方式进行自主学习、研究性学习；在课题的探究过程中引导学生对自己感兴趣的课题持续、深入地探究，避免浅尝辄止。

2. 面向学生完整的生活领域，为学生提供开放的个性发展空间

密切关注学生与生活、与社会的联系，满足学生多方面的发展需要是综合实践活动的基本出发点。综合实践活动致力于超越书本，超越体系化的教材，超越封闭的课堂，面向学生完整的生活领域，从学生与自然、学生与社会、学生与自我发展三个维度，整体上把握活动的内容。在开放的空间中引领学生走向现实的社会生活，促进学生与生活的联系，增长学生对自然、对社会的实际体验，促进学生的个性发展，提高综合实践能力。

3. 注重学生的亲身体验和积极实践，促进学习方式的变革

综合实践活动立足于变革学生在教育情景乃至在一般的生活情景中的学习方式和生活方式。强调学生通过研究与实践，构建一种积极的、生动的、自主探究合作的学习方式，逐步掌握科学方法，大力倡导探究发现、大胆质疑、调查研究、实验论证、合作交流、社会参与，社区服务能力以及劳动和技术教育等作为重要的发展性教学活动，通过操作考察、实验、探究等活动解决问题，感受生活，感受探究过程带来的乐趣。

4. 着眼"问题"解决，重在方法过程体验

综合实践活动发现和确定研究的问题是活动实施的前提，让学生发现问题、解决问题，为学生认识世界和感受生活创造了良好的条件，为学生编织了一条与他们所处的现实世界发生联系和相互作用的纽带。为了让学生在问题解决过程中切实认识世界和感受生活，活动组织者要努力创设情境，循循善诱地引导学生对自己感兴趣的问题"亲历实践，深度探究"，以培养学生对问题的敏感，形成问题意识和提高发现问题的能力，获得对自我、社会和自然之间内在联系的整体认识和深刻感受。同时，关注学生在活动过程中的积极体验和科学方法的习得是综合实践成功的关键，要着眼于对学生科学方法的训练，使学生了解获得科学结论必须遵循的一般程序和方法。

三、综合实践活动课程的特点及实施的原则

1. 综合实践活动的特点

综合实践活动具有以下几个特点。

(1) 实践性。综合实践活动强调学生亲身经历，要求学生积极参与到各项活动中去，在"做""考察""试验""探究""设计""创作""想象""反思""体验"一系列活动中发现和解决问题，体验和感受生活，发展实践能力和创新能力。在探究中侧重所学知识的应用，并在运用过程中学习新知识，学习新方法，强调做中学、学中做。

(2) 开放性。综合实践活动在内容上打破学科界限，不但各校不同、同校各年级不同，而且同一年级之中各班不同，同一个班不同的学生研究的问题也不同。活动方式灵活多样，可以是个人独立研究，也可以是研究小组集体攻关、搞实践调查、实验验证、理论探索、撰写调查报告等。学生可以把教室、校园、家庭、社会作为自己活动的空间，开展多个学习的机会和体验。在综合实践活动中教师与学生的关系是平等的，教师是组织者、参与者、合作者，与学生共同探讨、共同研究、共同进步。

(3) 自主性。综合实践活动注重学生能积极主动地去探索、去尝试、去谋求个体创造潜能的充分发挥，使学生能主动接触社会生活实际、关心社会、关心他人、培养社会责任感。学生可根据自己的兴趣、爱好、特长去选择研究课题，自主地去研究、去探讨、去收集资料，自主撰写报告、论文及答辩，整个研究过程全都由学生自己完成，充分展示学生自信、自立、自强的精神风貌和学习的自主性。

(4) 生成性。综合实践活动是师生双方在其活动开展过程中逐步建构生成的，而非根据预定目标预先设计内容程序。随着实践活动的不断开展，学生的认识和体验不断深化，创造性火花不断迸发，新的活动目标和主题将不断生成。新的目标、新的主题涵盖了创新与实践、科研能力与科研态度、科研习惯、研究技能与方法、社会责任感等德、智、体、美各个层面的内容。

2. 综合实践活动课程实施的原则

(1) 自主性原则。自主性原则就是指在教师进行指导时坚持一切活动由学生自主进行，包括提出的研究课题、小组合作、寻找信息、实施活动、表达成果等一切活动都必须由学生自己来完成。学生的思想与行为都是自由的，从活动实施到结束，学生始终是主宰者和控制者，而不是教师的追随者或附庸。但自主性并不是否定教师的作用。学生的自主性恰恰意味着学生对教师指导的需要更强烈了，教师在活动实施中对活动研究方案、研究方法等必须做好充分准备，在指导中明确自己的角色，不包揽学生的工作。

(2) 开放性的原则。开放性是指综合实践活动的目的、方法、结果都应当是开放性的。教师在指导过程中要具体问题具体分析，允许不同意见的存在，允许大胆想象和不断尝试，不断生成新内容，即使研究失败了，对学生的创新精神也是一次很好的培养。在失败的基础上，指导教师须帮助学生找出失败的原因，从中悟出道理，找到正确研究的方法。

(3) 灵活性原则。灵活性原则是指教师的指导灵活，既可以提供研究条件，也可以帮助学生树立自信心；既可在小组活动之前，也可在小组活动之后；既可以直接参加到活动中，也可以始终在幕后，及时发现学生存在的困难并给予指导。对于教师来说，学生研究的课题种类增多，知识面变广，教师就得不断学习、终身学习，与学生共同研究、共同发展。

(4) 过程性原则。过程性原则是指教师应对学生具体的研究过程给予极大的关注，而不是仅仅关注结果。教师对学生的学习过程要认真加以指导和帮助，对学生在研究中的错误要能够容忍，允许学生犯错误。学生在改正错误的过程中可以学到更多的东西，对所犯的错误记忆更深刻，更有利于学生的成长。

四、综合实践活动课程的目标

综合实践活动的总体目标是把培养学生的基本道德和思想政治素质、创新精神和实践能力放到突出地位，特别要求学校教育的各个环节尽力地渗透思想政治与道德教育，它从以传统教育"三个中心"转向关注学生的全面发展，强调内容的现代化，加强综合知识与学生生活的联系，建立研究性学习等活动教学模式，使学生形成对自然、社会、自我等整体认识，发展对自然的关爱和对社会、对自我的责任感；形成从自己的周围生活中主动地发现问题和独立解决问题的态度和能力；提升实践能力，提升对知识的综合运用和创新能力；形成终身学习的习惯，掌握搜集信息、获取知识的基本方法；养成合作、分享、积极进取等良好的个性品质。

具体而言，综合实践活动的目标体现为以下几个方面。

(1) 创新意识。引导学生在各种实践活动中积极动脑思考，善于发现问题，敢于提出自己的独立见解，乐于探索新的事物。

(2) 实践意识。引导学生在各种活动中综合运用所学知识和技能，获得多方面的直接体验，培养理论联系实际的学风。

(3) 主体意识。引导学生在积极参与各种实践活动中加深对自我能动性的认识和体验，建立责任感，培养自主学习、主动学习的志趣和情感。

(4) 合作意识。引导学生积极参与集体活动和社会实践活动，培养集体主义精神和为他人、为社会服务的精神，形成为实现共同目标而团结互助、尽职尽责的态度。

(5) 发现问题的能力。通过各种实践活动，帮助学生提高敏锐的观察力。

第三节　网　络　教　育

一、网络教育的界定

1. 远程教育与网络教育

现代网络教育则是指通过音频、视频以及包括实时和非实时在内的计算机技术把课程传送到校园外的教育，是随着现代信息技术的发展而产生的一种新型教育方式。

远程教育在中国的发展经历了三代：第一代是函授教育，这一方式为我国培养了许多人才，但是函授教育具有较大的局限性；第二代是20世纪80年代兴起的广播电视教育，我国的这一远程教育方式和中央电视大学在世界上享有盛名；第三代是20世纪90年代兴起的以计算机和互联网为核心的网络教育。

网络教育是指由特定的教育组织机构，利用电视和互联网技术，收集、设计、开发和利用各种教育资源，构建教育环境，帮助和促进学生以网络学习为目的的所有实践活动的总称。网络教育在特定背景下能够发挥了巨大的作用。在2020年以来的新冠肺炎疫情期间，线上网络教育帮助各级各类学校实现了"停课不停学"的阶段性目标。

2. 网络教育的特征

(1) 师生在时空上的分离。

教师和学生在时空上的相对分离是网络教育的首要本质属性，学生不能像在传统教育中那样，可以得到教师直接和持续的指导，需要学生对网络学习过程和结果形成自我负责的意识和责任感，并愿意采取主动的学习策略，合理安排个人学习时间，努力克服各种心理障碍，保持学习的积极性，确保自己能够顺利地完成网络学习任务。网络教育的教师工作方式以及教师的角色、作用和能力都有别于传统的课堂教育。分离并不是完全永久性的，也就是说网络教育中并不完全排斥面对面交流，但是从整体看，网络教育教与学的行为在时空上通常是分离的。

(2) 以特定的技术环境、教育资源和教育媒体为基础。

网络教育的本质是实现跨越时间、空间和社会文化心理的教学活动，网络教育中的学习也因为时空分离发生了变化，需要特殊的方法和支持。在网络教育过程中，网络媒体与技术是关键因素，对各种教育技术和媒体资源的开发和应用，是网络教育赖以存在的基础，面对面的人际交互不再是网络教育的主要教学形式。网络学习的结果在一定程度上依赖于网络媒体的功能和学生使用网络的水平，学生与教师以及其他同学的交流经常通过论坛、博客、QQ、MSN 或者电子邮件等交流工具进行。学会使用各种媒体，并习惯利用各种媒体环境中的学习资源是学习者最基本的素质要求。如果学生不能够熟练利用媒体进行自学和交流，就很可能导致学生学习的失败。网络等信息技术不仅支持分离状态下学生与教师的交流，而且为学生与学生的交流提供了桥梁和虚拟教育社区。学生与学生的交互是现代网络教育的新维度。

(3) 以双向通信为基本方式。

网络教育中教师和学生通过双向通信实现教与学行为的联系，交互和整合是其基本方式。教育信息在教师与学生、学生与学生之间传递，传统课堂教学中的双向通信机制和多向通信机制是面对面的，而网络教学中的双向通信机制主要是非面对面的，是基于一定的通信技术和网络技术基础上的。

二、网络教育的作用

1. 网络教育克服了传统教育的不足

首先，现代教育需要大量的教育经费、教室、图书馆、实验室和其他教学设施，使传统教育难以满足许多人接受教育的需求，同时紧张的师资也不能应对不同年龄阶段人们多样化且日趋复杂的情况。其次，传统教育系统不能解决时间和空间的限制与束缚，使人们在兼顾工作、家庭、社会职责与义务的同时接受教育的障碍增多。最后，流动人口自身及其子女的教育问题、各行各业的培训需求等都对传统教育带来了巨大的压力。信息技术的进步，使信息在瞬间可以流遍全球，凭借信息技术，教育和信息资源可以全球共享。由于语言的障碍，至少可以做到用同一语言制作的学习材料在使用这一语言的人群中共享。

2. 网络教育在促进教育机会公平方面有着独特优势

网络教育具有更大的灵活性和开放性，摆脱了时空、年龄、性别等限制，扩大了教育规模，增加了受教育机会，使得分布在广阔地区、处于不同条件下的学员和从事不同职业的人，以及社会经历、学习经验各异的各类学员，都能够得到学习的机会，尤其是对无法利用传统教育资源和设施、身体残疾或社会处境不利的成员，以及在学龄期间失去了学校教育机会，或由于各种社会和心理原因不愿或不能返回校园学习的人们，提供了较为均等的受教育机会。现代网络教育使教与学更加开放化、多样化和个性化，能够适应学习型社会对全民教育和终身学习的多元化需要，双向交互的电子通信技术和计算机网络信息技术，使地处穷乡僻壤的学员可以于千里之外甚至是地球另一端的教育者即时交流以及向最优秀者请教；网络的即时性特点可以使学员迅速获得最新的信息和知识。而且，网络教育的规模优势是传统教育难以企及的，无论是在资源共享还是克服客观条件制约等方面，网络教育都发挥了其自身的独特优势。

3. 现代网络教育推动终身学习的实现

终身学习体系要求各级各类教育打破隔离、分割状态，互相衔接沟通、扩展延伸，从而适应人们终身学习的需要。网络教育的发展正在使得各级各类教育的功能不断扩大，能够互相衔接沟通。扩展延伸的途径打破了各类教育相互隔离的状况，以逐步做到相互沟通，使建立终身学习体系的目标能够成为现实。

4. 网络教育推进了学习的个别化和个性化

网络教育因其教育目的、内容、方法的极大丰富和多重组合，学习手段的多元选择，学习支持的日趋完善等，为学习者提供更多选择的同时大大推进了学习的个别化和个性化。

当然，我们也清楚地认识到，网络教育既有优点又有缺点，其优点主要体现在信息高度共享，容易实现个性化教学，教与学在时间、空间上可以不同步。其缺点主要体现在教学过程中的交互性差，学生对学习过程中遇到的问题不能及时有效地向教师提出，教师也不能实时给予清楚明晰的解答，学生对教学内容的深度、广度把握不准，进而影响教学质量。尽管网络教学过程中广泛使用了增强交互性的 BBS、MSN 等技术，但与传统教学过程中师生面对面的沟通相比，其效果要逊色得多。

三、网络教育的实施

1. 网络教育组织模式

网络教育组织模式可以分为个体化学习模式和集体学习模式，也即个别学习和班组学习两种模式。其最重要的差异在于：班组集体教学方式是建立在同步通信基础上的，教师和学生必须进行实时交流。而个别化学习方式是建立在非同步通信基础上的，在学生的家庭里创造出学习环境，学生可以在适合的时间进行学习。两种学习模式在本质上同教育资源的传输和发送模式有关。

2. 对学生的要求

网络教育的特点决定了网络学习以自学为主，学生的大部分学习时间与教师、同学是分离的，没有教室，更没有课堂的氛围，这些特点会使许多刚刚开始网络学习的学生不可避免地遇到一些困难或有些不习惯。因此，网络学习要求学习者首先应具备两方面的品质，即学习的动力与学习方法。

参加网络学习的学生，其学习动机各种各样，在长期的学习过程中能否保持学习动力是决定其学习成败的关键。学会学习已成为 21 世纪教育的四大支柱之一，对于网络学习者来说，在具体的学习过程中，不能只接受一个答案，或是等待教师告诉你该持什么样的观点或立场；也不能只局限于到某本书或教材的某章某节上去寻找答案。积极的学习者会主动尝试多种解决方法，建立自己的想法，经过主动探索后决定自己要做什么、该怎么做。要尝试在学习的过程中主动探索、主动思考，努力理解自己所学的东西。

3. 教学要件

教学要件包括供学生自学所用的教学文本课件、网络视频教程、在线测试题库、网上作业等，学习者首先要掌握相应的使用技能，然后可以反复利用相关资源进行学习与检测，还可以在教学论坛中与任课教师、其他学生进行有效的交流。

四、移动学习

当前，人们由于地理空间流动性和弹性学习需求的增加而使用移动终端设备进行学习的一种新型学习方式，称为移动学习。移动学习实现的设备形状小、重量轻，便于随身携带，无须连线；使用者在移动中也可以很好地使用。在智能手机普及的时代，网络学习者在家中、工作场所中、旅行中都可以享受到网络教育机构的学生支持服务，接收到学习材料，并与其他同伴取得联系。

有学者提出，网络学习、电子学习和移动学习是网络教育的三个发展阶段。移动学习的移动性、情境相关的特点使得其成为一种完全不同于电子学习、网络学习的全新学习技术与方式。

五、"疫情"期间的线上教学实践

2020 年以来，突如其来的新冠肺炎疫情，给世界各国带来的巨大冲击，也影响了各国教育教学活动的正常进行。我国各级各类学校学积极响应"停课不停学"号召，充分利用现代化教学手段，全面开展线上教学活动，推动信息化与教育教学的深度融合。

"疫情"期间线上教学属于网络教育的在规模运用，尽管实现了"停课不停学"的目标，仍然暴露出各种各样的问题，主要表现在以下几个方面[1]。

一是网络卡顿和信息化资源不足，在对影响学生线上学习效果的因素调查中，有许多学生反映在线上学习过程中，经常出现网络卡顿现象，不仅耽误学生上课时间，而且十分影响听课效果。此外，学校信息化资源建设不足，提供给学生的优质课视频、微课等相关教学资源有限，不能很好满足学生的学习需求。二是教师信息技术能力不足，表现在对网络教学平台的使用和操作不够熟练、不能对线上课堂进行有效的管理、没有充分利用线上

---

[1] 杨美，裘国永. 中小学线上教学情况的现状调查与对策研究[J]. 科教导刊，2021(10).

教学平台提供的数据等。三是学生自主学习能力和自我管理能力不足，如学习缺乏目标和动力、上课注意力不集中、玩手机电脑时间太长从而影响视力等。四是线上教学方式大多是"以教为主"，师生互动和学生之间相互交流较少，学生的参与感和积极性不高。

这就需要各级学校加强基础教育信息化建设，提升教师信息技术应用能力。而是广大教师应该充分利用线上教学的优势，着力培养学生自主学习能力，积极鼓励学生进行课前预习；利用丰富的线上教学模式，加强师生互动，增强学生课堂参与度、延长学生课堂精力集中时间；通过灵活的授课方式、个人教学魅力，以及课程内容的吸引度，不断增强学生对课程的热情；采用形式广泛的师生交流，不断拉近师生间的距离，切实做到问题及时反馈、知识及时吸收，以学促教、以教助学、教学相长。我们只有充分发挥线上教学优势，努力规避劣势，才能使线上教育高质高效地服务于高水平人才培养体系[①]。

实 践 指 导

(1) 根据专业设计一份中小学的课程教案，要求目标明确，重点、难点突出，教育过程完整，时间分配合理，能够体现一定的教育理念，并根据此教案，录制10～15分钟的教学视频，与其他同学共同评议教学片段。

(2) 观摩一次中小学的课堂教学，分析该教师采用了哪些方法，遵循或违背了哪些教学原则。

问题与思考

8-1 试谈掌握知识与发展能力的必然联系。

8-2 教师怎样进行备课？

8-3 评价一堂课的标准是什么？

8-4 综合实践活动的设计要求有哪些？

8-5 分析网络教育的本质。

参 考 文 献

[1] 岳刚德，苏一波，周俊平.课程与教学论[M]. 成都：电子科技大学出版社，2019.

[2] 余娟. 小学综合实践活动[M]. 北京：北京师范大学出版社，2013.

[3] 陈丽. 网络教育[M]. 北京：高等教育出版社，2011.

[4] 王本陆. 课程与教学论[M]. 3 版. 北京：高等教育出版社，2017.

---

① 咸慧. 线上教学实证调查与教学反思[J]. 科教导刊，2021(12).

第九章　德育与班主任工作

本章提要

- 学校德育具有重要的意义，要遵循德育过程的基本规律、原则。
- 学校德育的方法有说服法、榜样法、品德评价法、陶冶法、实践锻炼法等。
- 学校德育可以通过各科教学、班主任、团队活动、社会实践等途径进行。
- 班主任需要具备多方面的素质，主要工作是组织培养良好的班集体，促进学生的全面发展。
- 班主任的工作要遵循其基本要求。

第一节　学　校　德　育

班主任和德育工作与教学工作一样，是学校教育的重要组成部分，只有重视德育和班主任工作，才能完成立德树人的根本任务。

一、德育的内涵

1. 学校德育的界定

学校德育有狭义与广义之分，狭义的德育仅指道德品质教育；而广义的德育则泛指教育者把一定社会的政治原则、思想观点和道德规范，转化为受教育者的思想品德的社会实践活动。换句话说，德育是一种培养学生社会理想人格，造就优秀道德品质，调节社会行为，形成良好社会舆论和社会风气的重要教育活动。它相对于体育、智育而言，在我国，是政治教育、思想教育、道德品质教育及心理教育的统称。

各国对德育的称谓不尽相同。英国、法国称为"公民教育"；德文中的公民教育具有三种含义：一是指培养主动而负责的国民政治教育；二是指养成健全人格的伦理道德教育；三是继承文化道德的民族精神教育。美国等一些国家把政治教育、公民教育和道德教育分开设课，这种称谓的变异，实际上是各国在推行学校德育形式上的不同，其内涵基本上都包括了三个方面：一是公民教育，突出个人与政府和社会的关系；二是政治教育，强调培养公民的政治意识；三是道德教育，注重培养个人的道德品质。

中国古代把道德与政治作为一件事的两个方面。孔子强调政治、道德和教育是三位一体的，儒家主张"格物、致知、修身、齐家、治国、平天下"，道德为政治服务，政治通过道德的途径得以实现，使道德与政治相互渗透。《孝经》用"孝"作为培养忠君的顺民和防止犯上作乱的工具。因此，广义的德育包括道德教育、思想教育、政治教育，它们相互渗透，是不可能截然分开的。

2. 学校德育的意义

不同的社会和阶级都非常注重道德教育，采用了许多形式和方法来积极推动道德教育，并由此建立起有利于稳定社会的道德教育体系和道德教育理论。

德育对社会的政治、经济、文化的发展具有重要作用。国家政治法律制度的民主化，公平正义、诚信友爱、安定有序社会的建立，可持续发展经济体系的形成和发展，先进文化的传播，都需要具有良好道德品质和科学价值观念的人才。西方一些国家曾经一度忽视学校德育，结果导致物质财富高速增长与社会道德水准急剧下滑的尴尬局面，在建设和谐社会的过程中，我们应吸取这一教训。

今天的学生是 21 世纪的栋梁，代表着国家和民族的未来。他们的理想信仰、思想道德和科学文化素质如何，直接关系到 21 世纪我国的面貌，关系到我国社会主义现代化建设战略目标能否实现，关系到能否坚持党的基本路线一百年不动摇。我们必须站在历史的高度，以战略的眼光来认识新时期学校德育工作的重要意义。

从国际方面来看，国际形势动荡不安，世界上的各种矛盾在不断地加剧着，斗争十分激烈。国际反动势力趁机运用各种手段攻击马克思主义，诋毁社会主义，宣扬资产阶级的民主、人权，渗透资产阶级的人生观和腐朽的生活方式。这一切对小学生必然带来消极的影响。

从国内方面来看，虽然形势很好，但是消极因素的影响也不可低估。社会主义市场经济体制的建立，使我国的社会主义现代化建设事业又迈上了一个新台阶。随着改革开放的深入发展，人们的思想也有了明显的进步。但也出现了一些消极的现象，如拜金主义、享乐主义、极端个人主义等，这些都在所难免地对小学生产生负面影响。

由此可见，在现今社会，加强小学思想品德教育工作，不仅在战略上有其重要性，而且在现实上也有其迫切性。

二、德育过程的规律

德育过程的本质是在实践基础上的社会思想道德个体化、个体品德社会化的统一，其过程有着内在的、必然的规律。

1. 德育过程是培养学生知、情、意、行的过程

学生思想品德是由知、情、意、行四个因素构成的，德育过程是对学生知、情、意、行的培养提高过程。

(1) 知是指道德认识或道德观念，是人们对是非、善恶的认识、判断及评价。道德认识包括道德知识和道德判断两方面。道德知识是青少年学生对一定社会的政治、思想及道德规范准则的认识和理解。在掌握道德知识的基础上，对某些事物的是非进行分析，形成道德判断和评价。道德认识是思想品德形成的基础，有了正确的道德认识，才能产生相应的正确行为，人们的任何行动都是受到道德认识支配的。所以，德育过程常常从道德认识开始，逐步提高学生辨别是非的能力，形成正确的道德观念，以指导他们的道德行为。

(2) 情是指道德情感，是人们对客观事物做出判断时引起的内心体验，也是对客观事物的爱憎、好恶的态度。它是在道德认识的基础上产生发展的，对思想品德的形成起着重要

的调节作用。当人们对事物有了深刻的认识，同时又具有强烈的情感，在两者产生共鸣时，才会转化为信念，产生相应的道德行为。在思想品德的形成中，道德情感是一种巨大的推动力量。在德育过程中，应当重视培养学生的道德情感，激发他们内心的体验，引导学生形成正确、丰富、深刻、稳定的道德情感，以推动道德认识转化为道德行为。

(3) 意是指道德意志，是人们为实现一定道德目的所做出的自觉顽强的努力。它常表现为意志活动，即为实现个人确定的道德目的而克服内心障碍和外部困难的能力和毅力。道德意志是一种巨大的精神力量，一个人具有坚强的道德意志就能排除一切阻挠，始终坚持正确方向去实现自己的目标。而意志薄弱者尽管也具有某种道德认识和情感，但一遇困难便不能坚持所确定的道德原则。因而在德育过程中，要注意培养锻炼学生的坚强意志，使他们具有坚强的毅力，这有助于学生坚持道德认识，深化道德情感，调节道德行为，以形成良好的道德品质。

(4) 行是指道德行为，是指人们在一定的道德认识、情感和意志的支配与调节下所表现的行动。道德行为是人的品德的外部表现，也是衡量一个人的思想品德水平的重要标志。正如孔子所说的不能"听其言而信其行"，而要"听其言而观其行"，评判一个人的思想品德如何，不是停留在口头上，主要看他的实际行动。人们只有在做出道德行为时，才能深化道德认识和道德情感，锻炼道德意志和增强道德信念，从而使个体的品德得到发展、道德能力得到提高。因此，在德育过程中，要重视学生道德行为的培养，使他们成为言行一致品德高尚的人。对学生品德的培养，只有达到某种行为习惯时，才能称之为达到了道德修养的较高境界。在培养学生道德行为的过程中，还要求学生形成一种不用任何意志努力和监督的自觉行为，以形成良好的习惯与作风。

学生品德结构中知、情、意、行四要素既相对独立，又相互联系、相互促进。其中，知是基础，行是关键。一般来说，德育过程是沿着知、情、意、行的顺序进行的，即提高认识、陶冶情感、锻炼意志、培养行为习惯。很多教育工作者提出的"晓之以理、动之以情，导之以行，持之以恒"，正反映了思想品德形成的规律。需要指出的是，由于在品德发展中，知、情、意、行四要素的发展往往是不平衡的，表现出"理通情不通"或"情通理不通"或"言行不一"等现象，从而阻碍了品德的发展。所以，要针对品德结构中诸多因素发展不平衡的具体情况，在德育过程中采取多种开端的方法，即不一定按知、情、意、行的一般教育顺序，而是根据品德结构中的薄弱环节，或从行开始，或从情开始，或从意开始，无论从何开端，都要抓一端以促进其余端，最终达到学生知、情、意、行得全面、和谐发展。

2. 德育过程是促进学生思想内部矛盾转化的过程

德育过程的基本矛盾是教师根据社会要求向学生提出的道德要求与学生已有品德水平之间的矛盾。学生思想品德的形成和发展，是外部教育的影响和学生内部思想矛盾运动的结果。没有内部思想矛盾运动，也就不可能产生新的思想品德。学生思想内部矛盾主要表现在以下几方面。

(1) 反映在外部客观世界的矛盾。学生的思想认识中经常出现社会道德标准与某些人的行为之间不相符的矛盾现象，如社会上的不正之风对学生的影响就会使学生产生各种疑问。通过教育，学生提高了认识，矛盾就解决了。

(2) 反映在学生认识水平之间的矛盾。由于教育者不断地向学生提出新的要求，使学生已有的认识水平和教师的新要求之间不断地产生新的矛盾。这种矛盾的产生、解决，促进了学生的思想认识，帮助学生实现了由不知到知、由知之不多到知之较多的转变，从而使学生的品德不断得到提高。

(3) 反映在认识内容上的矛盾。学生头脑中常有正确思想与错误思想的矛盾。青少年正在成长时期，在他们的成长道路上，常常会有理智与情感的冲突，有时认识是正确的，有时认识是错误的，是坚持错误还是改正错误，就会在学生思想中产生矛盾。通过教育，学生认识了错误，矛盾解决了，学生的思想品德就得到了提高。因此，学生思想品德形成过程就是知与不知、正确与错误思想不断矛盾斗争的过程。

针对学生思想品德的矛盾运动过程，在德育过程中要处理好教育与自我教育的关系，实现学生思想矛盾的积极转化，即将社会需要转化为学生个体需要、将道德认识转化为道德行为、将消极因素转化为积极因素、将道德实践转化为道德习惯等。学生思想内部矛盾运动和转化过程是促进学生思想品德形成和发展的动力。

3. 德育过程是组织学生活动与交往的过程

学生思想品德是在接受外部影响并经过主体内化过程才形成的。但是外部影响只有与学生内部的需要发生交互作用，引起学生思想内部矛盾运动，学生发展自己的思想意识，才能形成新的思想品德。

社会活动，尤其是德育活动和交往，是学生思想品德发展的源泉和基础。学生的思想品德在社会实践活动和交往中形成，又在社会实践活动中表现出来。活动与交往不仅是学生思想品德形成发展的源泉，而且也是检验学生思想品德的标准，所以教师要指导学生在有教育意义的活动和交往中接受影响。然而，学校德育过程中的活动和交往与社会一般的活动和交往是不尽相同的。首先，学校的活动和交往是在教师指导下进行的，是教师根据教育目的和德育目标组织安排的，具有一定的教育性；其次，学校组织的活动和交往的内容、形式是多样的，十分有利于吸纳学生参与，学生从活动和交往中获得有益的帮助和教育。学校里学生的学习活动、团队活动、生产劳动以及各种文艺、体育活动等，都能使学生经受社会道德教育和锻炼。学生在各种活动和交往中掌握了一定的道德观念，形成了一定的道德行为，也与教师、同学建立了良好的关系，并在活动与交往中使自己的各种能力得到充分的磨炼和提高。最后，学校组织的活动和交往是根据学生思想品德形成的规律组织的，因而能更有效地影响学生思想品德的形成。

4. 德育过程是长期、反复并逐步提高的过程

学生思想品德的形成和发展是随着他的成长、成熟而不断发展深化的，是一个长期的过程。学生思想品德形成的长期性，主要是由于学生品德的形成不仅要提高道德认识，形成正确的道德观念和道德判断能力，而且还要形成相应的道德情感、道德意志和道德行为。

学生在这些因素上的不断提高和深化，并非一朝一夕就可获得成功的，这是一个长期的由量变到质变的过程。因此，也必然经过一个长期的培养教育或矫正训练过程。

学生思想品德形成的反复性和曲折性，一方面是由于社会各种影响的复杂性决定的。由于意识形态领域里无产阶级思想和非无产阶级思想、正确思想和错误思想、先进思想和落后思想的斗争是长期的、曲折的、反复的，这种长期反复存在的斗争必然反映到学生思

想上来，因而学生思想品德的培养和提高也是长期的、曲折的和反复的。另一方面是由于学生各种思想品德的不稳定性决定的。青少年学生处于成长时期，思想不成熟，缺乏生活经验，初步形成起来的正确思想、观念和良好的行为习惯，还可能受到不良思想和道德品质的影响和侵蚀，出现优良品德与不良思想品德的曲折斗争过程，甚至出现某些倒退。这说明学生思想品德的形成并非一蹴而就，也说明了德育过程的长期性与反复性。

遵循学生思想品德形成的这一规律，教育工作者对学生的教育一定要有长期的思想准备，有计划、有组织地对青少年学生实施道德教育，不能"毕其功于一役"。同时，针对学生思想品德形成过程中出现的不稳定性，要注意抓反复和反复抓，使青少年学生的思想品德能沿着正确的方向健康发展。

三、德育的原则

德育的原则是教育者对受教育者进行德育时必须遵循的基本要求。它是根据德育任务和德育过程规律制定的，是处理德育过程基本矛盾和关系的基本准则，是德育实践经验的概括和总结。

中小学常用的德育原则有以下几个。

1. 方向性原则

德育的方向性原则指在德育过程中必须坚持正确的方向，用正确的思想引导学生。这是由我国教育的社会主义性质所决定的。《中华人民共和国教育法》第六条规定："教育应当坚持立德树人，对受教育者加强社会主义核心价值观教育，增强受教育者的社会责任感、创新精神和实践能力。国家在受教育者中进行爱国主义、集体主义、中国特色社会主义的教育，进行理想、道德、纪律、法治、国防和民族团结的教育。"这就明确了我国教育的社会主义方向。因此在德育过程中必须坚持社会主义方向性。

贯彻这一原则的要求如下。

(1) 要以习近平新时代中国特色社会主义思想为指导。德育的内容、方法、形式以及一切德育活动都必须符合社会主义核心价值观，这是坚持方向性原则的根本要求和保证。

(2) 要用正确的教育思想去教育和引导学生。要善于把正确的教育思想体现在德育的各项工作中。

(3) 要引导学生把自己日常学习、生活同建设社会主义强国、最终实现中华民族伟大复兴的理想联系起来。教育者要教育学生立足当前，放眼未来，从我做起，从现在做起，使习近平新时代中国特色社会主义思想渗透到学生学习、生活等各个方面，并成为推动他们前进的动力。

2. 知行统一原则

这一原则是指在德育过程中教师既要对学生进行思想政治观念和道德规范的教育，提高道德认识，又要指导学生进行实践锻炼，培养道德行为习惯，使学生成为知行统一、言行一致的人。

贯彻这一原则的要求如下。

(1) 联系实际，讲清理论。教育者要通过教学及实践活动认真地组织学生系统地学习社会主义理论和道德规范，提高学生的社会主义思想觉悟，帮助其明辨是非、懂得做人的道理。

(2) 要组织学生参加多种实践活动，引导学生去分析、评价、解决实践中的具体问题。要组织学生参加一些生产劳动、公益劳动等，对学生进行实践教育，提高学生的道德认识，形成良好道德行为，并培养学生分辨是非和解决思想道德问题的能力。

(3) 要教育学生言行一致，知行统一。要引导学生把学到的社会主义思想道德的基本观点、原则和规范转化为自己的道德动机和信念，并贯彻到实际的行为活动中去。在实践中身体力行、反复训练，克服思想上和行动中的各种困难和障碍，养成良好的行为和习惯，做到言行一致、知行统一。

3. 正面教育、积极疏导原则

这一原则是指教育者在德育过程中要通过摆事实、讲道理、循循善诱、以理服人、因势利导，从而提高学生思想认识，明确前进方向，使学生心悦诚服地接受教育。

贯彻这一原则的要求如下。

(1) 坚持正面启发、积极疏导。通过摆事实、讲道理、循循善诱，提高学生的思想认识。

(2) 要以正面的榜样和事例教育学生。以表扬、激励为主，批评、惩罚为辅，切忌简单粗暴、讽刺、挖苦、侮辱、谩骂，更不可体罚和变相体罚。

(3) 要建立合理的规章制度。处于发展中的学生，他们的可塑性非常大，为使学生养成良好的行为和习惯，必须建立合理的规章制度，把耐心说服与合理的规章制度结合起来，发挥思想品德教育的效力。

4. 尊重信任与严格要求学生相结合的原则

这一原则是指对学生进行思想品德教育要把尊重、信任学生与逐步对学生提出的严格要求结合起来，将教育者的要求转化为学生的思想品德。

贯彻这一原则的要求如下。

(1) 教师要热情关怀每个学生，尊重学生的人格和自尊心。因为尊重、信任是教育学生的基础。教师只有热爱、尊重、信任他们，才能激起他们的自信心、自尊心和上进心，使他们不断进步。

(2) 教师对学生提出的要求应合理正确、明确具体和适度。要求合理正确，是指要求要合乎道理，符合学生的年龄特征，切合实际，令人信服；要求明确具体，是指德育要求易于被学生掌握，便于记住和履行；要求适度是指要求严得合理，是学生可以做到的，如果教师不顾学生的实际情况，提出不切实际的要求，或者是无理要求，都无法达到应有的教育效果。

(3) 教师对学生提出的要求，必须坚持贯彻到底。在贯彻执行对学生的各项要求时，要督促学生完成，不能迁就、姑息、朝令夕改、放任自流；否则各种要求就会失去教育力量，教师也会失去教育威信。

案例：摔镜子

一次，在课堂上，我发现一位女生在座位上偷照镜子。于是，我快速轻步地走上前，一把抢过镜子，朝讲台上一丢，口里讽刺道："不要照了，够漂亮的了！"话音未落，小圆镜"啪"的一下从讲台上摔到了地上，破了。

"老师，难道您认为摔破的仅仅是一面镜子?不，您摔破的是一位同学的心，一位自尊心很强的女同学的心；您的那句话，刺伤了一个爱美的灵魂……是的，这是一件小事。可是，老师可曾想过，这件小事造成的裂痕，以后能愈合得完好如初吗……"放学后，我办公桌上平平整整地放着这么一封批评信，信末署名：李德廉。我感到诧异，李德廉是我的"高足"，我一向待他不薄，他怎么也来这一套? 我把他找来，问道："对这件事，你认为应怎样对待?"他似乎成竹在胸，大方地说："可以用提问的方式，把这位同学叫起来，以示提醒；或者可以用维持课堂纪律的方法，暗示警告：请认真听课，个别同学低头瞅着课桌下面，是在看课外书吗?再或者可以在课后找她单独谈谈……"这段话，句句在理。"那么，你能帮我出个主意吗? "我热情地问道。

"老师是不是可以找这位女同学谈谈，并赔她一面镜子……"他不好意思地说。我照小李同学的意见办了。果然，师生感情的裂痕弥合了。

思考：教师要尊重学生的人格尊严，这是教育成功的前提。

5. 集体教育原则

这一原则是指进行德育要注重培养学生集体，并充分发挥学生集体对个体巨大的教育作用。学生集体不仅是教育的对象，也是教育的主体，良好的学生集体具有巨大的教育力量。培养学生的集体主义思想，必须依靠集体、通过集体来实现，集体是学生思想品德形成和发展的最佳环境。贯彻这一原则的要求如下。

(1) 要努力培养和形成良好的班集体。教师要确立集体的奋斗目标，引导学生关心、热爱集体，积极指导学生开展集体活动，以形成健全的班集体。

(2) 要充分发挥集体的教育作用。教师要把集体当作教育的主体，先向集体提出要求，然后通过集体教育学生个体，其中最重要的是发挥学生干部的作用，并通过学生干部把教师的教育意图转变成集体的要求。同时，要让每个学生参与集体的活动与管理，增强集体的荣誉感和责任感，形成集体的凝聚力，充分发挥集体的教育力量。

(3) 要处理好学生集体与个人的关系。教师要把集体教育与个别教育结合起来，要在集体教育的基础上，抓紧对个别学生的教育。在集体中，既有集体的活动与交往，又有个人的独立思考和个别活动，使集体教育与个别教育相互促进、相互影响。

6. 发扬积极因素，克服消极因素原则

这一原则是指在德育中，要依靠和发扬学生品德中的积极因素，限制和克服消极因素，长善救失，因势利导，使学生的思想品德不断进步。

贯彻这一原则的要求如下。

(1) 要用"一分为二"的观点看待学生。对学生既要看到积极的一面，也要看到消极的一面。无论是对优秀学生还是后进学生，都要保持客观、公正的态度和评价。只有这样，才能更好地发扬每个学生的长处和克服他们的不足，促进他们健康成长。

(2) 长善救失，因势利导。教师要引导学生自觉地巩固发扬自身的优点来抑制和克服自身的缺点，积极创造使学生向优点方面转化的条件，使优秀学生更先进，后进学生不断努力进取。特别是后进学生，更要注意发现他们身上的"闪光点"，给予及时鼓励和表扬，促使他们向积极的方向转化。

(3) 要引导学生进行自我教育，提高修养水平。学生的进步主要靠他们的自我教育、自觉努力。所以，教师要帮助学生善于虚心听取各方面的意见和建议，善于自觉进行反思与反省，严于解剖自己，开展必要的思想斗争，自觉进行道德自律和增强道德修养。

案例："四大金刚"

我刚接班，就听同学反映，班里有四位"女将"，人称"四大金刚"。这不仅因为她们个个都是班里的"头"，将中队主席以及语文、数学、外语三门主课的课代表职位全包了，而且因为她们四个人"亲密无间"。我问同学们为什么不向她们提意见。几个女同学说，她们手中掌握着大权，个个凶得很，谁提意见就没有谁的好日子过。我简直无法相信这是事实。疑惑促使我对她们的表现细心地观察。

经过一段时间的观察，我对她们的情况有了比较详细的了解。事实证明，同学们的反映基本上是客观的。"四大金刚"确有她们的长处——对班里的工作敢管、敢抓，做事泼辣、果断、有点子；但她们也确有许多弱点——圈子太小，以身作则不够，听不得不同意见，尤其是语文课代表，英语默写常常不能及时完成，全靠其他三个人在早读课上"帮"她堂而皇之地过关。我感到，她们虽都是班干部，但实际上又是一个有威而无信的非正式群体。

怎么解决这一问题？全盘否定，不行，因为她们在班级管理中做了不少工作，发挥着实际的作用；全盘肯定，当然也不行，因为她们在工作中确实加进了许多私欲。我思索了许久，认为唯一的办法就是对这一特殊的非正式群体加以优化，使之成为班集体的真正核心。

根据这一思考，我针对这一问题砍了"三斧头"：第一"斧"，抓住默写作弊的事实在班里公开批评了她们；第二"斧"，另派一位同学协助语文课代表的工作；第三"斧"，分别找四位同学谈话，肯定他们的成绩，说明批评他们的原因，指出搞小圈子的危害。

"三斧头"在班里引起了很大的震动。大部分同学说，先抓干部的风气抓得对，这样，他们心服口服；也有一部分同学主观地猜测，说"四大金刚"要被撤职了。"四大金刚"的心理压力很大，有威风扫地的感觉。

趁着大家都在思考这一问题的那股劲儿，我逐一对这四位同学进行了家访。一进门，她们都很紧张，心想，大概老师来告状了。然而，我在整个家访过程中出乎她们意料地做了两件事：一是称赞她们的能力；二是征求她们对班里工作的意见，请她们谈谈怎么发展班里同学之间的友谊，怎么建设好这个班集体。看着老师真诚的目光，她们紧绷着的脸松弛了下来，阻塞心灵的闸门被打开了。她们不但积极地谈建议，而且对自身建设也谈了许多改进措施。

从此，她们的心胸开阔了许多。自我批评使她们巩固了友谊，增强了带领全班前进的自觉性。在此基础上，她们还组织了一次关于搞好班级人际关系的主题班会，我也趁这个机会向同学们介绍了处理人际关系应当遵循的一些原则和基本方法。班里原有的一些小群体都开始扩大友谊圈子，与班集体的目标靠得更近了。

(资料来源：朱仁宝. 做一个创新型班主任[M]. 南京：江苏教育出版社，2006.)

思考： 教师应如何对待班级非正式群体？

7. 因材施教原则

这一原则是指在德育中，教师要从学生的实际出发，根据他们的年龄特征和个性差异进行不同的教育，使每个学生的思想品德都得到很好的发展。

贯彻这一原则的要求如下。

(1) 要全面、深入地了解学生。教师要经常了解研究学生思想品德的新情况、新特点，这是进行因材施教的前提和基础。组织各种活动，在活动中了解、观察学生的精神面貌。了解学生，教师还要具有较高的威信和教育技巧，教师具备这样的素质和学生沟通，就会消除很多交流的障碍，获得学生的真实情况。

(2) 要研究学生的年龄特点。教师要掌握学生不同年龄段身心发展的特点，对不同年龄段的学生采取不同的教育内容和教育方法。

(3) 要研究学生的个性特点，教师要了解研究同一年龄段学生的不同特点。在充分了解学生个性的基础上，有的放矢地做好学生的思想品德教育工作。不强求统一，做到"一把钥匙开一把锁"，取得德育的实效。

8. 教育影响的一致性和连贯性原则

这一原则是指在德育中教师应对各方面的教育影响加以组织、调节，使其相互配合，要求一致，并按统一的要求，有计划、有目的地对学生进行思想品德教育。教育影响的一致性和连贯性是由学生思想品德形成的复杂性和长期性决定的。

贯彻这一原则的要求如下。

(1) 要统一校内各方面的教育力量。在校内，学校领导、班主任、各科教师以及团、队组织和其他工作人员，都要关心学生的德育工作，在学校领导的统一要求下，发挥各自的作用，共同对学生施加教育影响力。在这些教育影响因素中，班主任是学校德育工作的骨干力量。

(2) 要统一学校和社会各方面的教育力量。学校要发挥调控各方面教育影响的主导作用。主动与学生家长，社会各教育机构、团体取得联系，争取他们的配合和协助，建立三结合的教育网络，研究讨论教育学生的问题，共同做好学生的思想品德教育工作。

以上具体论述了学校德育工作的基本原则，这些原则之间是相互联系、相互依存的，在实际工作中要结合具体的情况加以运用，才会收到较好的教育效果。

四、德育的心理策略

1. 构建师生间的积极态度定式

态度是人对某种对象所持有的评价和行动倾向。教师对学生真诚奉献的态度是成功进行德育的条件。这种态度成了定式，就会对学生产生热情的期望、厚爱和高度的关怀，既能使学生的学业成绩大幅度上升，也会使他们的德性产生巨大的进步。

教师要构建对学生的积极心理定式，必须克服两种心理效应的消极影响：一是刻板效应，不要根据某些人的一般特征或过去的经验，形成对同类事物的固定看法；二是晕轮效应，就是在看一个人时，由于他的某一特点和品质突出，而掩盖了他的其他特点和品质的现象。这两种心理效应都会产生对学生的成见和偏见，导致歪曲事实、混淆是非，偏离正确轨道，或者产生绝对化的倾向，不能用发展的眼光看待学生，这实际上就是对学生的消极态度定式，会妨碍德育的顺利进行。

学生对教师的态度定式，对德育实效的影响也很明显。如果学生对教师有积极的态度定式，如尊敬、信赖、亲密，那么，对教师的一切要求和教诲都会顺利地接受并努力去执行，甚至教师的缺点也可以原谅；反之，如果学生对教师有消极的态度定式，如有成见、不信任、敬而远之，那么，教师的要求与教诲往往就会成为"耳边风"，听不进去，也不认真执行，甚至还会跟教师发生冲突。

2. 实现师生间的心理沟通

教师以平等态度对待学生，关心、爱护、同情、信任他们，与他们建立相互信任的关系，学生就会感到教师可敬可亲，喜欢与之接近，戒备心理与疏远感也消失，愿意把自己的心事坦诚相告，由于彼此之间十分融洽，出现了心灵上的谐振，即使犯了错误也易于承认错误。

教师要胸怀宽阔，有容忍之心。学生有这样或那样的过失和不足，应该说是难免的，教师应当在很大程度上给予理解与宽恕，这就容易使学生受到感化，从而心悦诚服。

师生间应当增加心理交往的频率和深度，彼此交流情况和意见，促膝谈心，谈思想、谈生活、谈家常、谈社会问题，这样就可增进友谊，结成知心朋友。师生真能心心相印，必然会产生良好效果。

3. 做到心理互换

心理互换就是"将心比心"，即在心理上彼此交换位置，设身处地为对方着想。心理互换，缩小了心理距离，使亲近感油然而生。一个人有了思想问题，一般都易于与亲近的教育者去谈，并乐于接受各种忠告，这也是因为心理互换而导致的。此外，学校中规章制度的制定和执行，如果全面贯彻了心理互换原则，就必然是切实可行的、行之有效的。

4. 理解与顺应学生的合理需要

教师要研究学生需要的结构、层次和变化规律，从而使每个学生的内在动力能充分地发挥出来。不同年龄阶段的学生、男女学生、每个学生，也有这种或那种特殊需要，教师应深入细致地了解，尽量予以照顾。由于人的需要是多方面、多层次的，并且总是不断发展，放纵学生他们就会有不合理、不合法、不正当的需要：有人会迷恋低级的甚至庸俗的需要，而不去追求高级的需要；有人会脱离现实，追求过高的难以实现的需要。教师的重要责任就是要进行引导和调节，使他们摆正个人利益和国家利益、集体利益和他人利益之间的关系；摆正眼前利益和长远利益的关系；认清欲望与可能的关系，加强自制、知足的修养，并不断培养利民、利国的最高层次的需要。

5. 选择最佳心理时机

德育要取得理想的效果，一定要选择最佳心理时机。首先，应选学生处于良好心境状态下进行。人处在良好的心境状态下，精神上得到了满足，能够比较顺利地接受教育，解决一些思想问题；反之，倘若在学生处于不良心境时去做教育工作，必然会引起反感，一无所获。其次，是"适时"。即根据不同对象和不同的问题加以区别，该热处理的就"热处理"，该冷处理的就"冷处理"，不能片面强调"趁热打铁"。再次，要抓住心理矛盾的关键时刻。人的心理矛盾、思想问题总是经常存在的，而平时是一般性的，关键时刻则是突出的。在这关键点上进行教育，往往可以事半功倍。实践表明，在社会上出现重大政治事件时，在升学、就业时，在成功和受奖励时，在遇到困难和挫折时，在犯错误、受批评时，在恋爱、交友出现麻烦时，正是教师主动积极开展工作的良机。这好比干枯的禾苗及时得到雨露的滋润，必然会茁壮生长。

6. 针对学生不同的心理特点进行教育

在德育工作中，如果了解受教育者共同的心理状况，又了解他们彼此不同的个性心理特征，就能采取"一把钥匙开一把锁"的方法，有针对性地去开展工作，克服一般化、公式化的弊病，其结果必然卓有成效。

以气质特征为例。四种基本类型都有积极方面和消极方面的表现。德育中要针对其特点，极力发扬其积极因素，克服和避免其消极因素，并采取恰当的工作方式、方法。如开展批评，对批评形式的选用、批评时机的选择、批评范围的确定、批评程度的权衡，都要考虑这些方面的问题，以便获得最佳效果。例如，对于胆汁质的学生，不要随便惹怒他们，而要锻炼他们的自制力，使他们能沉着冷静地对待事物；对于多血质的学生，要给予更多的机会和任务，并使他们从中受到更多的教育，要求他们养成扎实、专一、坚持到底和克服困难的决心；对于黏液质的学生，要更加耐心，给予他们考虑问题和准备行动的足够时间；对于抑郁质的学生，要更多地关心他们，避免在公开场合指责他们，要根据他们的接受能力，适当地调整要求，鼓励他们克服困难、勇敢前进。

7. 预防和消除逆反心理

逆反心理是一种违背常规的定式心理状态和行为倾向。它具有两重性：既有理智性的逆反，又有非理智性的逆反。前者表现为敢于怀疑现有的结论和传统的观点，进行新的探索，是求异创新思维的一种方式，具有积极意义；后者是一种无端的怀疑和否定，是为了维护自我意识而进行的盲目放纵的反抗，是与正面教育相对立的抵触情绪和行为倾向，具有很大的消极作用，使教育工作收不到应有的效果，是教育者深感头痛的问题。

中学生逆反心理逐渐增多，由于青少年处于"心理断乳期"，自我意识迅速发展，他们极力希望摆脱对家庭和父母的依赖，要求表现自我的存在与独立，在群体和社会中寻找自己的地位。但由于知识不足、阅历缺乏，自我设计的理想难以实现，便萌发出逆反心理，对这种逆反心理，应该进行说服教育，引导他们正确对待自我，认识到自我不能脱离社会而独立存在，只有自我的理想与社会的需要相统一时才可能实现；还要启发他们客观地认识自己的长处和短处，切莫把自己估计过高，急于去做那些力所不能及的事，而要脚踏实地稳步前进。这样就可以求得心理上的平衡，避免或消除逆反心理。有些逆反心理是由于好奇心的驱使而产生的：不让知道的东西偏想知道，禁止看的书籍、电影偏要去看一看，显然这是好奇心的表现。

教育的手段与方法不当使学生产生逆反心理。例如，理论宣传中脱离实际，不解决人们关心的现实问题，形势教育报喜不报忧，甚至夸大成绩、掩盖问题，都容易使人产生反感；表彰先进时，把成绩说过了头，容易引起人们挑剔其缺点；对犯错误的人处分过重，容易使其产生对立情绪；教育者的表率作用差，要求别人做到的，自己却没有做到；工作方法简单，总是出口伤人，家长作风有余，民主精神不足。这都容易引起学生的逆反心理。

为避免和消除学生的逆反心理，首先，教师必须严于律己，努力提高自己的威信，待人处事要一身正气、两袖清风，这样可以使学生产生信赖感。身教重于言教，造就"其身正，不令而行"的效应，避免"其身不正，虽令不从"的现象发生。其次，坚持"以情制逆"的原则，把学生当朋友，以诚相待，平等相处，满腔热情地关怀、体贴他们，用自己炽热的深情去融化"逆反心理"这个冰块。最后，要实事求是，以理服人，公平、合理地处理学生的各种问题。

五、德育的方法

所谓德育方法，是指为达到德育目的，实现德育内容，运用德育手段进行的教育者和受教育者相互作用的活动方式的总和。

1. 说服教育法

说服教育法是指教育要通过摆事实、讲道理、树典型等方式来影响学生的思想认识，使学生心悦诚服地弄懂道理、辨别是非善恶、提高思想认识的一种方法。说服教育法的特点在于教育者十分重视向受教育者进行正面教育，循循善诱、以理服人，充分调动受教育者的主观能动性。说服教育法的应用范围很广，无论运用哪一种德育方法，都需要结合运用说服教育法。

说服教育法的具体方式：语言说服的方式，如讲解、讲述、讲演、报告、谈话、讨论、辩论等；运用事实进行说服的方式，如参观、访问、调查等。

运用说服教育法的要求是：首先，教育者态度要热情、诚恳、有耐心；其次，语言要生动、形象；再次，内容要有针对性、知识性、教育性；最后，要注意时机、地点、条件的选择。

2. 榜样示范法

榜样示范法是指教育者在学生面前呈现一定的道德范例，以他人的模范行为和卓越成就来影响学生的思想、情感和行为的一种方法。榜样示范法的特点在于通过榜样的言行把抽象的政治信念、理想、人生价值、道德规范具体化、人格化，使受教育者从这些富于形象性、感染性、权威性和可信性的榜样中吸取到丰富的营养，受到深刻的教育。所以，榜样具有极大的感染力、吸引力和说服力。

榜样对学生来说有二种类型：一是他们最崇敬的革命领袖和英雄模范人物的典范；二是他们最接近的家长和教师的示范；三是他们最熟悉、最亲切的人，同龄人中的三好学生和优秀团员、队员的样板。

运用榜样示范法的要求是：首先，要提出明确的学习目的，学什么、怎么学；其次，要引导学生进行榜样分析，从而对照自己，找出差距，明确努力方向；再次，宣传和树立榜样要实事求是；最后，教育者要严于律己，注意自己言行的示范作用。

3. 陶冶教育法

陶冶教育法是指教育者通过自觉地利用环境、气氛、作风以及教育者自身等教育因素对学生进行潜移默化的精神熏陶和心灵感化，使之形成良好品德的方法。陶冶教育法的特点是：既不向学生传授系统的道德知识，也不对他们提出明确的要求，而是寓教育于情境之中，通过按教育要求预先设置的情境来感化与熏陶学生，既没有强制性的措施，也难有立竿见影的功能，却能给学生品德发展带来深远的影响。

陶冶教育法的方式包括：教师对学生真挚的爱；教师为学生创设良好的环境；通过艺术手段陶冶教育。

运用陶冶教育法的要求是：首先，教育者要为学生创设良好的情境，这是陶冶的条件和工具；其次，陶冶要和启发说服相结合；最后，要引导学生参与情境的创设。

4. 实际锻炼法

实际锻炼法是指教育者根据德育任务，有目的、有计划地组织学生进行一定的实际活动，培养学生优良品德行为习惯的一种方法。学生思想品德的培养离不开锻炼，只有在社会生活和实践的过程中才能形成、发展和完善。离开了锻炼，不论用什么方法都不能培养起学生的良好品德和习惯。所以，锻炼也是德育的一个基本方法。

实际锻炼法的方式有：在完成各项具体任务中培养学生优良品德和行为习惯；组织学生参加各种富有教育意义的实践活动；使学生按一定的规章制度进行自觉锻炼。

运用实际锻炼法的要求是：首先，必须把说服教育、陶冶教育等方法结合运用，使其明确目的，产生自觉锻炼的要求；其次，必须严格要求，持之以恒，并认真地进行督促检查，有计划、有总结，及时表扬强化；最后，教师必须以身作则，为人师表。

5. 修养指导法

修养指导法是指教育者有目的、有计划地指导受教育者自己教育自己，并在教育者的引导下自觉学习、自我反思和自我行为调节，使自身品德不断完善的一种方法。修养指导法的最大特点是高度的自觉性，即在德育过程中激发学生的自我意识，培养和发展自我教育能力，从他律逐步过渡到自律。

运用修养指导法的要求是：第一，教育者要能够激发学生自我教育的愿望和动机需要；第二，指导学生掌握修养的标准；第三，指导学生进行自我分析、自我评价、自我认识，明确努力方向；第四，指导学生进行道德情感体检，努力培养学生自尊心等；第五，组织各种社会实践活动，在实践中指导和培养学生自我教育能力。

6. 品德评价法

品德评价法是指教育者根据德育目标的要求，对受教育者的思想品德表现进行评价，促使其良好品德形成和巩固的方法。它有利于提高受教育者的是非观念，明确行为规范的要求，从而形成正确的善恶观、是非观、价值观和荣辱观；有利于学生认清自己思想言行的错误及其后果，及时中止和纠正不良行为；有利于学生形成正确的动力定型，使良好的品德得到不断巩固，成为个人身上的稳固特征。

品德评价法的具体方式主要有表扬与奖励、批评与惩罚、评比竞赛和操行评定四种。

(1) 表扬与奖励。它是对学生良好思想品德做出肯定的评价。它有助于学生良好品德行为的巩固和发扬光大，培养学生的自尊心、上进心。

(2) 批评与惩罚。它是对学生不良思想品德给予否定性的评价。合理地运用批评与惩罚有利于集体组织的巩固，有助于学生坚强性格的形成。

(3) 评比竞赛。它是一种对学生思想品德行为比较中做出评价，以达到表扬先进、鼓励后进的方式。评比竞赛运用得好，有助于形成学生之间团结互助、朝气蓬勃、奋发向上、生动活泼的局面。

(4) 操行评定。这是班主任对学生在一定时期内(一般是一学期或一学年)的思想品德表现做出全面的评价，主要在于肯定学生的进步和优点，指出存在的缺点和不足之处，并明确今后努力的方向。

运用品德评价法的要求是：首先，端正态度，并伴之以说理和感化；其次，要深入学生实际，全面、客观地了解学生，做出实事求是的公正评价，使受教育者心悦诚服地接受教育；最后，要充分发扬民主，让学生参与品德评价，重视发挥集体舆论的作用。

上述德育方法各有其特点与作用，每一种方法都是进行德育所不可缺少的，但又不是万能的，它们之间相互联系、补充、配合，构成了德育方法的完整体系。

六、德育的基本途径

德育途径，即德育的实践形态，也就是德育实践活动的空间和时间的组合及其利用。德育途径又称为德育的组织形式。

1. 德育课程和其他各科的教学

德育的理论性课程为品德、思想、政治课，它们是系统地向学生进行马克思列宁主义、毛泽东思想、邓小平理论基本观点教育和品德教育的课程，对帮助学生树立正确的政治方向、正确的人生观和思想方法，培养良好品德起着导向作用。为了提高教学的实效，教学内容应不断改进和完善，教学方法应适应学生的年龄和心理特点，紧密联系学生思想和社会实际，避免空洞说教。

时事政策的学习是德育特别是国情教育的一条重要途径。时间安排可结合校会、班会、周会、晨会进行。

各学科教学是教师在向学生传授知识的同时进行德育的最经常的途径。各科教师不仅要教书，还要育人，要结合各学科特点，寓德育于各科教学内容和教学过程之中。各学科的教材、教学大纲和教学评估标准，要坚持正确的思想导向。

语文课的许多内容思想性都很强，通过分析课文中的事物和人物的是非、善恶、美丑，可以使学生在学习语文知识的同时受到思想品德的感染与教育。历史、地理课是教育学生热爱祖国、热爱人民的好教材。音乐、美术课通过艺术形象使学生受到美好情操的熏陶。数学、自然科学等课程可以向学生进行辩证唯物主义的基础教育。

各科教师在政治、思想、道德方面做学生的表率是实施德育的有效途径。

2. 课外、校外活动和社会实践活动

各种课外活动是促进学生身心健康发展，培养良好道德情操的重要途径。学校和班级通过多种形式，指导学生开展丰富多彩的科技、娱乐、体育活动、课外兴趣小组活动和各种社团活动，从而发展学生的个性特长，培养学生的良好道德情操、意志品质和生活情趣，提高他们的审美能力。

校外教育是对学生进行德育，培养健康文明生活方式的一个重要阵地。学校可以主动与少年宫、少年儿童活动中心、儿童图书馆、文化馆、博物馆、纪念馆、科技馆等校外的

文化教育单位建立联系，利用这些专门场所和社会其他教育设施，有计划地组织学生参加各种活动，在活动中进行教育。

生产劳动和社会实践活动是德育的有效途径。组织学生参加一定的生产劳动和公益劳动，在劳动中培养学生热爱劳动、热爱劳动人民、珍惜劳动成果的思想感情、行为习惯和艰苦奋斗的作风。很多教师针对学生存在的好逸恶劳、怕苦畏难、依赖别人、自私、任性、冷漠等性格缺陷，从劳动实践入手，并紧密结合有关事理的教育进行矫治，收到了长善救失的效果。

组织学生参观、访问、远足、进行社会调查、参加社会服务和军训等实践活动，可使学生开阔眼界、认识国情、了解社会，收到多种教育效果。

3. 班主任工作

班主任工作是培养良好思想品德和指导学生健康成长的重要途径。班主任结合本班学生的实际情况，有计划地开展教育活动，组织和建设好班级集体，做好个别教育工作，加强班级管理，形成良好的班风，并培养他们的自我教育和自我管理的能力。

4. 团、队、学生会组织的活动

共青团、少先队、学生会是学生自我教育的重要组织形式，是学校德育工作中一支最有生气的力量。共青团、少先队、学生会根据各自任务和工作特点，充分发挥组织作用，通过健康有益、生动活泼的活动，把广大青少年吸引到自己的周围，引导学生树立远大理想和良好的道德风尚，继承革命传统，学会自我教育、自我管理。

5. 校园环境建设

整洁、优美、富有教育意义的校园环境是形成整体性教育氛围的条件。学校进行校园环境建设，加强校园环境管理，可使学生受到良好的熏陶和影响；校歌、校训和校风可以对学生产生激励和约束作用；学校黑板报、壁报、橱窗、广播、影视、图书馆、陈列室等多种形式和专用场所，也都是良好的教育环境。

第二节　班主任工作

班级是学校实施教育最基本的单位，班主任是对班级工作负主要责任的教师。因此，明确班主任工作的意义、任务、内容和方法，知道如何组建班集体，将直接影响着学校教育目标的实现，影响到全体学生的全面发展。

一、班主任的职责与任务

根据 2009 年颁布的《中小学班主任工作规定》，班主任的职责与任务包括以下几方面。

1. 全面了解班级内每一个学生、促进学生德智体美全面发展

《中小学班主任工作规定》明确规定班主任工作职责与任务首先是全面了解班级内每

一个学生，深入分析学生思想、心理、学习、生活状况。关心爱护全体学生，平等对待每一个学生，尊重学生人格。采取多种方式与学生沟通，有针对性地进行思想教育，促进学生德智体美全面发展。

2. 做好班级日常管理工作，营造健康向上的集体氛围

《中小学班主任工作规定》明确班主任第二个职责与任务是认真做好班级日常管理工作，维护班级良好秩序，培养学生的规则意识、责任意识和集体荣誉感，营造民主和谐、团结互助、健康向上的集体氛围。指导班委会和团队工作。

3. 指导开展形式多样的班级活动，做好安全防护工作

班主任工作职责与任务的第三条是指导开展班会、团队会、文体娱乐、社会实践、春(秋)游等形式多样的班级活动，注重调动学生的积极性和主动性，并做好安全防护工作。

4. 组织做好学生的综合素质评价工作，向学校提出奖惩建议

班主任工作职责与任务的第四项是组织做好学生的综合素质评价工作，指导学生认真记载成长记录，实事求是地评定学生操行，向学校提出奖惩建议。

5. 与任课教师和其他教职员工沟通，努力形成教育合力

班主任工作职责与任务的第五项是经常与任课教师和其他教职员工沟通，主动与学生家长、学生所在社区联系，努力形成教育合力。

二、班主任的素养

班主任是与学生接触次数最多的教师，对学生的影响巨大，处在青少年时期的学生模仿能力强，辨别是非能力差，班主任工作责任重大，为此对班主任的素养提出了很高的要求。

《中小学班主任工作规定》要求，选聘班主任应当在教师任职条件的基础上突出考察以下条件：(一)作风正派、心理健康、为人师表；(二)热爱学生、善于学生、学生家长及其他任课教师沟通；(三)爱岗敬业、具有较强的教育引导和组织管理能力。这三条是中小学班主任应共同具备的基本素养。

1. 作风正派、心理健康、为人师表

班主任要努力提高自己的道德修养，认真学习《中小学教师职业道德规范》，要"坚守高尚情操，知荣明耻，严于律己，以身作则。衣着得体，语言规范，举止文明。关心集体，团结协作，尊重同事，尊重家长，作风正派，廉洁奉公。"班主任要学会心理减压，及时诊断亚心理健康状态，做出针对性调整，掌握有效的心理调适方法，形成健康的心理。

2. 热爱学生、善于与学生、学生家长及其他任课教师沟通

班主任要热爱学生、关心学生，爱学生是班主任师德的灵魂，这种爱多和奉献联系在一起，是教师职业的神圣之爱，学生一旦感受到班主任的爱就会"亲其师、信其道。"班主任还要善于与学生、学生家长以及其他任课教师沟通，要善于待人接物。事实证明，只

有那些善于交往、能团结人的班主任，才能很好地协调各方面的教育力量，把班主任工作做好。

3. 爱岗敬业、具有较强的教育引导和组织管理能力

爱岗敬业是教师职业的本质要求。爱岗敬业首先要对教师职业怀有敬畏之心，表现在工作中是班主任对教育责任和各种规则的高度认同和自觉遵守。班主任爱岗敬业的第二个层次是热爱职业，热爱职业能使班主任在工作中获得超越角色的职业精神。职业忠诚是班主任爱岗敬业的第三个层次，也是班主任最高的职业道德境界。职业忠诚要求班主任对于自己所从事的职业有认真负责的态度，以及愿意为职业献身的精神。

善于组织学生开展活动是教育学生的重要条件。所以，具有较强的组织能力对班主任来说是必不可少的。一个胜任的班主任必须善于计划和组织学生的各种活动，善于根据情况的变化迅速做出决定，采取措施进行调整，在工作中表现出魄力，能令行禁止，坚决地引导学生积极开展活动。

三、组织和培养健全的班集体

班集体不仅是教育的对象，而且是教育的主体，对班级中每个学生个体都有一定的影响，能紧密地配合班主任开展工作，成为班主任依靠的一个重要力量。培养班集体一般可以从以下几个方面入手。

1. 确定集体的奋斗目标

班主任要善于从本班实际出发，不断提出振奋学生精神、鼓舞学生前进的奋斗目标，以便统一全班学生的意志和行动，推动班集体的形成、巩固和发展。

叶澜教授领衔的"新基础教育"的"班级建设"研究，认为"班级建设"的深层目标是"发展学生自我意识与成长需要，增强他们的内在力量"。它的主要功能是促进个体社会性和个性的健康、主动发展。

班级目标的制定，必须以班级的客观现实为主，目标的制定必须对班级的外部环境有充分的认识，要掌握国家对教育发展的要求，还要搜集班级所在地区的社会发展状况，同时分析班内的人力、物力、财力、师资等条件状况，进而对所获信息进行归类分析，提出班级建设目标，分析目标达成所需资源及实现途径、策略等，最后评估目标方案，择优选择班级建设目标。

班集体奋斗目标一般包括：近期的目标，如搞好课堂纪律；中期的目标，如成为优秀班；远期的目标，如每个学生都成为全面发展的好学生。这三种目标要互相衔接，组成一个符合教育要求的体系；目标实现后，要及时进行总结、评比，接着提出新的奋斗目标，组织新的活动，使班集体永远处于不断向前发展的运动之中。

2. 完善班级各项规章制度

班级管理需要依靠科学的规章制度来引导和规范学生的言行。

班级规章制度的建立要有章可循，2015 年教育部修订的《中小学生守则》是主要依据，其内容涵盖九个方面：爱党爱国爱人民；好学多问肯钻研；勤劳笃行乐奉献；明礼守法讲

美德；孝亲尊师善待人；诚实守信有担当；自强自律健身心；珍爱生命能保安全；勤俭节约护家园。班主任要根据《中小学生守则》和自己班级的实际情况与学生共同建立班级规章制度，特别要加强规章制度的指向性和约束力，明确对于不适当的违规行为要做如何处理。班级制度要公平，所有的规章制度是适用于每一个学生的，同时，不能束缚了学生的个性发展，要有利于学生综合能力的挖掘。

班主任可引导学生自觉地理解、主动地梳理已有规则，对于其中基础性的要求，可以在日常生活中自觉遵守、养成习惯，对其中一些切合新的发展需要、尚需努力达到的要求，就需要结合班级发展计划主动开展教育活动，引导学生提高文明修养。班主任还可以引导学生创造性地探索开发或更新班级生活规范，让班级制度体系更完整更适用。

制定班级制度不是最终的目的，关键是对科学的班级规章制度的执行，通过明文张贴、公开宣讲、指导练习、教育惩戒等方式加强学生对班级制度的认知和领悟，从而使得学生的日常行为规范有明确的指引方向。长期坚持按照班级制度管理，学生的责任心和纪律性都会增强，班集体活动更加高效。

3. 选择和培养班干部

班主任要有效地形成集体，把全班学生组织起来，就要发现和培养积极分子，挑选和培养班干部，建立起班集体的领导核心。

班主任可以落实班干部的岗位责任制，针对各个班干部的能力进行合理分工，使他们明确各自的职责，发挥其主观能动性，更好地为班级服务。一定要选出关心集体、办事认真、作风正派、能团结同学、愿意为同学服务、学习成绩较好，能起模范带头作用，并在同学中有一定威信和有一定的组织能力的学生来担任班干部。对于学生干部力所能及的工作，要放手让他们自己去做，使他们逐步学会自己管理自己，班主任要引导他们更好地进行自我教育和自我完善。班主任要经常提醒班干部以身作则，在各种活动中起带头作用，要通过激励的手段不断强化班干部的行为动机。为了让更多的学生有机会承担社会工作，从中得到锻炼，班主任要努力创造条件，让班干部定期轮换。班主任要加强对班干部和积极分子的培养和教育，对他们既要交任务，又要教方法，同时指明注意事项；既要鼓励他们积极、主动、大胆地工作，又要帮助他们好好学习，提高思想觉悟和工作能力，讲究工作方法；既要发挥骨干作用，又要团结同学、平等待人，不搞特殊化，也不能有优越感。班主任要随时注意发现和培养新的积极分子，不断扩大积极分子的队伍。

4. 培养正确的集体舆论和良好的班风

一个班级正确舆论树立与否是衡量班集体是否形成的重要标志之一。班级一旦形成了正确舆论，就能使班集体更加团结，更加富有朝气，能帮助班级每一个成员健康成长。因此必须重视集体舆论，保证班级正确的舆论导向。

集体中正确的舆论是维护班级道德面貌、协调人际关系的有力手段。一旦舆论形成了，它就成为对不良行为起限制作用、对良好行为起鼓励作用的无形力量。形成正确舆论是形成良好班风的重要条件。正确的舆论可以通过宣传推介、纪律规范、活动训练、行为评价逐步形成。坚持正确的表扬和批评，对集体舆论的形成有很大的促进作用。班主任必须坚持原则，敢于维护正确的东西，表扬好人好事；敢于抵制歪风邪气，批评错误的思想行为，逐步把舆论引向正确的方向。还要善于运用墙报、黑板报等形式，开展班内问题的讨论，表扬先进，批评后进。还要善于通过团队和班级的民主生活会，开展实事求是的表扬和批评。

班主任可以经常组织学生展开讨论。如对班级目标、班规、社会实事、班级不良行为现象等进行讨论，使学生在辨析中深入理解和领会班级价值和信念。班主任可以组织学生设计班徽、班旗、班歌、班级口号等凝结着班级核心价值观的文化符号，带领学生培养班级共同语言。作为班级的个性标志，他们将有助于强化学生对班级的认同感和自豪感。班主任要以身示范，弘扬社会的主流价值观，积极肯定学生中的先进典型，通过榜样的感人故事感染和教育学生。

班风是一个班级的风气，它是班集体大多数成员的思想观念、意志情感、言论行动和精神状态的一种倾向或共同表现。一个班的集体舆论持久地发生作用就形成一种风气，这种风气被巩固和保持下来就是传统，即成为自觉遵守的行为规范或习惯。优良的班风或传统无形地支配着集体成员的行为和集体生活，培养集体成员的荣誉感、自豪感和对集体的尊重，因而对形成和发展班集体起着巨大的作用。根据优秀班主任的经验，培养优良班风的大体做法是：讲清道理，树立榜样，严格要求，反复实践。

案例：优秀班风的建设

我接手过一个五年级的班集体，班内学风很浓，凝聚力强，学生都有较远大的理想，可是很容易骄傲，也就是我们平时所说的"傲气"，都习惯跟风看"大事"，而不注重自己身边发生的小事。例如，一打扫完班级卫生后乱丢班级公共卫生工具；放学后窗户没关就走了；大晴天好几个灯管全开着却不以为然等。针对这种情况，我组织开展了"勿以善小而不为，勿以恶小而为之"的主题班会，会上组织学生对小事该不该管进行了辩论，还列举同学身边发生的小事造成的危害，最后得出结论："一屋不扫何以扫天下。"有了正确的舆论，就会无形地支配集体成员的行为和集体生活，是一种潜移默化的教育力量。

案例反思：班主任应如何建设优良班风？

5. 组织多样的教育活动

班集体是在全班学生参加共同活动中逐步形成的，也只有在共同的集体活动中才能增加班级凝聚力，体现集体精神。班主任在保障班级规范有序的同时，稳步落实各项活动，让班级稳步前行。班主任要发挥学生的积极性和教师的专业智慧，规范落实一日常规。首先组织班委，分工负责，落实每天的常规工作。其次在班级规范运作的整体格局中，关注重要的时间节点和关键活动，并为此而在岗位设计或人员配备、活动流程、活动记录等方面，做尽可能完备的部署。班主任要系统安排一周班级生活，形成一周班级生活的基本节奏，突出每周的发展重点。班主任还要整体部署每月活动，确定每个月的班级发展主题。

班主任要适当选择可用资源，引导学生自主举行主题班会，师生合作举行主题班会，可以重点考虑两个操作要点。其一，为每周举行的班会商议选择活动主题；其二，在更长时间段内构想系列化的主题班会。

开展教育活动要有明确的目的和要求，要进行精心组织和设计，使各种活动前后衔接、互相配合。活动要丰富多彩，富有吸引力。活动要学生自己动手，参与其中，充分发挥他们自己的积极性、主动性和创造性，让同学们的智慧和才能有自我表现和施展的机会，同时，班主任要对活动做一些必要的辅导工作。

四、班主任工作的基本要求

班主任工作要依据教育法律法规来进行。《中华人民共和国教育法》《中华人民共和国教师法》《中小学班主任工作规定》《中小学德育工作指南》《中小学教师职业道德规范》等等都是班主任进行班级管理的基本依据。班主任工作要求如下内容。

1. 课程育人

(1) 发挥课堂教学的主渠道作用。班主任要与科任教师配合，将中小学德育内容细化到各学科的教学目标中。

(2) 精心设计教学内容，发展学生道德认知。要围绕课程目标联系学生生活实际，充分利用时政媒体资源精心设计教学内容，优化教学方法，发展学生道德认知，注重学生的情感体验和道德实践。

(3) 将德育内容有机融入各门课程教学中。如利用语文、历史、地理等课程的思想道德教育因素潜移默化地影响学生的世界观、人生观和价值观；利用数学、科学、物理、化学、生物等课程加强对学生的科学精神、科学方法、科学态度、科学探究能力和逻辑思维能力的培养。

2. 文化育人

班主任要依托校园文化开展班级管理工作。

(1) 进行班级文化建设。班主任要充分利用板报、橱窗、走廊、墙壁、地面等进行班级文化建设。可悬挂革命领袖、科学家、英雄模范等杰出人物的画像和格言，可展示学生自己创作的作品。

(2) 建设班级文化，增强班级凝聚力。班主任要加强班级文化建设，鼓励学生自主设计班名、班训、班歌、班徽、班级口号等，增强班级凝聚力。

(3) 推进书香班级建设。班主任要向学生推荐阅读书目，调动学生阅读积极性。要提倡中学生每天课外阅读至少一小时。

(4) 通过网络开展班(队)会、冬(夏)令营、家校互动等活动。引导学生合理使用网络。防止网络沉迷和伤害，提升学生的网络素养。

3. 活动育人

(1) 精心设计、组织开展教育活动。如开展节日、纪念日活动，利用植树节、劳动节、青年节、儿童节、教师节、国庆节等重大节庆日集中开展爱党、爱国、民族团结、热爱劳动、尊师重教、爱护环境等主题教育活动。开展仪式教育活动，要体现庄严神圣，发挥思想政治引领和道德价值引领作用。

(2) 发挥班级社团作用。班主任要完善班级学生社团工作管理制度，建立体育、艺术、科普、环保、志愿服务等各类学生社团，充分发挥班级社团作用。

4. 实践育人

(1) 组织学生开展社会实践。班主任要不断增强学生的社会责任感、创新精神和实践能力。组织学生开展各类主题实践，充分利用爱国主义教育基地、公益性文化设施、专题教育社会实践基地等资源。比如利用历史博物馆、文物展览馆可开展中华优秀传统文化教育，利用展览馆、美术馆、音乐厅等可开展文化艺术教育。利用军事博物馆、国防设施等开展国防教育，利用环境保护和节约能源展览馆、污水处理企业等开展环境保护教育等等。

(2) 开展志愿服务活动。班主任要抓好学生志愿服务的具体组织、实施等工作，广泛开展与学生年龄、智力相适应的志愿服务活动。

5. 管理育人

(1) 制定班级民主管理制度。行政学生自我教育、民主管理的班级管理模式。

(2) 全面了解学生，加强班集体管理。班主任要强化集体教育，建设良好班风，通过多种形式加强与学生家长的沟通联系。

(3) 细化学生行为规范。引导学生熟知《中小学生守则》中的基本行为规范，践行每一项要求。

6. 协同育人

(1) 争取家庭、社会配合。班主任要积极争取家庭，社会同参与班级管理工作。引导家长注意。家庭注重家教。注重家风。营造积极向上的良好社会氛围。

(2) 加强家庭教育指导。班主任要统筹家长委员会、家长会、家长开放日、家长接待日等各种学校沟通渠道。

实　践　指　导

(1) 撰写一份 2021 年上半年的班主任工作计划(或总结)，内容包括班级基本情况分析、班级工作目标、拟开展的主要活动及时间安排、需要注意的问题(或取得的成果及存在的问题)等。

(2) 制定一个班级主题活动方案，包括活动主题、活动目标、活动具体内容与形式、时间与人员安排、具体程序及相关问题等。

问题与思考

9-1　德育过程的规律有哪些？如何理解这些规律？

9-2　如何贯彻德育原则？

9-3　班主任应具备怎样的素质？

9-4　班主任如何组织和培养班集体？

9-5　班主任工作的基本要求是什么？

参 考 文 献

[1] 檀传宝. 德育原理[M]. 北京：北京师范大学出版社，2007.

[2] 李学农. 班级管理[M]. 2版. 北京：高等教育出版社，2010.

[3] 贾春明，王晓芹. 教育学[M]. 沈阳：辽海出版社，2006.

[4] 郝文武，龙宝新. 教育学原理[M]. 北京：北京师范大学出版社，2012.

第十章 教 育 评 价

本章提要

- 教育评价是在一定教育价值观的引导下，通过系统全面地搜集、整理和分析教育信息，对教育中的诸要素进行客观描述并对其价值做出判断的活动过程。
- 教育评价具有诊断、调节、激励、鉴定、导向等功能。
- 按照不同的标准，教育评价分为不同的类型，主要有诊断性评价、形成性评价和终结性评价、相对评价与绝对评价、定性评价与定量评价等。
- 教师评价的内容包括教师素质、职责、效果。学生评价是指对学生在德、智、体等各方面的发展变化情况进行分析和判断，并对其改善和发展给予指导的过程。

第一节 教育评价概述

一、教育评价的产生和发展

教育评价的概念是 20 世纪 30 年代美国俄亥俄州立大学拉尔夫·泰勒(R.W.Tyler)教授在主持"八年研究"的评价工作时首次正式提出的。

1929—1933 年爆发的资本主义世界经济危机对各国的社会和教育产生了深远的影响。在美国，学校课程同社会和大多数学生的需要和社会要求发生了尖锐的矛盾。为改革中学的课程与教学，美国进步主义教育协会成立专门的研究组织，进行了长达八年的大规模课程改革实验，史称"八年研究"(1933—1941 年)。为了检验和评价课程实验的结果，实验指导委员会于 1934 年成立了以泰勒为首的"评价委员会"。在研究中，泰勒和他的同事发现，要对学生需要的满足程度以及对课程、教学实现教育目标的程度进行评价是极其困难的。最大的困难是当时没有现成的评价工具来处理那些重要的教育目的。当时盛行的教育测量和测验不能适应新的教育目的的评价，泰勒等提出了一套以教育目标为核心的课程编制和测验编制的原则，并开发出新的评价手段。为了把这种新的评价思想同早期的测量和测验区别开来，泰勒等提出了"教育评价"的概念。他们认为，评价过程实质上是一个确定课程与教学计划实际达到预期教育目标程度的过程。

由于"八年研究"的特点及其成就的影响，更主要的是由于泰勒领导的评价小组的出色工作，推动了评价研究开始成为一个新兴的教育研究领域，并进一步得到较大发展。特别是在 20 世纪六七十年代的美国，更多的评价研究课题得到资助，评价的领域迅速扩展。研究者根据各自评价任务的需要，从不同角度研究评价，先后提出了许多评价理论观点。其中影响较大的有目标导向评价模式、决策导向评价模式、CIPP 模式、消费者导向评价模式、应答模式等。由于评价研究的迅速发展，到 20 世纪 70 年代中期，教育评价已形成一个相对独立的专业，进入专业化发展阶段。

许多人把史密斯与泰勒在 1942 年发表的八年评价研究报告——《学生进步的评估与记录》称为"划时代的教育评价宣言"。泰勒则被誉为"教育评价之父"。

二、教育评价的定义

关于教育评价的概念，由于研究领域的宽泛性，评价对象、目的等各不相同，因此，教育评价至今还没有形成一个科学的、严谨的、被一致接受的定义。各派学者基于不同的视角，给予教育评价以下定义。

以美国教授泰勒(R.W.Tyler)为代表，认为教育评价就是衡量教育目标在实际上达到程度的过程。他们把侧重点放在了教育目标上，认为教育评价就是衡量教育活动达到教育目标程度的一种活动。教育评价首先要确定教育目标；然后在分析应达到的教育目标的基础上设计评价方案、确定评价指标和评价标准；最后根据评价方案的要求对教育活动的效果进行分析比较，看看在多大程度上达到了目标。

克龙巴赫(L. J. Cronbach)则认为，所谓教育评价，是指为获取教育活动的决策资料，对参与教育活动的各个部分的状态、机能、成果等情况进行收集、整理和提供相关信息的过程。

斯坦福评价协作组认为，评价是"对当时方案中发生的事件以及方案结局的系统考查——一种导致帮助改进这个方案或其他有同样目的的方案考查"。

陈玉琨教授在《教育评价学》中谈到，教育评价是对教育活动满足社会与个体需要的程度做出判断的活动，是对教育活动现实的(即已经取得的)或潜在的(即还未取得，但可能取得的)价值做出判断，以期达到教育价值增值的过程。

我们把教育评价界定为：教育评价是在一定教育价值观的引导下，通过系统全面地搜集、整理和分析教育信息，对教育中的诸要素进行客观描述，并对其价值做出判断的活动的过程，目的在于促进教育改革、提高教育质量。

三、教育评价的功能

有一些人认为教育评价带给学习者的紧张和压力，有负面影响，应当取消，这是忽视教育评价作用的错误观点。教育评价在教育发展具有积极的作用，主要表现在以下方面。

1. 诊断与鉴定功能

通过教育评价对搜集到的信息资料进行整理分析，常能发现评价对象(如教育方案、课程计划、教师工作、教学方法、学生学习等)的优缺点及存在的问题；区别、鉴定组织(如学校)、方案(如课程方案)或个体(如教师、学生)等对象的某些方面或各方面水平的优良程度，确定其有无价值与价值的大小，衡量其是否达到了应有的标准，是否能实现国家和社会赋予它的目的和任务，为他们评定相应的等级。科学、合理、公正的评价所区分的优良和鉴定的等级，是教育管理决策科学化的基础。教育行政管理部门应特别重视评价的这种功能。

2. 导向与调节功能

在评价活动中，评价者常以国家和社会的价值和需要为准绳，设计一套评价指标和评价标准。被评价者为追求好的评价结果和达到其他目的，就会致力于满足评价标准的要求。因而，评价指标和评价标准就像"指挥棒"一样，为被评价者指明努力的方向。这种导向功能，在权威性较高、评价结果与检评者的利益密切相关的评价中，更容易得到发挥。

调节功能是教育评价在评价主体与评价对象的教与学等活动中进行相互协调的效能。调节功能主要是运用反馈原理，以及时获取的信息为依据来调整教育活动，确保教育活动取得预期的效果。它主要包括两个方面：一是评价者为被评价者调节进程。例如，通过评价，评价者根据反馈的信息认为被评价者已经达到目标并且有可能达到更高目标时，就会将目标调高；反之亦然。二是被评价者通过评价了解自己的长处与不足，明确努力的方向，找到改进的措施，以实现自我调节。

3. 激励功能

评价通常要区分出水平高低、评定等级。由于评价结论往往直接影响到评价对象的形象、荣誉和利益等，评价常能激发被评价者的成就动机，使他们追求好的评价结果，激励他们全力以赴做好有关各项工作，创造更大的教育成就。如果评价和其他一些管理措施结合起来，如在评价结论的基础上进行表扬、奖励、资助、批评、处罚等，评价的激励功能就会得到更好的发挥。在评价中，若能在肯定成绩和优点的同时，诚恳地、富有建设性地指出他们存在的缺点和问题，也会激励他们进一步改进和完善有关工作。

四、教育评价的基本类型

1. 定性评价与定量评价

根据评价的方法，教育评价可分为定性评价与定量评价。

定性评价主要是一种分析性的、描述性的评价。它主要凭借评价者个人的洞察、内省或移情理解，来评述事物发生的过程与结果。定量评价是一种数量化的评价。它主要运用统计与测量的方法，对被评价的资料信息进行数字化处理。比较起来，从定性评价中人们能够看到事物发生的过程及其原因，而从定量评价中只能看到事物发生的最终结果或情形；定性评价比较重视站在被评价者的立场与角度来理解其行为的意义，而定量评价则不太关心被评价者的看法与感受。

2. 诊断性评价、形成性评价、终结性评价

根据评价的目的划分，教育评价可分为诊断性评价、形成性评价、终结性评价。

(1) 诊断性评价又称准备性评价。它是一种在教学过程开始之前对学生在兴趣、爱好、知识储备、能力倾向、学习风格偏好、情绪情感特征、性格类型等方面的已有准备状况所做的粗略评估，这种评估不限于查明、辨识学生学习方面存在的各种困难或障碍，也包括识别学生的各种潜能、优点、偏好或特殊才能。这种评价的根本目的在于，摸清学生已有的基础、准备状况，确定学生的教育起点水平，在此基础上制订相应的教育教学计划，选择适中的教育教学内容，合理地安置学生。诊断性评价通常在新学年、新学期或新课程开

始之时进行，它既可以通过较为正式的特殊测验来进行，也可以通过问卷、家长访谈、查阅学生个人成长档案、日常观察记录分析等非正式渠道进行。诊断性评价适用于全体学生。并不仅仅限于有问题、有困难、有缺陷的学生，正常学生、优秀学生的进步与发展也需要诊断性评价提供帮助。

(2) 形成性评价又称为过程性评价，它是一种伴随教学过程而进行的经常性评估。其根本目的是给教师的教学提供及时的反馈信息，帮助教师及时发现学生学习过程中存在的困难与问题，从而帮助教师及时地调整教学、改进教学，包括调整教学的内容、方法与进度等。形成性评价的主要特点是：①它评价的内容范围较小，但运用的频率较高；②它不是一种独立于教学过程之外的评价，而是教学过程的一个有机组成部分；③它侧重于过程评价，而不是结果评定，侧重于问题诊断和改进教学，而不是等级评定。形成性评价往往以小测验、日常作业、课堂提问等经常性检查来进行。形成性评价往往是非正式的评价。

(3) 终结性评价又称为结果评价，它是一种在某一相对完整的教学阶段结束后，为确定学生达成整个教学目标的程度而做的评价。这种评价具有两个基本功能：一是确定学生实际的学习水平，判断学生是否达到事先规定的学习要求；二是为了给学生的学习成绩划分等级，供升学、评比、鉴定之用。终结性评价的主要特点是：概括水平较高，评价的内容范围较大，但运用的频率较低。它通常安排在一个相对完整的学习阶段结束时进行，比如，学期、学年或课程结束之际所做的评价即是一种终结性评价。终结性评价往往是一种正式的外部评价，且独立于教学过程之外。

3. 相对评价、绝对评价与个体内差异评价

根据评价的参照标准，教育评价可分为相对评价、绝对评价与个体内差异评价。

(1) 相对评价是针对个人在团体中所处的相对地位而进行的评价。相对评价又称常模参照评价。所谓常模，就是指整个团体在测验中的平均成绩，将个体的测验成绩与常模进行比较，以确定个体在团体中的位置，即是相对评价。相对评价通常以标准分数的形式出现。

(2) 绝对评价是依据教学目标和教材编制试题来测量学生的学业成绩，判断学生是否达到了教学目标的要求，而不以评定学生之间的差别为目的。它适用于毕业考试、合格考试，不适合选拔人才。

(3) 个体内差异评价是参照个人的标准而进行的评价。它包括对个体同一学科不同方面的成绩表现，或不同学科的成绩表现进行横向比较评价，以及对个体不同时期内同一方面的成绩表现进行前后纵向评价。

五、教育评价的价值取向

教育评价的价值取向影响着科学地理解教育评价的本质及内涵，客观、公正地指导我们做出正确的评价，为教育发展提供服务。目前，教育评价的价值取向主要有以下几种。

1. 目标价值取向的教育评价

这类评价是以目标作为评价的根本依据，把目标细化为若干评价指标形成具体的评价标准，再据此对评价对象进行评比的一种终结性评价。目标取向的教育评价追求评价的"客

观性"和"科学性",泰勒模式是这种价值取向的典型代表。他把既定的教育目标转化为一系列可以测量的行为,并据此确定教育活动的效果,判断实际教育活动达到预期教育目标的程度。

以目标为价值取向的教育评价把关注点放在了教育活动之后,易操作,但忽略了评价过程本身的价值,过度关注结果,难以在教育活动的过程中指导被评价者的发展,从而使教育评价的诊断、激励、服务功能得不到很好的发挥,评价可能导致偏颇和不公平等现象,评价中的主体和客体也难以获得真正的发展。

2. 过程价值取向的教育评价

在认识到目标价值取向的教育评价的弊端后,教育评价试图把整个教育过程都纳入到评价范围中,让评价者在教育过程中进行评价,及时发现问题、改进问题,以促进被评价者的发展。因为"评价应该是一个过程,而不仅仅是一两个测验。评价过程中不仅要报告学生的成绩,更要描述教育结果与教育目标的一致程度,从而发现问题,不断改进课程教材和教育教学方案"。教育评价把教师与学生在教学过程中的全部情况纳入评价范围之中,强调评价要在具体的情景当中进行,主张凡是有价值的结果,不论是否与预设的目标相符,都应该得到支持与肯定,对于那些没有教育价值的结果也要进行分析、总结。

3. 发展性价值取向的教育评价

满足评价对象的需求,服务于评价对象,是发展性教育评价的主要价值。这种教育评价是重视过程、及时反馈、促进发展的形成性评价,主张在宽松的环境中(评价结果不作为奖惩依据)促进评价对象主动地发展。发展性价值取向的教育评价用发展的态度来对待评价对象的成长,而不是仅关注于既定目标的达成。这种评价重视现在,更着眼于未来,有助于确定人在评价中的主体地位,促进人的主动发展。对学生而言,发展性评价可以唤醒学生的主体意识,激发其发展的主体性,使学生自觉地、能动地根据自身发展的需要与自身发展的优势,明确自身发展的方向,从而获得全面、和谐、充分的发展。对教师来说,发展价值取向的教育评价"使教师们从一心传授知识的工作中摆脱出来,使他们能够更好地致力于他作为一个教育家所肩负的使命"。这种评价的价值取向更加重视教师的专业发展。

4. 多元化价值取向的教育评价

20世纪80年代,霍华德·加德纳(Howard Gardner)提出了多元智能理论,在此基础上产生了多元评价理论。评价理论发展到今天,已经逐步摆脱了一元的功利主义价值取向,正努力构建一种多元化价值取向的教育评价。它不仅仅体现在对学生学业成绩的评价上,还体现在教育评价工作的各个方面。多元化价值取向的教育评价主张:①教育评价主体多元化,"评价是一种主体性的活动,它随着主体本身不同而不同"。因此,评价主体需要多元化,要实施"双向性评价",人人是评价者,也是被评价者,互为主客体。②评价方式多元化,由单一的评价方式转变为开放式的评价方式,如采用观察、讨论、调查、情景测验、作品展示、记录档案袋等方式,全面描述评价对象的状况。③评价内容多元化,既要重视学生的学习成绩,也要重视学生的思想品德及多方面潜能的发展;既要重视教师业务水平的提高,也要重视教师职业道德修养;既要重视学校整体教学质量,也要重视学校的课程管理、教学实施等。

六、现代教育评价的发展趋势

现代教育评价的发展出现了以下几个方面的趋势或特点。

1. 以促进学生个性的全面发展和弘扬学生的主动精神为目的

传统的教育评价观只注重知识掌握的维度，片面追求量化评估，较为单一、片面，忽略了知识以外的其他价值；现代教育评价则强调将富有个性的人本身作为评价对象，包括知识、能力、创造力、兴趣、爱好、情感、态度、意志、品格等方面，并通过评价实现受教育者全面和富有个性的发展。传统的教育评价对学生是一味地批评、指责甚至讽刺、挖苦、惩罚等否定性评价，在造成师生间对立的同时，也严重地伤害了学生的自尊心和自信心，容易使学生产生焦虑、怨恨等消极情绪和自卑感，影响了学生学习的积极性和学习动力；现代教育评价则注重表扬、激励等肯定性评价，充分体现了对学生人格的尊重、能力的信任、发展的关心。因此，现代教育评价有助于激发学生的自信心、学习的积极性和主动精神，对学生的学习能发挥很大的促进作用。

2. 注重发挥评价的教育功能

教育评价的教育功能是指通过教育评价，激发学生学习的积极性，提高教育质量，促进学生个性的全面发展。在教育评价发展的早期阶段，人们更注重教育评价在鉴定、区分儿童，以选拔学生等管理功能；现代教育评价则越来越重视评价的诊断、反馈、改进、激励、强化等教育功能，其目的是创造适合学生发展的教育教学模式。当然，评价的管理功能依然是不可缺少的，高校录取学生、社会各方面选拔人才，必须进行区别优劣、选拔淘汰，但是也要明确一个观念，评价的教育功能才是教育评价的根本。充分发挥评价的教育功能，以教育评价促进、改善教育教学，是世界各国教育评价改革发展的一个共同趋势。

3. 注重实施形成性评价

传统教育评价注重终结性评价，终结性评价是在期中、期末或学年等较大学程结束时进行的水平性评价。这种评价不能及时反馈教学中出现的问题，难以起到调控教学的作用。

现代教育评价则注重形成性评价，这种评价是在教育过程中进行的，是针对学生学习中的成功因素和存在的问题，及时指出其优点、进步，或指出解决问题的思路，帮助学生进行自我调控、自我矫正和自我完善，促进教学目标的有效达成。形成性评价是教育过程的有机组成部分。通过实施形成性评价，教育信息能够得到及时的反馈，教育活动能够得到及时的调节和改进，从而促进教育目的的实现、教育质量的提高。因此，形成性评价是使教育过程成为按照教育目的方向有效运转并能够自我调控和纠正的系统工程。实际上，评价的教育功能也正是通过形成性评价来实现的。

4. 方法上注重采用绝对评价法

20世纪80年代以前，西方各国多采用相对评价法对学生学业成绩进行评定，按照正态分布律对学生进行人为地划分等级、分类和排队。使用这种评价法，容易使等级低、排在后面的学生产生自卑感，对他们人格的发展会产生不利的影响。

布卢姆等认为，教育的基本功能是使个人获得发展，教育评价的目的不再是把学生按照考试分数进行分等与分类，而是为了确定学生达到目标的程度和学生的水平高低。这也就是现代教育评价为什么注重采用绝对评价法的客观背景。绝对评价法是在被评价对象的集合以外确定一个客观标准(如 60 分为及格)，将评价对象与这一客观标准相比较，以判断其达到程度的评价方法。绝对评价设定评价对象以外的客观标准，考查教学目标是否达成，可以促进学生的学习有的放矢、主动学习，并根据评价结果及时发现差距，调整自我，具有明显的教育意义。

实践与反思：对高考的质疑与改革

恢复高考制度 30 多年来，每年的 6、7 月份都是学生和家长们焦虑的阶段。无论学生还是家长，在过去的十几年中都付出了极大的辛苦，期盼着能有一份满意的答案。结果公布之日，有人欢喜有人郁闷，有人欢呼有人叫骂，一些没有实现理想的人开始质疑高考制度存在的合理性、公正性、可靠性。必须认识到，高考制度是教育的基本制度，是促进公平，科学选才，保证贫寒、农村子弟纵向上升的有效渠道，能够比较客观、有效地反映学校的工作状况和学生知识与技能的掌握情况，对学生进行相对公平、合理的鉴定、安置，其历史可以追溯到 1400 年前隋唐时期的科举制度。考试选才是人类社会的进步，之前各国根据出身门第选拔人才是难以保证公平的，到目前为止，还没有比高考更公平的选才方式，社会用人单位最为信任的测评结果仍然是高考的结果。

当然，现存的高考制度也有诸多问题，比如"一考定终身"是否准确反映了学生的学业成就，这也是多年延续下来的考试制度最为人所诟病的地方；不同区域是否存在同分不同质的问题；高考是否存在性别的不公平性，偏重文科的高考造成对男生的不公平；城乡教育资源和教育水平的差异性和大学自主招生、特长加分、保送等是否造成的城乡及贫富的不公平性。所以说，对高考制度的质疑不是要不要考试的问题，而是考什么、怎么考的问题。

整个社会都在期待着高考的改革。教育部关于高考改革的一种设想是"未来高考将区分为技能型人才高考与学术型人才高考，16 岁就可以选择未来发展的模式"。 改革的效果需要很长的周期体现，我们需要考虑的是改革方案设计要完善，要反映公正、科学，全国可以尝试统一考试，科技强国所需要的自然科学知识在考试中的权重也可提高；改革方案的落实要周全，避免存在偏差。

第二节 教师评价

一、教师评价的目的和意义

(一)教师评价的目的

教师评价的目的是对教师的素质、工作过程及工作效果做出定性或定量的价值判断，为教师的进修提高、资格认定、工作鉴定、职称评定、奖惩调资、人事安排等提供全面、可靠的依据，促使教师提高素质、改进工作，尽职尽责地完成各项任务，不断提高工作质量，实现学校的工作目标。

(二)评价的意义

1. 有利于教师队伍建设

教师队伍建设包括提高教师素质，改进教师工作，调整教师队伍结构等。教师评价的过程是依据教师评价的标准对教师的素质及工作进行检查、总结、评定、指导的过程。通过教师评价，可以了解教师队伍的结构、教师的素质及工作状况，找出不足，为制订师资培训计划、调整教师队伍结构提供依据；可以强化评价标准对教师的规范、约束和指导，促使教师按照评价标准要求自己；可以发现和宣传先进人物及先进经验，促进教师之间的交流与竞赛，带动整个教师队伍的全面提高。

2. 有利于教育、教学质量的提高

一所学校教育、教学质量的高低，关键在于教师的素质、工作状态及质量，也有赖于对教育、教学工作的评价、决策与改进等。通过教师评价，一方面，可以促使教师素质和教师队伍结构更加符合学校教育、教学工作的需要，使教师更好地完成教育、教学任务；另一方面，可以了解学校的教育、教学情况，为学校教育、教学工作的决策与改进提供及时、准确的依据。

3. 有利于教师管理的科学化

教师评价是教师管理科学化的重要方法和手段。首先，教师评价是遵循教师工作的规律和特点，运用科学的评价理论、技术和方法，收集、分析有关信息，对教师做出客观、准确地价值判断并给出正确指导的过程。它对教师工作有鉴定、监督、调控、指导、激励等方面的作用。其次，对教师做出客观、准确的评价结论，可为教师的使用培养、奖惩调资等管理工作提供正确、可靠、全面的依据，保证有关决策的科学性、公正性和合理性，避免出现教师管理中主观、片面以及干预不干一个样、干多干少一个样、干好干坏一个样等不合理现象，以鼓励先进、鞭策落后，调动教师的积极性。另外，教师评价工作中对教师的素质、工作过程及效果评价方法的科学研究本身，就是对教师管理科学化的研究。

二、教师评价的内容

1. 教师自身的素质

教师自身的素质包括思想品德、业务知识、工作能力、心理品质等方面，具体如下。

(1) 思想品德：政治态度、工作态度、师德修养等。

(2) 业务知识：教育学、心理学知识，所任学科的专业知识，一定的文化基础知识等。

(3) 工作能力：教学能力、思想教育能力、科研能力、一定的社会活动能力等。

(4) 心理品质：广泛的兴趣、坚强的意志、稳定的情绪、开朗的性格等以及责任心、热心和同情心、公平心、细心、耐心、挫折忍受力等。

2. 教师职责的完成情况

一般从组织教学，对学生的思想教育，开展课外与校外活动，协调学校与家庭、社会的关系，参与教学研究与改革等方面着眼。

(1) 组织教学：制订教学计划、课堂教学、作业批改、教学评价等。

(2) 思想教育：与学生谈心、协调各种教育力量、在教学活动中渗透德育等。

(3) 促进学生身心健康发展：注意教学卫生，指导学生进行体质训练，加强心理健康教育等。

(4) 开展课外与校外活动：指导兴趣小组活动，开展社会实践等。

(5) 协调学校与家庭、社会的关系：家访、召开家长会、加强与社区的联系等。

(6) 参与教学研究与改革：总结教育、教学经验，参与教育研究，开展教育、教学实验等。

3. 教师工作的效果

主要从工作数量、工作质量、科研成绩等方面考核，具体如下。

(1) 工作数量：教学工作量(备课、周课时、教学辅导、作业批改、教研活动、课外校外活动指导)、职务工作量(兼班主任、年级组长、学科组长、教研组长等)、社会活动量(从事群众团体工作)等。

(2) 工作质量：学生考试成绩，德、智、体等方面在原有基础上的提高情况，升级升学情况，个人或集体获奖情况，就业适应情况，社会评价等。

(3) 科研成绩：科研成果获奖的等级，论文发表的数量、质量及发表报刊的级别，出版的著作，科研项目的级别。

三、教师评价的方法

1. 学生评价

学生作为教师教育的主要对象，是教师产生的各种教育影响的直接体验者。他们的表现能有效地反映出教师某些方面的水平，如思想品德、教学态度、教学能力、文化素养等。让学生来评价教师是教师评价的一个重要的、可靠的信息来源。学生对教师的评价可以通过对学生进行访谈、问卷等方式来实现。

2. 同行评价

同行包括校内外的教师或专家等。他们通过观察、访谈、问卷、公开课等形式对教师的专业知识与技能、教学水平、组织管理学生及处理突发问题的能力、教育科研水平等方面进行全方位的考查，做出客观、公正的评价。

3. 领导评价

领导评价一般是指教师所在学校的各级领导对教师各个方面的表现做出的评价。领导评价要求其对教师非常了解，掌握大量的信息，否则很难做出全面、恰当的评价。

4. 自我评价

教师对自己在各个方面的表现做出评价。自我评价要求教师能够客观地认识到自己在工作中的优缺点，不仅要发现不足的地方，也能找到自己的优点。通过自我评价可以强化教师的评价意识，让教师认识到自己在评价中的地位与作用，变"要我评价"为"我要评价"，充分调动教师自我评价的主动性。教师自我评价可以通过自我反思的方式来实现。

四、教师评价中应注意的问题

1. 不能仅以学生的考试成绩来评价教师的教学效果

学生的考试成绩在很大程度上反映教师的教学效果，但是不能成为评价教师教学效果的唯一指标。学生家庭状况、同伴及学习条件、原有知识基础、学习态度、学习方法、思维能力等都影响学生的考试成绩。而且，学生学习成绩的提高、教师教学效果的显示需要有个过程。学生某一阶段的考试成绩不一定完全代表他在这一阶段应达到的水平。过分强调学生的考试成绩，容易产生许多不利于教学和学生成长的问题。例如，教师可能只重视学生是否能取得好的考试成绩，不全面履行育人职责；师生可能采取一些不合理的教与学的方法和手段，不利于教学工作的改进；教师之间可能产生不正当竞争，不利于积极性的调动；学生压力大、负担重、学习片面，不利于全面发展。

2. 不能仅以课堂教学评价教师的教学工作

课堂教学是教师教学工作的中心环节，但评价教师的教学工作不能仅看课堂教学一个方面。首先，教学是一个过程。从大的方面说，它包括制订学期教学计划、实施教学计划、进行教学检查与总结等几个环节；从小的方面说，它包括课堂教学、作业批改、课外辅导、教学评价等几个环节。课堂教学虽然很重要，但只是教学过程中的一个环节。再说，其他环节对课堂教学都有十分重要的作用。例如，备课是课堂教学的基础；作业批改和课外辅导是课堂教学的巩固和提高；教学评价是课堂教学的检查和反馈。其次，教学工作还包括教学研究等方面。在教师教学工作评价中，若过分强调课堂教学，容易导致教师忽视其他教学环节和其他教学工作，不利于整个教学工作的改进和教学质量的全面提高。

3. 不能仅以教学工作评价教师的全面工作

教学工作是评价教师工作的重要指标，但不是唯一指标。教师的职责决定了教师的工作是多方面的，除了教学工作外，还有德育工作、管理工作等。教师工作的各方面不仅有各自不可替代的任务，而且相互联系、相互影响、相互依赖、相互补充，以实现全面育人的目标。若过分强调教学工作，容易导致教师只重视教学工作，忽视其他工作，甚至只重教书而忽视全面育人。同时，也不可能对教师工作做出全面、准确的评价，更达不到指导教师全面改进工作的评价目的。

五、教师评价新发展

教师评价旨在提高教师的参与意识，发挥其积极性，促进教师全面发展。《基础教育课程改革纲要(试行)》中明确提出，要"建立促进教师不断提高的评价体系。强调教师对自己教学行为的分析与反思，建立以教师自评为主，校长、教师、学生、家长共同参与的评价制度，使教师从多种渠道获得信息，不断提高教学水平"。当前，发展性教师评价是新课程所倡导的，最能体现新课程改革理念的教育评价方式。发展性教师评价注重教师的发展过程，将形成性评价与终结性评价有机地结合起来，评价的目的在于促进教师的专业发展，提升其专业水平。

发展性教师评价具有以下特征。

1. 评价目的：促进教师的专业发展

发展性教师评价以促进教师专业发展为评价目的。它不是以评价结果作为奖惩的依据，而是通过评价发现教师职业发展过程中出现的问题，并通过多方努力，鼓励改进，以促进教师不断提高业务素质和专业发展水平。

2. 评价方向：面向未来

发展性教师评价是面向教师未来的评价，它虽然关注教师当前的工作表现，但是更加注重教师未来的发展走向。它根据教师的个人工作表现，确定教师个人的发展需求，制定教师个人未来发展的走向和目标，并为教师提供培训或自我发展的机会，使每位教师能够找到适合自己发展的方向和途径。

3. 评价内容：综合化

发展性教师评价强调对教师进行综合评价，以教师发展为出发点，扩大评价领域，用一种动态的、发展的眼光对教师的专业素养、教育技能、教育科研能力、敬业精神以及人格等多方面进行评价。

4. 评价标准：多元化

对教师进行综合评价，并不意味着要用统一的标准来衡量所有的教师，这样不仅忽视了教师的个体差异，而且抹杀了教师的个性，不利于教师的成长。实践证明，教师在个性心理、职业素养、教学风格等方面都存在一定的差异，教师评价应该根据这些差异确立个性化的评价标准，有针对性地对不同教师提出不同的建议，这样才能挖掘教师的潜能，发挥教师的特长，更好地帮助教师发展。新一轮课程改革倡导的发展性教师评价特别注重教师发展的个体差异性，要求为教师有个性、有特色地发展提供帮助。

5. 评价方法：多样化

发展性教师评价方法要多样化，倡导定量评价与定性评价相结合。对教师工作进行评价，既要看教师的工作量，如教学课时、课外活动等，这就需要一定的定量评价；还要通过面谈、课堂观察、非正式交流等方式了解教师工作过程的真实情况，指出其在教学中存在的问题，并共同探讨如何解决问题，这就需要一定的定性评价。另外，要积极探索有利于引导教师进行自评与他评的多种评价方法的运用，通过多种方法的运用对收集的信息做出整体的、客观的判断，保证评价结果的准确性。

案例：S老师的"成长"——一所农村小学的课堂观察

这是一节三年级的关于重量单位换算的数学复习课。课堂上S老师和同学们共同做了30分钟的练习，练习的内容非常单一，类似于1吨是大于、等于还是小于1250千克的问题，练习的形式就是教师问学生答。

S老师在课后访谈中说，她认为学生掌握得比较好，她对这节课的教学效果比较满意。当我问"你是如何知道学生掌握得好的"，这位老师却不知如何答才好。我随机对6名学生问了几个自己编的相应程度的问题，发现学生们并没有真正理解重量单位及其之间的换算关系。比如问一名同学，现在校园里有两堆沙子，一堆是1吨，另一堆是1千克，哪堆重？结果这位同学思考了半天也没回答出来。于是，我又追问：学生死记硬背来的单位换算公式到底有什么作用？他们连起码的单位"吨"与"千克"都不清楚，怎么能做对题？教师真的知道学生的真实学习效果吗？作为教师，仅凭感觉去评价课堂教学效果是万万不可取的。像这样的课，缺乏有效的课堂教学评价是导致教师的"教"脱离学生的"学"的主要原因之一。

之后，在S老师自愿的基础上，我和她开展了课堂教学评价的行动研究。从课堂教学目标的制定、教学策略的选择、课堂即时评价的运用以及教学效果的测量等方面进行探讨。作为一个观察者和帮助者，我和S老师对以上几方面设计进行讨论，课堂实施之后，再进行分析与修改。

一年多的行动研究，使S老师发生了很大的变化，尤其是在我开始对其课堂教学进行评价之后。"现在我真正地体会到了评价在教学中是多么重要。当我通过反馈确实了解了学生的情况，我就能够提出适合学生的问题，调动起他们学习的积极性和情绪……"

案例思考： 教师发展是教学质量提升的关键。在新课程理念下，教学评价要突破传统的鉴定观与甄别观，重视对教师课堂教学问题的诊断，重视教师在教学评价中的自我反思与自我探索，以实现教师发展的评价目的。当评价者在教学评价中能够帮助教师学会反思、指导教师掌握构建目标、选择策略与评价方法时，教师的成长是必然的。

第三节　学生评价

学生评价是指对学生在德、智、体等各方面的发展变化情况进行分析和判断，并对其改善和发展给予指导的过程，是评价者依据一定的价值标准对学生的学业成绩、个性发展、品德状况、体质体能等方面进行价值判断，把判断结果反馈于教育实践，以改进教学进程，是对学生学习进展与行为变化的评价。由于学生是学校教育的对象，学校的一切工作都是围绕学生培养这个中心任务展开的，各项工作的成绩最终都要通过学生的质量而集中反映出来，因此，学生评价是学校各项工作评价的基础，是学校教育评价的重要内容。

一、学生评价的基本内容

教育部新颁布的《中小学德育纲要》以及各科教学大纲等，规定了小学、初中、高中各阶段所应达到的教育、教学目标，为学生评价内容及标准的确立提供了明确依据。学生评价的具体内容及标准虽因各年级的具体教育、教学目标而异，但都是围绕学生评价的基本内容——德、智、体等方面而展开的。

1. 思想品德方面

对学生在思想品德方面的评价要点如下。

(1) 政治态度：热爱祖国，尊敬国旗、国徽、国歌，了解祖国的历史和文化，具有民族自尊心和自豪感；关心国内外大事，了解现代化建设情况，了解党和国家重大的方针政策，了解世界重大事件；有上进要求，积极参加团队活动。

(2) 思想认识：有唯物主义精神，正确认识自然与社会；认识到实践出真知的重要性；具有积极向上的生活态度和人生理想；有较强的是非善恶辨别能力；热爱劳动，尊重劳动人民，爱护劳动成果。

(3) 道德上：为人正直；谦虚谨慎；艰苦朴素；敢于与坏人坏事做斗争。道德情感：富有自尊感、成就感；有较强的责任感、集体荣誉感。

(4) 道德行为：遵守校纪、校规；讲文明，有礼貌，尊老爱幼，助人为乐；言行一致，讲求信用；积极参加集体活动和公益事务；积极参加劳动，养成劳动习惯，具备生活自理能力。

(5) 个性心理上：心境状态应心胸开阔；精神焕发，活泼有朝气；对周围事物保持兴趣；情绪稳定、乐观向上，充满希望，正视现实，对周围事物有清醒认识；接受现实，与现实保持良好接触；结合实际，用切实办法处理问题；能适应环境的变化；能经受一定挫折。

(6) 人际交往：热情友好，乐于交往；随和豪爽，易与人相处；相互信赖，喜欢与人交谈；善解人意，待人宽容、慷慨，尊重别人的意见；人际关系和谐，善与别人合作与共享。

(7) 自我观念：有自知之明，能正确认识自己的优缺点，并发扬优点，克服缺点；自尊、自爱、自重、自信；自制力强；能控制冲动，不许诺做不到的事，不说会后悔的话，严于律己；独立自主，不附和、依赖。

2. 学习方面

对学生在学习方面的评价要点如下。

(1) 基础知识达到各学科教学目标要求的程度。基本概念、基本原理的记忆和理解达到一定水平，能正确进行概括描述、分辨确认、举例说明；对所学知识的运用和分析达到一定水平，能在新情境、实际情况中加以具体运用。

(2) 掌握各学科教学大纲要求的技能。例如，语言文字方面包括口语、阅读、书写、写作技能等；数理方面包括数字运算、逻辑思考、空间想象、图表制作、实验操作技能等。

(3) 学习态度与习惯：学习目的明确；热爱学习，求知欲强，从学习中得到满足，不把学习看成负担；学习自觉、认真、刻苦，有克服困难的顽强意志，对自己的薄弱环节有具体的改进措施；合理安排学习计划与学习时间，掌握正确的适合自己的学习方法，上课专心听讲，勤于思考，遵守课堂纪律，积极发言，认真记笔记；独立并按时完成作业，作业书写整齐。

(4) 学习技能：熟练使用学习工具书；有较好的记忆、观察、思维、想象及创造能力；在某些学科的学习、活动中表现突出，有潜在的能力倾向，如机械能力、音乐能力、绘画能力。

　　学科测验是最常见的学生学业成就评价方式。按照布卢姆的观点，可以从学生认知、情感和技能等方面进行，目前国内比较成熟的主要是对学生认知领域的评价，可以从知识、领会、应用、分析、综合和评价六层次认知目标入手。

　　表 10-1 所示为命题双向细目表。

表 10-1　命题双向细目表

考试内容		课标要求				题型题数					试题来源		合计	
单元	知识点	识记	理解	分析	应用	选择题	填空题	分析题	问答题	……	教材原题	教材改编	题数	分值
第一课		√		√		2	3	1				√	6	12
第二课			√			1	1		1		√		3	13
第三课		√				2	2					√	4	6
第四课			√			1	1				√		2	7
……														……

3. 身体方面

　　对学生在身体方面的评价要点如下。

　　(1) 身体形态机能：生长发育正常；身体形态指数、身体机能指数处于同龄人正常水平；身体健康、无病体病退情况。

　　(2) 身体素质与运动能力：运动时的速度、耐力、力量、灵敏、协调等能达标。

　　(3) 体育锻炼与竞赛情况："两操"出勤率高，积极参加体育锻炼与课外体育活动；在体育竞赛中取得好成绩。

　　(4) 卫生习惯：讲究个人卫生，如早晚刷牙、勤洗澡换衣、勤理发等；讲究饮食卫生，如饮食定量、不偏食、不喝生水、不吃不洁食品等；科学用脑；按时作息、保证充足睡眠。

二、学生评价中应注意的问题

1. 注意学生的个体差异

　　学生评价既要反映人才培养的社会需求，又要反映德、智、体等全面发展的个体需求；社会需求的多样性和个体发展的差异性，使学生评价在根本标准基础上的具体评价标准应当多样化，做到充分考虑学生个体差异，保证公正、合理。

　　评价中应当避免那种不顾学生个体差异、用划一的标准和同一的模式进行评价的做法。这种只重共性、千篇一律的做法貌似均衡公正，实际上不够合理，容易挫伤学生的积极性，不利于促进学生在不同基础上不断进步，不利于学生个性特长的充分发展。学生评价应当克服以往仅关注鉴定分等、择优选拔的局限，把重点转到关注学生个体的全面发展上来。

学生评价在一致的基本要求和统一标准下，应当考虑学生的个体差异，因材施教、因人施评，分层要求、分类推进，并要进行反映每个学生各自特点的典型特色评价。对优等生、中等生、后进生要区别对待，根据其原有条件和各自特长，为其制定相应的近期、中期、远期目标，让每一个学生都能得到鼓励和帮助，从而激发起每个学生的上进心，使每个学生都能在其原有基础上发挥出最大潜能。

2. 重视学生自我评价

现代学生评价已经不视学生为被动、待评的客体，而视他们为评价的主体，把学生的自我评价视作评价的重要环节。实践经验表明，如果没有被评价者的积极参与及主观能动性的发挥，评价是不可能达到预期目的的。他人对学生个体的评价，最终要通过学生的自我认识才能产生作用。通过学生自我评价，首先，可以充分地了解学生的背景信息及学生对自己的看法，拓宽收集信息资料的渠道，以形成正确可靠的评价结论；其次，可以调动学生的参与意识，使其以主人翁态度对待评价活动；最后，还能使学生加深自我了解，使其自我认识、自我教育能力得到有效的训练和提高。

调查表明，由于个体存在认识上的片面性，许多学生不能客观、准确地评价自己，自我评价往往不是过高就是过低。因此，教师对学生的自我评价必须加强引导和帮助，使学生把握自我评价的内容，熟悉评价目标及评价标准，运用恰当的自评方法客观、全面地评价自己。

自我评价包括：学习或活动的起始状况以及原定目标与设想；学习或活动过程中采用的方法及付出的努力；取得的成就及其归因；存在的不足及其根源，应采取哪些对策；今后的努力方向。

为了使学生自评与他评平衡一致，有人将自评与他评各计一定权重，以此作为综合评定结果。在这种评价中，自评受到重视，但观其效果，自评不免有形式化之嫌。因为自评与他评之间存在差距时，学生往往会产生不满情绪，自我评价仍达不到预期目的和效果。自评的主要目的是引导学生形成自我认识，并逐步使自评趋于客观，与他评达成一致，进而将外在要求内化，最终实现自我教育、自我完善。因此，对自评与他评的不一致之处要进行差异分析，对自我评价要进行再评价、再指导，缩小自评与他评的差距，尽力求得认识上的统一，使评价双方更容易协调一致地改进教育过程，达到评价的最佳效果。

3. 注意培养学生的竞争与合作意识

对学生个体的评价能在很大程度上激发学生的成就动机，使学生对学习和活动投入极大的热情和努力。评价中即使不搞名次排队，竞争机制也是无形存在的。这有利于学生竞争意识的发展，能充分调动学生的积极性，使个体潜能得以最大限度地发挥，也有助于培养学生对竞争日益激烈社会的适应性。但是，这种竞争意识如果片面发展，也会带来一系列不容忽视的消极效应，如紧张焦虑、自私自利、嫉贤妒能、怀疑敌视、拒绝合作等。值得注意的是，在现代条件下，国际竞争日益激烈，人们只有通力合作，形成优势互补的强大团队，才能具有更大竞争实力。例如，科学技术的高度综合使集体攻关已日趋成为科学研究的主导形式，不少项目需要有多人合作才能完成，重大成果的获得者往往是团体而非个人。因此，在对人提出竞争要求的同时，要更加注重培养人才的合作素质。为了避免过分强调个体竞争带来的消极效应，使学生的合作意识得到培养，在采用个体评价的同时，还应充分利用相互评价和团体评价，使学生的竞争与合作意识能齐头并进地发展。

学生的相互评价通常是在同一个班级中进行。中小学生非常重视同伴对自己的评价，同伴的评价有时甚至比教师的评价更能影响他们的行为：评价双方因为朝夕相处，对彼此的具体情况有较多了解，因此评价结论往往比较客观，但也不排除有时会因一时的利益冲突、矛盾、成见等情感因素的干扰而导致评价结论不客观。因此，组织学生相互评价时应当引导学生加强信息沟通，更清楚地了解他人的优点、缺点，更充分地取人之长、补己之短，进而相互启发、相互帮助、相互促进，使竞争与合作意识同步发展。

学生的团体评价在培养学生竞争、合作意识方面的作用也不可低估。团体评价往往会带来团体竞争。在团体竞争条件下，学生共同活动的目的指向性强，彼此会及时交流情况，相互支持、相互理解。团体评价不仅会强化学生的团体竞争意识，而且会促进学生团体合作意识的发展。因此，应当通过对班级各方面工作及表现，如班集体的目标、措施、规则及其执行，班级总体学习成绩、学习态度、学习纪律、学科小组活动，班集体舆论、集体荣誉、班风等方面的评价，使班级全体成员都主动关心集体，关系融洽、齐心协力地为集体服务，维护集体荣誉，从而体会到团体的力量和团结的氛围。这样，学生的集体观念和团体竞争、合作意识都会得到加强。

4. 注重质性评价，实现评价方法的多元化

随着评价内容的综合化，以量化的方式描述、评定一个人的发展状况则表现出僵化、简单化和表面化，学生发展的生动活泼和丰富性、学生的个性特点、学生的努力和进步都被泯灭在一组组抽象的数据中。而且，对于教育而言，量化的评价把复杂的教育现象也简单化了或只是评价了简单的教育现象，往往丢失了教育中最有意义、最根本的内容。质性评价方法则以其全面、深入、真实再现评价对象的特点和发展趋势的优点受到欢迎，成为近30年来世界各国课程改革倡导的评价方法。例如，美国《国家科学课程标准》中提供的评价方法除了纸笔测验外，还包括平时的课堂行为记录、项目调查、书面报告、作业的开放性的方法。美国各著名高校在录取学生时不仅要求学业成绩、特长，还要求学生提交一份短文(选题通常极具开放性)、有关人士的推荐信和面试等。英国则强调以激励性的评语促进学生的发展，"成长记录袋""学习日记""情境测验"等质性评价方法受到广泛的重视和认可。

5. 注重过程，总结性评价与形成性评价相结合

从过分关注结果转向对过程的关注。传统的评价往往只要求学生提供问题的答案，而对于学生是如何获得这些答案的却漠不关心。这样，学生获得答案的思考和推理、假设的形成以及如何运用证据等，都被摒弃在评价的视野之外。缺少对思维过程的评价，就会导致学生只重结论，忽视过程，就不可能促使学生重视科学探究的过程，养成科学探究的习惯和严谨的科学态度与精神。近年来，评价重心逐渐转向更多关注学生求知的过程、探究的过程，关注学生的进步状况，对学生进行有效的指导，评价促进发展的功能才能真正起作用。

实践与反思：小学取消升学考试与素质教育

小学取消升学考试，是中小学教育质量综合评价改革的重要环节，是减轻小学生课业负担、推进中小学教育评价制度改革的重要举措。由于教育内外部多方面的原因，单纯以学生学业考试成绩和学校升学率评价中小学教育质量的倾向还没有得到根本扭转，突出表现为：在评价内容上重考试分数而忽视学生综合素质和个性发展，在评价方式上重最终结果忽视学习进步和努力程度，在评价结果使用上重甄别证明而忽视诊断和改进。这些问题严重影响了学生的全面发展、健康成长，制约了对学生社会责任感、创新精神和实践能力的培养。因此，小学取消升学考试，有助于推进中小学教育质量综合评价改革，有助于素质教育的实施。

实 践 指 导

(1) 根据布卢姆评价理念和命题双向细目表，编制一套单元测验题。
(2) 以班主任身份，对学生进行一次期末的综合评价。

问 题 与 思 考

10-1 简述教育评价的功能。
10-2 教师评价的目的是什么？它有什么重要意义？
10-3 开展教师评价应当注意哪些问题？
10-4 学生评价应注意的问题是什么？
10-5 学生评价的发展趋势如何？

参 考 文 献

[1] 王建华，卢鸿鸣，缪雅琴. 基础教育质量综合评价理论与实践研究[M]. 长沙：湖南教育出版社，2019.
[2] 宁业勤. 教育评价实践研究[M]. 杭州：浙江工商大学出版社，2016.
[3] 林永惠，路玉才. 教育学[M]. 天津：南开大学出版社，2013.
[4] 胡中锋. 教育评价学[M]. 2版. 北京：中国人民大学出版社，2013.

第十一章 中小学教育研究

本章提要

● 中小学教育研究的意义在于保障教学质量，促进教师专业成长。
● 中小学教育研究的过程包括确定选题、制定研究方案、实施方案和总结研究成果。
● 中小学教育研究方法主要有观察法、调查法、实验法、个案研究法等。

第一节 中小学教育研究概述

一、中小学教育研究的意义

重视和强化教育科学研究已经成为当前世界各国教育改革的共同点。新课程背景下"工作即学习""教学即研究"的工作理念更加凸显了研究能力在教师专业结构中的重要地位[①]，开展教育科学研究，不仅是自身专业成长和教育改革与发展的需要，也是全面提升教育教学质量和中小学教师专业素养的有效保障。

1. 开展教育研究是促进教育改革的动力

当前，世界各国都高度重视教育，并把提高国民素质放在重要地位。这就需要教育的实践模式，包括办学模式、管理模式以及教学模式的转变或更新。要为教育教学的新观念、新模式找到科学的依据就必须通过教育研究这一重要途径。办教育不仅需要正确的方针、政策，更需要科学的理论指导，只有遵循教育规律，才能促进教育事业的顺利开展。开展教育研究，可以正确认识和把握中小学教育规律，探索有效的办学模式和教学策略并解决教育过程中出现的一系列问题。

2. 开展教育研究是提高教育质量的保障

教育研究是以探索人的身心发展规律和教育活动规律为对象，以提高教育质量及管理水平为目的的教育实践活动。在过去，我国教育领域存在着办事凭主观臆断、重视经验、轻视理论、忽视对科学规律整体把握的现象，导致教学质量参差不齐的结局。新课程倡导学生主动参与，乐于探究，培养学生搜集和处理信息的能力、分析和解决问题的能力以及交流合作的能力。学生在学校这个大环境汲取知识，提高能力，不断成长，这就需要学校通过教育研究让办学注入新的活力，提高教学质量。只有走科研兴校之路，才能解决教育中出现的新问题，才能使学校办出水平、办出特色。

---

① 刘文甫，李国元. 中小学教师教育科研素养现状成因及对策研究[M]. 中小学教师培训，2010：7.

3. 开展教育研究是提升教师专业素养的客观要求

教育研究的过程是教师重新学习的过程，是教师不断更新知识、不断完善知识结构的过程。教师不应是单纯的"教书匠"，而应成为学者型教师、专家型教师。如果一个教师长期从事单调乏味的重复劳动，会导致教师墨守成规，放弃创造，诱发职业倦怠的消极情绪，这样极不利于教师专业素养的提升。教师参加教育科学研究本身就是一种探索和学习，这不仅能够提高自身专业水平及学术声誉，还能提高教育教学的质量。通过教育研究，有助于教师科学地总结自己和优秀教师的教育教学经验，使之上升到理论的高度，以丰富、充实和发展教育科学。教育研究能力是中小学教师的必备素质，为促进教师专业化进程的不断发展，教师不仅应具有扎实的专业基础，更应有独特的职业品格和研究能力。

二、中小学教育研究的类型

根据研究目的，可以将中小学教育研究分为基础研究、应用研究及发展研究三种类型。

基础研究的主要目的是认识未知、发现新规律，提出新观点以解决问题。基础研究的周期相对较长，效果并不是立竿见影的。但是，由于基础理论研究成果具有一般性及普遍性规律，所以对教育研究者有较强的指导意义。它使教育工作者获得观察分析问题的理论视角，从而更加透彻地研究具体教育教学的实际问题[①]。

应用研究主要是运用在基础研究中得到的一般规律及原理去解决中小学教育工作中的实际问题的研究。它在理论的指导下，针对某一问题展开深入研究，并探索规律找出具体的对策。应用研究的实践性较强，效果明显，目前中小学大多数教育研究属于应用研究的范畴，如小学生诚信问题的研究、中小学校园文化建设研究等。

发展研究是在基础研究和应用研究基础上对研究成果进一步推广以扩大其价值的策略性研究，如果说基础研究是发现新问题，应用研究是解决实际问题，那么发展研究就是根据上述研究成果提出具有个性化的理论以促进教育的改革及创新的研究。

三、中小学教育研究的过程

(一)选定研究课题

1. 正确选定研究课题的意义

(1) 发现并提出有意义、有价值的问题是有效进行教育研究的起点。科学的研究始于对问题的敏感程度，善于提出问题是进行教育研究的关键，它决定研究价值的大小以及研究的成功与否。选题不当是导致研究失败最常见的原因。正因为如此，伟大的科学家爱因斯坦认为，提出一个问题往往比解决一个问题更重要、更困难。解决问题是一种技能，提出新的问题需要批判地创新思维，是一种能力。

(2) 选题决定教育研究的方向和水平。教育现象和过程比较复杂，需要研究的问题比较

① 施铁如. 学校教育研究导引[M]. 广州：广东高等教育出版社，2004.

多，这些问题也反映了教育内部错综复杂的矛盾。但是并非每个矛盾都是有意义的科学问题，也并非每个问题都需要进行深入复杂的研究。首先应该选择那些有着全局意义的规律性问题，抓住教育的内在联系来研究，这样才能发挥教育研究的最大效益。

(3) 正确选题是教育研究工作者进行教育研究的基本功。进行独立的判断和正确的选题是衡量教育研究水平的重要标志。研究课题的确定意味着研究者要从问题本身出发，抓住问题的本质，理论联系实际进行分析，得出一定的结论。

2. 好的研究课题的特点

正确的课题不仅要有价值、有意义，还需要具备一定的可研究性、独特性以及具体的可行性。选定的问题不仅要对本学科研究领域具有较好的内部价值，而且对于其他领域，如心理学、哲学等也应具有一定的外部延伸价值。问题的选定需要具备相应的研究价值。一方面，要看课题是否符合社会发展的规律，是否符合教育事业发展的需要以及是否促进学生的全面发展。这方面所强调的是课题需要具有重要的应用价值，要从当前的教育发展实际出发，选取具有代表性的、急需解决的问题进行分析研究。另一方面，所选择的课题要从教育科学本身的发展需要出发，创新和发展教育理论，建立科学的教育体系。无论是应用价值还是学术价值，都是选择课题不可忽视的重要内容，要用全面联系的观点进行分析，不能片面、孤立地只体现某种单一价值。

要想做到选题的新颖独特，就要把课题放到相关领域的实践成果及理论思想的基础上进行研究。要通过深入广泛地查阅文献资料，明确所研究的课题在当前国内外所达到的水平高度以及所取得的研究成果。要了解前人是否对相似的问题已进行研究，要对资料进行更深层次的分析，有自己独特的观点及想法。不能只是一味地照搬照抄，做前人思想的"搬运工"，要开拓思维，不断地进行创新，为教育研究奠定坚实的基础①。

所谓可行性，指的是问题被研究的现实可能性。首先要具备一定的客观条件，除了要有经费、时间、技术、人力及理论准备等条件外，还必须具备科学上的可能性。有的选题看起来是从教育发展的需要出发，但是由于不符合现实生活实际，违背了基本的科学原理，也就没有实现的可能性。其次还要具备一定的主观条件，也就是研究者本人的知识、能力、经验以及对该课题的兴趣。课题的选择要权衡各方面的条件，寻找结合点，充分发挥优势。工作在教育一线的教师可以就教学过程中的小问题进行研究，选题小而实际更利于教师进行研究。研究者自身所提出的问题往往更容易增强内心的信心和责任感，更容易发挥创造性，从而不断提高自身的综合能力。

3. 选题策略

通常教育研究的选题来源于以下几个方面。

(1) 来源于教育教学实践。教师在教育教学实际工作中，只要做有心人，随手抓来都是问题。正如美国学者威廉·维尔斯曼在其《教育研究方法导论》一书中所说："研究者的职业经验和状况能使之联想到问题，特别是在应用研究中。"比如：如何"减负增效"；家长会如何改进形式；学科教学如何贴近生活；如何有效解决学生"听得懂、不会做"的问题；如何处理好"课堂的有趣"与"知识的有效"之间的关系等。

---

① 裴娣娜. 教育研究方法导论[M]. 合肥：安徽教育出版社，2002.

(2) 来自对原有结论的怀疑。世上没有绝对的、永恒的真理，没有超越时空的真理。在彼时、彼地是一个正确的命题，到此时、此地却可能因为条件的改变而成为错误的东西。因此，对一些问题，应该大胆地提出疑问，能疑是"觉悟之机"，"大疑则大悟，小疑则小悟，不疑则不悟"。比如，对"重过程不重结果""只有不会教的教师，没有教不会的学生"等命题有所质疑，就可以提出新的问题。

(3) 来自学术争论中提出的问题。关注当前基础教育界主要在讨论什么问题，对这些问题你是怎么看的，如有不同意见，就可以参加争鸣。例如，一些人认为"启发式教学=多提问"、重点学校的"存废之争"、教学参考书的"存废之争"等。

(4) 来自理论推导。理论不仅可以用来解释目前的事物，还可以用来预测未来的事情。从一个理论中可以推演出多种预测，这些新的预测，可以成为新问题的来源。例如，从艾肯逊的"成就动机理论"推导出家长或教师对学生应保持什么样的期望水平；从"过犹不及"等命题中推导出"教育过度"好不好。

(5) 来自课题指南。国家、省、市、县各级科学研究的课题指南中，列有若干参考选题，可以从中挑选。

(6) 来自再生课题。这类课题已经有人做过研究，如上海市有学者曾研究过"校长们在忙些什么"，有研究机构和媒体曾共同开展过"教师生存状况的调查"，我们仍可以此为题开展研究。当然，这类研究多为对比研究。

好的开始是成功的一半，恰当地选择和确定研究课题是进行教育研究的一个重要环节。选题的方法是多种多样的，不同研究课题的性质及方向不同，加上研究者自身能力水平的差异，因此选题方法也不是一成不变、墨守成规的，要注意以下问题。

(1) 要有明确的研究方向。

学校的教育研究是为教育改革服务的，它与教育实践密切结合，所以在进行教育研究时要有明确的方向。要把主要精力集中于某个学科领域或是个人的主攻方向上，不能盲目地进行研究。教育改革中的热点问题往往反映着如今教育改革所面临的新情况，关系到教育改革能否继续健康发展。教育热点问题是学校、家长以及社会大众所共同关注的重要教育问题，和每个人的生活息息相关，具有十分重要的现实意义。

(2) 要善于对课题进行分析。

课题研究涉及教育研究中的很多问题，但是问题太多往往会干扰人们的视线，不知从何下手。因此，考虑问题时思路要清晰，并对课题进行深入的分析研究。问题的分解可以帮助我们把一个大问题按照内在逻辑体系分解成相互联系的小问题，使问题的焦点聚集在某一个点上，从而解决实际问题。例如，我们研究学校教学这一问题时，就可以将其分为四个不同层次：为什么教学即教学目标；教什么即教学内容；怎么教即教学方法；达到什么程度即教学效果。这样可以更加明确研究内容，全面审视每一个环节，使课题更加具体化，便于教育研究更加顺利地进行。同时，问题的组合在课题研究过程中也发挥着重要的作用，旨在扩展原有成果的广度，把具有内在联系的小问题组合成一个系统性更强的大问题，从而进行综合性的研究。

(3) 要对选定的课题进行论证。

课题的论证是对选定的课题进行分析、预测和评价，这样可以避免研究过程中的盲目性。对课题进行论证本身也是一种研究，要以翔实的资料为依据，以齐全的参考文献和准确精密的分析来支持自己关于课题的主张。通过对课题的论证可以进一步完善课题方案，提出更有价值的观点及建议，并创设落实课题的条件。对课题的论证要研究很多方面：首先要研究课题的性质及类型；其次研究课题所达到的理论高度及研究水平；最后是研究的策略步骤及成果展示。课题的论证阶段是教育研究的重要组成部分，为教育研究的顺利开展奠定了坚实的理论基础。

(二)制定研究方案

教育研究方案不仅是保证课题研究顺利进行的必要措施，也是研究成果质量的有效保证，是研究课题具体化的中心环节。课题选定以后，就要围绕课题制定研究方案。教育研究方案是对课题总体研究后所做出的全面筹划和具体设想，是对预期所达到目标的一种书面表达形式，它的概括性和预见性决定了教育研究的基本思路和走向。

在制定研究方案的过程中，要遵照客观性、具体性以及参与性的原则。

(1) 客观性原则体现在要尊重事物的客观规律及客观事实，在对课题有一定的研究基础之后再进行系统的分析。要选取恰当的研究方法及手段，杜绝任何形式的主观臆测。同时要充分考虑研究者自身的能力及水平，量力而行。这在一定程度上可以避免研究的盲目性，促进课题研究的顺利进行。

(2) 具体性原则体现在对方案中的每一个项目都要有明确的、具体的考虑，不能含糊不清。对研究内容的确定、时间进程的安排、经费开支的预算以及研究人员的统筹等，都需要有具体化的表述，不能盲目地进行研究。要根据研究方案自身的特点进行深层次的分析，抓住重点进行突破，这样可以为课题研究的顺利进行做好铺垫。

(3) 参与性原则体现在制定方案时要使所有成员都参与到研究讨论的过程中，就研究方案的各个方面都可以发表自己的意见和看法。这样一方面可以集思广益，使计划更为周详；另一方面，可以使课题研究小组的成员更加明确研究的任务和所承担的责任，以此提高参与的积极性与主人翁意识，为课题研究奠定坚实的基础。

(三)实施研究方案

教育研究方案的实施是中小学教育研究的主体部分，要求研究者严格按照研究方案所规定的内容，采取积极有效的研究措施和方法，观察、测定和记录研究对象的变化，获取所期望结果的实践活动。中小学教育研究方案的实施直接影响研究结果的可靠性和成功程度。

1. 提出研究假设

研究假设是活动的中心，是根据一定的科学知识和客观规律对所研究的问题进行一种推测性的论断和假定性解释，是在研究之前所预先设定的理论。研究假设可以帮助研究者明确研究的方向和内容，选择研究工具、研究方法以及过程的实施，指导研究的深入开展。一般来说，好的假设应该具有科学性、明确性及可检验性。科学性即指研究假设要具有一定的科学根据，要建立在客观现实的基础上，并且得到一定的科学论证，不是毫无事实依据的推测和主观臆断。明确性即指研究假设的表述要清晰明确、条理分明、结构严谨，假设命题的本身要有逻辑性。可检验性即指研究假设必须是可检验的，要验证其推理的正确性和可靠程度。

教育科学研究是探索教育现象间的因果关系以及发展规律的实践活动，研究的内容比较复杂，如果有科学合理的研究假设，就可以根据教育研究计划中确定的目标，在限定的范围内进行研究，研究过程围绕着合理的研究假设展开会提高研究的科学性和可靠性。

2. 选取研究对象

教育研究是有目的、有计划地认识教育现象，探索教育规律的实践活动，具有很强的探索性和科学性。为了揭示教育现象的过程与规律，选取的研究对象要具有典型的代表意义，这样才能保证研究结果的可靠性。在中小学教育研究中，先要确定研究的总体。研究总体的确立不仅界定了研究对象的范围，也决定了研究成果的整体推广程度。总体是指研究对象的全体，是在某一种相同性质上结合起来的许多个别事物的集合体。样本是从总体中抽取的，对总体有一定的代表性的部分个体。取样是遵循一定的规则，从总体中抽取具有代表性的一定数量的个体进行研究的过程。取样的目的在于通过对总体中具有代表性的个体的研究，以获取总体的一般性结论，从而获得总体的最终结果。为了确保取样的水平，在明确总体界限的前提下要使用有效的方法，保持取样的随机性和代表性，并合理规范样本容量，减少误差，以获取科学、可靠的研究结果。

3. 分析研究变量

研究变量是指研究对象在性质、数量上可以操控和测量的特征。例如，对于学生来说，其学业、成绩、智力、兴趣、性格及动机等的不同特征就可以作为研究变量。在中小学教育研究中，影响因素都是以变量的形式表现出来。确定研究变量，有利于对研究的操作和控制。变量依其相互关系可以分为自变量、因变量及控制变量。

自变量是由研究者主动操控而变化的变量，是能够独立地变化并引起因变量变化的条件，如教学条件、教学方法、学习内容、活动方式等都可以作为自变量加以研究。因变量是由自变量的变化所引起被试行为或者有关因素发生变化的变量。只有研究者在研究过程中操控自变量时，因变量才会出现变化。因变量是研究中需要观察的一部分，具有一定的可测性，是用来说明研究成果的重要指标。控制变量也称为无关变量，是指与研究目标无关的非研究变量。此变量虽然不是研究过程中的目标，但是会对研究成果产生影响，所以在研究过程中要加以控制。要根据研究的目的选择自变量，确定因变量并且辨别控制变量，以促进教育研究顺利开展。

(四)总结研究成果

一项教育方案实施完成后，就要对其整个研究过程进行分析总结，得出研究结论并形成书面材料，用于广泛的交流和推广，这就需要选用恰当的方式来表达教育科研成果。主要有以下几种方式。

1. 教育调查报告

教育调查报告是对某一种教育现象调查后，将有关资料加工整理成书面报告。它一般由题目、前言、正文、结论和附录五部分组成。

2. 教育实验报告

教育实验报告是在教育实验结束之后，对整个教育研究过程及其结果进行全面总结的文字材料。它一般由题目、前言、实验方法、实验结果、讨论、参考文献及附录六部分组成。

3. 教育科研论文

教育科研论文是指在充分占有材料的基础上，采用多种途径和手段，结合自己的分析思考，得出新成果的理论性文章。其特点是学术性、创新性和科学性。规范性的教育科研论文一般包括题目、摘要、绪论、文本、结论和参考文献六个部分。

对研究成果进行表述，有利于展示研究结果及其社会价值；有利于展开学术交流，促进研究者的综合分析能力、逻辑思维能力以及文字表达能力；有利于科研成果在现有基础上进一步完善并开展新的课题研究，提供有价值的教育信息，以丰富科学理论。

第二节　中小学教育研究的主要方法

教育研究的方法多种多样，常用的主要有观察研究法、调查研究法、实验研究法、行动研究法和个案研究法。

一、观察研究法

观察研究法是指研究者通过自身感官及仪器设备对研究对象进行系统的、有目的、有计划的调查及研究，并获取教育信息。科学的观察来源于日常对教育教学的关注及敏感程度，在自然状态下明确地选取教育对象，并加以科学的分析。观察法可以通过对教学对象的观察获取相对真实的信息，揭示教学本质及其规律。同时该方法的投入相对较少，运用范围广泛，容易操作，因此观察研究法逐渐成为中小学教育研究最基本的方法之一。

观察研究法又分为间接观察法和直接观察法。间接观察法是指研究者通过一定的技术设备及手段对前人的经验加以分析论证。直接观察法是指研究者凭借自己的感官对教学现象进行观察与探索，得到第一手的信息。科学的观察是在明确目标的指导下进行的有目的、有计划的活动。观察研究法又可以分为参与性观察法和非参与性观察法。参与性观察法是指研究者亲身参与到教育研究的过程中对教育对象进行观察。非参与性观察法是指研究者不参与到研究中，而是作为旁观者来获得和记录有关的资料信息。研究者可以根据研究的具体情况来选取合适的、恰当的观察法以获得更全面、更有价值的教育信息[1]。

二、调查研究法

调查研究法是在教育理论指导下，综合运用多种手段和方法对研究对象进行系统、周密地分析和了解的一种方法。和其他方法相比，调查研究法在一定程度上不受时间和空间的限制，可以采取多种方式，便于研究者的掌握和研究。通过调查分析可以发现在中小学

---

[1] 杨小微.教育研究的理论与方法[M]. 北京：北京师范大学出版社，2008.

教育教学中所存在的突出问题，并从中找到解决问题的方法及策略，为教育指明具体的方向。这有利于在研究过程中总结先进的教育经验，更好地改进教育教学工作，从而提高教育质量。

调查研究法按照其收集资料的具体方式可以分为访问调查法、问卷调查法、调查表法以及测量法。访问调查法又称为访谈法，访问者可以依据电话或者当面直接访问研究对象获取所需要的资料。问卷调查法是调查者根据调查目的及原则事先设计好问卷并向被调查者了解情况。调查表法是指调查者将所调查的问题以表格的形式发放给被调查者，让其按照表格内容一一填写，以获得所需要的信息。测量法是研究者通过科学的测验量表或一定的试题对研究对象加以测试，获得心理素质方面的资料。

此外，通过调查搜集到的资料不仅对教育研究有着积极的作用，还可以为教育行政部门在制定方针、政策时提供一定的理论依据，防止决策的盲目性。因此，开展调查研究对中小学进行教育研究具有十分深远的意义。

三、实验研究法

实验研究法是研究者根据一定的研究目的，利用相应的研究手段，人为地模拟自然现象，突出主要因素，并探索发现教育规律的一种方法。通过教育实验，可以在中小学形成符合学校及学生发展的教学模式及方法。

在进行教育实验时，研究者首先要明确教育目的，选定实验课题，明确有关变量，构建理论假设；其次，要进行有效的实验设计，对整个实验进行整体规划，确定实验对象及方法；再次，要做好实验的管理工作，为了保证实验计划的完美实施，有效地完成任务，需要做好实验过程的管理工作；最后，要认真做好实验的总结与推广工作，实验过后，要运用科学的统计方法，解释理论假设并形成实验报告。还需要对实验结果进行分析评价，将优秀的实验成果加以推广，使之更好地为教育服务。

四、行动研究法

行动研究法是指有计划、有步骤地对教育实践中产生的问题，由教育实践工作者和专业研究者相结合，将问题发展成研究主题进行系统研究，边研究边行动，以解决实际问题和提高认识为目的的一种科学研究方法。

行动研究的问题来源于实践者真实的动态工作环境，由教师和研究参与，形成优势互补，并且可以在总目标不变的前提下边研究边调整方案，可操作性强。其主要模式有两种：一是目标—计划—行动—评价；二是计划—行动—观察—反思。

五、个案研究法

个案研究法是指研究者对单一的研究对象进行系统深入的分析，研究对象可以是个人，也可以是个别团体或者机构。

在进行个案研究之前要明确好研究目的，确定研究对象，制订好研究计划。要选择具有典型性的人或事物进行分析研究。同时要注意操作方法的运用，根据计划进行研究，正确使用追踪方式及观察工具，探寻问题形成的真正原因，以获取客观、公正的事实。在研究之后要整理分析材料，形成合理的研究结论，以揭示个案发展的特征和规律，最终提出合理化建议，促进个案的发展。

个案研究具有整体性、综合性及深入性的特征。整体性即把研究对象视为一个整体，整体内各要素之间相互联系、相互依赖，其中一个要素发生变化，其他要素也随之变化发展。综合性是指个案研究过程中搜集资料的手段及研究方法是多种多样的，不能片面孤立地看问题，要综合运用多种手段进行研究，从而促进教育教学的顺利发展。

教育研究是选用一定的方法、技术去探索教育客观规律的过程。其中，方法是达成目标的桥梁和手段，没有正确的研究方法，就不可能有研究目标的实现。教育研究方法就是按照某种途径，有目的、有组织地探索和建构教育理论的方式。合理地运用教育研究方法可以有效地解释、发展或预测一定的教育理论，为教育的发展奠定更加坚实的基础。

实践与反思：中小学教育研究与高校科研的比较

推动教育的良好发展、培养社会需要的人才，是中小学教育研究和高校科研的共同之处。不同的是在研究目的上，中小学教育以教学为主，教师的重点在于"育人"，突出的是现有理论成果与各种新技术手段在教育教学实践中的应用；高校科研则强调新知识与新成果的创新研究。从世界范围看，大学已成为科技进步和社会发展的源泉，核心学术刊物中三分之二的论文是高校教师发表的，在影响全球的科学领域奖项"诺贝尔奖"中，获奖者超过四分之三是来自高等学府。在研究的动力方面，中小学不适合设置"科研为主"的岗位，评价以教学工作为指标，研究的资源不足，教师缺乏研究的主动性，科研是高校教师的基本任务之一，其开展科研的主动性强。从投入上看，中小学教育研究无论是在时间上还是在经费上都存在局限性，高校的特点决定了学校在科研上有较大的经费投入，参与科研的机会多，可借鉴的资源丰富，教师在科研方面投入的时间和精力也占相当大的权重，相应地，高校教师在科研成果方面较中小学要多。但从实施素质教育的要求看，中小学加强教育科学研究是必然的趋势。

实 践 指 导

结合教育见习，完成一份教育调查报告。

题　目				
姓　名		专　业		指导教师	
一、调查目的(选题意义)(约300字)	(要求：调查内容具有现实意义，关注教育热点问题和前沿问题，具有独创性；调查目的清晰明确)			
二、调查过程(约500字)	(要求：①调查方法与对象选择恰当；②有较详细的调查计划和实施情况)			
三、调查结果(约700字)	(要求：调查报告能显示出调查过程，调查数据真实、可信)			
四、分析与建议(约1500字)	(要求：①对调查结果的分析恰当、准确，有较深入的思考，建议合理、有可操作性；②语言表达清楚、明了，表述恰当，无文字错误；③结构清晰完整，格式符合规范)			

问题与思考

11-1　中小学教育研究对于教师有何现实意义？

11-2　如何根据实际选择教育研究的课题？

11-3　中小学教育研究的一般过程是什么？

参 考 文 献

[1] 温忠麟. 教育研究方法基础[M]. 2版. 北京：高等教育出版社，2009.

[2] 杨小微. 教育研究的理论与方法[M]. 北京：北京师范大学出版社，2008.

[3] 李帅军. 教育学[M]. 北京：北京师范大学出版社，2011.

[4] 徐红. 教育科学研究方法学[M]. 武汉：华中科技大学出版社，2013.

第十二章　中小学教育管理

本章提要

- 学校管理有其自身的特点，管理中应遵循内在的要求，依法治校。
- 学校管理主要有行政的方法、教育的方法、经济的方法和学术的方法。

学校管理是根据一个国家(或地区)的教育法令、政策，遵循教育的客观规律对学校事务进行规划、组织、协调、指导和控制，以实现学校整体目标最优化的过程。它是学校教育的重要组成部分之一。

一个学校办得如何，师资、设备等条件固然重要，但是，在师资、设备等条件大体相同的情况下，如果管理上存在差别，效果就会大不一样。学校管理过程从构成上讲，包括计划执行、检查和总结四个环节：从性质上讲，是人与人之间的交往互动。要确保各环节的有序连贯与交往互动的通畅有效，教育管理者需要积极地履行相应的管理任务，即通常所说的管理职能。具体地，教育管理者在管理过程中需要承担的主要任务有领导、计划、决策、组织、沟通、激励、评价等[①]。学校管理不能只靠少数几个人，全校人员都有责任。因此，学校校长、教职工都应该学习学校管理的理论和方法。作为未来的人民教师，也应该懂得怎样管理好学校，积极参与学校的管理活动。

第一节　学校管理的意义

现代学校管理，已由单纯依靠指令性的行政管理，逐步向以教育科学和管理科学为理论指导的科学管理方向发展。在学校教育目标上，要科学地预测未来社会发展的需要；在学校设施方面要逐步运用现代科学技术的新成就，使学校建筑、教学手段、教材、图书资料、仪器设备等日益现代化。这种发展趋势，必然促使我国的教育理论、教育制度、教学的组织形式、内容和方法有一个新的突破。没有科学的管理，教育的现代化就不可能顺利地发展。所以，学习和研究学校管理，科学地管理学校，是我国实现教育现代化的必要条件。

1. 学校管理是完成学校各项任务的根本保证

国家设立学校的根本目的在于提高民族素质，为社会主义现代化建设培养各种人才。学校领导者要管理好学校，一要全面贯彻党和国家关于教育工作的方针政策，坚持社会主义办学方向；二要实行科学化的管理，创造良好的教育环境，建立正常的教学秩序，形成先进的教育集体，保证教育、教学质量的提高和工作效率的改进。

学校管理工作是把各种办学条件(如师资、教材、教学设备、教育场地、教育时间、教育经费等)进行合理组合。如果组合得好，就可能把各种办学条件的潜力挖掘出来，做到人

---

① 赵海侠，郭婧萱. 教育管理学[M]. 成都：电子科技大学出版社，2017：6.

尽其才、物尽其用、降低消耗和减少各种无效劳动；反之，组合得不好，就会发生矛盾、冲突、浪费等现象。在同样的办学条件下，善于或不善于管理，其效果大不一样。

2. 学校管理是调动全校教职员工的积极性，提高教育质量的重要途径

学校里的各项工作，要靠大家去做，要让大家自觉地、主动地、有信心地、满腔热情地去工作，学校领导就要为全校教职工提供良好的工作机会和条件，处理好同事之间的关系，激发起他们的事业心和责任感，使学校的每个成员努力做到政治上互相关心，业务上互相帮助，生活上互相体贴，工作上互相支持，同心同德，团结一致，生机勃勃。这样，学校的教育质量和工作效率才能不断提高。

3. 学校管理是协调学校各种教育力量的重要手段

一个学校里有许多部门，如教务、总务、工会等。每个部门又有各种各样的工作项目。学校除经常性的教学工作外，还有各种社会活动和课外活动，每一项工作都是重要的，也都应该搞好。这就要统筹兼顾、全面安排，既要有重点，又要照顾一般，切不可抓住某一方面工作，忽视其他方面的工作。加强学校管理就能使学校各个部门的各项工作有条理地、协调一致地进行，达到全面贯彻党的教育方针，培养高质量学生的目的。

第二节 学校管理的过程

学校管理过程是动员全体师生员工，围绕学校管理目标，有效配置管理资源，有序开展教育和管理活动的过程。一般地，学校管理过程包括选择学校工作目标、制定学校发展规划和工作计划、建立和健全学校组织、在实施过程中进行检查、指导和控制等工作。

1. 选择学校工作目标

学校管理是从确定学校工作目标开始的。学校领导通过对上级有关文件的学习和学校实际情况的调查，了解到学校发展的各种可能性，从中选择出适合本校情况又切实可行的目标。目标具有方向性和层次性。从全校的角度来说，有一个总目标。它是由学校的主要任务决定的，反映了在一定时期内学校应该办成什么样子。全校人员都要为它而奋斗。各个工作部门、班组又要有相应的具体目标，它是实现全校总目标的保证。各个部门、班组的目标是各不相同的，所需要的人力、物力、财力、时间也不一样，要区别对待。

2. 制定学校规划和工作计划

学校的教育规划和学年度计划是办学的"蓝图"。学校管理的成就在很大程度上取决于教育规划和工作计划的完善程度。制定教育规划要经过教育预测、可行性分析、决策论证、最佳方案选择等步骤。学校规划包括目标、项目、条件、时间、地点、负责人、方法等。学校工作计划是在不同时间对学校长远发展规划的分解。

3. 建立和健全学校组织

建立和健全组织机构是实现教育规划和学校工作计划的保证。学校本身就是一种组织，要使这个组织完善起来，才能有效地发挥每个教职工的作用。组织本身的权威性和组织性也是促进工作任务实现的条件。

根据学校规模、工作任务、工作性质、工作特点和工作量确定有多少个工作岗位。每个工作岗位，从校长到一般职工对其目标、职务、权力、责任以及相互关系都应该以书面形式规定下来。

组织是有层次的，形成了不同的隶属关系。凡是有权发布指令或签字批准的人都要对该事产生的后果承担责任。权力下放时，责任不能下放。在同一层次的各个组织之间又有横向联系，其中必须有一个承担主要责任，防止人人都负责，又都不负责的现象。组织管理的范围又称管理的宽度，它和领导人的知识、才能、经验和精力有密切的关系。对于不在职的人员可以调换或增加组织的层次，减少管理的宽度。

4. 检查、指导和控制

管理过程主要是实施教育规划和工作计划，解决运行中的各种矛盾。实施和运用中包括动机诱导和业务指导两个方面。动机诱导属于间接指导与控制，它不必告诉教职工应该干些什么和如何去干，而是给予一种启发或暗示，使教职工自己提出要求，选择解决问题的方案或方法，主动修正错误。业务指导属于直接指导，明确地告诉他们应该做什么、怎么做，指出他们在态度上、工作内容或工作方法上的问题。通过讲解、示范、讨论、交流经验、评比先进、检查与总结的方法来进行。

总之，学校管理过程是以管理目标为轴心，呈螺旋式上升。其中，教育规划和工作计划是中心的一环。组织是实现教育规划和工作计划的保证。教育的实施和运行是有力的手段。

第三节　学校管理过程的特点

学校管理过程有着自己的特点，具体表现在以下几个方面。

1. 学校管理过程贯穿着教育性

学校是教育机构，它的任务就是教育一代新人。所以，学校管理过程的一切活动和措施都是以全面贯彻党的教育方针为目标。管理过程中无论是人员的组织，还是物资的利用，都要着眼于对学生和教师的教育，不能绝对采用企业管理中的运用经济指标或经济制裁的办法来对学校进行管理。因此，思想政治教育工作是学校管理工作的灵魂。

2. 学校管理的工作对象和劳动性质具有特殊性

学校工作的对象是正在成长中的少年儿童，他们不仅有共同的年龄特征，而且有个性差异。学校劳动的特点是脑力劳动，教师的劳动又是个体劳动。学校的教育质量、教师的教学质量、学生的学习质量都不是用简单的工具所能衡量的。学校管理过程中对教师和学生的每一个评价都要经过周密的调查和全面而又具体的分析，因为没有简单的检测工具，所以在管理过程中容易出现主观性。学校领导人要注意排除管理过程中的主观片面性，就要多和群众商量，听取各方面的意见；要注意收集各种资料和数据，力求使评价建立在科学的基础上。

学校管理过程中建立各种规章制度是极为重要的，但是贯彻执行学校规章制度又不能程式化，需要根据不同年级儿童的年龄特点和个性特点等提出不同的要求。对教师也要照顾到他们工作的特点和所教学科的特点。

3. 学校管理的整体性

学校教育及管理工作的成效集中反映在学生的质量上，即学生德、智、体、美等方面的发展水平上。这个成果是学校各方面工作的结晶。因此，衡量学校工作的优劣，不能只看某一方面，更不能孤立地以升学率的高低作为唯一标准，而要以学校工作整体作为学校管理过程的出发点，以学生全面发展的水平作为衡量学校工作的标准。

4. 学校管理高度的协调性

影响教育质量的不仅是学校内部的工作，还有社会的诸多因素。因此，学校管理不仅要协调校内各项工作，而且要对社会的需要和变化及时地做出反应，要加强学校、社会和家庭三者的联系。一方面根据社会的需要，调整学校的工作；另一方面动员社会力量支援学校工作，以求得影响学生成长的各种力量的协调一致，达到最好的教育效果。

第四节　学校管理体制和管理人员

学校管理体制是指学校内部的领导管理制度、组织机构、职责范围和相互关系的制度，它是带有整体性、全局性、根本性的组织制度。没有体制就不能形成管理系统，学校就如同一盘散沙，一切工作将无法进行。一定的体制和一定的管理人员是密切联系的。

1. 学校管理体系

目前我国中小学普遍实施校长负责制。在校长下面的组织机构一般包括两大类：一类是行政性组织机构，这是为完成正常的教学任务、维持学校的正常运转而设立的；另一类是非行政组织机构，它们是为配合监督、保证学校的各项活动而设立的。这两类组织相互联系、相互支持，共同对学校的管理工作发生作用和影响。

学校组织机构基本结构(见图 12-1)。

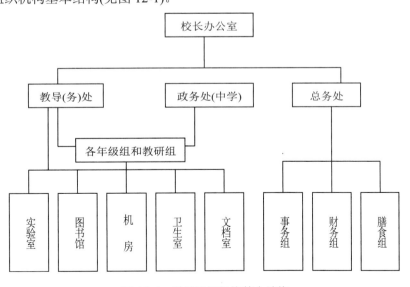

图 12-1　学校组织机构基本结构

校长办公室：在校长领导下处理日常校务的办事机构，负责联络、协调、文书、报表、信息反馈、保卫等。

教导处：组织和管理学校教学业务的机构，具体领导各科教学研究组、年级组班主任的工作。

政务处：是管理学生思想教育工作、组织学校各种德育活动的机构。

总务处：管理后勤服务系统，如经费安排、物资供应保管、校舍修整、设备安置、校办产业等。

教研室：以科目为依据建立的研究性组织，不是行政性组织但行使一定行政职能。组长要组织教学研究，检查教学进展，帮助提高教师业务水平和教学能力。

年级组：同一年级的教师组成的集体。使得教育教学活动能有效沟通，全面掌握教学进展和学生的综合表现。

中小学非行政性组织机构一般包括党、群、团组织和各种研究性团体，主要有党支部、工会、教代会、共青团、学生会、少先队、其他研究性团体及校办企业等。

2. 学校管理人员及其任职条件

学校的主要管理人员，构成学校的管理班子。学校管理人员必须从教育立德树人的根本任务出发，掌握先进的教育理念和方法，整合校内外的教育资源，重视学生的个性发展及创新精神和批判性思维的培养，才能培养具有家国情怀，又能够会通中西、胸怀天下的全面发展的人才。为了保证学校管理的有序、高效进行，学校主要管理人员需要明确自己的基本职责和应具备的基本条件。

校长　校长是学校的行政负责人，要贯彻执行党的教育方针，执行上级教育行政部门的决议；负责领导和组织学校的教学工作和进行思想政治教育工作；领导、组织教职工的政治、文化、业务学习和师生的生产劳动活动，办好校办企业；管理教师、学生、职工的生活，注意保护他们的健康；管理学校的校舍、设备和经费，努力改善教学条件。

为了胜任上述任务，校长要有强烈的事业心和政治责任感；要有较高的政治修养、思想水平、政策水平和组织能力；要有一定的文化程度、知识水平和专业能力，学习过教育理论，有一定的教学经验；要有密切联系群众、善于团结同志的民主作风；要有健康的身体。

教导主任　教导主任是校长领导教学、教育工作的主要助手。协助校长制订并实施学校的教育、教学工作计划，检查并总结学校的教育、教学工作；领导教研组工作；领导班主任工作；检查学生学习的质量；组织领导课外活动；组织领导教务行政工作。

教学和教育作为学校的中心工作，校长和教导主任都要去领导。这就必须有适当的分工，又要紧密配合。校长领导教学、教育工作，主要是了解分析情况，掌握方向和原则，提出适当的建议，并统筹全局，协调各方面的关系，共同配合搞好教学教育工作。教导主任则要把学校工作计划中的有关教学教育部分的任务逐项落实，做好贯彻执行的全部组织工作，还要安排好教导处的教务工作。教导主任是部门负责人，他对校长负责，要经常向校长汇报工作，取得校长的支持和指导。教导主任要有较高的政治、文化、业务水平和组织管理能力，一般是在有丰富经验的教师中选拔。

总务主任　总务主任同样是校长的重要助手。他的主要任务是保证教学、教育工作的物质条件；管理好校产、校园；管理好财务工作；管理好师生生活和卫生保健工作；领导总务处的日常事务工作，做好本处职工的思想工作。

总务主任应有理财管家的才干，同时要懂一点学校工作的规律，才能真正做到使总务工作为提高教育质量服务。总务工作比较烦琐，与各方面又容易发生各种各样的矛盾，这是一项无名英雄的工作。因此，总务主任应尽可能选用任劳任怨的实干家。

教研组长　教研组是教学研究组织，不是行政组织，一般不作为一级管理机构。但实际上学校布置的各种学习、工作任务多半是通过教研组下达到教师，因而它又具有行政小组的性质，承担一部分基层行政任务，特别是教学管理的任务。教研组长的主要任务是制订教研组工作计划；组织本组教师钻研教材，搞好集体备课；了解和检查本组教师的教学和教研情况；组织观摩教学活动，安排相互听课；主持本组教学会议和业务学习；帮助新教师熟悉业务；组织教师总结和交流教学经验；组织好教学资料的搜集、整理和保管工作；发动教师制作各种教具；学习和使用现代化教学手段；组织教师指导学生的课外学科活动；做好组内思想工作，培养良好教风，形成团结向上的集体。

教研组长要选拔思想好、有干劲、有较高业务水平、有威望的本学科的骨干教师担任，可指派也可民主选举。这样可为全组教师提供学习的榜样，并可依靠他们有针对性地解决教学中的具体问题，迅速提高每个教师的教学水平，及时反馈教学中的情况。因此，校长、教导主任必须十分重视教研组长的人选并充分发挥其作用。

班主任　班级是学校教育工作的基层组织。班主任是班级的组织者和领导者，学校对班级的管理主要是通过班主任实施的。所以，班主任不仅是对学生的教育者，也是对学生的直接管理者。班主任工作做好了，对学生的思想政治教育工作和管理工作就落到了实处。

班主任工作的主要任务是：负责做好本班学生的思想政治工作，教育学生遵守学生守则，努力使本班形成一个遵守纪律、团结向上、勤奋学习、朝气蓬勃的集体，使学生在德、智、体、美等几方面都得到发展；经常与任课教师联系，了解和研究学生的思想情况和学习情况，教育学生明确学习目的，端正学习态度，改进学习方法，学好各门功课，不断提高学习成绩；关心学生的生活和身体健康，加强生活管理，组织和指导本班学生参加文体活动，搞好清洁卫生，培养学生具有良好的生活习惯；组织领导班委会的工作，指导本班共青团、少先队开展活动；组织领导本班学生参加生产劳动，指导学生课外活动，配合有关任课教师开展课外科技活动；与学生家长和社会有关方面取得联系，共同加强学生的思想政治工作，力求教育的一致性；在全面了解学生的基础上评定学生的操行，鼓励学生不断进步。

根据班主任任务的需要，选配班主任的基本条件是：思想政治进步，忠诚于人民教育事业，热爱学生，作风正派；业务水平较高，有一定的教育教学经验和组织能力；在教师、学生中较有威信，能正确处理同事之间、师生之间的关系；身体健康，精力充沛。为了做好班主任工作，班主任要认真制订全学期的工作计划，并对每周工作日程做出具体安排；要建立班主任工作日志和学生情况记录，经常分析研究本班情况，不断改进工作；严格要求自己，加强政治、业务学习，虚心听取各方面的意见，认真学习先进经验，处处以身作则，才能带领全班学生不断前进。

第五节　学校管理的方法

学校管理方法是实现学校工作目标，开展学校管理活动的方式、手段、措施的总和，也是学校管理原则的具体运用和体现。现代中小学常用的管理方法如下。

1. 行政方法

行政的方法是指依靠学校行政机构和领导者的权力，运用强制性的行政命令直接对管理对象施加影响的方法。其特点如下。

(1) 权威性。运用行政方法管理学校，是以领导管理者的权威和被领导管理者的服从为前提的。上无权威，下不服从，行政的方法也就失去了应有的效用。

(2) 强制性。下属对于上级的指示、命令、规定必须服从；否则，学校领导有权做出相应的制裁性处理，以强制其执行命令。

(3) 垂直性。行政命令的发布必须经过上下垂直性的传递通道，实行"条条"的管理。

(4) 稳定性。用这一方法进行管理，倾向于建立比较严密的组织机构，对于外部的因素有较强的抵抗作用，所以相对其他方法来说比较稳定。

行政的方法在学校管理中具有不可忽视的重要作用。采用行政管理方法，可以将行政命令通过纵向的信息传播渠道迅速地发布下去，各种管理措施能够在相当短的时间内见效；便于管理者将有限的人、财、物等资源集中起来使用，发挥资源的最大效用；有利于保证学校内部上下级在行动上的一致性，从而使管理者的意图得到贯彻。行政的方法虽有其特定的作用，但也存在着局限性，主要表现在：①行政的方法强调上级的权威和下级的服从，将教职工置于被动和被强制的地位，妨碍了他们对学校各项工作的主动参与；②过于强调集中统一，事事等待上级的指示和决定，容易抑制下属积极性和创造性的发挥，也会降低管理措施的适应性和灵活性；③行政方法的信息传递主要是纵向的、单线的，缺乏横向的联系和必要的反馈，这势必会影响学校与上下左右的沟通与协调。

2. 经济的方法

经济方法是指学校管理者按照物质利益原则，通过物质刺激的方式，即通过工资、奖金、津贴、罚款等办法，对管理对象施加影响的方法。其特点如下。

(1) 驱动性。这是一种利益驱动，发动利益机制引导对象去追求所预期的目标。

(2) 敏感性。学校中的利益关系人都受到了良好的教育，有知识分子的清高，更在意自己的名誉等，可能不会关注利益问题。但市场经济条件下，经济手段对知识分子的驱动力也表现出来(如购房、车、子女教育等)，他们也关心自己的经济待遇。

(3) 差异性。在经济方法面前，显然大家是平等的，包括管理者自己在内没有任何特权。这就是平等性。但是，在同样的经济方法面前，同时会出现差异性。也就是说，获利的多寡、方式是不一样的，出现差别和等次。而这恰恰是经济方法使用所追求的。就是通过这种落差，打破平均，产生更大的吸引力。

学校管理在运用经济方法时要注意：①要将经济方法与其他方法结合起来；经济人的假设是有局限的，反对"一切向钱看"；人的需要是多样的，教师更是如此；特别是工资级别提高的情况下，经济方法的刺激作用渐小，应与精神鼓励结合。②要综合运用经济方法。

3. 教育的方法

学校管理的根本目的是调动师生的教学积极性。教育方法的使用是适用的、有效的，因此是常用的、重要的。同时，教育方法是其他各种方法的必要铺垫。而对有些简陋、低级组织而言可能不是非常可靠，就是说也可能不会达到目的。其特点如下。

(1) 长效性。首先，教育方法使用需要有一个长期的过程，不可能立竿见影，效果难以掌控，需要坚持不懈；同时，思想教育的风气和效果一旦产生，对学校组织的影响是深远的、持久的。

(2) 内生性。通过内因起决定性作用，强调的是内在的自我约束和体验。正因为如此，更容易为人接受，但约束性差。

(3) 广泛性。内容广泛(政治、思想、情感)；影响广泛(学习、工作、生活)；形式广泛(会议、交流、活动)。

学校管理中教育方法的运用要注意：①理论与实际相结合；②自觉与规范相结合；③组织和非组织的形态相结合。

4. 学术的方法

学校是知识传递和创新的场所，学术方法是特有的方法。所谓学术方法，就是通过繁荣学术，以学术凝聚力量，促进教师和学生的进步，推动学校管理获得实效。其特点如下。

(1) 群众性。管理者、教师、学生的多方参与。只有群众性参与，才有共同的提高与进步，才有发展。

(2) 创新性。没有创新就没有学术品质保证，所以，学校学术方法使用就是追求创新性成果。大学主要是科学，中小学主要是学科。

(3) 实践性。理论创新的目的是对实践的指导(教学总结)。

学校管理中学术方法的运用要注意：在机构、课题、团体上加强组织保障；经费保证上注重成本支出；时间保证上注意教学与学术关系的处理。

实践与反思：城镇化与消失的学校

农村中小学布局调整，是过去 10 多年间我国基础教育领域发生的最为突出的变化之一。2000—2011 年，平均每一天就要消失 63 所小学、30 个教学点、3 所初中，每小时消失 4 所农村学校。农村学校的减少一方面反映了社会进步，另一方面折射出新的问题。对于经济发达、交通便利、临近城市的农村居民而言，拥有城市户籍、住房，形成城市市民的思想理念、生活方式，进入城市学校接受教育，无疑是分享了社会进步的福利。对于远离城市、经济欠发达、交通不便的农村人口来说，上学更远了、更难了、更贵了。

国家政策调整、学龄人口减少、人口流动、追求优质教育、地方财政困境是农村中小学"撤点并校"的主要原因，行政式的城镇化也是重要推手，有些地方明确地将撤并农村学校带动农村人口向城镇集聚作为拉动城镇化的策略，通过"学校进城"迫使学生进城，使得农村学校撤并蒙上了生硬甚至暴力的色彩。过度的学校撤并导致学生上学远、上学贵、上学难。有调查显示，农村小学生学校离家的平均距离为 10.83 里(1 里=500 米)，农村初中生离家的平均距离为 34.93 里，流失辍学及隐性流失辍学率不断上升，严重背离了农村学校撤并的实际需要和初衷。一些地方以发展寄宿制学校作为解决学生上学远的主要措施，但寄宿制学校的条件远不能达到令人满意的程度，而且撤点并校的效应并非只对教育形成影响，同时对农村家庭、社区及乡村文明的命运产生深远的影响。

2012 年 9 月，以国务院办公厅文件下发的《关于规范农村义务教育学校布局调整的意见》提出，"坚决制止盲目撤并农村义务教育学校"，"在完成农村义务教育学校布局专项规划备案之前，暂停农村义务教育学校撤并"。由于城镇化是国家未来一段时间的基本发展策略，根据人口自然增长率及未来城市化增长率估计值，2050 年，中国仍将有 6 亿农村人口。如果没有特别的关注，就将失去教育机会，形成"贫者愈贫"的恶性循环。农村教育资源配备的关注点应该是农村后 20%的边缘化群体，做到真正不让一个孩子失学，办好每一所学校。

第六节　学校依法治校

依法治教是依法治国方略在教育领域的具体体现。学校作为实施教育教学活动的实体，担负着为我国社会主义事业培养建设者和接班人的重任，是教育法律关系中最重要的主体，推进依法治教必然要落实依法治校。因此，依法治校是依法治教的重要组成部分。

1. 加强学习，提高对依法治校的认识

教育行政部门的管理职能、管理方式在依法治校中发生了根本性转变，这种转变往往取决于领导者的认识程度和水平。因此，提高各级教育行政部门和学校领导对依法治校目的、意义的认识，理解和掌握依法治校的内容、方法是实施依法治教的重要前提。

实施依法治校是适应新型教育法律关系的需要。随着社会主义市场经济体制的建立，教育法律关系出现了横向型的民事法律关系和纵向型的行政法律关系并存的新格局。处理调解这些新兴教育法律关系，仅靠行政手段是不行的，还需要运用法律手段来调整。学校作为法人不能仅仅依赖于行政管理部门，更要依照法律以独立法人的地位参与各种民事活动，维护学校权益。

实施依法治校是建立现代学校制度的需要。旧体制下的学校管理缺乏必要的法律依据和客观、科学的规范，属于经验型管理，而依法治校则体现出管理的科学化、法治化、规范化的特点。实施依法治校，可以有效地激发学校内部活力，保障学校高效运行，更能适应新体制下的教育改革和发展。

2. 加强制度建设，完善学校内部管理体制

《中华人民共和国教育法》第二十六条明确规定，学校必须建立学校章程。建立学校章程、完善各项规章制度是依法治校的重要基础。

学校章程是为保证学校正常运行，针对学校重大原则性问题做出全面规范的自律性文件，它是依法治校的依据，是学校的基本原则，是纲领性文件。制定学校章程及确定章程的法律地位，既是贯彻教育法的要求，也是实现学校按章程自主办学、自我约束、自我发

展的根本保障。要落实依法治校必须围绕和依据章程，建立和完善各项配套制度，使之与章程形成一个完整的依法管理的体系。因此，要建立与完善以下几个方面的制度。

(1) 建立与完善民主管理方面的制度。依法治校的核心是实施民主管理，相应的民主管理制度是实现民主管理的基础和保证。这些制度主要包括校务委员会工作制、教职工代表大会制度、民主生活制度、代表联系卡制度、教职工评议制度等。

(2) 加强管理，保障依法治校的实施。建立学校章程，完善各项规章制度，只是实施依法治校的基本工作，更重要的是如何运行的问题。如果不改变制度只写在纸上、贴在墙上的状况，就不能真正实现依法治校。建立能够保证学校章程及各项制度得到落实的领导体制，强化学校管理，是保障依法治校顺利实施的关键。

3. 理顺各种关系，保障依法治校的实施

学校内部管理体制是对学校内部设立的主要管理机构及其职能的总称。建立科学、合理的内部管理体制，是学校健康发展的必然要求，是实施依法治校的重要保证。为适应依法治校的管理体制，应着重理顺以下三个关系。

(1) 理顺党政关系。这就要求一方面要保证校长负责制得以落实，充分发挥校长对学校教育教学和行政工作的统一管理、全面负责的作用；另一方面要充分发挥党组织在学校工作中的政治核心作用，使党政领导相互支持、相互配合，增强领导班子的凝聚力和战斗力。

(2) 理顺民主和集中的关系。学校重大问题的决策都要体现民主集中制原则，即在民主的基础上实施集中，先民主后集中。充分并有效地调动广大教师参与民主管理的积极性，保证政令的畅通和决策的顺利实施。

(3) 要理顺执行和监督的关系。执行是对决策、政令的贯彻和实施，而监督则是执行的有力保障，能否实施有效的监督，将直接影响到执行的效率和质量。因此，必须在决策落实和执行中加强监督，逐步形成"以校长负责制为核心，党支部发挥政治核心作用，教职工代表大会参与民主管理"的校内管理体制。

4. 发扬民主，实施有效的民主管理

依法治国的目的就在于保障社会主义民主，没有社会主义民主，就没有真正意义上的依法治国。同样，在学校管理运行中没有民主就谈不上依法治校，加强学校民主政治建设是依法治校的必然要求。因此，在推进依法治校中积极贯彻民主原则，不断提高民主参与管理的水平。

要实施有效的民主管理，就要强化民主决策和监督。首先，学校的一项决策，不仅影响到教职工的积极性，更重要的是影响到学校的教育教学质量和办学效益。因此，在实施民主管理上，应先规定民主决策程序。真正做到决策前先考察论证，广泛听取意见，然后领导提出自己的见解，再由校务委员会讨论，最后形成决定的一整套民主决策程序。其次，推进民主建设，完善民主监督。没有民主监督就失去了民主管理的本质意义，也不可能实现真正的民主。为此，必须在实施民主管理中加大民主监督的力度，对师生、社会关注的热点、难点问题，学校均应采取公开进行的方式，让每一项工作均在群众的监督下公开实施，充分调动教职工的积极性。进一步完善教职工代表大会制度，是切实保障教职工参与学校民主管理和民主监督的权利，保证教职工对学校重大事项决策的知情权和民主参与权的重要渠道。

5. 完善学校保护机制，依法保护学生权益

学校在日常教育教学活动中应当树立以人为本的理念，自觉尊重并维护学生的人格权和其他人身权益。学校必须牢固树立"安全第一"的意识，认真贯彻落实有关校园安全的法律及规定，应当建立完善的安全管理制度，明确职责，加强对学校教学、生活、活动设施的安全检查，落实各项安全防范措施，积极维护校园的安全与秩序。必须加强对教师、学生的安全教育，实现安全教育制度化、规范化，预防和减少学生伤害事故，保护学生、教师的人身和财产安全。学校应当建立应对各类突发事件的工作预案，增强预防和妥善处理事故的能力。应当建立和实行学生安全和伤害事故的应急处理机制和报告制度，以强化学生安全的落实和监督。

学校的学籍管理制度和其他管理制度，必须符合宪法和有关法律的规定，体现尊重学生人格尊严、保护学生受教育权的精神。那些无视学生的基本人权，如教师体罚和变相体罚学生、学校和教师私拆学生信件、义务教育阶段学校拒绝接收适龄学生就学及中小学随意开除未成年学生的做法都是违法的，也是必须严格禁止的。同时，对学生的处分也应当做到事实清楚、证据充分、依据合法，符合规定程序。学校依法对学生做出处分决定，应当经过校长办公会议讨论通过，保障学生的知情权、申辩权，必要时可采取听证的方式，充分听取各方，特别是学生的意见。教育行政部门和学校应当建立学生申诉制度，保障学生申诉的法定权利。

6. 依法办事，维护学校的合法权益

《中华人民共和国教育法》第三十一条规定："学校及其他教育机构具备法人条件的，自审批设立或者登记注册之日起取得法人资格。学校及其他教育机构在民事活动中享有民事权利，承担民事责任。"校长是学校的法定代表人，这就从民事上规定了校长对学校的有形和无形资产承担着法定管理责任。特别是市场经济条件下，随着学校办学自主性的增强，教育领域的某些产业特性的显现，以及学校办学方式和资金来源途径的多样化，学校与社会、学校与学校之间的交往与合作不断增多。校长和学校工作人员作为学校的法定代表人和管理者，在各项交往中必须增强法治观念和法律意识，运用法律武器维护好学校、教师和学生的合法权益。例如，在学校进行基本建设的征地、工程施工过程中，要依法与有关部门联系，落实法律规定的各项优惠措施，同时，还要善于运用合同等手段与其他法人和个人进行合作，保障学校有限的建设资金得到有效利用。在做出重大决策和对外签订民事合同前应当进行法律咨询和论证，以保证这些行为符合法律的规定。

依法治教要求教育管理者必须依法行政，任何权力的行使均不能超越法律所规定的权限；否则，越权或滥用职权都是违法的。另外，在做出涉及学生、教师的根本利益或前途的决定、处分之前，必须听取对方的意见，给予申辩的机会，在条件许可的情况下，还要举行听证会，保证对方程序上权利的实现，剔除过去那种学校、管理者居于绝对权力地位的状况。在现时代，必须认识到：学生、教师是有权利的主体，学校必须依靠教师、学生、家长的共同参与，要扩大家长的参与权利，接受社会的监督，逐步建立尊重学生、教师人权的学校制度，建立开放、民主的学校体系，才能使学校教育获得更好的发展。追求合情、合理与合法的统一是依法治教对学校教育和管理提出的必然要求。

实 践 指 导

利用教育见习的机会了解中小学校行政组织框架和主要领导工作分工。

问题与思考

12-1 中小学教育研究对于教师有何现实意义？

12-2 如何根据实际选择教育研究的课题？

12-3 中小学管理应注意哪些问题？

参 考 文 献

[1] 贺乐凡. 中小学教育管理[M]. 上海：华东师范大学高等教育出版社，2015.

[2] 沙培宁，柴纯青. 中小学管理 25 年文选：学校管理者五堂必修课[M]. 北京：教育科学出版社，2013.

[3] 褚宏启，张新平. 教育管理学教程[M]. 北京：北京师范大学出版社，2013.

[4] 赵海侠，郭婧萱. 教育管理学[M]. 成都：电子科技大学出版社，2017.